Friedrich Torberg

HOLZHAUSEN

Marietta und Friedrich Torberg im Berliner Zoologischen Garten, 1955. Photo: Lehmann (FM).

Band VI. Wiener Persönlichkeiten

Die »Gefahren der Vielseitigkeit«

Friedrich Torberg
1908–1979

Herausgegeben von
Marcel Atze und Marcus G. Patka

Eine Veröffentlichung der Wienbibliothek im Rathaus in Kooperation mit dem Jüdischen Museum Wien
Gefördert durch die Kamilla und Wolfgang Waniek-Stiftung

Wissenschaftliche Assistenz und Recherche: Christa Mitterlehner
Redaktion: Christopher Frey

Diese Publikation erscheint anläßlich der Ausstellung
Die »Gefahren der Vielseitigkeit«. Friedrich Torberg 1908–1979
im Jüdischen Museum Wien in Kooperation mit der Wienbibliothek im Rathaus
vom 17. September 2008 bis 1. Februar 2009.

Kuratoren: Marcus G. Patka (JMW), Marcel Atze (WBR)
Architektur und Gestaltung: Bernhard Denkinger
Sekretariat: Naomi Kalwil (JMW)
Recherche: Christa Mitterlehner (WBR)
Konservatorische Betreuung: Bettina Dräxler (JMW), Johann Machacek, Gerhard Pirker (WBR)
Pressearbeit: Alfred Stalzer (JMW), Suzie Wong (WBR)
Reprographie: Othmar Kauba, Erwin Tiller (WBR)

© aller Brief- und Textzitate von Friedrich Torberg bei David Axmann, Wien

Alle Rechte vorbehalten
© 2008 Wienbibliothek im Rathaus

Graphische Gestaltung: Markus Reuter, Wien
Umschlagphoto: © IMAGNO/Barbara Pflaum (David Axmann, Wien)
Verlag: Holzhausen Verlag GmbH
Druck: Holzhausen Druck & Medien GmbH
Printed in Austria
1. Auflage 2008

ISBN: 978-3-85493-156-0

Alle Rechte, insbesondere das Recht der Vervielfältigung und Verbreitung sowie der Übersetzung sind dem Herausgeber vorbehalten. Kein Teil des Werks darf in irgendeiner Form (durch Fotokopie, Mikrofilm oder ein anderes Verfahren) ohne schriftliche Genehmigung des Herausgebers reproduziert oder unter Verwendung elektronischer Systeme gespeichert, verarbeitet, vervielfältigt oder verbreitet werden.

INHALT

7   Sylvia Mattl-Wurm, Karl Albrecht-Weinberger
       Vorwort

9   Marcus G. Patka
       Vom Davidstern am Siegermast
       Oder: Schani Kantors Leben für den Sport

25   Marcel Atze
       »Was von einem ganzen Lebenswerke bleibt«
       Friedrich Torbergs Prosatexte zwischen Produktion und Rezeption

59   Ilse Kantor
       Erinnerungen aus dem Elternhaus

79   Oliver Matuschek
       »Hals über sowieso«
       Friedrich Torberg im Exil (1938–1951)

103   Marie-Theres Arnbom
       »Ich bin so vielseitig, daß ich fürchte, ein ewig purzelnder,
       niemals Halt findender Greis zu werden.«
       Friedrich Torberg – Kabarett und Film

121   Michael Hansel
       »... ein Lackerl Geifer zu erzeugen«
       Friedrich Torberg als Vermittler und Verhinderer von Literatur

143   Evelyn Adunka
       Der deutschen Sprache letzter »Jud vom Dienst«
       Friedrich Torberg und sein Judentum

163   Marcus G. Patka
       »Ich möchte am liebsten in Jerusalem begraben sein.«
       Der Zionist Friedrich Torberg

181   Marcel Atze
       »Einen, der Unfaßbares verübt, kann man nicht fassen.«
       Friedrich Torberg und die justizielle Aufarbeitung nationalsozialistischer Gewaltverbrechen

201   Anne-Marie Corbin
       »Das FORVM ist mein Kind«
       Friedrich Torberg als Herausgeber einer publizistischen Speerspitze des Kalten Krieges

222   David Axmann
       Chronik Friedrich Torberg

240   Personenregister

248   Leihgeberverzeichnis

DANK

Dirk P. Adler (Wien)
Yvonne Al-Taie (Saarbrücken)
Angelika Ander (Wien)
Sylvia Asmus (Frankfurt/M.)
David Axmann (Wien)
Andreas Bähr (Bamberg)
Haris Balic (Wien)
Hermann Böhm (Wien)
Reinhard Buchberger (Wien)
Lisette Bucholz (Darmstadt)
Roland Burger (Wien)
Marianne Da Ros (Wien)
Tamar Daus (Tel Aviv)
Michael Davidis (Marbach)
Hildegard Dieke (Marbach)
Martin Drahos (Wien)
Roni Dror (Tel Aviv)
Peter Dusek (Wien)
Franz Eder (Salzburg)
Andreas Fingernagel (Wien)
Herbert Föttinger (Wien)
Georg Fritsch (Wien)
Gabriele Fröschl (Wien)
Ruth Fuchs (Wien)
Ernst Grossmann (Wien)
Katharina Guttenbrunner (Wien)
Maria Guttenbrunner (Wien)
Christoph Haacker (Wuppertal)
Peter Handke (Chaville)
Helga Hegewisch-Lasky (Berlin)
Erwin Heidrich (Wien)
Wolfgang Heidrich (Wien)
Felicitas Heimann-Jelinek (Wien)
Andrea Hipfinger (Wien)
Antonia Hoerschelmann (Wien)
Peter Honigmann (Heidelberg)
Rainer Hunger (Wien)
Kurt Ifkovits (Wien)
Anouk Jeschke (Berlin)
Ursula Kals-Friese (Altaussee)
Ingrid Kastel (Wien)
Thomas Kemme (Marbach)
Elisabeth Klamper (Wien)
Albert Knoll (Dachau)
Julia König-Rainer (Wien)
Katrin Kokot (Frankfurt/M.)
Chris Korner (Marbach)
Erich Kremslehner (Wien)
Ingrid Kussmaul (Marbach)
Rosemarie Kutschis (Marbach)

Michaela Laichmann (Wien)
Mark Lehmstedt (Leipzig)
Heinz Lunzer (Wien)
Naděžda Macurová (Prag)
Lutz Maurer (Altaussee)
Rudolf Maurer (Baden)
Diana Mittler-Battaglia (New York)
Felicitas Morawitz (Wien)
Fritz Muliar (Wien)
Kurt Palm (Wien)
Rafael Parsai (Sarid, Israel)
Tirza Parsai (Sarid, Israel)
Uri Parsai (Sarid, Israel)
Martin Peche (Wien)
Helga Perz (Wien)
Gerald Piffl (Wien)
Silke Pirolt (Wien)
Christa Prokisch (Wien)
Johanna Rachinger (Wien)
Marcel Reich-Ranicki (Frankfurt/M.)
Werner Renz (Frankfurt/M.)
Nicolai Riedel (Marbach)
Dirk Rupnow (Wien)
Tami Sagi (Tel Aviv)
Anton Paul Schaffer (Wien)
Hartmann Schaufler (Wien)
Petra Scheiblechner (Graz)
Elke Schwandner (Marbach)
Michael Schwarz (Berlin)
Gabriele Schweikert (Marbach)
Ursula Seeber (Wien)
M. Daniel Shek (Paris)
Ulrich Simon (Bamberg)
Christoph Sonnlechner (Wien)
Andreas Sperlich (Wien)
Simone Spira (Maisons-Laffitte)
Leopold Springinsfeld (Wien)
Roland Stark (Remseck)
Christof Stein (Wien)
Peter Steiner (Wien)
Gerd Steuer (Bamberg)
Gabriele Teichner (Wien)
Susanne Trauneck (Wien)
Johannes Trauttmansdorff (Altaussee)
Herbert Viscovic (Wien)
Michaela Vocelka (Wien)
Judith Weinmann-Stern (Wien)
Regina Wonisch (Wien)
Thorsten Zarwell (Berlin)
Barbara Zeisl-Schoenberg (Los Angeles)

VORWORT

Das Jüdische Museum Wien und die Wienbibliothek im Rathaus, früher Wiener Stadt- und Landesbibliothek, haben schon mehrfach in Kooperationen zusammengefunden, so 1999 bei der Ausstellung zu Karl Kraus und 2003 zu Peter Altenberg. Die Zusammenarbeit für die Gedenkausstellung zum 100. Geburtstag von Friedrich Torberg ist die bisher umfangreichste. In der Handschriftensammlung der Wienbibliothek befindet sich der kulturhistorisch wichtigste Teil von Torbergs Nachlaß: seine Korrespondenzen aus fast vierzig Jahren umfassen an die 50.000 Blatt. In einem selbstironischen Nachruf zu Lebzeiten schrieb Torberg über sich selbst, daß er »eine Korrespondenz führte, die schlechthin ruinöse Dimensionen annahm. Es wird sich vermutlich zeigen, daß gut die Hälfte alles jemals von ihm Niedergeschriebenen, und nicht das Schlechteste, aus Briefen bestand, für die er einen unverhältnismäßig großen Aufwand an Zeit und Sorgfalt bereit hielt. […] Er war organisch außerstande, kurze Briefe zu schreiben, denn sie schienen ihm gleichbedeutend mit unpersönlichen. Er teilte die Menschen ein in solche, die Briefe schreiben konnten, und in solche, die das nicht konnten.« So unübersehbar wie seine Korrespondenzpartner in aller Welt sind auch seine Themen und Inhalte, seine Liebesbeteuerungen und Verfluchungen sowie die Anekdoten und Sprachperlen, die sich darin finden. Daher haben sich Buch und Ausstellung die Aufgabe gestellt, Torbergs konfliktreiches Leben und sein vielseitiges Schaffen aus diesen authentischen Zeugnissen zu erschließen und diese damit auch weiterführenden Forschungen und Fragestellungen zu Literatur, Politik und jüdischem Leben im 20. Jahrhundert zu empfehlen. Auch das Jüdische Museum Wien verfügt seit 2007 über einen Splitternachlaß Torbergs, der im Zuge der Recherchen für dieses Projekt als Schenkung der Kinder seiner Schwester Ilse Daus ins Haus kam.

Der Dank unserer Institutionen gilt insbesondere den Mitarbeitern des Projekts, an der Spitze den Herausgebern und Kuratoren Marcel Atze und Marcus G. Patka sowie dem Ausstellungsarchitekten Bernhard Denkinger und dem Graphiker dieses Buches, Markus Reuter. Natürlich gilt unser Dank auch David Axmann, dem Verwalter des Torbergschen Nachlasses, von dem die Anregung zu diesem Projekt kam, und selbstverständlich allen wichtigen Leihgebern wie der Österreichischen Nationalbibliothek, dem Deutschen Literaturarchiv Marbach, dem Deutschen Exilarchiv 1933–1945 an der Deutschen Nationalbibliothek Frankfurt a. M. sowie anderen Sammlungen und privaten Leihgebern, von denen etliche noch zu Torbergs Weggefährten gehörten. Wir wünschen den Werken und Briefen des Jubilars, die von Ausstellung und Buch so eindrücklich präsentiert werden, eine nachhaltige Rezeption.

Sylvia Mattl-Wurm
Direktorin der Wienbibliothek im Rathaus

Karl Albrecht-Weinberger
Direktor des Jüdischen Museums Wien

ROČNÍK III.   PRAHA - V ŘÍJNU 1928.   ČÍSLO 9

HAGIBOR
// ŽIDOVSKÝ SPORT. //

OBSAH:
ŽSK. HAGIBOR MISTR ČSR.
HOCKEYOVÝ TEAM HAGIBORU NEJLEPŠÍ V PRAZE
KANOISTÉ SE LOUČÍ
NURMI NA ZÁVODNÍ DRÁZE HAGIBORU

HAMAKKABI

ZRUŠTE ŽIDOVSKÝ
FOOTBALLOVÝ SVAZ
TENNISOVÝ PŘEBOR
HAGIBORU
JUBILEJNÍ PLES
ŽSK. HAGIBOR 14. I. 1929

Mistrovský team Ž. S. K. Hagibor.
Z leva do prava: Schulz, Kantor, Polakoff I., Getreuer, Polakoff II., Pick, Wollner.

OPTICKÝ ZÁVOD
BEINHACKER
PRAHA-POŘÍČ 29.
ROH BISKUPSKÉ UL.
Telefon 21683.
ZEISS
ZEISSOVA SKLA PUNKTAL.

Kč 1·50

Marcus G. Patka

Vom Davidstern am Siegermast
Oder:
Schani Kantors Leben für den Sport

Die meisten Menschen kennen Sport aus der Perspektive des Zusehers und erleben es niemals selbst, als professioneller ›Kämpfer in der Arena‹ zu stehen. Sie verspüren nicht das Mannschaftsgefühl, das Verschmelzen zu einem instinktiv kommunizierenden und harmonierenden Ganzen, das gemeinsame Erleben von Sieg und Niederlage, angefeuert von euphorischen Schlachtgesängen und vom gegnerischen Block verhöhnt. Friedrich Torberg hat es erlebt, und dieses Erlebnis hat ihn bis an sein Lebensende geprägt. Sport war ihm in seiner Jugend aber weit mehr als nur körperliche Ertüchtigung, er war ihm Lebensphilosophie und Politik zugleich.

Zu Beginn des 20. Jahrhunderts erhob sich ausgehend von Max Nordaus Diktum vom »Muskeljudentum« (im Gegensatz zum traditionellen Bild des »Nervenjuden«) innerhalb der zionistischen Bewegung die Forderung nach sportlicher Ertüchtigung, um ein neues körperliches Selbstbewußtsein zu gewinnen, aber auch als Abwehrstrategie gegen antisemitische Angriffe. Durch sogenannte ›Arierparagraphen‹ wurden Juden zunehmend aus deutschen Turnvereinen ausgeschlossen. Es entstanden jüdische Sportklubs wie Bar Kochba in Berlin oder Hagibor (hebr.: Held) in Prag. Einer der berühmtesten war die 1909 in Wien gegründete Hakoah (hebr.: Kraft). Diese umfaßte Sektionen wie Fußball, Schwimmen, Tennis, Ringen, Wasserball, Leichtathletik, Schi und Touristik, Handball, Schach etc. Aus ihren Reihen gingen zahlreiche österreichische Spitzensportler hervor: Die Fußballmannschaft errang 1924/25 den Meistertitel, in den beiden folgenden Jahren ging sie als erstes Team aus Österreich auf Amerika-Tournee. Ebenfalls 1925 gewann die Hakoah die österreichischen Meisterschaften in den Mannschaftsbewerben Ringen, Schwimmen und Hockey. Bei

den Europameisterschaften 1928 plazierten sich die Schwimmerinnen Hedy Bienenfeld-Wertheimer und Idy Kohn in den Medaillenrängen. Der Ringer Micki Hirschl gewann bei den Olympischen Spielen 1932 zwei Bronze-Medaillen. Die Tennis-Sektion verzeichnete insbesondere 1926 zahlreiche internationale Turniersiege, aus ihren Reihen wurde Willi Ehrenreich zum Tennispartner von Schwedens König Gustav V. Der Leichtathlet Árpád Blödy gewann 14 österreichische Titel im

◀ Die Zeitschrift der Hagibor Prag mit der siegreichen Wasserballmannschaft auf der Titelseite, 1928 (MSM).

Hakoah-Trainer Arthur Baar und seine Fußballmannschaft präsentieren den Meisterschaftspokal 1925. ▲
Photo: Lothar Rübelt (JMW).

Lang- und Kurzstreckenlauf.¹ Hier fand der junge Torberg, der damals noch auf den Namen »Schani« Kantor hörte, die Idole seiner Jugend: Sie führten ihn zum Sieg über jedes wie auch immer geartete Minderwertigkeitsgefühl. Programmatisch stimmte er etwa in einem Artikel von 1933 in den zionistischen Kanon ein: »Der jüdische ›Nationalismus‹ – man muss dieses Wort in Anführungszeichen setzen, so erbärmlich diskreditiert und verfälscht wurde es von einem Nationalismus, welcher die Parodie seiner selbst ist – – – der jüdische nämlich unterscheidet sich von jedem anderen Nationalismus zunächst einmal dadurch, dass er eine Angelegenheit des Charakters ist, dass er, und in diesem Sinn muss er als revolutionär bezeichnet werden, Vorurteile zu überwinden hat. Auch die jüdische Sportbewegung stellt in vieler und wichtiger Hinsicht nichts anderes dar als einen Kampf gegen Vorurteil und Reaktion von innen und aussen. Auch sie wird diesen Kampf – den gleichfalls kein anderes Volk der Welt zu führen nötig hat, gegen sich selbst und gegen die anderen – erst dann bestanden haben, bis kein Jude mehr witzeln wird, dass er ins Kaffeehaus gehöre, kein Komiker mehr Erfolg haben wird mit einer Bemerkung etwa über die Wasserscheuheit der Juden, kein Mensch mehr argumentieren wird mit unserer körperlichen Minderwertigkeit. Auch der jüdische Sportler ist also – einfach dadurch, dass er als Jude Sport betreibt – revolutionär.«²

In einer selbstverfaßten Lebenschronik – sie entstand in seinem Todesjahr im Vorfeld einer Veranstaltung im Österreichischen Kulturinstitut in Warschau – ging Torberg erstaunlich umfangreich auf seine Sportlerjugend ein, worin sich sein nachhaltiger Stolz darauf manifestiert: »1918/19 erste Fußballerfahrungen, 1920 Beitritt zum Fußballklub Hakoah-Wien, erste Bemühungen mit dem Sportschwimmen, 1924 Übersiedlung zu FC Hagibor-Prag, systematisches Training und erste Erfolge als Schwimmer und Wasserballer, ab 1926 ständiges Mitglied der Kampfmannschaft, die 1928 erstmals die tschechoslowakische Meisterschaft gewinnt. [...] in den gleichen Jahren mehrfache Meistertitel und internationale Berufungen.«³

Torbergs Roman *Die Mannschaft* (1935) ist über weite Strecken hin autobiographisch zu lesen und beschreibt des Autors Weg vom kindlichen Fußballspieler im Wiener Liechtensteinpark zum erfolgreichen Wasserballer. Was darin aber nicht zur

▲ Hedy Bienenfeld und Zsigo Wertheimer waren das ›Traumpaar‹ der Hakoah (MSM).

Mit Idy Kohn, Pörtschach 1930 (JMW). ▲

Geltung kommt – das Buch erschien 1935 auch in Deutschland – ist die politische Bedeutung und Fraktionierung jüdischer Sportvereine. So war die 1909 gegründete Hakoah der Verein des zionistisch orientierten jüdischen Proletariats – dies im Gegensatz zur Austria, dem Verein des assimilierten jüdischen Bürgertums. Beim Aufeinandertreffen beider Vereine ging es hart zur Sache: »Die Spiele Hakoah-Austria liefen unter der Chiffre ›Juden gegen Israeliten‹ und waren sowohl auf dem Spielfeld wie im Zuschauerraum immer mit Blutvergießen verbunden.«⁴ Daß der Sport noch weitere innerjüdische Konflikte hervorrief, berichtete Torberg in einem Brief an Ephraim Kishon: »In the bygone days of my glory as vizipolojátekos [ung.: Wasserballspieler], we – which means ›Hakoah‹ and ›Hagibor‹ – were always afraid to play under a Jewish referee (Biro, if I'm not mistaken), because they were certain to favor the others so as not to be suspected of favoring the Jews. And the non-Jewish referees favored the others anyway, because they were roshes [jidd.: Bösewicht, Antisemit]. So there you are.«⁵ Dieses Motiv aufnehmend heißt es einige Jahre später in bezug auf den Sechs-Tage-Krieg: »By the way: are you sure

›the fireworks are over?‹ I'm not. I can't help thinking of that old experience which I had to make as a vizipolojátekos: Wenn die Juden verlieren, ist gut, wenn sie gewinnen, gilt's nix. Of course, this was only in Sports. Reality is different. Wenn die Juden gewinnen, werden sie verurteilt und müssen zahlen.«⁶

▲ Fritz Kantor und seine Schwester Ilse (2. Reihe, l. unten), um 1919 (JMW).

Badeurlaub, um 1922 (JMW). ▲

Als Spieler litt Torberg freilich selbst unter Loyalitätskonflikten: »Auch damals habe ich das Tor für Hagibor geschossen und hatte sogar einen 2:1 Sieg in der Hand, weil mir in der letzten Minute ein Viermeter zugesprochen wurde. Leider machte mich das blödsinnige Grinsen des Hakoah-Tormanns Klein, mit dem ich als Bub noch im Liechtensteinpark Fußball gespielt hatte, so nervös, daß ich die einmalige Chance vergab. Sowohl bei Hagibor wie bei Hakoah war man überzeugt, daß ich das mit Absicht getan hätte. Die Hagiborer sahen es als Verrat an, die Hakoahner als einen Beweis von Loyalität gegen meinen Stammverein. Die Wahrheit lag in der Mitte: ich hätte das Goal sehr gerne geschossen und konnte nicht.«[7]

Weil die Familie Kantor 1921 aufgrund beruflicher Verpflichtungen des Vaters von Wien nach Prag übersiedelte, erfolgte der Wechsel von der Hakoah zum dortigen Parallelverein Hagibor. Hier war Torberg am Aufbau der Wasserballmannschaft beteiligt, die er in einem denkwürdigen Match zum Sieg führte: »Ich habe […] sechs Jahre lang ständig in der Kampfmannschaft von Hagibor-Prag gespielt, die immerhin tschechoslowakischer Meister war, habe sie 1928 als Kapitän zu diesem Triumph geführt (es war das erstemal, dass ein tschechoslowakischer Meistertitel an eine jüdische Mannschaft ging) und habe in dem von uns 2:0 gewonnenen Entscheidungsspiel gegen den ungarisch geschulten PTE-Bratislava beide Tore geschossen.«[8] Vielfach bezeichnete Torberg diesen Tag als den schönsten in seinem Leben. Sein Triumph war auch deswegen ein totaler, weil er dank seiner vielseitigen Talente die Rolle der ›Stimmungskanone‹ übernommen hatte, indem er für die Vereinszeitung schrieb und auch Schlachtgesänge textete: »Übrigens gab es damals noch einen anderen Liedtext von mir, der allerdings unter dem ›kleinen Häuflein junger Juden‹ nicht so populär wurde wie das Meisterschaftslied, mit Recht nicht, denn er war ein bisschen zu pathetisch, sozusagen ein Sportler-Text auf die Melodie der ›Hatikwah‹, er begann: ›Tausende von Jahren ist es her, seitdem / Unsre Heimat war Jerusalem / Heute wird sie's wieder, und wir kämpfen hier / Im Galuth auf unsre Art dafür‹, und da Du mir den Kowed [jidd.: Ehre] erweist, mich für einen Propheten zu halten, weiss ich auch noch die beiden Zeilen des Mittelmotivs: ›Juden sind wir und wir stehn allein / Lasst uns neue Makkabäer sein …‹ Den Schluss weiss ich nicht mehr, aber das Vorstehende sollte genügen. Auch das Motto von ›Hamajim‹ ist mir noch wörtlich in Erinnerung: ›Erst wenn bei den Olympischen Spielen die blauweisse Flagge mit dem Davidstern am Siegermast hochgeht – erst dann und nicht früher ist unser Ziel erreicht.‹ Sollte mich Gott diesen Tag noch erleben lassen, dann wird mir mein grösster Wunsch in Erfüllung gegangen sein. Und das meine ich ganz ernst.«[9] In seiner Prager Zeit gab der junge Schani Kantor sogar eine – vermutlich hektographierte – Zeitung heraus, die den Titel *Das Wasser* trug.[10] Zudem schrieb er auch weiterhin für die Hakoah-Zeitschrift.

▲ Zeitungsnotiz eines Wasserballspiels Hakoah gegen Hagibor mit Toren Schani Kantors (ÖNB-HAN).

Mit Schwester Ilse, um 1930 (JMW). ▲

Der Sport-Philosoph des *Prager Mittag*

Vom 31. Juli 1933 bis zum 31. Mai 1938 erschien die von Paul Peter Winter herausgegebene Tageszeitung *Prager Mittag*, in der mehrheitlich aus Berlin geflohene jüdische Autoren schrieben; als Chefredakteur zeichnete Ruben Klingsberg. Vorrangig wurde über den Aufstieg des Nationalsozialismus und die Situation in Österreich berichtet. Das Blatt hatte anfangs acht Seiten, doch schon nach einem Jahr reichte das Budget nur noch für vier. Um für ein breiteres Publikum interessant zu sein, blieb eine davon für den Sport reserviert. Hier begann Torberg im Herbst 1933 eine neue Karriere als Sportjournalist, gleichzeitig beklagte er gegenüber Zsolnay seine Zeitnot bei der Abfassung seines Sport-Romans *Die Mannschaft*.[11] Darüber berichtete er 1966 seinem Jugendfreund Julius Balasz, der ihm einige Kopien verlorengegangener Artikel aus dieser Zeit beschafft hatte: »Der Jahrgang 1933 des PT [*Prager Tagblatts*] ist für die sogenannte ›Zweite‹ oder ›Unmittelbare Nach-Wasserball-Periode‹ im Schaffen des jungen Dichters ebenso unergiebig wie die folgende bis 1933. Ergiebig sind die Jahrgänge 1933/34 und 1935/36 des ›Prager Mittag‹, und zwar kommt es mir da hauptsächlich auf die mit ›Tbg‹ gezeichneten Theaterkritiken an, vielleicht auch noch auf die eine oder andere Glosse aus dem Vorderteil oder aus der Sportseite. Möglicherweise wirst Du auch jene historische Überschrift entdecken, mit der ich einen neuen 100 m-Rekord des damals in Hochform befindlichen amerikanischen Crawlers Peter Fick aufgemacht habe: ›Neuer Fick-Rekord‹. Meine Beteuerungen, dass ich ja nichts dafür kann, wenn einer so heisst, und dass man ja auch von einem neuen Nurmi-Rekord oder einem neuen Weissmüller-Rekord gesprochen hat, halfen mir nicht. Es war das Ende meiner Karriere als Sportjournalist.«[12] Die Episode findet sich auch in Briefen an François Bondy und Peter Brie; sie wird sogar noch übertroffen dadurch, daß Torberg 1953 einen Berliner Journalisten getroffen haben will, der wegen der Schlagzeile *Fick immer schneller* ebenfalls seinen Posten als Sportreporter verloren habe.[13] Hierbei dürfte es sich jedoch um eine Mystifikation handeln, denn im *Prager Mittag* wurde nur über zwei der drei Weltrekorde des genannten amerikanischen Schwimmers zwischen 1934 und 1936 berichtet, über den dritten nur in einer ungezeichneten Kurzmeldung, die mit einem vergleichsweise keuschen *Fick in Form* betitelt ist.[14] Es kann angenommen werden, daß Torberg sich gegenseitig mit anderen Testosteron-strotzenden Adoleszierenden nächtelang in einem durchaus sportlich zu nennenden Wettkampf mit immer neuen Schlagzeilen-Entwürfen übertroffen hat, was aus einem subjektiv-retrospektiven Blickwinkel und ob der entsprechenden Pointe zur Tatsache ›geadelt‹ wurde.

Andere Artikel Torbergs lassen sich jedoch nachweisen. So verfaßte er einen ausführlichen Bericht über das 3:3 zwischen dem österreichischen ›Wunderteam‹ um Matthias Sindelar gegen die

▲ Beim Schwimmtraining, nach 1925 (DA).

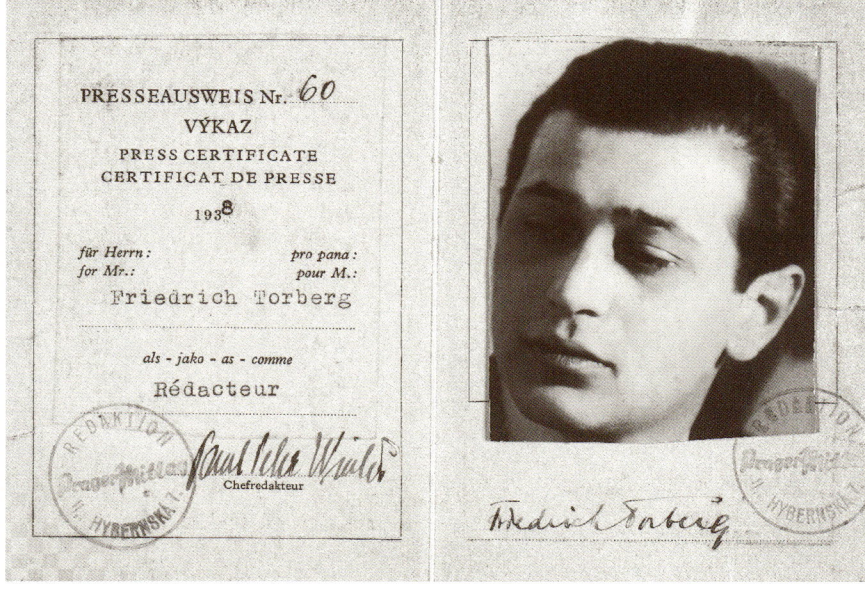

Presseausweis des *Prager Mittag*, 1938 (ÖNB-HAN). ▲

tschechoslowakische Fußball-Nationalmannschaft oder über das 2:2 der Tschechoslowaken gegen die Ungarn und das 2:1 gegen England.[15] Auch etliche Boxkämpfe im noblen Prager Lucerna-Saal fanden in ihm einen sachkundigen Kommentator.[16] Doch solche Höhepunkte vor großer Kulisse standen nicht immer auf der Tagesordnung. Bald mußte sich der ehrgeizige Autor auf zusammenfassende Berichte der Fußballspiele in der tschechoslowakischen und österreichischen Liga beschränken, wobei er etwa im Oktober 1933 die gähnend leeren Stadien in Prag aufgrund überhöhter Kartenpreise kritisierte.[17]

Ebenso kritisch sah er die Entwicklung der Wasserballmeisterschaft nach seinem Abgang: »Ein eher trauriges Kapitel waren die Wasserballspiele, deren Vorgeschichte ja bekannt ist und hier nicht nochmals aufgewärmt werden soll, obgleich allerhand dazu zu sagen wäre. Aber die Eifersüchteleien und Missgünstigkeiten zwischen einzelnen Klubs werden erstens immer wieder am guten Einvernehmen der Aktiven scheitern und haben zweitens mit Sport nichts zu tun.«[18] Fast möchte man meinen, hierbei auch den Tenor seines Romans *Die Mannschaft* herauszuhören. Dieser wurde im *Prager Mittag* überaus wohlwollend rezensiert,[19] doch auch Hans Weigels für das Wiener Kabarett »Literatur am Naschmarkt« verfaßte Parodie *Die Romanschaft oder Wasserball über die Schnur* fand an dieser Stelle geneigte Leser: »Harry wusste nur eines: die Mannschaft muss ein Erfolg werden. Und es muss auch in den einschlägigen Rubriken zu lesen stehen: Der junge, neuregenerierte F. T. hat sich wiedergefunden; er hat Tempo, er hat Hand und Fuss und verfügt über einen bemerkenswert freien Stil. Harry verliess das Artemis-Bad und ging über die Norwegerbrücke, Richtung Kaffee ›Männerhof‹. [...] Harry war fast aus dem Wasser. Er haute mit dem Wasserball über die Schnur. Seitenlang schwamm er, aber das nützte diesmal nichts. ›Aorist‹, sagte Lambert und würgte heimlich den kleinen Sperl, bis der ganz blau wurde. ›Mannschaft, Mannschaft, Mannschaft!‹ fühlte Harry. Das fühlte er immer bei dieser Gelegenheit. Er wusste nicht, was er da fühlte. Er fühlte nur, dass er es wusste. Deshalb konnte er es auch keinem erklären. Weder dem alten Leser, der langsam ungeduldig und unaufmerksam wurde, noch dem jungen Leser, der eben mit der Zeit selbst draufkommen musste. Wie – was – –: was war das? Das war die Ideologie. Harry, repräsentativ wie er war, nahm den Ball und schoss ein Tor. Da stand es 2:0 für die Anderen«.[20]

▲ Ein Wasserballmatch der Hakoah-Mannschaft, um 1930 (MSM).

Nebenbei bemerkt läßt sich hier belegen, daß Torbergs alte Fehde mit Hans Weigel auch einmal jung war. Entscheidend für diese Lebensphase bleibt, daß Torberg den Sport mit in die Literatur nehmen wollte und sich darüber hinaus als moralischer und politischer Exeget des Sports beziehungsweise als Sport-Philosoph betätigte. In seinem vielleicht bedeutendsten Text für den *Prager Mittag* ging er anläßlich des 15. Jahrestags der tschechoslowakischen Republik auf den Stellenwert des Sports im Faschismus ein: »Keine Frage, dass der Sport in hohem Mass zum ›öffentlichen Leben‹ gehört, dass die Zeiten, in denen er belächelt, längst vorbei sind. Ja, mitunter will es sogar scheinen, als würde die Wichtigkeit des Sports für das öffentliche Leben bewusst und beinahe absichtsvoll überschätzt, als ginge man bei der Bewertung etwa eines internationalen Fussballsieges etwas zu weit. Immerhin, der Sport ist das geworden, was man einen ›Faktor‹ nennt, ganz besonders und mit besonderem Recht: es war ein Fussballklub […], der die Tschechoslowakei bekannt und berühmt gemacht hat in Gegenden, wo man andernfalls heute noch nicht genau wüsste, ob Prag die Hauptstadt von Wien ist oder nicht. […] Der Sport muss demokratisch bleiben! Das ist sehr viel verlangt und sehr wenig. Wenig, weil Sport und Demokratie Begriffe sind, die sich a priori decken, die beide im Prinzip des freien Wettbewerbes ein hervorragendes Merkmal haben. Ein diktatorisches Fussballmatch, ein Wettlaufen, bei dem ein oder mehrere Teilnehmer nicht so schnell laufen dürften als sie können und wollen: glatter Nonsens. – Und viel, weil es dicht nebenan geschieht, dass die Vergewaltigung der Demokratie auch auf den Sport übergreift, und scheinbar geht es auch so, trotz Ausschaltung von Juden und Marxisten in Deutschland, trotz dem zum ›Sportkommissär‹ bestellten Heimwehrmajor in Oesterreich.

Was aus Oesterreich werden wird, ist noch nicht ganz klar. Aber was in Deutschland immer noch unter der Bezeichnung ›Sport‹ sich abspielt, ist die unfassbarste Parodie des Sportgedankens, die grausamste Verhöhnung des Sportideals seit Hellas und für alle Zeiten. Genau so, wie Deutschland die Parodie eines Staates ist und die Verhöhnung des Menschheitsideals.«[21]

Doch Torberg reagierte nicht nur auf aktuelle Fragen in Politik und Sport, er suchte seine sportphilosophischen Gedanken auch als ›Volksbildner‹ zu propagieren: »In einem Vortrag, den Torberg im Ehrbarsaal hielt, unternahm er den Versuch, die Sportidee als eine Art Lebensphilosophie zu definieren. Torberg sieht die Erfüllung des Sportgedankens in erster Linie im Kampf, er unterscheidet also den reinen Leistungs- vom Kampfsport und spricht dem ersten [!] die weitaus höhere Bedeutung zu. Der Leistungs- und Rekordsport kenne nur den Kampf gegen einen unpersönlichen Gegner, gegen die Stoppuhr oder das Messband, der Mannschaftsport erzeuge eine Kollektivvernunft, er sei die eigentliche Erfüllung der Idee.

▲ Die Wasserballmannschaft der Hagibor bei ihrer Antwerpen-Tournee, 1930 (DA). ▲

Der Sport hat den Begriff des Fair Play ausgebildet, einen Begriff, der nicht nur im Sport gilt, sondern in den allgemeinen Sprachgebrauch und in das sittliche Bewusstsein übergegangen ist. Das Fair Play, das voraussetzt, dass jeder sich nur der Kampfmittel bediene, die auch dem anderen zur Verfügung stehen, ist zweifellos die wertvollste moralische Aktivpost des Sports. Torberg macht auch keinen Unterschied zwischen dem Professional und dem Amateur. Es ist für ihn unwesentlich, ob der Sport materiellen Nutzen bringt oder nicht, im Gegenteil, im reinen Professional sieht er das Idealbild des Sportlers weitgehend verwirklicht, weil nur bei ihm die vollkommene Hingabe an den Sport möglich ist. Oft finde sich aber ein ausserordentliches Motiv für die sportliche Betätigung: die Erwartung, gesellschaftlichen Anwert zu finden oder im Sport das zu suchen, was sonst das Leben verwehrt.«[22]

Es sei nur am Rande erwähnt, daß sich schon damals ein Abgrund zu Bert Brecht auftat, der 1928 in einem von Torbergs späterem Freund Willy Meisl edierten Sport-Buch formulierte: »Kurz: ich bin gegen alle Bemühungen, den Sport zu einem Kulturgut zu machen, schon darum, weil ich weiß, was diese Gesellschaft mit Kulturgütern so alles treibt, und der Sport dazu wirklich zu schade ist. Ich bin für den Sport, weil und solange er riskant (ungesund), unkultiviert (nicht gesellschaftsfähig) und reiner Selbstzweck ist.«[23]

Bereits 1933 hatte Torberg in der *Wiener Weltbühne* die Diskriminierung eines jüdischen Boxers unter dem NS-Regime angeprangert.[24] Auch der dreiteilige Artikel *Man hört nur das Beste vom Gedeihen der Berliner Olympiade* im *Prager Mittag* soll hier nicht unerwähnt bleiben, deren letzter Teil sich zwar im Nachlaß Torbergs findet, aber keine Paraphe aufweist. Dies könnte daran liegen, daß Paraphierungen der Sportmeldungen im *Prager Mittag* generell im Laufe der Jahre immer seltener wurden – oder weil der Autor anonym bleiben wollte, da er im Vorfeld der Olympischen Spiele 1936 in Berlin zum Umgang des NS-Regimes mit den Juden in Deutschland Stellung nahm. Darin drückt er seine Sympathie für einen Boykott der Spiele durch die westlichen Großmächte aus und verweist auf massive Restriktionen gegen jüdische Sportler. So heißt es: »Und wie verhält es sich jetzt mit der Teilnahme jüdischer Sportler an den Vorbereitungskursen für 1936? Keine Angst. So plump wird das, wie wir wissen, nicht gemacht. An den Olympia-Vorbereitungen nehmen natürlich auch Juden teil, allerdings – dafür sorgen die einzelnen ›Unterführer‹ – nur solche, von denen nicht zu befürchten steht, dass sie ernstlich olympiareif werden könnten. […] Alle übrigen wissen natürlich, was vorgeht. Aber sie wollen oder können nicht die einzig mögliche Konsequenz daraus ziehen, sie wollen oder müssen an der Fiktion einer ›Sportlichkeit ohne Politik‹ festhalten, die im luftleeren Raum hängt und bei der geringsten Berührung mit den hitlerdeutschen Tatsachen zum blutigen Hohn auf all das wird, was wir seit Generationen unter Sport und Sportlichkeit verstehen. […] Und dass die SA-Leute, die vor der Tribüne Ehrenspalier stehen, nachher vielleicht zu einer kleinen Marxistenfolterung abkommandiert werden, braucht den kommentarlosen Schmock nicht weiter zu stören.« Abschließend drückt der Autor die Hoffnung aus, »dass es eine Olympiade geben wird schon in einem anderen Deutschland, wo Sport mit Politik wirklich nichts zu tun hat, wohl aber Politik mit Sport. Mit Sport in jenem höchsten Sinn, dessen Inbegriff ›fair play‹ heisst und der noch niemals erbärmlicher geschändet worden ist als im Dritten Reich.«[25] Diese letzte Sequenz läßt eine Autorenschaft Torbergs als überaus wahrscheinlich erscheinen.

▲ Schani Kantor (2.v.r.) besucht im Sommer 1930 das Trainingslager von Zsigo Wertheimer (1.v.l.) in Pörtschach am Wörthersee (DA).

Karikatur aus der *AIZ* zu den Olympischen Spielen in Berlin, 1936 (SAPMO).

Für immer jung

Mit der Okkupation Österreichs und der Tschechoslowakei wurden schlagartig alle jüdischen Institutionen ausgelöscht und ihre Mitglieder in alle Welt verstreut. Das Vereinsvermögen der Hakoah wurde beschlagnahmt und ihr Sportplatz in der Krieau der SA-Standarte 90 zugewiesen. Etliche ihrer Mitglieder wie der Fußballer, Vereinspräsident und Librettist Fritz Löhner-Beda wurden Opfer der Schoa. Nach dem Krieg konstituierte sich die Hakoah am 10. Juni 1945 als einer der ersten jüdischen Vereine neu und spielt bis heute eine wichtige Rolle im Gemeindeleben.

Schon im amerikanischen Exil versuchte Torberg, die alten Kontakte wieder aufleben zu lassen. So lieferte er im April 1945 anläßlich des ersten offiziellen Treffens des Hakoah A.C., Los Angeles, einen Text, der das Verdienst der Hakoah darin sieht, daß sie dem Gegner beigebracht habe, »Herr Jud« zu sagen.[26] In der etwa gleichzeitig erschienenen Broschüre der Hakoah New York ist er jedoch nicht vertreten.[27] Im September 1949 erfolgte ein Ansuchen an Manfred George, einen Einladungstext zum Festbankett anläßlich des 40. Gründungstages der Hakoah im Aufbau zu publizieren, was aber nicht geschah.[28]

Nach seiner Rückkehr nach Wien blieb Torberg seiner Leidenschaft für den politischen Sportjournalismus treu. So mokierte er sich im FORVM über die politisch gefärbte Berichterstattung der kommunistischen Presse Österreichs zur Fußball-Weltmeisterschaft 1954.[29] Mit seiner Reise im Juni 1954 nach Genf, wo Österreichs Mannschaft den sensationellen dritten Platz belegte, meldete sich seine Leidenschaft für literarisierten Fußball zurück. So schrieb Torberg im Wiener Kurier: »Die Österreicher konnten und wollten. Sie spielten leicht und witzig und einfallsreich – kurzum: sie spielten. Jedes Stichwort wurde aufgenommen, jede Nuance kam an, jede Pointe saß. Diesmal gelang ihnen alles. Sie machten mit dem Ball so flüssige Konversation, daß der Gegner gar nicht zu Wort kam, und wußten im richtigen Moment den wichtigsten und klassischsten aller Szenenabschlüsse hinzuschmettern: das Goal. Sie produzierten eine Mischung aus edelstem Burgtheaterpathos und Josefstädter Kammerkomödie. Es war jener unnachahmliche Stil, der weithin als ›Wiener Schule‹ bekannt ist.«[30] Doch die Weltmeisterschaft in der Schweiz brachte nicht nur Gutes, wie sich Torberg 1963 in seiner Reihe Deutschlandreise erinnerte, die in der Tageszeitung Die Welt erschien: »Was weiter geschah, ist Geschichte, und eine für Österreich tragische. Ihr Tiefpunkt war das 1:6 gegen Deutschland bei der Weltmeisterschaft von 1954. Von dieser Niederlage, der schwersten seit Königgrätz, hat Österreich sich bis heute nicht erholt.«[31] Torbergs Jugendfreund Willy Meisl, der Bruder des österreichischen Fußballverbandspräsidenten und ›Vaters des Wunderteams‹ Hugo Meisl, schrieb nach der klaren österreichischen Niederlage im Halbfinale beileidsvoll: »Hoffentlich hat Ihre Frau den Schock von Basel bereits verwunden. It's a game, after all, at least for those who are not playing (at) it.«[32] Leider liegt keine Meldung über Torbergs Reaktion auf das ›Wunder von Cordoba‹ 1978 vor, den 3:2-Sieg Österreichs über Deutschland bei der Fußballweltmeisterschaft 1978 in Argentinien, der inzwischen durchaus ernsthaft als eigentliche Geburtsstunde der österreichischen Nation diskutiert wird.

Literatur und Sport lagen auch im neuen alten ›Wohnzimmer‹, dem Café Herrenhof, nahe beisammen. Dort hatte in der Nachkriegszeit nicht

▲ Bei einer Veranstaltung des Hakoah Athletic Club New York, um 1945 (DA).

nur der Kreis um Torberg und Alexander Lernet-Holenia sein Zelt aufgeschlagen, sondern auch der Anhängerklub des F. K. Austria. Vermutlich zu launiger Stunde hatte sich Torberg zu einer Mitgliedschaft überreden lassen, die er sofort wieder stornierte.[33] Später bekannte er, daß ihm eine Mitgliedschaft beim ehemaligen Erzrivalen doch zu sehr gegen seine Hakoahner-Ehre ging. Vielzitiert wurde seine Pointe: »Ein Austria-Anhänger ist, wer es trotzdem bleibt.«[34] Der »Brith Hakoah 1909« in Israel trat Torberg Mitte der 1950er Jahre wieder bei, dem Fanclub der Austria erst 1979, wenige Wochen vor seinem Tod. Etwa zur gleichen Zeit erwarb er die österreichische Staatsbürgerschaft – beides hatte wohl den sentimentalen Charakter einer späten Heimkehr. Bei der Meisterschaftspartie der Austria unmittelbar nach seinem Tod spielte diese ihm zu Ehren mit Trauerflor.[35]

In jedem Fall war Torberg auch in der Nachkriegszeit als Autorität in Sachen Sport präsent, etwa bei einschlägigen Diskussionen in Rundfunk und Fernsehen. Auf privater Ebene entwickelte er sich zu einem Umschlagplatz für Informationen über die ehemaligen Sportkameraden von Hakoah und Hagibor in aller Welt. Immer wieder erhielt Torberg Post vom Hakoah-Vorsitzenden Arthur Baar aus Israel, der sich intensiv für eine Aufarbeitung der Hakoah-Geschichte einsetzte und 1959 ein entsprechendes Werk vorlegte.[36] Weitere Briefpartner in Sachen Sport waren Paul Schneeberger und Willy Meisl; ihnen setzte Torberg im Kapitel *Lieben Sie Sport?* seiner Erinnerungen *Die Erben der Tante Jolesch* ein literarisches Denkmal. Zahlreiche der hier erzählten Sport-Anekdoten finden sich bereits in den Briefen konzipiert.

Kaum eine andere Korrespondenz in Torbergs reichhaltigem Nachlaß ist so ausdauernd und leidenschaftlich wie jene mit diesen Jugendfreunden, besonders mit John Abeles, den es nach England verschlagen hatte. Hier wurden Erinnerungen ausgetauscht, aber auch das Hinscheiden von Jugendfreunden betrauert: »Deine Schilderungen über das Begräbnis Franzi Becks hat [!] mich sehr hergenommen – ich bin, wie Du weisst oder wissen solltest, ein sentimentaler Jud und bei solchen Anlässen sofort den Tränen nahe. Es wird ja wirklich ringsum immer kälter. Von der einstigen Prager Equipe gibt's ausser uns beiden nur noch den Rarasch und die Beinhackers in halbwegs greifbarer Nähe, Zuba-Dento-Pik ist ja weit weg. […] Hedi Bienenfeld-Wertheimer lebt hier in Wien und hat sich zu einer Art Urmutter entwickelt, bei der sich alles meldet, was aus den verschiedenen

FORVM-Karikatur zu Deutschlands Sieg gegen Ungarn bei der Fußballweltmeisterschaft 1954. Zeichnung: Schoenfeld (WBR, DS).

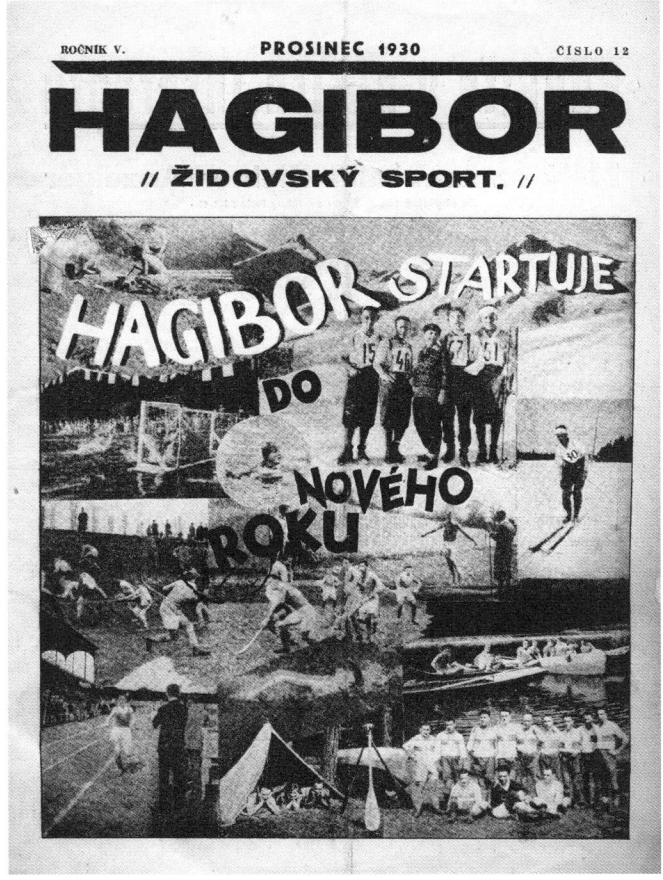

Hagibor Prag hatte fast ebensoviele Sektionen wie die Hakoah in Wien (MSM).

Himmelsrichtungen hierher auf Besuch kommt, egal ob Schwimmer, Wasserballer, Fussballer, Ringkämpfer (wie der in Australien lebende Miki Hirschl) oder Tennisspieler. [...] Meine eigene Sportvergangenheit macht sich in der Hauptsache dadurch geltend, dass ich zu diversen Sportsendungen im Fernsehen herangezogen werde,

zuletzt in Frankfurt und Wien während der Fussball-Weltmeisterschaft. Hier, und nicht etwa in der Literatur, liegen auch die wahren Wurzeln meiner Berühmtheit, die bereits so weit reicht, dass ich von Zollbeamten an der Grenze erkannt werde. Nur meine Frau wollte mir die längste Zeit nicht glauben, dass ich jemals in einem anderen Wasser war als in der Badewanne. Erst bei einem Besuch in Prag führte sie der damals noch lebende Balasz an den Moldaukai, deutete auf den Wasserarm bei der betreffenden Brücke hinunter und sagte ihr: ›Hier hat der Schani die beiden Goals beim 2:0 gegen PTE Pressburg geschossen.‹ Sie erbleichte und liess sich kurz darauf von mir scheiden.«[37]

Insbesondere im Briefwechsel mit Abeles bedient sich Torberg eines jugendlichen Sprachstils, der sehr rasch und genußvoll ins Zotige abgleitet. Da heißt es etwa: »Da ich es müde bin, Dich jedesmal zu beschimpfen, erteile ich Dir hiermit das Fürstlich Torbergsche General-Leckmichimarsch auf Lebensdauer.«[38] Manchem inzwischen fein gewordenen Herrn mag dieser Stil nicht mehr behagt haben: »Apropos Sarkeff: ich habe ihn vor Jahren einmal in Paris angerufen, aber er reagierte auf den von mir sofort angeschlagenen Hagibor-Tonfall so blöd und arrogant, dass ich ihn auf das weite, noch nicht gänzlich erforschte Gebiet des Arschleckens verwies und abhängte. Hingegen zählte die Begegnung mit den Hagiboranern in Israel zu den schönsten Erlebnissen meines dortigen Besuches, der von schönen Erlebnissen nur so strotzte (ich war 1958 zum zehnjährigen Staatsjubiläum auf 14 Tage von der Regierung eingeladen).«[39] Nicht anders war es 1979 bei Torbergs letzter Reise nach Israel; über eine Lesung im Rothschild-Theater in Haifa berichtet er: »Beinhacker und Rarasch sassen stolzgebläht in der ersten Reihe, ich war vorher ein paar Stunden lang mit ihnen beisammen und es herrschte wieder die unvergleichliche Atmosphäre, die es nur unter Hagiboranern gibt. Es roch beinahe nach nassem Holz, wie auf der Vojenská.«[40]

Unter dem Eindruck des Jom-Kippur-Krieges wiederholte Torberg für eine in Israel erscheinende Zeitschrift der dortigen Brith Hakoah die Ideale der Jugend mit einer entscheidenden Weiterführung: »Wir wollten die antisemitische Lüge von der körperlichen Minderwertigkeit und Feigheit der Juden entlarven. Wir wollten beweisen, dass wir genau so kräftig und tüchtig und mutig sind wie die anderen. Dieser Beweis ist uns damals überzeugend gelungen. Seither wurde er uns vom Staate Israel und seiner Armee abgenommen. [...] Wir sollten [...] alles dazutun [...], dass auch die

▲ Hakoah-Treffen bei Hedy Bienenfeld (neben Torberg ganz links), in der Mitte mit Krawatte Arthur Baar, 1979 (DA).

Das Lachen der Meistermannschaft, 1928 (DA). ▲

Kinder und Enkelkinder der einstigen Hakoahner auf ihre Verbindung mit der Hakoah stolz bleiben und dass der alte Hakoah-Geist niemals ausstirbt. Ich weiss mir keinen besseren Jubiläumswunsch. Denn es war im weitesten Sinne dieser Geist, aus dem der Staat Israel geboren wurde, und in diesem Geist wird er bestehen.«[41] Einige Jahre davor hatte sich Torberg auch intensiv für die Errichtung eines Denkmals für die vom NS-Regime ermordeten jüdischen Sportler eingesetzt, der Entwurf stammte von Karl Duldig, dem ehemaligen Hakoah-Tormann, der inzwischen als Bildhauer in Australien lebte. Torberg verfaßte einen Spendenaufruf und einen Brief an Bundesminister Theodor Piffl-Percević.[42] Die gewährte Subvention blieb mit 5000 Schilling weit unter den Erwartungen.[43] Kämpferisch gab sich Torberg zeitlebens mit seinem Anspruch, daß Sport ein großes Maß an ›Political Correctness‹ voraussetze. Als der Brith Hakoah 1966 ein lukratives Freundschaftsspiel gegen die Vienna in Aussicht gestellt wurde, kamen Bedenken bezüglich der Person des damaligen Vienna-Präsidenten auf, des Filmregisseurs Franz Antel. In der Causa um Rat gefragt, fiel Torbergs Antwort eindeutig aus: »Ich erinner mich sehr gut an einen von Herrn Antel provozierten Auftritt in einem Wiener Nachtlokal und an seinen weithin hörbaren Ausruf: ›Ich war ein Nazi, ich bin ein Nazi und ich bin stolz darauf!‹ Ein anderer, gleichfalls antisemitisch motivierter Zusammenstoss des Herrn Antel mit dem Wiener Kritiker Hans Weigel endete zwar mit einer Versöhnung, aber das spricht weniger für Herrn Antel als gegen Herrn Weigel, der öffentlich als Renegat und ›Nichtjude‹ auftritt und – ebenso wie Herr Antel – eben darum auch schon öffentlich von mir attackiert wurde. An der Nazi-Vergangenheit und (was ich für gravierender halte) an der antisemitischen Gegenwart des Herrn Antel kann also kein Zweifel bestehen.«[44] Das Spiel kam in weiterer Folge aus »technischen Gründen« nicht zustande.[45]

Seine hohen moralischen Ansprüche in bezug auf Sport und Politik hat Torberg immer beibehalten. Das letzte von ihm erlebte internationale Großereignis, die Fußball-WM 1978, kommentierte er so: »Wer in diesen Tagen ›Argentinien‹ sagt, meint Fussball. Ich bin nicht sicher, ob ich mich darüber freuen soll. Ich glaube nicht an die völkerversöh-

nende Wirkung des Sports, wohl aber an seine politische. Und bei aller Sportbegeisterung, die ich mir seit meiner Jugend unvermindert erhalten habe, scheint es mir höchst fragwürdig, dass der General Videla im Bewusstsein der Weltöffentlichkeit nur noch als Veranstalter einer Sportkonkurrenz fungiert und nicht auch als Chef einer eher brutalen Militärdiktatur.«[46]

In einem Fall jedoch irrte Friedrich Torberg: beim Fußballidol Matthias Sindelar, den man aufgrund seiner Wendigkeit auch den ›Papierenen‹ nannte. Das ihm gewidmete Gedicht *Auf den Tod eines Fußballers* gehört zu seinen bekanntesten Texten überhaupt und trug erheblich zum Mythos um Sindelar bei. Bekannt war dessen Ablehnung des NS-Regimes, doch nicht bekannt war lange Zeit, daß Sindelar vor seinem Tod am 23. Jänner 1939 zum Besitzer eines ›arisierten‹ Kaffeehauses wurde. Torberg selbst gab im ehemaligen ›Café Sindelar‹ und vormaligen ›Café Annahof‹ ein Interview.[47] Doch die exakten Umstände dieser ›Arisierung‹ sind bis heute ebenso ungeklärt wie Sindelars Todesursache.[48]

Beim letzten Besuch eines Hakoah-Welttreffens in Ramat Gan, 1979 (MSM). ▲

Torberg wurde auch Zeuge der größten Katastrophe des jüdischen Sports nach 1945, der Geiselnahme und Ermordung von elf israelischen Sportlern am 5. September 1972 bei den Olympischen Spielen in München durch palästinensische Terroristen. Die Spiele wurden nach einer Trauerfeier fortgesetzt: »Ich war zur Zeit jenes tragischen Vorfalls noch in München und habe das grauenvolle, nervenzermürbende Auf und Ab der Nacht von Fürstenfeldbruck sozusagen ›aus erster Hand‹ mitgemacht, ohne dass ich darum den Ereignissen selbst auch nur um ein Jota näher gewesen wäre als alle anderen, die sie vor dem Bildschirm erlebt haben. Es ist vollkommen sinnlos, nach ›Formulierungen‹ zu suchen, und ich habe es auch strikt abgelehnt, mich in diesem Zusammenhang öffentlich zu äussern. Ausserdem ist da für mich keine wie immer geartete Illusion zusammengebrochen, weil ich mir niemals eine gemacht habe, am allerwenigsten über die ›Solidarität‹ der Sportler. Aber warum soll man gerade von den Sportlern etwas verlangen, wozu weder die Menschen im allgemeinen noch die Gemeinschaft der Völker imstande sind? [...] Ich kann mir allerdings die Frage nicht verkneifen, was geschehen wäre, wenn man statt der elf jüdischen zum Beispiel elf französische Sportler ermordet hätte. Da wäre Monsieur Pompidou wohl ganz anders dreingefahren und die offiziellen Stellen hätten dann ganz anders reagiert [...] aber solchen Bitterkeiten nachzuhängen hat wenig Sinn.«⁴⁹

Torberg war im Auftrag der Deutschen Olympischen Gesellschaft nach München gekommen, da er für deren offizielle Publikation einen Beitrag verfaßte. Diesen widmete er den Schwimmern, nicht zuletzt weil der Amerikaner Mark Spitz sieben Gold-Medaillen gewann und zum Star der Spiele avancierte. Hierin findet sich auch eine berührende Passage, die auf den ›kleinen Tod‹ des Schani Kantor verweist: »Erst als unweigerlich feststand, daß ich eine aktive Rolle, selbst in der Reserve, nicht mehr spielen würde, hatte ich den Sport endgültig aufgegeben. Es war mein erstes Alterserlebnis, und es war irreparabel. Eigentlich habe ich es bis heute nicht verwunden.«⁵⁰

1 Arthur Baar (Hg.): 50 Jahre Hakoah 1909–1959. Tel Aviv: Verlagskomitee Hakoah 1959; John Bunzl (Hg.): Hoppauf Hakoah! Jüdischer Sport in Österreich von den Anfängen bis zur Gegenwart. Wien: Junius 1987; Uta Tschernauth: Hakoah. Der vergessene jüdische Sportverein. In: Voll Leben und voll Tod ist unsere Erde. Bilder aus der Geschichte der jüdischen Österreicher (1190–1945). Hg. von Wolfgang Plat. Wien: Herold 1988, S. 188–194; Michael Brenner / Gideon Reuveni (Hg.): Emanzipation durch Muskelkraft. Juden und Sport in Europa. Göttingen: Vandenhoeck & Ruprecht 2006 (= Jüdische Religion, Geschichte und Kultur 3).

2 Friedrich Torberg: Judentum und jüdischer Sport. In: Hagibor, Židovský Sport, 23.–27.8.1933, S. 27.

3 Friedrich Torberg: [Lebenschronik, Februar 1979]. WBR, Nachlaß Torberg, ZPH 588, 8/2.

4 Friedrich Torberg an Herbert Eisenreich, Brief vom 6.10.1977. WBR, Nachlaß Torberg, ZPH 588, 7/2.

5 Friedrich Torberg an Ephraim Kishon, Brief vom 5.6.1962. WBR, Nachlaß Torberg, ZPH 588, 12/4.

6 Friedrich Torberg an Ephraim Kishon, Brief vom 22.6.1967. WBR, Nachlaß Torberg, ZPH 588, 12/4.

7 Friedrich Torberg an Franz Landau, Brief vom 5.7.1978. WBR, Nachlaß Torberg, ZPH 588, 6/3.

8 Friedrich Torberg an Frederick A. Praeger, Brief vom 15.11.1973. WBR, Nachlaß Torberg, ZPH 588, 36/23.

9 Friedrich Torberg an Franz Fischer, Brief vom 27.6.1967. WBR, Nachlaß Torberg, ZPH 588, 6/4. Vgl. auch: Franz Fischer: Juden schwimmen! In: Hagibor, Židovský Sport, 23.–27.8.1933, S. 28.

10 Vgl. Ilse Kantor: Erinnerungen aus dem Elternhaus, S. 58–77, hier S. 67.

11 Friedrich Torberg an den Zsolnay Verlag, Brief vom 9.4.1934. Österreichisches Literaturarchiv in der Österreichischen Nationalbibliothek, Zsolnay-Archiv, 286/05.

12 Friedrich Torberg an Julius Balaz, Brief vom 12.11.1966. WBR, Nachlaß Torberg, ZPH 588, 7/1.

13 Vgl. Friedrich Torberg an François Bondy, Brief vom 10.7.1963. WBR, Nachlaß Torberg, ZPH 588, 7/3, und Friedrich Torberg an Peter Brie, Brief vom 12.3.1955. WBR, Nachlaß Torberg, ZPH 588, 37/2.

14 Fick in Form. In: Prager Mittag, 13.2.1936. Vgl. auch: Neue Weltbestzeiten. In: Prager Mittag, 9.3.1935, und jl: Schwimmphänomen im nassen Element. In: Prager Mittag, 7.6.1935.

15 Vgl. ft: Zähigkeit gleicht Können aus: 3:3 gegen Oesterreich. In: Prager Mittag, 18.9.1933, und ft: Ein mattes 2:2 gegen Ungarn. In: Prager Mittag, 1.5.1934, sowie ft: Prachtvolles Spiel, prachtvoller Sieg gegen England. In: Prager Mittag, 17.5.1934.

16 Vgl. ft: Kämpfer ohne Herz – Zuschauer ohne Herzklopfen. In: Prager Mittag, 6.10.1933, und ft: Hrabák begeistert 4000. In: Prager Mittag, 13.12.1933, sowie ft: Jakš' Punktsieg mehr wert als Nekolnýs k.o. In: Prager Mittag, 5.1.1934.

17 ft: Belvedere-Klubs in Front. In: Prager Mittag, 23.10.1933. Vgl. auch: ft: Tabelle wieder »normal«: Sparta stösst vor. In: Prager Mittag, 11.9.1933; ft: Slavia an der Spitze. In: Prager Mittag, 13.11.1933; ft: Wie war das eigentlich mit dem Wasserballsieg gegen den ungarischen Meister? In: Prager Mittag, 5.12.1933; ft: Pause vor dem Liga-Finish. I. Slavia-Sparta-Kladno: Ein Spitzentrio ohne Spitzenleistung. In: Prager Mittag, 20.3.1934; ft: Pause vor dem Liga-Finish. II. Das Mitteltreffen und der gleichgültige Mitropa-Vierte. In: Prager Mittag, 22.3.1934; ft: Pause vor dem Liga-Finish. III. Die Abstiegskandidaten können gar nichts dafür. In: Prager Mittag, 23.3.1934; ft: Bilanz von drei Fronten. In: Prager Mittag, 28.3.1934; ft: Zweimal Wien: kein Ersatz für Polen. In: Prager Mittag, 16.4.1934; ft: Der Präventiv-Ausschluss. In: Prager Mittag, 24.4.1934; ft: Wilde Meisterschaft in Wien. In: Prager Mittag, 30.10.1934.

18 ft: Frühlingsparade im Axabad. Europakandidaten, Wasserballer, Juden und Nachwuchs beim Spartameeting. In: Prager Mittag, 29.3.1934.

19 [Anonymus]: Der erste wirkliche Sportroman. Friedrich Torberg: Die Mannschaft. In: Prager Mittag, 11.12.1935.

20 Hans Weigel: Die Romanschaft oder Wasserball über die Schnur. In: Prager Mittag, 1.7.1936.

21 F. T.: Sport und Demokratie. In: Prager Mittag, 27.10.1933.

22 Wien meldet: Friedrich Torberg spricht über den Sport. Der Sinn des Sports. In: Prager Mittag, 31.1.1936. Vgl. auch: Gibt es eine Sportphilosophie? In: Prager Mittag, 12.2.1936.

23 Bert Brecht: Die Krise des Sportes. In: Willy Meisl (Hg.): Der Sport am Scheideweg. Heidelberg: iris 1928, S. 144–146, hier S. 146.

24 Friedrich Torberg: Das Kinnhakenkreuz. In: Die Wiener Weltbühne 2 (1933), 15, S. 456–458.

25 [Friedrich Torberg]: Man hört nur das Beste vom Gedeihen der Berliner Olympiade. III. Der Paradejud und die andern. In: Prager Mittag, 25.1.1934 (Kopie o. D., ÖNB-HAN 37.272, Bl. 100). Vgl. auch: [F. T.]: Man hört nur das Beste vom Gedeihen der Berliner Olympiade. I. Die internationale Situation. In: Prager Mittag, 13.1.1934, und [F.T.]: Man hört nur das Beste vom Gedeihen der Berliner Olympiade. II. Die deutsche Lüge von innen. In: Prager Mittag, 20.1.1934.

26 [Friedrich Torberg]: To the First Official Meeting of Hakoah A. C., Los Angeles, 18.4.1945 – ÖNB-HAN 1194-54. Eine deutsche Fassung findet sich in: Friedrich Torberg: Warum ich stolz darauf bin. In: Arthur Baar (Hg.): 50 Jahre Hakoah 1909–1959. Tel Aviv: Verlagskomitee Hakoah 1959, S. 278–283.

27 H. H. Glanz (Hg.): 35 Years of the Hakoah A. C. Jubilee Book. New York: Hakoah Athletic Club New York 1945.

28 Friedrich Torberg an Manfred George, Brief vom 25.9.1949. Vgl. auch [Friedrich Torberg:] »Hakoah« jubiliert. ÖNB-HAN 37.397, Bl. 41–42.

29 F. T.: Fussball und Fortschritt. Ein Beitrag zur Technik der freiheitsliebenden Berichterstattung. In: FORVM 1 (1954), 7–8, S. 16–18.

30 Friedrich Torberg: Als Zaungast bei der Fußballweltmeisterschaft. In: Wiener Kurier, 25.6.1954.

31 Friedrich Torberg: Homo ludens teutonicus. In: F. T.: Auch Nichtraucher müssen sterben. Essays, Feuilletons, Notizen, Glossen. [Hg. von David Axmann u. Marietta Torberg]. München, Wien: Langen Müller 1985 (= Gesammelte Werke in Einzelausgaben 16), S. 199–202, hier S. 201. Vgl. auch: Lutz Maurer: »Der beste Schriftsteller unter den zeitgenössischen Wasserballspielern«. Friedrich Torberg und der Sport. In: David Axmann (Hg.): Und Lächeln ist das Erbteil meines Stammes. Wien: Edition Atelier 1988, S. 51–68.

32 Willy Meisl an Friedrich Torberg, Brief vom 1.7.1954. WBR, Nachlaß Torberg, ZPH 588, 27/12. Vgl. auch: Erik Eggers: Willy Meisl – der »König der Sportjournalisten«. In: Dietrich Schulze-Marmeling (Hg.): Davidstern und Lederball. Die Geschichte der Juden im deutschen und internationalen Fußball. Göttingen: Die Werkstatt 2003, S. 277–287, und Dietrich Schulze-Marmeling: Friedrich Torberg – Schriftsteller und Fußballfan. In: Ebd., S. 288–299.

33 Friedrich Torberg an den Anhängerklub des F. K. Austria, Brief vom 18.7.1955. WBR, Nachlaß Torberg, ZPH 588, 29/11.

34 Friedrich Torberg: Diese Qual. In: 60 Jahre Wiener Austria. Festschrift 1911 bis 1971. Wien 1971, S. 5.

35 Axel Corti: Der Schalldämpfer. Radiosendung auf Ö1 am 17.11.1979.

36 Vgl. die Briefe von Arthur Baar an Friedrich Torberg vom 8.10.1958 (WBR, Nachlaß Torberg, ZPH 588, 9/5), vom 3.10.1960 (WBR, Nachlaß Torberg, ZPH 588, 30/5) sowie vom 20.6.1974 (WBR, Nachlaß Torberg, ZPH 588, 18/1).

37 Friedrich Torberg an John Abeles, Brief vom 21.7.1974. WBR, Nachlaß Torberg, ZPH 588, 18/1.

38 Friedrich Torberg an John Abeles, Brief vom 30.6.1978. WBR, Nachlaß Torberg, ZPH 588, 7/2.

39 Friedrich Torberg an John Abeles, Brief vom 12.12.1960. WBR, Nachlaß Torberg, ZPH 588, 29/11.

40 Friedrich Torberg an John Abeles, Brief vom 5.11.1979. WBR, Nachlaß Torberg, ZPH 588, 17/1. Vgl. auch: Oskar Teller: Friedrich Torberg s. A. In: Brith Hakoah 1909, Nov./Dez. 1979, o. Nr., S. 1.

41 Friedrich Torberg: 65 Jahre Hakoah. In: Brith Hakoah 1909, Dez 1974, Nr. 214–215, S. 1–2.

42 Friedrich Torberg an Arthur Baar, Brief vom 14.5.1967 (und beigelegt) Friedrich Torberg: Ein Aufruf zur Erinnerung. WBR, Nachlaß Torberg, ZPH 588, 6/4; Friedrich Torberg an Theodor Piffl-Percević, Brief vom 1.1.1969. WBR, Nachlaß Torberg, ZPH 588, 6/4.

43 Arthur Baar an Friedrich Torberg, Brief vom 17.4.1969. WBR, Nachlaß Torberg, ZPH 588, 6/4.

44 Friedrich Torberg an die Brith Hakoah, Brief vom 22.4.1966. WBR, Nachlaß Torberg, ZPH 588, 6/4.

45 Arthur Baar und Hans Stern an Friedrich Torberg, Brief vom 6.5.1966. WBR, Nachlaß Torberg, ZPH 588, 6/4.

46 [Friedrich Torberg]: Apropos Argentinien. (Beigelegt zu) Friedrich Torberg an Peter Stahlberger (Luzerner Neueste Nachrichten), Brief vom 9.6.1978. WBR, Nachlaß Torberg, ZPH 588, 33/2.

47 Friedrich Torberg und der Sport. ORF-Fernsehdokumentation von Lutz Maurer, 1988.

48 Friedrich Torberg: Auf den Tod eines Fußballers. In: F. T.: Lebenslied. Gedichte aus 25 Jahren. München: Langen Müller 1958, S. 47–48. Vgl. auch: Wolfgang Plat: Matthias Sindelar. War der Gashahn der Ausweg? In: Voll Leben und voll Tod ist unsere Erde (Anm. 1), S. 274–277, und Roman Horak / Wolfgang Maderthaner: Mehr als ein Spiel. Fußball und populare Kulturen im Wien der Moderne. Wien: Löcker 1997, S. 141–151, sowie Peter Menasse: Parteigenosse Matthias Sindelar. In: NU (Arbeitsgemeinschaft Jüdisches Forum, Wien) (2003), 14, S. 7–11.

49 Friedrich Torberg an Johanna Buchberger, Brief vom 23.9.1972. WBR, H.I.N. 241753.

50 Friedrich Torberg: Menschen – wie Delphine. In: Rudolf Hagelstange (Hg.): Die Spiele der XX. Olympiade München-Kiel 1972 und die XI. Olympischen Winterspiele Sapporo 1972. Stuttgart: Olympischer Sport-Verlag 1972, S. 113–115, hier S. 114.

Marcel Atze

»Was von einem ganzen Lebenswerke bleibt«

Friedrich Torbergs Prosatexte zwischen Produktion und Rezeption

Am 6. April 1930 gehörte ein Interview mit einem gewissen Arnold Schwefel zu den publizistischen Attraktionen des *Prager Tagblatts*. Nun hatten dessen Leser nicht mit einem Mal ihre etwa bis dahin verborgen gebliebene Liebe zu Mathematiklehrern entdeckt – denn Herr Schwefel war von dieser Profession –, vielmehr sprach der Pädagoge über ein Buch, das ihn über Nacht unter dem verspielten Pseudonym »Gott Kupfer« über die Landesgrenzen hinaus berühmt gemacht hatte. Schwefel schilderte im Gespräch seine Erfahrungen, die er mit dem Autor des in Rede stehenden Bandes gesammelt hatte:

»›Ich habe das Buch gelesen‹, sagt ›Gott Kupfer‹, ›und ich habe daraus nur eine Konsequenz gezogen, nämlich: es zu ignorieren. Es wäre unter meiner Würde, mich mit einem Unreifen in eine Polemik einzulassen. Die heutige Schule ist ohnedies in gewisser Beziehung nur noch eine Farce und man muß, eventuell auch mit Strenge, überall dort eingreifen, wo die ›Freiheit‹ zu Sabotagezwecken mißbraucht wird. Mein Schüler Torberg – er ist ja mit seinem ›Helden‹ Gerber identisch – gehörte zu jenen Elementen, die man kleinkriegen muß. Und das ist mir gelungen! Ich habe dieses Bestreben nie geleugnet, aber ich bin auf Grund meiner Position und meines Renommees vor dem Verdacht geschützt, jemals aus persönlichen Gründen in irgendeiner Form ›aufsässig‹ zu werden. Die scheinbare Güte eines Professors ist meist nur Schwäche. Ob ich in der Verurteilung der Qualitäten des Schülers Gerber dem Dichter Torberg Unrecht tue, weiß ich nicht, ich weiß nur: daß er ein schlechter Mathematiker war, und zwar ein so unzweifelhaft schlechter, daß selbst die Beispiele, die er in seinem Roman verwendet hat, vollkommen falsch sind‹«.[1]

◀ Blick auf das Lebenswerk. Photo: Scheidl (DA).

Schutzumschlag der Erstausgabe (DLA). ▲

Doch der Einsatz angeblich falscher mathematischer Exempel, die der Verfasser dieser Zeilen mangels einschlägiger Kenntnisse nicht zu prüfen vermag, konnte nicht verhindern, daß Friedrich Torbergs *Der Schüler Gerber hat absolviert* zum Klassiker seines Genres, des Schülerromans, und zu einem beachtlichen Longseller wurde, denn bis heute findet dieser – mit einem Wort von Jean Améry – »Schul-Thriller«[2] begeisterte Abnehmer. Peter Handke befand, der *Gerber* sei »ein satanisch gutes Buch, für alle, die nichts vergessen möchten«.[3] Das Werk, das den »Vernichtungskampf« eines Lehrers schildert, den ein »perverser Tyrannenwille«[4] beseelt, wie es in einer zeitgenössischen Rezension heißt, ließ den darin beschriebenen Tyrannen aber doch nicht gar so kalt, wie dieser behauptete. Denn immerhin bat Schwefel noch am selben Tag, an dem er sein Interview im *Prager Tagblatt* lesen konnte, bei Zsolnay um ein Widmungsexemplar des Buchs. Diesem Ansinnen mißtrauten die verblüfften Mitarbeiter und fragten bei Torberg nach, ob es sich um einen Scherz handeln könne. Doch weit gefehlt: »Es handelt sich hier um keinen Scherz«, ließ Torberg den Verlag wissen, »ich kenne die Handschrift des Herrn genauer als mir lieb ist; er bildet sich auch durchaus zu Recht ein, etwas mit meinem Roman zu tun zu haben: Professor Schwefel ist nämlich mit Gott Kupfer so gut wie identisch. Ich weiss nicht, was er mit der Karte bezweckt und warum er gerade jetzt, wo die Prager Pressepolemik um seine Person auf dem Höhepunkt steht, ein ›Widmungsexemplar‹ verlangt«.[5]

Nur selten dürfte der Erstling eines 21jährigen Talents für derartigen Gesprächsstoff gesorgt haben. Doch die Pressepolemik, von der hier gesprochen wird, ergriff durchaus nicht nur die Partei des Autors. Im *Prager Tagblatt* kam es zu einer Leserbriefdebatte, in der man dem vielgescholtenen Lehrer zur Seite sprang. Die Mutter einer Schülerin schrieb etwa: »Meine Tochter führte einen wahren Freudentanz auf, als ›Gott Kupfer‹ nach längerer Krankheit wieder die Klasse übernahm.«[6] Auch in Wiener Blättern kam es zu einer hitzigen Debatte. Der Schüler Paul Schwarzmann berichtete in der *Neuen Freien Presse* von seiner

▲ »Gott Kupfer« bittet den Zsolnay-Verlag um ein Widmungsexemplar (ÖLA).

Romanlektüre: »Der Autor dieses Buches verfährt hart mit dem Leser. Unerbittlich, nüchtern jagt er ihn durch zehn Monate eines Jugendschicksals; er ruht nicht, bis er nicht an seinen Wimpern die Träne hängen sieht; er triumphiert, wenn der Leser das Buch nachdenklich und traurig zuklappt. Denkende Menschen, Eltern und Lehrer, leset das Buch!«[7] Doch dieser flammende Appell erregte entschlossenen Widerspruch aus den Reihen der Schüler. Annemarie Selinko, nachmals eine namhafte Schriftstellerin, entgegnete spöttisch, sie habe die Lektüre »weder besonders traurig noch nachdenklich gestimmt, auch hing keine Träne an meiner Wimper. Bei der letzten Seite angelangt, klappte ich das Buch ruhig zu.« Sie fragte vielmehr empört, ob dieses Buch der Roman der Schuljugend sein solle, und beantwortete die Frage gleich selbst: »Nein, ich danke für eine Jugend, die aus lauter Gerbers besteht!« Angesichts der von Stadtschulrat Otto Glöckel initiierten und gegenüber den Prager Verhältnissen äußerst fortschrittlichen Schulreformen im Roten Wien verbannt sie Torbergs Roman sogar in die pädagogische Steinzeit: »Denn die Jugend von heute kennt sowohl ihre Rechte als auch ihre Pflichten. In den meisten

▲ Beschriftet mit »Der durchgefallene Maturant«. Photo: Studio, Prag (DA).

Maturaklasse des Deutschen Staats-Realgymnasiums von 1927. ▲
Beschriftet mit »Nach nicht-bestandener Matura aus dem Klassentableau entfernt.« (Fritz Kantor 2. Reihe oben r.). Photo: Kempf & Paulus, Prag (DA).

Mittelschulen haben die Klassen ihre Gemeinden und Vertreter, um sich vor etwaigen Ungerechtigkeiten zu schützen. Das sind die Rechte. Und die Pflichten? Wohl in erster Linie: die Schule nicht gering zu schätzen.«[8]

Torberg selbst war da ganz anderer Meinung. Das Buch sei – so berichtete er einer Schülerin 1977 – »unter dem Eindruck meiner ganzen Gymnasialzeit entstanden. Diese Feststellung ist mir wichtig, weil ich all die Jahre zuvor unter dem Schulsystem gelitten habe und weil ich das Buch in jedem Fall geschrieben hätte, auch wenn ich bei der Matura durchgekommen wäre.« Beim ersten Versuch zu maturieren war er 1927 gescheitert. Im darauffolgenden Jahr der Wiederholung habe er sich dazu entschlossen, seine Qualen mit der Romanniederschrift zu kompensieren: »Offenbar hat diese Unmittelbarkeit, also die Nähe zum Schulerlebnis, einiges dazu beigetragen, dass sich das Buch so lange lebendig erhalten hat.«[9] Torberg begriff die Schule zu seiner Zeit als Kriegsschauplatz. Auch Max Brod, der als der Entdecker Torbergs gilt,[10] weil er das Manuskript des *Gerber* ohne dessen Wissen an den Verleger Paul Zsolnay geschickt hatte, wollte im Sitzplan, der auf dem Umschlag prangte, »die Schlachtaufstellung einer todgeweihten Kompanie« erkennen. Folgerichtig empfahl er den Roman all jenen zur Lektüre, »die für das Wohl der Schuljugend zu sorgen haben und die sich nicht mit der lügnerischen Phrase ›An der Schul-Front nichts Neues‹ zu beruhigen wünschen«.[11] Obwohl sich Torberg über einen großen literarischen Erfolg freuen durfte, war er »von der Wirkung des Buches enttäuscht. Ich hatte doch schließlich erhofft, daß mein Roman dazu beitragen werde, die desolaten Schulverhältnisse einer Besserung zuzuführen.«[12]

Entdeckt wurden Roman und Verfasser indessen von Psychologen und Psychoanalytikern – hierfür war Wien um 1930 die richtige Adresse. Tatsächlich erschien über den *Gerber* ein Artikel in der *Internationalen Zeitschrift für Individualpsychologie*,[13] dem Torberg, wie er in einem Brief an Manès Sperber berichtet, zu seiner »namenlosen Verblüffung« entnehmen konnte, »dass der ›Schüler Gerber‹ geradezu ein individualpsychologisches Paradigma« darstelle.[14] Für den Kabarettisten Fritz Grünbaum hingegen waren für die gewinnbringende Lektüre

Max Brod in Dresden, 1914 (DLA). ▲

Franz Werfel und Paul Zsolnay, um 1925 (UP). ▲

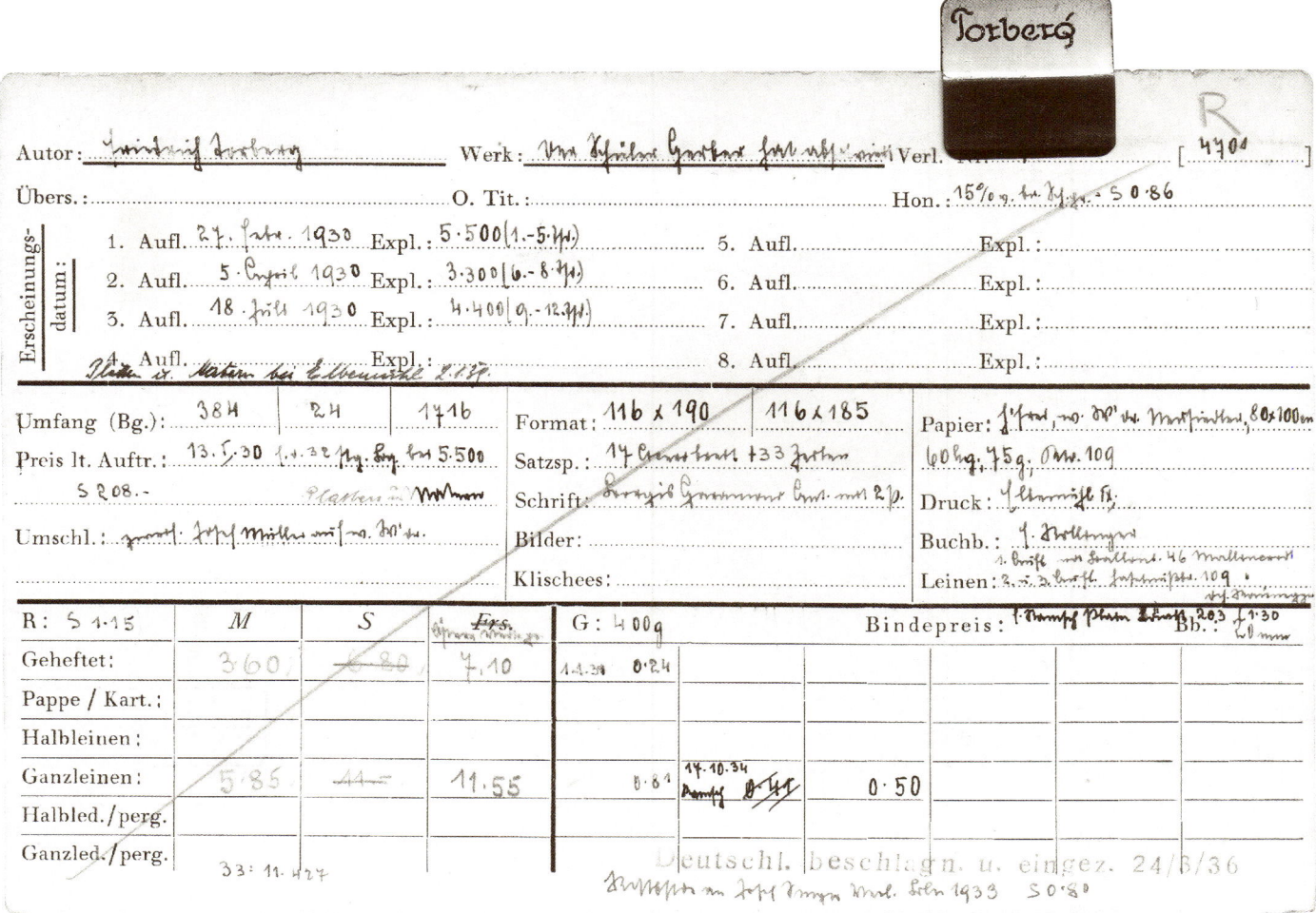

des *Gerber* keine wissenschaftlichen Erkenntnisse dieser Art nötig: »Ich brauch' ka Psychoanalyse, wenn Einer ein lieber Mensch, ein guter Sohn und Bruder, ein gescheiter und lustiger Gesellschafter und – bei grösster Künstlerschaft – ein so bescheidener und einfacher Kamerad ist wie Sie. Das mit der Künstlerschaft weiss ich nämlich jetzt aus eigener Erkenntnis, da ich den ›Schüler Gerber‹ gelesen hab'. Wenn ich nicht wüsste, dass Sie lachen werden, würde ich jetzt ›aufrüttelnd‹ sagen. Ich war aber wirklich erschüttert, und aus meiner Gymnasiastenvergangenheit stieg der Gott Kupfer in mehreren Exemplaren ans Tageslicht. Kein Vater, der Ihren Roman in die Hand bekommen hat, wird es künftighin wagen, sich in der Beurteilung seines Kindes von der Professorenautorität leiten zu lassen. Plötzlich erkennt man, dass so ein Kerl von einem Kupfer einem jungen Menschen die wenigen Jahre der Sorglosigkeit, die die Canaille Schicksal mit Ach und Krach konzediert hat, einfach stiehlt und vergiftet. Aber Ihr Roman ist deshalb ein so grosses Kunstwerk, weil er seine Tendenz unaufdringlich vorträgt, sich beim Vortrag einer klaren und edel-einfachen Sprache bedient und seine Geschehnisse sich nicht aus dem Finger zuzelt, sondern in dramatischer Wucht ablaufen lässt.«[15]

Diese prominente Zuschrift mag stellvertretend für den tiefen Eindruck stehen, den Torbergs literarisches Debüt bei den Lesern – quer durch die Jahrzehnte – hinterließ. Im Dritten Reich galt der ab März 1936 verbotene *Gerber* als oppositioneller Text, der in Zeiten autoritärer Erziehung und unerbittlichen militärischen Drills als illegale Lektüre von Hand zu Hand ging.[16] Der Lyriker Hermann Lienhard berichtet im Jahr 1952 davon, wie ihm das Buch als Oberschüler zugespielt worden sei: »Es blieb in einer Weise unvergessen, dass es mithalf, die innere Emigration zu stärken, die auch mich Anfang 1945 in Gestapo-Haft brachte.«[17]

▲ Blatt aus der Herstellerkartei des Zsolnay-Verlags: Eintrag zum *Schüler Gerber*, der das 1936 erfolgte Verbot in Deutschland dokumentiert (ÖLA).

Georg Seidel, der Sohn der Erfolgsschriftstellerin Ina Seidel, begegnete dem *Schüler Gerber* in der Bücherei eines Landerziehungsheims, »einer niemals ›gereinigten‹ Ansammlung von Lesestoff«. Über seine Lektüre berichtet Seidel in der dritten Person: »Er wußte nicht, wer Torberg war. Ohnehin hatte ihm niemand mit Erfolg beibringen können zu unterscheiden zwischen jüdischen und anderen Autoren. Daß er aber irgendwie Unerlaubtes zu sich nahm, das war ihm von Anfang an angenehm klar.«[18] Schließlich bezieht auch der Lyriker Michael Guttenbrunner seine *Gerber*-Lektüre, obwohl sie erst zehn Jahre nach Kriegsende stattfand, auf Hitlers Herrschaft: »Ich habe nie einen Bildungsgang genommen, der zwangsläufig zu einer Maturitätsprüfung geführt hätte, und auch die familiären und gesellschaftlichen Umstände meiner Schul- und Jugendzeit waren etwas andere; und dennoch muss ich mich, als der Schüler und der junge Mensch, der ich gewesen bin, mit Gerber identifizieren, ich bin vor Schule, Welt und Liebe derselbe gewesen wie er. Aber ich lebe noch, ich habe ›Gott Kupfer‹ überlebt, und nach der Schule das Militär, wo Professor Kupfer wieder als Hauptmann Kupfer sein Unwesen trieb, und ich war Gladiator in der Arena eines mächtigen Reiches, das ein nach dem Modell Kupfers geschaffenes Monstrum unumschränkt regierte. Dass ich wie der Schüler Gerber immer wieder dem Zwang unterliege, mich nicht ›hervortun‹ zu können, dass ich mich schäme, den feigen und absichtsvollen Erwartungen dieser Lehrer, Aufseher, Offiziere und Führer zu entsprechen, dass ich im falschen Glanz dieser Weltordnung nicht mitglänzen will, macht meinen fortgesetzten Selbstmord aus.«[19] Guttenbrunner stand wegen seiner Widersetzlichkeit in der Deutschen Wehrmacht mehrfach vor dem Kriegsgericht und entging nur knapp einem Todesurteil.

Traumerlebnisse bescherte die Lektüre des *Gerber* dem letzten Leser, der hier zu Wort kommen soll: Peter Handke. Er habe den Roman bis in die Nacht hinein gelesen, heißt es in einem Brief vom 14. November 1976: »Nur schade, dass man um den Gerber während des Lesens so eine Angst haben muss, und dass diese Angst schliesslich auch gerechtfertigt ist (das ist nicht gerecht). Es ging mir oft so wie bei manchen amerikanischen Filmen, die einen grossen Identifikationssog haben: man möchte dauernd eingreifen, helfen, zuschlagen (nur gibt's bei den amerikanischen Filmen dann meist das happy end, dass der Bösewicht zerrissen und zerfetzt wird.) Trotzdem war es so, dass ich mich ertappte, wie ich mich nicht nur mit den gequälten Schülern identifizieren <u>wollte</u>, sondern auch mit den negativ geschilderten, sogar mit einem der Lehrer, wenn auch nicht mit dem Erzbösen, mich immer wieder identifizieren sah, wie ertappt. Und das ist das Quälende an Ihrem Buch. Wir waren übrigens, vor über 15 Jahren, in der letzten Gymnasialklasse in einer ähnlichen Lage, nur haben wir den betreffenden Lehrer schliesslich vertrieben, eine am Ende gefürchtete Schar. Vor einer Woche war ich in Klagenfurt beim Maturatreffen, sah dort alle erstmals seit langem wieder – und träume jetzt jede Nacht von nichts anderem.«[20]

▲ Michael Guttenbrunner, um 1959 (MG).

Die Mannschaft

Wie der *Schüler Gerber* stand auch ein weiteres Romanprojekt Torbergs ganz im Zeichen der Lebenswelt des Autors, der als Wortkünstler am Schreibtisch und als Wasserballer im Becken reüssierte. Nur selten harmonieren Literatur und Leibesübungen derart, daß ein Mann der Feder für seine »schlanke, sportgestählte Gestalt«[21] gerühmt wird, wie dies beim jungen Torberg der Fall war. Da überraschte es nicht, daß er schon 1931 durchblicken ließ, sein nächstes größeres Werk werde »aus der Welt und dem Leben des Sports sein; es wird den Körpersport behandeln, nicht so sehr als Gesellligkeitsfaktor, wie er heute eine Rolle spielt, sondern vor allem den Sport in seiner Bedeutung für das Gefühlsleben des jungen Menschen von heute und als soziologische Komponente.«[22] Die Arbeit an dem umfangreichen Projekt nahm viel Zeit in Anspruch und wurde zudem unterbrochen durch die Niederschrift des wenig erfolgreichen Romans *und glauben, es wäre die Liebe*, der 1932 erschien. Erst 1934 stellte Torberg seinem Verleger Paul Zsolnay das Manuskript, an dem er momentan arbeitete, als »Sportroman«[23] vor, der, so heißt es einen Brief später, »ein reiner Entwicklungsroman« sei und »nicht mehr psychologisch auf eine einzige Hauptfigur zentralisiert sein, sondern eben die ›Mannschaft‹ und überhaupt den Sport in seinen vielen Auswirkungen und Verästelungen darstellen«[24] solle.

Indessen war Hitlers Machtübernahme in Deutschland nicht ohne Folgen für Österreichs Verlage geblieben. Namentlich Paul Zsolnay war besonders vom deutschen Markt abhängig, erzielte sein Haus doch mehr als 70% des Absatzes im Deutschen Reich.[25] Eine Verbotsliste, die am 16. Mai 1933 im *Börsenblatt des Deutschen Buchhandels*

▲ Die Mannschaft der Hagibor als Wasserballmeister mit ihrem Kapitän Schani Kantor (3.v.r.), 1928. Photo: Balzar, Prag (JMP).

veröffentlicht worden war, belegte nicht weniger als fünfzehn Autoren des Verlags mit einem Gesamtverbot, darunter Heinrich Mann, nicht jedoch Friedrich Torberg.[26] Dieser war durch Zsolnay bereits kurz nach der am 10. Mai 1933 von deutschen Studenten organisierten Bücherverbrennung gewarnt worden, seine Texte im Interesse einer weiteren Kooperation keinen deklarierten Exilverlagen anzubieten. Denn handle es sich um einen Verlag, »der im weiteren oder näheren Ausland Autoren, deren Bücher in Deutschland unterdrückt oder verbrannt wurden und die selbst aus Deutschland flüchten mussten, verlegt, so müssen wir Sie bitten, sich aller Konsequenzen bewusst zu sein. Falls Sie nämlich in einem solchen Verlag ein Buch herausgeben, so gibt es für Sie leider, wie die Verhältnisse nun einmal liegen, in absehbarer Zeit keinen Rückweg mehr«.[27] Und obwohl Torberg empört erwiderte, nicht die »mindeste ›Gleichschaltung‹« an sich vornehmen zu lassen, gestand er dem Verlag angesichts der politischen Lage in Deutschland zu, »auf eine Besserung dieser Situation zu warten«.[28] Aber diese stellte sich auch binnen Jahresfrist nicht ein. Dennoch hoffte Torberg weiterhin darauf, seinen Roman *Die Mannschaft* in Deutschland veröffentlichen zu können, wenn er auch bezüglich der »finanziellen Ertragsmöglichkeiten«, wie er am 9. April 1934 schreibt, »von der deutschen Buchausgabe wohl nichts Nennenswertes mehr zu erwarten hätte«.[29]

Sehr bald schon stellte sich jedoch die Frage, ob Torberg seinen Sportroman überhaupt bei Zsolnay würde unterbringen können. Der Verlag ließ ihn einige Monate auf Nachricht warten und begründete die Verzögerung in einem Brief vom 18. August 1934 mit der »Umorganisation unseres gesamten Betriebes«, die »unsere ganzen Kräfte in Anspruch nahm und uns zwang, auch wichtigste Dinge liegen zu lassen«.[30] Das war offensichtlich die Sprachregelung dafür, daß sich der Verlag, der durch die deutsche Devisenbeschränkung und die zahlreichen Verbote seiner Autoren im Hauptabsatzgebiet finanziell in Not geraten war, in einem »freiwillig gefaßten Entschluß«[31] gleichschaltete. Schon 1934 war das Programm des Verlags frei von Autoren, die in Deutschland als ›unerwünscht‹ galten. Zudem wurden zahlreiche ›nationale‹ Schriftsteller verlegt, um das Gesicht des Hauses radikal zu ändern und den Ruf vom »Judenverlag«[32] – die Bezeichnung stammt vom Nazibarden Will Vesper – loszuwerden. Das bedeutete zwar nicht, daß Zsolnay alle nun ›mißliebigen‹ Autoren im Stich ließ, doch beugte er sich der »Kraft des Faktischen«.[33] Diese Fakten nun ließen Kompromisse von Tag zu Tag notwendiger erscheinen. Einem Erfolgsautor wie Torberg, der noch auf keiner NS-Verbotsliste auftauchte (obwohl es bald soweit sein konnte), sagte der Verlag jedoch nicht mit einer politisch motivierten Begründung ab. Man könne sich mit dem Manuskript nicht anfreunden, hieß es in einer ersten Einschätzung, da es »schwer lesbar« und stilistisch »nicht flüssig genug« sei sowie überdies »Längen« aufweise. Der Verlag bat um Nachbesserungen: »Es ist uns nicht leicht gefallen, sehr geehrter Herr Torberg, Ihnen diesen Brief zu schreiben, denn es liegt uns nichts ferner, als Sie irgendwie zu entmutigen, Sie wissen, dass wir stolz darauf sind, Ihr Talent entdeckt zu haben, und dass wir von Ihnen noch viel Schönes erwarten. Gerade deshalb aber halten wir es für unsere Pflicht, an der Entwicklung Ihres Talentes mitzuhelfen, indem wir Ihnen offen unsere Meinung darlegen«.[34]

Obwohl man sich nach Lektüre des Romans *Die Mannschaft* den sachlichen Einwänden Zsolnays sehr wohl anschließen kann, steht außer Frage, daß der Verlag den innovativen Charakter von Torbergs Projekt, der in dessen Thema, dem Sport, begründet lag, durchaus erkannt hat. Trotzdem trennte man sich endgültig. Ende 1934 muß es zu einem letzten Treffen zwischen Torberg und Zsolnay gekommen sein, bei dem die Frage nach dem Erscheinen des Romans *Die Mannschaft* nicht mehr auf Basis vorgeschobener ästhetischer Gründe diskutiert wurde, sondern aufgrund realpolitischer Gegebenheiten. In einem Brief vom 12. März 1935 resümiert Torberg: »Ich habe die von Herrn v. Zsolnay an mich gerichtete Frage – die überdies einen wohl nicht mehr zu überbietenden Beweis für die Wechselseitigkeit der Interessen und die beiderseitige Konzessionsbereitschaft darstellt – die Frage nämlich: ob ich als Lektor des Verlags Zsolnay die Publikation meines nächsten Romans empfehlen würde? ausschließlich aus nichtkünstlerischen Erwägungen und ausschliesslich vom Standpunkt des Verlags

Zsolnay aus mit Nein beantwortet.« Torberg war endlich klargeworden, daß man ihn als Autor, der sich durch seine politische Publizistik exponiert hatte, nunmehr fallenlassen wollte: »Erlauben Sie mir das Geständnis, dass ich noch bei weitem schmerzlicher überrascht und enttäuscht bin, die rückhaltlose Bereitwilligkeit einer Antwort, welche völlig in Ihrem Interesse gegeben war, nun immer deutlicher dahin mißbraucht zu finden, als ob ich es wäre, für den das Erscheinen meines nächsten Buchs im Verlag Zsolnay abträglich und vielleicht gefährlich sein könnte. Das alles ist es ausschliesslich für Sie, und sich darüber etwas vorzumachen wäre ungefähr so verfehlt, wie wenn Sie mir im gegebenen Fall hätten verkünden wollen, dass Sie mein Buch aus rein künstlerischen Erwägungen ablehnen müssten. Sie würden es wohl eher aus rein politischen Erwägungen ablehnen, und zwar täten Sie das vermutlich auch dann, wenn es – ich erinnere mich, dass dieser Ausdruck fiel – eine ›harmlose Sommergeschichte‹ wäre (die es obendrein nicht ist). Sie würden es ganz einfach deshalb ablehnen, weil Sie die Tätigkeit Ihres Verlags in Hitlerdeutschland durch Publikation eines jüdischen und womöglich noch als deklariert hitlerfeindlich verschrieenen Autors nicht gefährden wollen.« Torberg war nun um die Illusion ärmer, in Zsolnay auch künftig einen verläßlichen Verleger zu haben. Seinerseits kündigte er jetzt die Option auf, die ihn bis 1937 an den Verlag band: »Ich kann und will Ihnen da ebensowenig dreinreden, wie Sie mir etwa in die Haltung meines nächsten Buchs würden dreinreden wollen – die Verhältnisse haben sich eben geändert, und ich kann es vollauf verstehen, dass Sie sich diesen geänderten Verhältnissen in einer Weise angepasst haben, welche die Absatzmöglichkeiten Ihrer Verlags-Produktion in Hitlerdeutschland nicht gefährdet. Die Publikation meines nächsten Romans würde eine solche Gefährdung bedeuten, und es schien mir deshalb rätlich, eine vorsorgliche Lösung unserer von den geänderten Verhältnissen überholten Abmachungen herbeizuführen.«[35]

Torberg forcierte diese Trennung wohl auch deshalb, weil er bereits einen anderen Verleger gefunden hatte: Julius Kittl's Nachfolger in Mährisch-Ostrau. Mit dem Geschäftsführer des traditionsreichen Verlags, Dr. Paul Fischl, war Torberg schnell

Paul Fischl (hintere Reihe, 3.v.l.), 1904 als Spieler des DFC Prag (WP). ▲

einig geworden: »Ich bewunderte in ihm einen der besten Fußballer aus der Zeit vor dem Ersten Weltkrieg. Er zählte damals zu den Stützen des kurz ›DFC‹ genannten Deutschen Fußball-Clubs Prag, war wiederholt in das österreichische Auswahlteam berufen worden (u. a. bei den Stockholmer Olympischen Spielen von 1912) und erschien mir aus allen diesen Gründen als der naturgegebene Verleger für meinen Sportroman *Die Mannschaft*, den ich 1932 zu schreiben begonnen hatte, bald nachdem ich infolge unsportlicher Lebensweise meine Wasserball-Karriere hatte aufgeben müssen.«[36] Daß der tschechoslowakische Verlag in Deutschland verfemten Autoren, wie Torberg schreibt, »eine neue Heimstatt bot« und »nicht weit hinter den großen Amsterdamer Emigrationsverlagen Querido und Allert de Lange rangierte«,[37] trifft zwar zu, doch scheint es sich bei Fischl um ein verlegerisches Schlitzohr gehandelt zu haben, das wie Paul Zsolnay auf die Absatzmöglichkeiten in Nazi-Deutschland schielte. Das war insofern möglich, als der Verlag neben dem Stammsitz Mährisch-Ostrau mit Leipzig einen deutschen Verlagsort besaß und auch im deutschen Buchhandelsadreßbuch von 1936 vertreten war.[38] Zudem war der Verlag nicht in jüdischem Besitz, sondern gehörte zum ›arischen‹ Mercy-Konzern in Prag.[39] Den Ruf, ein ›jüdischer‹ Verlag zu sein, hatte, wie schon Zsolnay, auch Kittl's Nachf. dem Hitler-Apologeten Will Vesper zu verdanken, der in seiner Zeitschrift *Die Neue Literatur* jede Gelegenheit zur üblen Nachrede nutzte: »Immer wieder müssen wir die deutschen Leser und die deutschen Buchhändler dringend vor den Emigrantenverlagen warnen, die nun vom Ausland her den deutschen Markt wieder an sich zu reißen suchen. Wir machen heute besonders aufmerksam auf den Verlag Julius Kittls Nachfolger, Leipzig/M.-Ostrau (d. h. Mährisch-Ostrau), der ganz fidel im Buchhändler-Börsenblatt vom 14. November 1935 uns Deutschen die Bücher seiner Juden anpreist und dabei die ahnungslosen und charakterlosen Hymnen reichsdeutscher Blätter über seine Judenbücher zitieren kann.«[40]

Eines dieser »Judenbücher«, die der Verlag Kittl's Nachf. im Herbst 1935 auf den deutschen Buchmarkt brachte, war Friedrich Torbergs Roman *Die Mannschaft*, was um so erstaunlicher ist, als dessen Gesamtwerk seit Drucklegung der *Liste 1 des schädlichen und unerwünschten Schrifttums* (Stand Oktober 1935) in Nazi-Deutschland verboten war.[41] Zwar war dieses nur für den »Dienstgebrauch« gedachte Verzeichnis keineswegs öffentlich zugänglich, so daß der Verlag womöglich nichts vom Verbot von Torbergs sämtlichen Schriften wußte, doch sollte den Behörden der Name Torberg bekannt gewesen sein. Wie die Publikation trotzdem gelang, läßt sich anhand des Archivalienbestands der Reichsschrifttumskammer (Bundesarchiv Berlin-Lichterfelde) und der lediglich lückenhaften Akten des Börsenvereins des Deutschen Buchhandels (Sächsisches Staatsarchiv Leipzig) nicht rekonstruieren. Allerdings findet sich eine – wie plausibel auch immer geartete – Erklärung in einem Brief, den Torberg an F. R. Praeger richtete. Dort liest man über das Erscheinen der *Mannschaft* im Dritten Reich: »There is quite a funny story to

▲ Schutzumschlag *Die Mannschaft* (ÖNB-HAN).

this book as far as Germany is concerned: when it first appeared, in 1935, I was, of course, solidly blacklisted by the Nazis, and was no less amazed than good old Dr. Fischel [!] at the news that the ›Mannschaft‹ got the o.k. for sale in Germany. There appeared even some raving reviews before the whole thing blew up; it turned out that the Reichskulturkammer got my book mixed up with another one that appeared at the same time: ›Die Mannschaft. Frontsoldaten berichten von ihren Erlebnissen‹, by some Hannsguenther Knatschke or the like.«[42] Obwohl bei der Angabe des Autors mit Torberg der Humorist durchging, ist der von ihm gemeinte Titel tatsächlich erschienen. Es handelt sich dabei um *Die Mannschaft. Frontsoldaten erzählen vom Front-Alltag*, 1936 herausgegeben im Berliner Verlag Limpert von einem gewissen Jürgen Hahn-Butry. Insgesamt erschienen sogar vier Bände, die zugunsten der Nationalsozialistischen Kriegsopferversorgung Episoden aus dem Ersten Weltkrieg versammelten. Es klingt zwar durchaus abenteuerlich, daß die beiden Titel vertauscht worden sein sollen, doch scheint angesichts des konkurrenzzerfressenen und keineswegs monolithisch organisierten Zensurwesens in Deutschland eine Verwechslung sehr wohl denkbar.

Torberg erwähnt im obigen Brief noch eine weitere verblüffende Einzelheit, daß nämlich sein Buch von reichsdeutschen Rezensenten besprochen und gelobt worden sei. Auch das trifft zu. Doch bevor diese erstaunlichen Zeugnisse vorgestellt werden, ist es an der Zeit, kurz auf den Inhalt des Romans *Die Mannschaft* einzugehen. Geschildert wird die Karriere eines Sportlers namens Harry Baumester. Der Leser begleitet den Helden von klein auf. Zunächst zeigt sich Harry gegen den Widerstand seiner Eltern vom Fußball begeistert. Er tritt einem Sportverein bei, wechselt von den Fußballern zu den Schwimmern, um schließlich die treibende Kraft beim Aufbau und der Schlüsselspieler einer erfolgreichen Wasserballmannschaft zu werden. Der Roman schließt mit dem schmerzlichen Ende der sportlichen Karriere, auf das Torberg ja aus eigener Erfahrung zurückblicken konnte.

In einem Brief an Herbert Eisenreich vom 6. Februar 1959 machte Torberg deutlich, daß es ihm bei seinem Buch besonders darum gegangen war, den »Kontrast« von Einzel- und Mannschaftssport aufzuzeigen: »Ich halte den Mannschaftssport allen Ernstes für die einzig praktikable Verwirklichung des Kollektivgedankens (und ›Die Mannschaft‹ für das einzige Buch, zu dem man mich <u>wirklich</u> gebraucht hat).«[43] Das sahen auch einige Rezensenten so. Torberg, so heißt es, »wirft auch den Konflikt auf zwischen dem Wesen des Einzelsports und dem fester gefügten Wesen des Mannschaftssports, steigt zur Wertung des Überpersönlichen und sieht in der Gemeinschaft das höchste Ziel, weil dieser Gemeinschaft das Unvergängliche anhaftet«.[44] Dieser Beifall kam allerdings von der ganz falschen Seite. Denn die Besprechung von Roland Betsch erschien in einem deutschen Periodikum am 5. August 1936, nur wenige Tage also, nachdem Adolf Hitler die Olympischen Sommerspiele in Berlin eröffnet hatte. Die Nationalsozialisten nutzten für die Dauer der Spiele vom 1. bis

▲ Torbergs »Sämtliche Schriften« werden durch die *Liste 1* verboten (WBR, DS).

16. August die Gelegenheit, ihre Gewaltherrschaft vorübergehend hinter der schönen Fassade des Sports zu verbergen. Wer einwendet, Torberg könne schließlich nichts dafür, daß sein Buch in Nazi-Deutschland positiv besprochen wurde, sei daran erinnert, daß der Verfasser der Mannschaft bei der Niederschrift immerhin »Konzessionsbereitschaft« gezeigt hatte, weil er auf eine Publikation des Buchs auf dem deutschen Markt hoffte. Zu diesem Kalkül gehört, daß der gesamte Text die Frage »jüdisch-nicht-jüdisch«[45] nicht thematisiert, ja es finden sich keinerlei Hinweise darauf, daß es sich überhaupt um jüdische Sportler handeln soll. Die Geister, die Torberg mit dem Verschweigen des jüdischen Umfelds rief, manifestieren sich auf erschreckende Art in einer zweiten Rezension, die den Romanhelden Harry Baumester – was übrigens so wenig jüdisch wie wienerisch, sondern vielmehr norddeutsch klingt – zum »Wasserballführer« befördert. Bei diesem Ehrentitel stockt einem der Atem, zumal der Rezensent, dessen Besprechung im April 1936 erschien, den »Einsichten des Verfassers in das Wesen des Sports« vorbehaltlos recht gibt: »welche zutreffenderweise in der Wahrheit gipfeln, es komme nicht darauf an, gesiegt, sondern anständig gekämpft zu haben«.[46] Solche Elogen von Nazi-Seite blieben nicht ohne Folgen für die weitere Karriere des Buchs. Denn obwohl Torbergs Gesamtwerk laut staatlich sanktionierter Liste verboten war, wurde Die Mannschaft noch 1938 in die grundsätzlich bestens überwachten Büchereien nationalsozialistischer Jugendverbände eingereiht: So befand sich ein offensichtlich vielgelesener Band in der »H. J. Bücherei« Wien-Hietzing.[47] Angesichts dieser Tatsache liest sich Torbergs Vortrag Blamage des Geistes, den er erstmals am 3. November 1933 im Arbeiterbildungsverein Wien IX. hielt, beklemmend. Darin ging er mit jenen Autorenkollegen hart ins Gericht, die sich öffentlich dagegen verwahrt hatten, mit Klaus Manns Exilzeitschrift Die Sammlung in Verbindung gebracht zu werden, um den Absatz ihrer Bücher in Deutschland nicht zu gefährden. Angeprangert wurden namentlich Alfred Döblin, René Schickele und Stefan Zweig, vor allem aber Klaus Manns Vater Thomas, der seinen Roman Josef und seine Brüder gerne für den deutschen Markt gerettet gesehen hätte: »Und so sehr man dem Dichter Thomas Mann unter normalen Umständen das Recht zubilligen müßte, seinen Roman und die Möglichkeit, ihn dem deutschen Publikum zur Kenntnis zu bringen, für wichtiger zu halten als politische Meinungsäußerungen, so wenig darf man das tun in einer Zeit, da solcher Verteilung der Wichtigkeitsmaßstäbe in erster Linie *demonstrative Bedeutung* zukommt. Denn die Fragestellung lautet nicht mehr: ›Kunst oder Politik?‹ Sie lautet ausschließlich und eindeutig, in jedem Bezug und für alles, was man tut, und für das auf den ersten Blick ›Unpolitische‹ erst recht: ›*Welche* Politik? Für oder gegen Hitler? Für den Geist oder nicht?‹«[48]

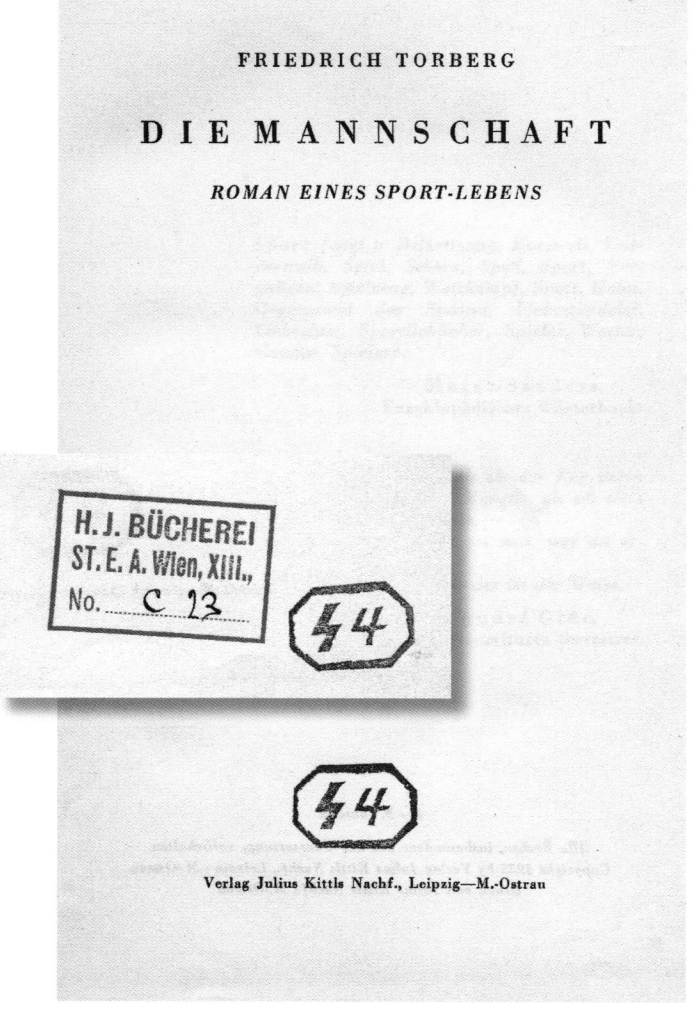

▲ Exemplar der *Mannschaft* aus einer Wiener Bibliothek der Hitler-Jugend mit Zusatzstempel der HJ-Bücherei in Hietzing (MA).

Auch das war Wien

Torbergs nächster Roman *Abschied*, 1937 in der Schweiz erschienen, fand zwar namhafte Rezensenten, die aber angesichts der sich weiter verschärfenden politischen Situation ihre Enttäuschung über das Buch nicht verbergen wollten. Der vor den Nationalsozialisten nach Paris geflohene Alfred Döblin stellte ironisch fest, es handle sich um ein »von keinem Zeitumstand beschattetes Friedensbild einer bürgerlichen wohlsituierten Jugend« und deren »erste Erotik und Liebe«.[49] Emigranten wie F. C. Weiskopf war es völlig unbegreiflich, daß Torberg seine Helden unter eine Art »Glasglocke« setze, die sie »von den großen Stürmen, Umwälzungen, Erschütterungen unserer Zeit« trenne: »Schließlich ist Torbergs Buch 1937 erschienen – auch das Erscheinungsjahr, so dünkt uns, verpflichtet.«[50]

Torberg hatte sich als Publizist mit antifaschistischem Profil längst einen Namen gemacht, übrigens auch bei den Nationalsozialisten, denn seit 5. September 1936 befand er sich auf einer zwölfseitigen *Liste der deutschfeindlich tätigen Journalisten und Schriftsteller*, die das Reichssicherheitshauptamt zusammengestellt hatte.[51] Warum Torberg indessen so lange gebraucht hat, um auch in literarischen Texten jene schreckenserfüllte Zeit widerzuspiegeln, in der sie entstanden sind, läßt sich nicht schlüssig beantworten. Daß der Romancier die Zeitläufte derart ausblendete, lag womöglich daran, daß ihm die authentische Exilerfahrung fehlte: Seine so innig geliebten Lebensmittelpunkte Wien und Prag gehörten – trotz manifester Anzeichen, daß es damit bald ein Ende haben würde – noch der freien Welt an. Als im März 1938 die Deutsche Wehrmacht in Österreich einmarschierte, verschloß auch Torberg seine Augen nicht mehr. Er selbst hatte sich während der Besetzung in Prag aufgehalten und war so der geplanten Verhaftung in Wien entgangen. Und in Prag begann er im Mai 1938 unter dem Eindruck der Geschehnisse auch mit der Niederschrift eines Romans, der erst 1984 unter dem Titel *Auch das war Wien* auf den Markt kommen sollte.

Torberg hat die von Weiskopf bemängelte Glasglocke, die politik- und zeitgeschichtsfreie Plots ermöglicht hatte, hier kurzerhand weggelassen. Schon in der Liebesgeschichte, die einmal mehr im Mittelpunkt steht, zeigt sich, daß Torberg vor dem Hintergrund der NS-Rassenpolitik auch andere als nur pubertäre Konflikte in einer Beziehung zwischen Mann und Frau anlegen konnte. In Martin Hoffmann begegnen wir einem jüdischen Dramatiker, dessen Stücke in Deutschland verboten sind, weil er aus Nazi-Sicht zu den »sattsam bekannten jüdisch-marxistischen Hetz-Literaten und Greuel-Verbreitern«[52] zählt. Da wiederholt auch von publizistischer Tätigkeit in Emigrantenzeitschriften die Rede ist, liegt es auf der Hand, dem Protagonisten eine große Ähnlichkeit mit seinem Schöpfer zu bescheinigen. Bei Carola Hell – der weiblichen Hauptfigur – handelt es sich hingegen um eine »deutsche und arische Schauspielerin«, die sich um ihre Karriere brächte, würde sie, wie geplant, den »jüdisch-kulturbolschewistischen Asphaltliteraten« (AW 78) ehelichen. Klischees bedient Torberg allerdings auch in diesem Roman. Er schildert den Bühnenstar Carola, der von den Nationalsozialisten nach Deutschland zurückgeholt werden soll, als Politdummchen. So meint sie nach einem Gastspiel in Berlin, es habe sich dort, »von ein paar Hakenkreuzen und Uniformen abgesehen«, nichts verändert. Auch daß bei einer Gesellschaft ihr zu Ehren nur »Nichtjuden« (AW 109) anzutreffen waren, sei ihr verborgen geblieben. Martin wird hingegen als Fels in der Brandung charakterisiert, der sich politisch früh orientiert und dem »Einbruch der deutschen Sintflut« (AW 151) entgegengestellt habe. Während Carola ein Engagement für einen Film akzeptiert, der für die deutschen Kinos vorgesehen ist, muß Martin

▲ Ankündigung des Vortrags *Blamage des Geistes* in Brünn, 19.12.1934 (ÖNB-HAN).

hinnehmen, daß am Drehort ein »Atelier-Verbot für Juden« (AW 198) gilt, von dem die Braut nichts gewußt haben will. Erst als sich herausstellt, daß Carola ein Kind von Martin erwartet, bekennt sie sich wieder zu ihm. Als beide kurz vor dem ›Anschluß‹ Österreichs das Land verlassen wollen, wird Martin dies verweigert, weil er kein ›Arier‹ sei. Carola hingegen gelingt die Ausreise. Der Vater ihres Kindes wird, nachdem der »große Höllenreigen« (AW 315) losgebrochen und er überall in Wien Zeuge antisemitischer Ausschreitungen geworden ist, ohne Papiere festgenommen. Was aus ihm wird, erfährt der Leser nicht.

Obwohl auch dieser Roman nicht ohne Längen ist, legte Torberg im Kapitel *Untergang*, das Wien in den ersten Tagen des ›Anschlusses‹ schildert, Passagen vor, die zum Stärksten zählen, was er je zu Papier gebracht hat. So wäre es durchaus denkbar gewesen, einen Verlag für das Manuskript zu interessieren, an dem Torberg auch in Zürich und Paris – seinen ersten Exilstationen – konsequent arbeitete. Daß bereits ein wichtiger Kontakt geknüpft worden war, belegt ein Brief von Walter Landauer, dem Geschäftsführer des Amsterdamer Exilverlags Allert de Lange: »Ich freue mich sehr, dass Sie mit Ihrem Roman gut weiterkommen. Unsere Frühjahrsproduktion wird jetzt schon vorbereitet. Ich lasse wahrscheinlich im Laufe des Sommers auch noch einige Bücher erscheinen, aber ich finde, dass für die meisten Bücher ein späterer Erscheinungstermin als Anfang Mai nicht sehr gut ist. In Ihrem eigenen Interesse bin ich dagegen, dass ein Vorabdruck mit unserer Verlagsangabe erscheint, solange wir uns noch nicht verständigt haben.«[53]

Torberg war es gelungen, Auszüge im Pariser Exilperiodikum *Die Österreichische Post* zu plazieren. Der Vorabdruck des Romans, der damals unter dem Titel *Die versunkene Stadt* lief, begann im Frühjahr 1939. Von einem Hinweis auf eine spätere Buchausgabe bei Allert de Lange wurde abgesehen. Ob es überhaupt zu einem Vertrag zwischen Torberg und Landauer gekommen ist, läßt sich nicht klären. Zwar ist in einer Bescheinigung, die Torberg am 27. Juli 1939 von einer französischen Flüchtlingsorganisation erhalten hat, davon die Rede, daß »Bédrich Torberg«, ein »romancier, homme de lettres connu, autor de plusieurs romans célèbres«, zur Zeit in Paris weile, um an einem Roman zu arbeiten, der »à la Maison d'éditions ALBERT [!] DE LANGE à AMSTERDAM«[54] verlegt werde, doch in einem Brief an William S. Schlamm, der nur zwei Tage später abgefaßt wurde, berichtete Torberg, er sei »sechs Wochen nach Fertigstellung des Romans in der erstmaligen Lage, noch nicht zu wissen, ob, wann und wo er

▲ Briefkopf von Allert de Lange (ÖNB-HAN).

erscheinen wird«.⁵⁵ Zu einer Einigung mit Allert de Lange wird es kaum gekommen sein, denn bereits am 6. August 1939 verkaufte der finanziell klamme Torberg die Rechte an seinem »neuen Wiener Roman, dessen Titel noch nicht feststeht«,⁵⁶ für einen Vorschuß von 2000 Francs an den von Wien über Paris nach New York emigrierten Galeristen und ehemaligen Leiter des Rikola-Verlags, Otto Kallir. Eine Buchausgabe brachte jedoch auch dieser nicht zustande.

Torbergs Anstrengungen, seinen Roman gedruckt zu sehen, wurden nicht belohnt. Auch der Zürcher Verleger Emil Oprecht und Gottfried Bermann Fischer – bei dem immerhin Franz Werfel interveniert hatte – konnten sich nicht zur Annahme des Manuskripts entschließen. Entnervt ließ Torberg Ende 1941 – im Jahr nach seiner abenteuerlichen Flucht aus Europa und von seinem Exil in Hollywood einigermaßen desillusioniert – seine Hoffnungen auf eine amerikanische Übersetzung unter dem Titel *Last Love in Vienna* weitgehend fahren. Diese hatte er 1939 dem Verleger Ben Huebsch vorgeschlagen und seitdem nichts mehr davon gehört. Am 15. Dezember 1941, acht Tage nach Japans Angriff auf Pearl Harbor, der den Kriegseintritt der bis dahin neutralen USA bedeutete, wandte sich Torberg erneut in Sachen Huebsch an Alma Mahler-Werfel: »Bitte beurteilen Sie selbst, ob es jetzt noch nach Drängen aussähe, wenn Sie wieder bei ihm anfragten; vielleicht könnten Sie ihm sogar beibringen, daß der Krieg, den Amerika jetzt gegen Hitler führt, wenn überhaupt dann doch eher einen positiven Einfluß auf das Interesse an einem Roman haben müßte, der von der Unterwerfung Europas durch Hitler handelt.«⁵⁷

Mein ist die Rache

Als Exilautor stand Torberg 1941 noch immer mit leeren Händen und ohne neues Buch da. Ob es ihm wirklich ein Trost war, was sein Freund Peter Heller am 10. Oktober 1941 aus New York berichtete, darf bezweifelt werden: »Es wird Dich freuen zu hören, dass Deine Bücher in der Public Library zu den schmierigsten, zerlesensten gehören, so dass ich meinen Ekel bisher nicht überwinden konnte und sie mir darum nicht ausgeliehen habe.«⁵⁸ Ein Trost dürfte diese Neuigkeit vor allem deshalb nicht gewesen sein, weil Torberg mit seinen bis dato erschienenen Werken, die sich bei Bibliotheksnutzern noch immer größter Beliebtheit erfreuten, offensichtlich selbst nicht mehr einverstanden war. »Ich <u>kann</u> Dir nicht sagen«, bemerkt Torberg gegenüber Fritz Thorn am 14. November 1945, »wie völlig hinter mir diese vier ersten Romane jetzt liegen und wie völlig fertig ich mit ihrer Thematik und Problematik bin. Das soll bitte weder hochfahrend klingen noch (wenn Du diesen Ausdruck akzeptieren willst) undankbar. Ich empfinde sie anderseits als durchaus zusammengehörig, organisch, ernsthaft, und unter <u>ihren</u> Umständen richtig und in Ordnung (genau so, wie es ganz richtig und in Ordnung war, dass ich mit 18 Jahren die Hedy Bienenfeld geliebt habe).« Fast scheint es, als ob der Exilautor Torberg seine von 1930 bis 1937 auf den Markt gelangten Romane in jenen Mantel des Schweigens hüllen wollte, mit dem er schon versucht hatte, den ersten Gedichtband *Der ewige Refrain* (Wien: Saturn 1929) ungeschehen zu machen, weil dieser ihn als Jüngelchen in Poeten-Pose entlarvte und mithin den Aufstieg als ernstzunehmenden Urheber des *Schüler Gerber* gefährdete. »Das Peinliche an der ganzen Sache«, so fährt Torberg im Brief an Thorn fort, »oder um es versöhnlicher auszudrücken: das Wehmütige daran ist, dass dieser Themen- und Problem-Kreis so verzweifelt kurzlebig und auf sich beschränkt war; wahrscheinlich war überhaupt <u>keine</u> Literatur-Spanne so kurzlebig und beschränkt wie die,

Mit Hedy Bienenfeld beim Hakoah-Welttreffen in Ramat Gan, 1979 (MSM). ▲

in der ich also nebbich ›die junge Generation‹ war, und der Applomb, mit dem sie sich in Szene gesetzt hat [...], kommt mir in der Erinnerung so grotesk vor, dass ich mich manchmal gar nicht mehr darüber kränke, mein unersetzliches Archiv mit allen Ausschnitten und Belegen und Interviews in Paris endgültig verloren zu haben.«

Doch das erste Buch, mit dem der Emigrant Torberg hervortrat, sollte der Ausweis einer grundlegenden Wandlung sein. Thorn schickte er die Novelle *Mein ist die Rache*, die 1943 erschienen war, mit folgendem Kommentar: »Ich könnt mir gut denken, dass Dich manches überrascht, – schliesslich ist, wenn ich mich nicht ganz und gar durcheinandererinner, der ›Abschied‹ doch das letzte was Du von mir kennst, und der gehört also noch ganz deutlich dorthin, wo der Peter Hammerschlag (von dem leider jede Nachricht fehlt) einmal gesagt hat: ›Der Torberg hats gut, der schreibt alle zwei drei Jahre dasselbe Buch und gibt nur einen andern Titel drüber.‹«[59]

Mit *Mein ist die Rache* legte Torberg einen herausragenden Text vor, der alles, was je von ihm erschien, in den Schatten stellt. Was an diesem Werk besonders beeindruckt, ist die politische Relevanz der Handlung, die als traditionelle Rahmennovelle prima vista recht unscheinbar daherkommt. Die Meisterlichkeit ihrer Komposition entpuppt sich schließlich erst mit dem allerletzten Satz.

Ein uns unbekannter Erzähler, ein Emigrant, der am Pier von New Jersey auf Freunde aus Europa wartet, beobachtet im November 1940 einen ärmlich gekleideten Mann um die vierzig. Bei der nächsten Begegnung geht der Erzähler auf den Unbekannten zu und fragt, auf wen er denn warte. Als der Angesprochene antwortet, er warte »auf fünfundsiebzig«,[60] wird er aufgefordert, seine Geschichte zu erzählen. Nur zögerlich entspricht der Mann dem Wunsch und wird nun seinerseits zum Berichterstatter der Binnenhandlung, die in einem Konzentrationslager namens »Heidenburg« situiert ist. Hermann Wagenseil, der neue Kommandant des Lagers, pfercht die achtzig jüdischen Häftlinge in eine Baracke, um sie systematisch zu liquidieren. Er nimmt sich aus der überbelegten Unterkunft nacheinander fünf Insassen heraus und quält sie seelisch und körperlich, bis die Häftlinge schließlich bereit sind, sich das Leben zu nehmen. In nächtelangen Debatten stehen sich in der »Judenbaracke« (MR 16) zwei Meinungen gegenüber: Die eine, vertreten durch den Rabbinatskandidaten Joseph Aschkenasy, fordert, das Schicksal auf sich zu nehmen und Gott die Rache zu überlassen. Die andere ist hingegen dafür, den Kampf aufzunehmen. Warum nicht dem sadistischen Kommandanten beim Verhör an die Gurgel springen und ihn, wenn es schon zu sterben gilt, mit in den Tod nehmen? Was ziemt sich: Ergebung in den unerforschlichen Willen Gottes oder Selbsthilfe? Als der Erzähler vor den Peiniger treten muß, ist er sich noch nicht darüber im klaren, wie er sich verhalten soll. Obwohl durch die vorausgegangenen Mißhandlungen nur mehr ein Wrack, entwickelt er soviel Willenskraft, die Aufforderung zum Selbstmord abzulehnen. Als ihm Wagenseil trotzdem seine Dienstpistole reicht, schießt er den Unmenschen nieder. Dem Schützen gelingt die Flucht. Erst der letzte Satz der Novelle enthüllt, daß der Täter, nein besser: der Gerettete, niemand anderer ist als jener Rabbinatskandidat, der stets Erdulden und Ergebung gepredigt hatte. Im amerikanischen Exil quält ihn nun die ›Schuld‹ des eigenen Überlebens. Erich Maria Remarque erklärte nach seiner ersten Lektüre: »›Ich heiße Joseph Aschkenasy‹ ist wohl eine der aufregendsten Endzeilen, die ich kenne.«[61]

Doch nicht nur der kunstvolle Schluß der Novelle, der zur sofortigen Re-Lektüre anregt, ist an dem Text so außergewöhnlich. Torbergs Niederschrift müssen einige gründliche Recherchen vorausgegangen sein. Er verortet die Handlung in einem Konzentrationslager, das nahe der holländischen Grenze gelegen ist, »in einem dieser leeren, abgeschiedenen Winkel, wo Moor- und Waldlandschaft allmählich ineinander übergehen und wieder steinig werden« (MR 13). Daß die 400 Insassen des kleinen, unbekannten Lagers zu »Moor- und Steinbrucharbeiten« gezwungen werden, definiert die Gegend sehr genau: Zum Vorbild hatte sich Torberg eines jener Lager im Emsland genommen, die 1933 vorwiegend für politische Häftlinge errichtet worden waren. Dabei handelte es sich um ein System von fünfzehn Lagern, von denen das KZ Börgermoor und das KZ Esterwegen traurige Berühmtheit erlangten. Ersteres wurde im Juni 1933 fertiggestellt und war für tausend Häftlinge ausgelegt. Hier entstand das berühmte Lied *Wir sind die Moorsoldaten*, dessen Text vom Schauspieler und Regisseur Wolfgang Langhoff stammte, der in Börgermoor mehrere Monate Haft zu ertragen hatte. Im Juni 1934 konnte Langhoff in die Schweiz fliehen, wo im Jahr darauf sein vielgelesener Erlebnisbericht *Die Moorsoldaten* erschien. In Zürich kam Langhoff am Schauspielhaus unter, zu dem auch Torberg während seines Zürcher Exils Kontakte pflegte.[62] Das Doppellager Esterwegen dagegen wurde im August 1933 für 2000 Gefangene fertiggestellt. In diesem KZ, das bis 1936 existierte, wurde Carl von Ossietzky zugrundegerichtet (sterben sollte er anderswo). Die KZ-Haft des Friedensnobelpreisträgers und Herausgebers der *Weltbühne* ging durch die Weltpresse und wurde sicherlich auch von Torberg verfolgt, der ja selbst noch einige Artikel in Ossietzkys Zeitschrift unterbringen konnte. Doch nicht nur deswegen scheint es sich beim fiktiven »Heidenburg« aus Torbergs Novelle um Esterwegen zu handeln, sondern vor allem deshalb, weil dort Ende 1935 tatsächlich eine Baracke für jüdische Gefangene eingerichtet wurde.[63] Dies war ein singulärer Fall, denn in den Emslandlagern gab es sonst »keine äußerlich sichtbare Einteilung der Gefangenengruppen«.[64] So dürfte es sich bei der von Torberg geschilderten »Judenbaracke« also nicht nur um eine zufällige Koinzidenz handeln. Die »Aussonderungs-Techniken« (MR 21) Wagenseils scheinen auf einem historisch verbürgten Fall zu beruhen, der Torberg offenbar bekannt war.

Darüber, wie Torberg an derart detaillierte Informationen gelangen konnte, läßt sich allenfalls spekulieren. Fest steht, daß die Exilpresse zahlreiche Augenzeugenberichte aus den Lagern im Emsland zum Abdruck brachte. Speziell Esterwegen stand hier im Jahr 1935 wegen der stetig wachsenden Zahl von Todesopfern im Blickpunkt der ausländischen Berichterstattung.[65] Zudem gab es außer Langhoffs Buch noch andere Darstellungen aus der Hölle des Moors. Neben Karl August Wittfogels *Staatliches Konzentrationslager VII. Eine ›Erziehunganstalt‹ im Dritten Reich* (London 1936) ist vor allem der Band *Konzentrationslager. Ein Appell an das Gewissen der Welt. Ein Buch der Greuel. Die Opfer klagen an* (Karlsbad 1934) zu nennen. Dieser machte grausame Repressalien aus Esterwegen bekannt, die besonders den (vergleichsweise wenigen) jüdischen Häftlingen galten.[66] Brutale Szenen aus der Novelle, wie jene in der »Prügelzelle« (MR 66f.), dürften auch von solchen Schilderungen ihren Ausgang genommen haben. In diesen frühen Lagern wurde auf bestialische Art gefoltert und getötet. Die massenhafte Vernichtung von Menschen in den Todesfabriken des Ostens hingegen setzte erst Jahre später ein und sollte zu einer Zeit ihren Höhepunkt erreichen, als Torberg die Novelle längst abgeschlossen hatte. Aber der Text gemahnt auch daran, daß es für eine Unzahl von Morden individuell verantwortliche Täter gab. »Die Vorstellung vom ›sauberen‹ Tod durch Gas ist für weite Bereiche des Genozids nicht zutreffend«, schreibt der Historiker Ulrich Herbert. »Der Holocaust war vielmehr zu einem ganz erheblichen Teil eine Menschenvernichtung in sehr traditionellen, nachgerade archaischen Formen mit einer [...] hohen Zahl von Direkttätern.«[67]

Torberg war sich sicher, daß ihm mit *Mein ist die Rache* Vielversprechendes gelungen war. »Ich glaube«, ließ er Alma Mahler-Werfel wissen, »dass es eine gute Novelle geworden ist. [...] Mindestens habe ich das Gefühl, dass da nicht irgendeine

▲ Karl Paryla (l.), Wolfgang Langhoff (r.) und Therese Giehse (hinten l.) im Zürcher Schauspielhaus. Beschriftet mit »19. April 1941 ›Mutter Courage u. ihre Kinder‹ Schweizerköbi« (ÖTM).

kleine Nebenarbeit fertig geworden ist, sondern etwas für mich sehr Wichtiges.«[68] Doch der Text wurde nicht nur von Torberg als wichtig erachtet. Mahler-Werfel ließ mit ihrer Antwort nicht lange warten: »Ich habe Dein ›Mein ist die Rache‹ gelesen – in einer Nacht – mit fieberhafter Erregung und zum Schluss mit grosser Genugthuung. / Wenn ich der Aschkenasy wäre – hätte ich täglich von neuem Freude darüber, dass mir das gelungen ist. Er ist ein Held und leidet um seines Heldentums.«[69] Heinz Politzer meinte, die Novelle gehöre »zu den wenigen Dingen, die ich auf die berühmte Insel mitnehmen würde«.[70] Und Hermann Broch bescheinigte Torberg, eine ganz ausgezeichnete Arbeit vorgelegt zu haben: »Indes, so ausserordentlich die künstlerische Leistung ist, zu der Sie da vorgedrungen sind, und so sehr man auch die psychologische Intuition bewundern muss, mit der Sie das sadistisch-homosexuelle Moment der Folterungen (wahrscheinlich erstmalig) erfasst haben, ich brauche doch nicht ohnweiters nachzugeben und darf diese Qualitäten ungeachtet ihrer Stärke beiseite schieben, weil mir eine andere, nämlich die ethische, wesentlich wichtiger ist: dass Sie die stillschweigende Übereinkunft der Juden zur non-resistance hervorgehoben haben, diese unheimlichste ihrer ungeschriebenen Gesetzestraditionen, der sich alle Juden, von wo immer sie herstammen, gleichgültig ob mutig oder feig, zu fügen haben und fügen, das kann Ihnen gar nicht hoch genug angerechnet werden; hier liegt das spezifisch Unheidnische des jüdischen Schicksals, und von hier aus weist es in die Zukunft.«[71]

Doch Brochs Zuspruch – von der Ostküste an die entlegene Westküste der USA geschickt – enthielt einen Wermutstropfen: »Ich möchte die Erzählung in möglichst viel Händen sehen. Aber die Buchhandlungen hier wissen natürlich nichts von einer Pacific-Press«.[72] Torbergs Novelle war in einer kleinen Offizin namens Pazifische Presse erschienen, die Bücher mit einem bibliophilen Anspruch machte. Die beiden Eigentümer – Ernst Gottlieb, Inhaber eines Photostudios in Los Angeles, und Felix Guggenheim, bis 1938 im Vorstand der Deutschen Buchgemeinschaft – waren Idealisten, die auch im Exil Texte in deutscher Sprache von verfolgten Schriftstellern anbieten wollten. In einer Einladung zur Subskription dieser Bände hieß es im Oktober 1942: »Drüben in Nazi-Europa wird ein Pseudo-Deutsch zu Kriegsberichten und Propagandalügen verwendet – hier, am Pazifischen Ozean, schreibt der Grossteil der geretteten deutschen Autoren in der Sprache Goethes. Dieser geographische Glücksfall soll uns helfen, Zeugnis von der eminenten Kulturkraft zu geben, die von Hitler vertrieben wurde und in Amerika Zuflucht gefunden hat.«[73] Neben Torberg publizierten hier nur ganz große Kaliber der Exilliteratur: Thomas Mann, Franz Werfel, Bruno und Leonhard Frank, Alfred Neumann, Alfred Döblin und Lion Feuchtwanger. Ein Geschäft war dabei für keinen drin, doch auf diese Weise erhielten die Autoren – besonders für Torberg galt dies – »präsentable Belegstücke ihrer literarischen Arbeit«.[74] Die Auflage

▲ Briefkopf der Pazifischen Presse, Los Angeles (WBR, HS).

Verlagsproduktion der Pazifischen Presse, um 1945. ▲
Photo: Ernst Gottlieb (WBR, HS).

wurde in der Regel numeriert und signiert, was Rückschlüsse auf deren Höhe zuläßt. Im Gegensatz zu allen anderen Titeln erschien von *Mein ist die Rache* aber nicht nur eine Luxusausgabe von 250 Exemplaren in Halbleder, sondern darüber hinaus eine »Volksausgabe«[75] mit weiteren 2000 Stück. Die Novelle nimmt übrigens Torbergs Rückkehr auf den europäischen Kontinent um Jahre vorweg: Gottfried Bermann Fischer brachte den Band im Herbst 1947 in der Wiener Dependance seines Verlags heraus. Aus den zahlreichen, meist vorbehaltlos zustimmenden Rezensionen sei abschließend eine Stimme zitiert, die zeigt, daß Torbergs Werk unmittelbar nach Kriegsende – trotz der Konkurrenz zahlreicher anderer Titel über die Lager – große Anerkennung fand: »Sein Material aber ist das Grauen des KZ, die Folter, die menschliche Zermürbung, der nackte Schrecken, die aus Torbergs Erzählung krasser und grauenhafter zutage treten als aus jedem Reportagebuch über dasselbe Thema.«[76]

Hier bin ich, mein Vater

Die Initialzündung für Torbergs nächsten Roman kam von Franz Werfel, der am 15. Juni 1942 in aufgeregter Handschrift den Inhalt einer Postsendung an seinen Freund kommentierte: »Ich sende Dir hier ›Harpers Magazin‹ Jun[e] wegen des ersten Artikels. Es ist die größte ›Story‹ über einen jüdischen Nazispie [!], die sich denken lässt. Vielleicht kannst Du Sie verwenden. Freilich wäre ein unbändiger Mut nötig, nicht zu rechtfertigen, nicht zu sentimentalisieren. – (Tolle Geschichte des preußischen Mimikri-Semiten!)«. Die Zeitschrift *Harper's Magazine* hatte im Juni 1942 ihre Titelgeschichte einem deutschen Spionagering gewidmet,[77] der im Sommer zuvor nach langen Ermittlungen des FBI aufgeflogen war. Zum vielköpfigen Verschwörerkreis, dessen Angehörige sich mehrheitlich aus deutschstämmigen Amerikanern rekrutierten und der unter dem Namen »Joe K« in die Spionagegeschichte eingegangen ist, weil die Gruppe ihre nach Deutschland abgehenden Berichte mit diesem Kürzel zeichnete, gehörte auch ein jüdisches Mitglied: Paul Borchardt. Daß sich Werfel vor allem für ihn interessierte, beweist seine Nachschrift: »Borchardt bis in den

▲ Kolophon der numerierten und signierten Ausgabe (WBR, DS).

▲ Schutzumschlag der ersten europäischen Ausgabe bei Bermann-Fischer in Wien (WBR, DS).

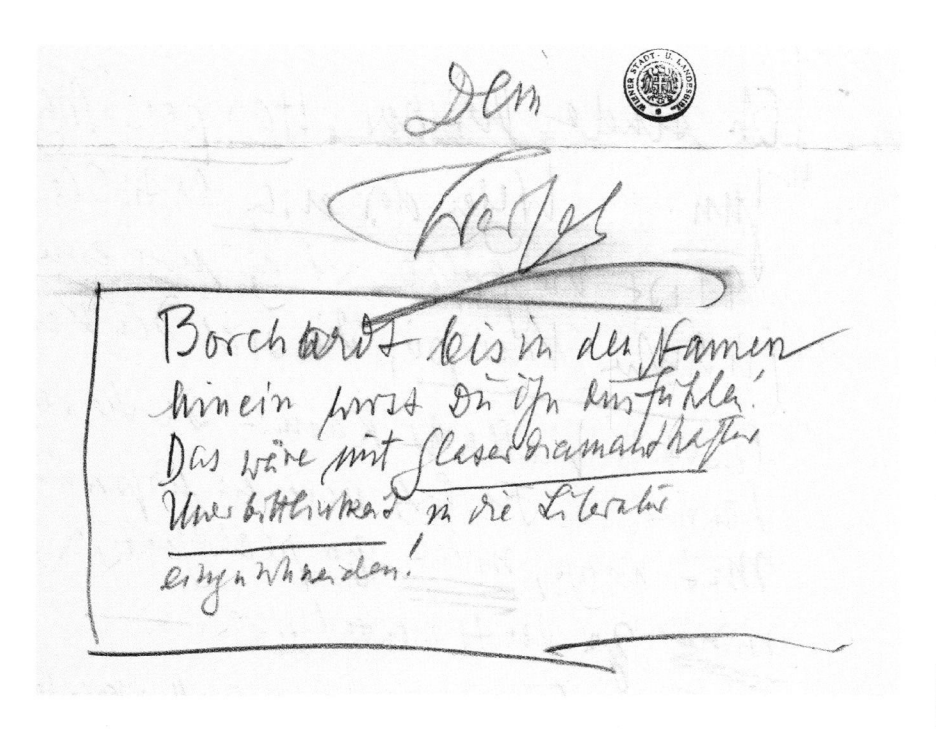

1941 nutzte er seine Bewegungsfreiheit, um als jüdischer Flüchtling in die USA zu gehen. Dort ließ er sich wohl vom Kopf des Spionagerings »Joe K« anwerben, wahrscheinlich deshalb, so vermutete der britische Inlandsgeheimdienst MI-5, weil er wegen seiner noch in Deutschland lebenden Frau erpreßbar gewesen sei.[83] Im Prozeß gegen die deutschen Spione verschwieg Borchardt standhaft die Namen jener deutschen Offiziere, die geholfen hatten, ihn aus Dachau zu befreien, »um sie gegenüber den NS-Behörden nicht zu kompromittieren«.[84] Ein New Yorker Gericht verurteilte Borchardt am 13. März 1942 zu zwanzig Jahren Haft.

Namen hinein wirst Du ihn ausfühlen. Das wäre mit glaserdiamanthafter Unerbittlichkeit in die Literatur einzuschneiden!«[78]

Wer war dieser Paul Borchardt, den Werfel als »preußischen Mimikri-Semiten« tituliert? Den US-Ermittlern war mit ihm eine illustre Figur ins Netz gegangen. Borchardt, 1886 in Berlin geboren, ein studierter Volkswirtschaftler und Geologe mit Dolmetscherexamen (Universität London), arbeitete seit 1912 am Internationalen Bibliographischen Institut in Brüssel. Den Ersten Weltkrieg erlebte er als Fliegeroffizier im Nahen Osten, wo er bereits für deutsche Geheimdienste tätig war. In den 1920er Jahren betrieb er archäologische Studien in Afrika,[79] eine Arbeit, die ihm eine Stelle an der Universität München eingebracht haben soll, welche er als Jude aber 1933 wieder verlor.[80] Am Tag nach dem Novemberpogrom wurde Borchardt verhaftet und wie mehr als 10.000 andere aus Österreich und Süddeutschland stammende Juden ins KZ Dachau verschleppt, wo er unter der Häftlingsnummer 20076 am 10. November 1938 im Zugangsbuch verzeichnet wurde.[81]

Nur wegen seiner ausgezeichneten Kontakte zur deutschen Spionageabwehr, die wohl bis zu Admiral Wilhelm Canaris hinaufreichten, wurde Borchardt aus Dachau entlassen,[82] und er erhielt sogar die nötigen Papiere, um 1939 nach England auszureisen, wo er sich offenbar dem britischen Secret Service als Anti-Nazi anbot. Obwohl man Borchardt nicht internierte, mißtraute man ihm.

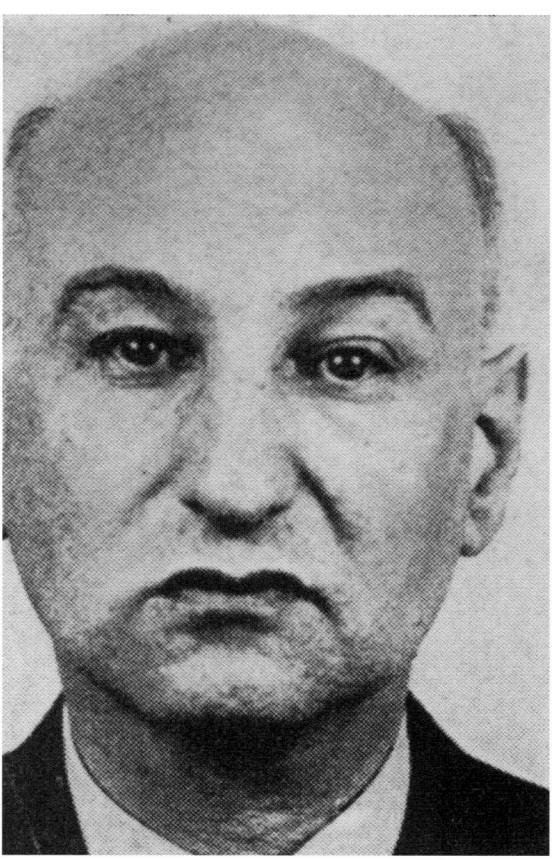

Den Kennern des Romans *Hier bin ich, mein Vater* sind die Parallelen zwischen Otto Maier, dem Helden aus Torbergs Fiktion, und Paul Borchardt, der tragischen Figur realer Zeitläufte, bestimmt nicht entgangen. Sie sind im Grundkonflikt des Buches verankert: Der Protagonist Torbergs, der zwar wie

▲ Hinweis von Franz Werfel auf den Fall Paul Borchardt, 15.6.1942 (WBR, HS).

Paul Borchardt, erkennungsdienstlich erfaßt um 1940 (NA). ▲

ein Seismograph die antisemitischen Ressentiments ihm gegenüber jahrelang genau wahrnimmt, aber trotzdem versucht, stets unpolitisch zu bleiben, wird nach eigenem Bekunden am 10. November 1938 aus diesem Leben »herausgerissen«.[85] An jenem Tag nämlich werden Otto und sein Vater Joseph Maier, ein früherer Oberstabsarzt der österreichischen Armee, bei einer Razzia in Wien festgenommen. Während Otto wieder auf freien Fuß kommt, weil ihm in den Sofiensälen im Gestapomann Franz Macholdt ein alter Schulkamerad gegenübersitzt, wird sein Vater wie die meisten Opfer der Massenverhaftungen ins KZ Dachau deportiert, einen Ort, der für Otto »zwar ein Begriff, aber keine Adresse«[86] war. Bald darauf wird der Sohn ins Büro von Macholdt bestellt, der ihm bestätigt, daß sein Vater sich in Lagerhaft befinde. Der Gestapomann verspricht seinem ehemaligen Schulfreund dessen Freilassung, falls sich Otto zu Spitzeldiensten bereit finde. Otto verhält sich aus Angst um seinen Vater derart kooperativ, daß er 1939 sogar nach Paris geschickt wird, um in den dortigen Emigrantenkreisen zu spionieren. In der Exilantenmetropole angekommen, bietet er sich dem französischen Geheimdienst als Doppelagent an, stößt allerdings auf mangelndes Interesse. Letztlich stellt sich heraus, daß Otto seinem Vater gar nicht mehr hätte helfen können, weil dieser bereits zu Tode gekommen war. Auch der Sohn entgeht seinem Schicksal nicht: Nach der Verhaftung begeht er in einem Pariser Gefängnis kurz vor Kriegsausbruch Selbstmord.

»Ich beziehe meine Stoffe aus der zeitgenössischen oder historischen Wirklichkeit. Das ist nicht mit tatsächlichen Begebenheiten zu verwechseln«, schrieb Torberg 1975 im Rückblick auf sein Prosawerk. Es ist jedoch evident, daß seine im selben Brief aufgestellte Behauptung, die Geschichte des jüdischen Nazispitzels sei »zur Gänze erfunden«[87], nicht stimmt. Es ist wohl vielmehr so, daß er für das heikle Thema eines Juden in Nazi-Diensten akribisch recherchiert hat. Um sich zu vergewissern, wie die Gestapo 1938 in Wien agiert hatte, bat er 1944 seinen Freund Oscar Teller um Auskunft, dessen Nachrichten dann einschlägiger waren, als Torberg ahnen konnte: »Wie Dir erinnerlich sein dürfte, war ich ja sieben Monate lang in der Höhle des Löwen, zu deutsch Gestapo, und habe das nicht zweifelhafte Glück gehabt von dem Bluthund, dem Juden-Bluthund Österreichs (später Prags u[nd] Polen's auch) Eichmann geliebt zu werden. Wahrscheinlich erinnerst Du Dich an meine Erzählungen im Februar 1939 (Zürich) oder ist es ein von meinen Inside-Kenntnissen unabhängiger Wunsch von Dir diese Aussprache herbeizuführen? Natürlich will ich mich da nicht rühmen, aber über diese Dinge weiss ich mehr als andere, wenn ich auch nicht an die Existenz eines Nazispitzels in meiner Umgebung glaube. Vielleicht spielt da auch mit, dass man mich öfter dessen verdächtigt hatte.« Teller bot an, Torberg »so viel als möglich authentisches Material zur Verfügung zu stellen«. Denn auf dessen Projekt, das dieses Thema aufgreifen werde, sei er sehr gespannt. Tellers Brief schließt mit den Worten: »Dieses Buch beantwortet endlich meine Aufforderung an Dich, etwas über uns in dieser Zeit der Judennot zu schreiben. Viel Glück dazu!«[88]

Daß Torberg dieses Glück auch brauchte, zeigt seine verzweifelte Suche nach einem Verlag für sein Vorhaben, die er schon vor dessen Abschluß 1946 begonnen hatte. So gestand er Oscar Teller in seiner Antwort ein, Zweifel an dem Romanprojekt zu hegen, vor allem aus einem Grund: »Unter den Zweiflern befindet sich unglückseliger Weise auch der Verleger; Du ahnst nicht, wie mich das hemmt.«[89] So mußte er zwischendurch immer wieder zur Arbeit ermuntert werden. »Arbeitest Du fest?« fragte beispielsweise Alma Mahler-Werfel am 22. Mai 1945. »Es ist doch der Spionage-Roman?«[90] Überhaupt scheint Torberg in dieser Phase von einer Schaffenskrise befallen worden zu sein, die auch mit dem Los eines Schriftstellers im Exil zu tun hatte, der fern seinen Lesern den Publikumserfolgen vergangener Jahre nachtrauert. »Das Unglück«, teilte Torberg am 27. Juni 1945 in einem Brief an Franz Werfel mit, der sich wie seine Frau stets nach den Fortschritten des Romans erkundigte, »ich komme immer mehr dahinter, bestand darin, dass ich mit meinem ersten Buch die ›gute Zeit‹ gerade noch am Zipfel erwischt hatte und infolgedessen einer Verwöhnung anheimfiel, deren rein äussere Voraussetzungen immer geringer wurden (man kann es geradezu in Quadrat-km beziffern) – bis sie sich hier in Amerika auf Null komma Null periodisch reduzierten. Wie weit ich da mit etwaigen Wechsel- und Rückschlüssen gehen soll – wie weit Arbeitslust für eine Arbeit spricht und Mangel an Arbeitslust gegen sie –: das weiss ich nicht, und das lässt sich auch hoffentlich nicht herauskriegen. Ich kann mir nur sehr gut vorstellen, dass ich z. B. mit meinem Spitzel-Roman schon längst fertig wäre, wenn ich z. B. eine amerikanische Ausgabe, also eine intakte Leserschaft, garantiert hätte.«[91]

Tatsächlich schlägt Torberg in dieser Zeit ganz leise Töne an; das Leben in Übersee hat ihn offenbar bescheiden, ja verhalten gemacht. In einem Brief vom 8. Juli 1945 stellt er Max Tau, Lektor beim Neuen Verlag in Stockholm, seinen Roman so vor: »Das Ganze, wie Sie sehen, ist gerade makaber und heikel genug, ich bin mir auch völlig bewusst, dass wohlmeinende Menschen zusammenzucken müssen, wenn Sie nur von einem ›jüdischen Nazi-Agenten‹ hören: aber ich glaube, das Buch wird so geschrieben sein, dass man am Schluss eben die Nazi verabschiedet und nicht ihren jüdischen Agenten (den man, wenn schon nicht bewundern, so doch bemitleiden wird). Es ist die Geschichte eines moralischen Zusammenstosses und, trotz allem, eines moralischen Siegs.«[92] Einen Sieg errang schließlich auch Torberg, indem er das Manuskript nicht nur abschließen, sondern auch bei einem namhaften Verleger unterbringen konnte: Gottfried Bermann Fischer. Als er Max Tau diese frohe Botschaft verkündete, dokumentiert gleichsam jedes Wort, daß Torberg sein Glück kaum fassen konnte: »[I]ch hatte ihm [Bermann Fischer] das Manuskript zur Auswahl eines Vorabdruck-Kapitels für die ›Neue Rundschau‹ zu lesen gegeben, und er riss es unter allen Anzeichen ehrlicher Begeisterung sofort an sich. Ich glaube, dass ich für mein europäisches Wiedererscheinen nach so langer Pause keinen besseren Rahmen wünschen könnte.«[93]

Es stellte sich freilich heraus, daß der Rahmen weit weniger gut war, als Torberg erhofft hatte. Denn nach Annahme des Manuskripts zur Publikation befielen auch den Verleger Zweifel ob des heiklen Inhalts von *Hier bin ich, mein Vater*. An den Literaturwissenschaftler Joseph P. Strelka schrieb Torberg am 11. Juli 1972: »Da nach der (nicht von mir geteilten) Ansicht des Verlagsinhabers Dr. Bermann-Fischer das Thema des Buchs zu ›gefährlich‹ war, um so kurz nach Kriegsende dem deutschen Publikum vorgesetzt zu werden, wur-

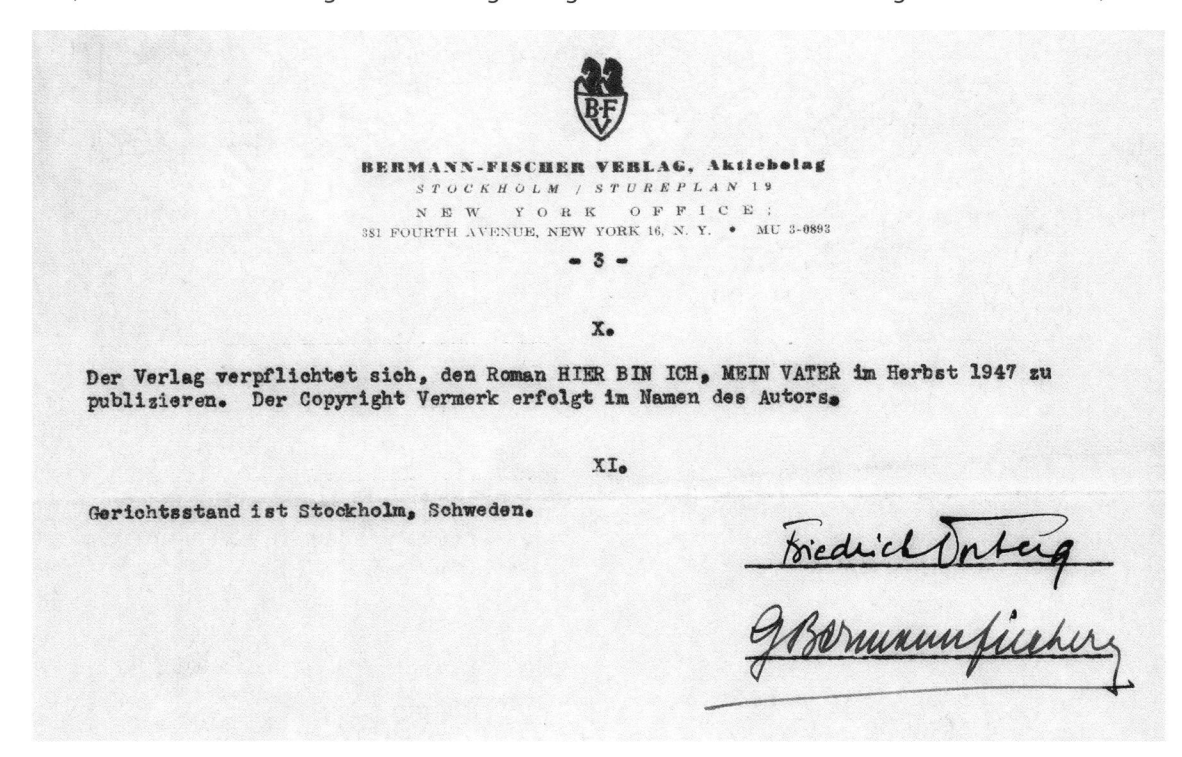

▲ Gottfried Bermann Fischer und Friedrich Torberg zeichnen den Vertrag zu *Hier bin ich, mein Vater*, 20.3.1947 (ÖNB-HAN).

de das Buch in Deutschland gar nicht ausgeliefert, sondern blieb auf Österreich und die Schweiz beschränkt, und kam zunächst über einen Prestige-Erfolg nicht hinaus.« Erst mit der Verfilmung des Stoffes (1970) habe sich das Buch auch in Deutschland zu einem »Spätzünder«[94] entwickelt. Daß Bedenken aber durchaus angebracht waren, zeigt die Reaktion von Alfred Neumann, der nach der Lektüre des Manuskripts nicht nur ein »Wehgeschrei über das Buch vom Juden-Spitzel« prophezeite, sondern auch die Absicht Torbergs als »unlösbare Aufgabe« begriff: »Und nun zu dem Abendland, dem Nachtland Ihres Romans. Ich habe ihn mit großer Sorgfalt gelesen, und es sind schon gute zehn Tage her, daß ich ihn beendete. Ich habe ihn in mir sitzen und wirken lassen, in der uneingestandenen Absicht (ich sage eingestandenermaßen nicht: in der Hoffnung), vor seiner Ausweglosigkeit NICHT zu kapitulieren. Aber da auch Sie kapitulierten, muß es wohl auch sein, daß selbst der Freund die Arme sinken läßt.« Es handle sich nicht nur um ein Buch, »das niemand lieben wird«, sondern Torberg habe es laut Alfred Neumann mit seinem Helden darauf angelegt, »daß kein Hauch der Sympathie dieses mauvais sujet treffen kann, diese von Grund auf verkorkste, verkommene, nicht heiße, nicht kalte, zum Speien laue und gänzlich uninteressante Kreatur – dieses Protoplasma des Prototyps des Informers, kurz und gut: den geborenen Spitzel.«[95]

Doch es fehlte auch nicht an euphorischen Stimmen. Die spätere Nobelpreisträgerin Nelly Sachs etwa bekannte in einem Brief vom 14. Dezember 1948, Torbergs Buch habe ihren »Herzschlag aussetzen« lassen: »Unschuldig-schuldige Antike, mit Otto Maier aber biegt sich das zu Ende gehende Jahrtausend mit aller Schärfe des Bewußtseins seiner Schuld ins Grab. Aber ›wer weiß was drüben für Gesetze herrschen‹ wer weiß was da von Schuld und Unschuld übrig bleibt? Wie weit kann Liebe gehn, Opferbereitschaft, wie weit Versessenheit sich Sterne aus dem Rinnsteinwasser zu fischen, und schließlich die verzweifelnde Sehnsucht des Juden, sein Anderssein los zu werden und sich anzugleichen, am liebsten an das fahle Mittelmaß. Wohin kann Verfolgung, Demütigung, die ganze Meute rasender Hunde den Flüchtenden treiben durch die Dschungel-Verstecke.«[96] Am meisten gefreut hat sich Torberg indessen über die Kritik von Hermann Broch, die unter dem Titel *Literatur der Anständigkeit* im *Aufbau* erschien.[97] Dort widersprach Broch jenen Einwänden, die Neumann

Torbergs Bücher in guter Gesellschaft: Theodor W. Adornos *Minima Moralia* (DA). ▲

vorgebracht hatte. Es gehe Torberg »nicht um Mitleid für das Opfer – er hat auch ebendarum in der Person Otto Maiers ein Opfer sehr niederen Grades gewählt – vielmehr macht er es zum Träger einer moralischen Verpflichtung. Indem er dies tut, gibt er seinem Roman einen entscheidenden politischen Auftrieb und gewinnt ihm eine ethische Sphäre, die der sonstigen Emigrantenliteratur zumeist mangelt, weil sie im allgemeinen immer nur wieder die Ungerechtigkeit des jüdischen Loses aufweist.«[98]

Die zweite Begegnung

Im Frühjahr 1950 erschien mit *Die zweite Begegnung* jenes Buch, in dem sich Torberg nun in Romanform mit dem Kalten Krieg beschäftigte. In einem Interview, zu dem er am 27. Januar 1951 vom New Yorker Sender WEVD eingeladen wurde, machte Torberg deutlich, daß Hitler Vergangenheit, Stalin aber noch an der Macht sei: »In meinen beiden vorangegangenen Büchern […] hatte ich versucht, mich mit der Nazi-Tyrannis auseinander zu setzen. Diesmal wollte ich klarstellen, dass ich auch die kommunistische Spielart der totalitären Diktatur für eine mörderische Bedrohung aller abendländischen Kultur- und Moralbegriffe halte. Und da ich von allen kommunistisch gewordenen Ländern die Tschechoslowakei am besten kenne, wählte ich Prag, wo ich jahrelang gelebt habe, zum Schauplatz der Handlung. Die Träger der Handlung sind drei junge Menschen, die durch den Krieg auseinandergerissen werden und einander nachher wieder begegnen; es ist die Geschichte einer Liebe, die sich bewährt, und einer Freundschaft, die von der Politik zugrunde gerichtet wird.«[99]

Torbergs Roman parallelisiert aus der Perspektive des Protagonisten Martin Dub zwei ganz entscheidende politische Ereignisse in Prag: zum einen – in Retrospektive – den Einmarsch der Deutschen Wehrmacht 1939, zum anderen die kommunistische Übernahme der Macht neun Jahre später. Der überwiegend politische Roman verdankt seinen Titel der darin enthaltenen Liebesgeschichte: Dub trifft 1948 als Remigrant seine große Liebe Wera wieder, die er nach der Flucht vor den Nationalsozialisten aus den Augen verloren hatte. Inzwischen ist Wera mit einem Jugendfreund namens Jan Dvorsky liiert, der Kommunist geworden ist. Da Dub sich nicht dem kommunistischen Regime fügen will, sieht er sich gezwungen, Prag erneut als Flüchtling zu verlassen.

Der Roman fand durchaus prominente Fürsprecher. Ernst Schnabel, damals Mitarbeiter beim Nordwestdeutschen Rundfunk in Hamburg und als Autor Mitglied der Gruppe 47, teilte nach der Lektüre des Buches mit, »dass es mir ausgezeichnet gefallen hat. Vor allem in der Durchleuchtung des politischen Klimas sind Sie wirklich kompe-

▲ Nelly Sachs, 1959. Photo: Riwkin, Stockholm (WBR, HS).

Beim Signieren von *Die zweite Begegnung*. Amerikanische Buchhandlung ▲ in der Kärntnerstraße, Wien 1951. Photo: US Information Service (DA).

tent und notwendiger in Deutschland denn je zuvor.« Aber Schnabel wunderte sich, daß Torberg trotz seiner tiefen Kenntnisse des politischen Klimas wieder nach Europa gekommen sei: »An Ihrer Stelle würde ich eilendst zu meiner Wolkenkratzer-Aussicht nach Manhattan zurückkehren.«[100]

Mit Erscheinen des Romans wurde auch Torbergs in den nächsten Jahren zunehmende Nutzung des Rundfunks manifest. An Hildegard Knef schrieb er am 12. Januar 1952: »Mir selbst geht es anregend und betriebsam, ich war vor kurzem wieder für ein paar Wochen in Deutschland, teils in meiner nebbich offiziellen Funktion als Kulturfritze oder eigentlich Kulturfrederick und teils als Privatdichter, um den Kindern etwas Torberg vorzulesen und über allerlei Rundfunksender gegen artiges Entgelt die deutsche Luft mit giftigem Hebräerhauch zu verpesten.«[101] Doch trotz dieser medialen Präsenz war dem Buch kein großer Erfolg beschieden. Es scheint fast so, als ob Torberg auch dieses Werk, ähnlich wie seine frühen Texte, bald verworfen hat. An Fritz von Herzmanovsky-Orlando schrieb er gar noch vor dessen Erscheinen: »Das Buch ist ein durchaus vordergründiger, säkularistischer und von politischer Aktualität durch und durch vergifteter Roman, dessen Lektüre ich einem höher organisierten Wesen gar nicht zumuten würde.«[102] Und Heinz Politzer riet er offen von einer zweiten Lektüre ab: »Dass Sie die ›Zweite Begegnung‹ bereits gelesen haben, beruhigt mich, dass Sie sich mit dem ordnungsgemäss gelösten Lektüreschein erst über Verlangen des Kontrollors ausweisen, beunruhigt mich, und dass Sie die Lektüre wiederholen wollen, halte ich für überflüssig. Sie wird – schwarz hin, schwarz her – um nichts ergiebiger sein als die erste, weder im Negativen noch im Positiven, denn siehe, und ach! wem sage ich das: es ist ein vordergründiges Buch, bar jeglichen Doppelbodens den es erst zu erforschen gälte«.[103]

▲ Nachdruck einer Wiener Tageszeitung (DLW).

Torberg liest beim RIAS in Berlin, um 1953 (DA). ▲

Widmung an Mariettas Mutter (WBR, DS). ▲

Süßkind von Trimberg

»Also, Du bist aus dem FORVM heraus«, schreibt Manès Sperber am 19. Januar 1966, »das ist zugleich bedauerlich und gut. Ich vermute, dass Dir die wiedergewonnene Freiheit erst einmal einen ganz schönen Sturz in eine Depression verschafft hat, aber dass Du schon aus dieser herauszukriechen beginnst. Nur die Dummköpfe ahnen nicht, dass man vielleicht einige Zeit ohne Brot, aber viel schwerer ohne Bürden leben kann. Man sollte Mausoleen bauen, in denen man die verlorenen Bürden feierlich bestatten könnte.«[104] Als Bürde hatte Friedrich Torberg seine Funktion als Herausgeber des *FORVM* in den 1960er Jahren in der Tat mehr und mehr empfunden, vor allem deshalb, weil diese Tätigkeit den Schriftsteller Torberg und dessen Kreativität gänzlich auffraß – seit *Die zweite Begegnung*, also seit 1950, war kein Roman mehr aus seiner Feder erschienen, und der Erzählband *Golems Wiederkehr* (1968) fand nicht die erhoffte Resonanz. Doch die Entscheidung, sich der Last des *FORVM* zu entledigen, hatte – entgegen Sperbers Annahme – mit einer weiteren Bürde zu tun, einem Romanprojekt, das Torberg unter allen Umständen verwirklichen wollte und das ihn schon seit Schülertagen beschäftigt hatte. »Es war 1926 oder 1927«, heißt es in den Erinnerungen von Torbergs Schwester Ilse, »als ich das erste Mal von ihm hörte, daß er einen Roman schreiben wolle. Ich weiß nicht, auf welchem Weg Fritz eine Broschüre des Musikologen Paul Nettl in die Hände bekam, in der dieser über jüdische Sänger und Musikanten im Altertum schrieb – darunter über den jüdischen Troubadour Süßkind von Trimberg. ›Lies das‹, sagte er zu mir, ›darüber möchte ich einmal ein Buch schreiben.‹«[105]

So ging Torbergs Berufung zum Dichter mithin nicht von dem verachteten Mathematiklehrer Schwefel alias »Gott Kupfer« aus, sondern es war der – vermeintlich – jüdische Minnesänger Süßkind von Trimberg, »um dessentwillen er überhaupt zu schreiben begonnen hatte«.[106] Die Faktenlage zu diesem deutschen Spruchdichter, von dem nur zwölf Lieder innerhalb des aus dem 14. Jahrhundert stammenden *Codex Manesse* überliefert sind, ist spärlich. Noch heute streiten sich die Spezialisten, ob es sich bei Süßkind um einen Juden gehandelt hat und ob jene bekannte Illustration aus der *Großen Heidelberger Liederhandschrift*, die einen Juden in reicher Tracht, mit langem Bart und spitzem Judenhut zeigt, überhaupt mit dem Urheber der Süßkind zugeschriebenen Lieder in Verbindung zu bringen ist.[107] Obwohl hier nicht der Ort ist, sich dieser Fachdiskussion zu widmen, steht doch fest, daß Süßkind von Trimberg seit jeher von denjenigen, die ihn als Juden betrachten, als eine überaus wichtige Figur jüdischer Kultur begriffen wird. Paul Nettl etwa, dessen Buch Torbergs Interesse am Stoff geweckt haben soll, bezeichnet Süßkinds Verse immerhin als das »erste Dokument des erwachten oder besser gesagt erweckten jüdischen Nationalismus«.[108] Deshalb interessierte dieser Stoff mit Blick auf die hitzigen Debatten über einen Judenstaat auch erfahrene ›Kollegen‹ Torbergs. So erschien 1934 in Jerusalem das Buch *Süsskind von Trimberg oder die Tragödie der Heimatlosigkeit* von Josef Kastein, einem der »führenden Verfechter des Zionismus«[109] jener Tage.

Obwohl Torberg immer den Stoffen aus seiner Lebenswelt – der Schule, dem Sport und dem Exil – den Vorrang gab, hat er sich, wie er Max Tau am 8. Juli 1945 mitteilte, seit 1931 mit den Vorarbeiten zum Süßkind-Roman beschäftigt, doch sei »das ganze Material seither längst verloren gegangen«.[110] Wie sehr Torberg sich aber noch immer für den Minnesänger interessierte, verdeutlicht

▲ Die Ruine der Trimburg bei Bad Kissingen.
Photo: Kohlbauer (ÖNB-HAN).

ein Brief an Heinz Politzer vom 25. August 1945, in dem er gestand, daß dessen Beschäftigung mit der deutsch-jüdischen Symbiose in der Literatur bei ihm »geilste Neugier« verursache: »es ist das Thema für unsereinen, und es beschäftigt mich seit ich als Schreibender denke, – ich glaube, daß ich Ihnen schon vor Jahren von meinem (schon damals alten) Plan eines Süsskind von Trimberg-Romans erzählt habe: und wenn Sie sich jetzt vorstellen, wie gut sich das auf englisch machen wird und mit welch nervöser Erwartung man einem solchen Buch speziell in Amerika entgegensieht, so wird es Sie nicht wundern dürfen, wenn ich Ihnen davon in aber sieben Jahren noch immer als von einem Plan erzähle.«[111]

Bei diesem Plan sollte es über diese sieben Jahre hinaus exakt noch weitere zweimal sieben Jahre bleiben, bis sich Torberg endlich zum Ausstieg beim FORVM entschließen konnte. Nun wurde das Romanprojekt zu einer Bürde, da es zu viel mit ihm selbst und seiner Einordnung als deutschschreibender jüdischer Schriftsteller zu tun hatte. Daß den vielseitigen Autor zudem andere Aufträge reizten, machte die Verwirklichung des jahrzehntelang gehegten Roman-Traums, der allmählich zum Trauma geriet, nicht gerade einfacher. »Auch mir scheint es vernünftig«, pflichtete Manès Sperber bei, »dem Süsskind für ein Jahr die Exklusivität zu sichern«. Jedoch sah Sperber die Schwierigkeiten, die dieser Roman Torberg bereitete, vor allem darin, »dass Du wesensmässig dem historischen Kostüm abgeneigt sein dürftest. Dieses Problem wirst Du lösen oder nicht lösen ganz unabhängig davon, was Du sonst tust – ob Du full time an ihm arbeitest oder nicht.«[112]

Wie schwer Torberg die Arbeit am Süßkind fiel, belegt ein Arbeitstagebuch, das er im Juli 1966 begann und jahrelang parallel zur zögerlichen Niederschrift des Romans führte. Hier manifestieren sich all die Zweifel, die er dem Vorhaben entgegenbrachte. Nachdem er wieder etwas anderem den Vorzug gegeben hatte, heißt es im Tagebuch: »Keine Vulgärpsychologie der Welt ließe sich jetzt noch ausreden, daß ich den S. eigentlich gar nicht schreiben will, daß ich mir künstliche Hindernisse schaffe, daß ich Angst vor dem Versagen habe, daß ich nur deshalb an dem Plan festhalte (oder festzuhalten vorgebe), weil ich jetzt schon so lange davon gesprochen und so viele Vorbereitungen getroffen habe – und was an Klischees sonst noch auf der Hand liegt.« In diesen Aufzeichnungen ist sogar vom »Roman des gescheiterten Süßkind-Romans« die Rede.[113]

▲ Illustration aus dem *Codex Manesse* (ÖNB-HAN).

Am Schreibtisch während der Aufnahmen für die ORF-Sendung *Steckbrief*, 20.11.1975. ▲
Photo: Gessl (DA).

In Wahrheit verband Torberg mit diesem Projekt die Hoffnung auf ein fulminantes Comeback als Romancier. Wie unerfüllbar hoch seine Erwartungen an den Roman waren, belegt ein Brief, den Torberg am 22. Februar 1972, unmittelbar vor Erscheinen des *Süßkind*, an Joseph P. Strelka schrieb: »Er soll alles wiedergutmachen, was ich in den letzten Jahren versäumt habe, er soll meine Position und mein ›Image‹ als Romanautor wiederherstellen, er soll die Früchte der sechsjährigen Arbeit einbringen, die ich auf ihn verwendet habe.«[114] Obgleich Peter Härtling, Torbergs Lektor bei S. Fischer, nach der Lektüre des Manuskripts begeistert war, und obgleich alte wie junge Freunde Torbergs, etwa Herbert Eisenreich, Friedrich Heer, Hermann Kesten, Robert Neumann, Heinz Politzer, Herbert Rosendorfer und Manès Sperber in Zeitung und Rundfunk wortreich für den Roman eintraten, wurden alle Hoffnungen des Autors bitter enttäuscht. Das lag vor allem an dem so prominenten wie kompromißlosen Verriß von Marcel Reich-Ranicki. Der fand es völlig verfehlt, das »Gleichnis vom Juden inmitten der nichtjüdischen Welt« ins Mittelalter zu projizieren, weil »nach Auschwitz und Treblinka« doch »mittelalterliche Judenverfolgungen als Kontrastmotive schlecht brauchbar« seien. Die Stoffwahl sei »unglücklich«, die Sprache »bieder«, die Szenerie »fragwürdig«, die Prosa »gesalbt mit süßem Öl«. Wer es mit Torberg gut meine, so schließt Reich-Ranicki, solle dieses Buch »möglichst schnell vergessen«.[115] Reich-Ranicki hatte Recht: Das Buch war mißraten. Doch der Ton macht auch in diesem Falle die Musik. Die Verletzung durch die – so Torberg gegenüber Manès Sperber – »Rotz- und Scheisskreatur«[116] war enorm. Und diese Einschätzung des noch heute wichtigsten deutschsprachigen Kritikers sollte sich fatal auswirken. Sperber, der die Entstehung des Romans stets freundschaftlich begleitet hatte, konnte Reich-Ranicki noch vor Erscheinen des Artikels sprechen, allein: »er war bereits gesetzt, als ich mit R-R in Wien davon sprach. Er liess durchblicken, dass der Artikel ein Verriss wäre, ich versuchte, ihn umzustimmen – vergebens. Er gehört zu jenen Männern, die frühzeitig herausgekriegt haben, dass man durch Verrisse fast immer viel mehr Aufmerksamkeit erregt als durch lobende oder wohlabgewogene Kritiken.« Sperber versuchte Torberg in diesem rührenden Brief vom 5. April 1972 Trost zuzusprechen und ihm – wider besseres Wissen – die Wirkungslosigkeit der Kritik vor Augen zu halten: »Da R-R viele Feinde hat – weit mehr als Du – da sie vor allem in ihm den Verreisser bekämpfen, so wird sein Angriff häufig die umgekehrte Wirkung haben, als jene auf die er abzielte. Er ist – so seltsam es klingen mag – wirklich nicht Dein Feind; er handelt gemäss einer bestimmten Auffassung von der Mission des Kritikers und überdies – mehr oder minder unbewusst – gemäss einem Erfordernis seines sehr komplexen Charakters.« Zugleich versuchte Sperber dem Freund – dies völlig zu Recht – auszureden, daß es sich beim *Süßkind* um sein »chef d'œuvre«[117] handle: »dieser Roman ist nicht Dein Lebenswerk, sondern ein Teil von ihm. Niemand weiss im voraus, was von einem ganzen Lebenswerke bleibt, wenn es durch die Filtriermaschine der Zeit gegangen ist. Einige der weitaus besten, klügsten und tiefsten Seiten Deiner bisherigen literarischen Arbeit sind im SÜSSKIND enthalten. Aber es könnte wohl sein, dass – wie ich angedeutet habe – MEIN IST DIE RACHE alles überdauert. Worauf es jetzt ankommt, das ist: Dein nächstes Buch vorzubereiten. Du kannst glücklich sein, den SÜSSKIND geschrieben zu haben, aber wir gehen auf einer Treppe und jede Stufe entsteht erst dank unserm Mut, den Fuss zu heben, bevor die nächste Stufe entstanden ist.«[118]

Die Tante Jolesch

Mit dem Erfolgsbuch *Die Tante Jolesch oder Der Untergang des Abendlandes in Anekdoten*, das im Herbst 1975 auf den Markt kam, gelang Torberg dann ein weit aufsehenerregenderes Kunststück als – um das Bild von Manès Sperber aufzugreifen – nur eine nächste Stufe im Leben zu erklimmen. Herbert Rosendorfer äußerte in einem Brief vom 11. März 1976 restlos begeistert: »Friedrich Torberg springt mit dem Motorrad ›Tante Jolesch‹ über 12 Omnibusse mit germanistischen Kategorien gefüllt; einmalige Sensation.«[119]

Auch dieser Bestseller, mit dem sich Torberg völlig unerwartet an die Spitze der Verkaufsstatistiken katapultierte, war wie der *Süßkind* ein Projekt, das er schon seit langem im Kopf hatte. Offenbar entwickelte sich die Idee zu diesem Buch in den zahllosen Briefen, die Torberg während des Exils in den USA an die engsten Freunde schrieb. Entwöhnt der geliebten Kaffeehäuser zu Prag und Wien, wo man sich sonst getroffen hätte, schwelgte man nicht nur melancholisch in alten Erinnerungen, sondern erhielt auch jene im Gedächtnis lebendig, die der NS-Vernichtungspolitik zum Opfer gefallen waren. »Es werden mir«, bemerkte etwa Justinian Frisch am 12. Juli 1947, »angeregt durch Ihren Brief, im Laufe der Zeit noch viel Menschen einfallen, alle in Verbindung mit unsterblichem Anekdotengut, und ich werde es mir kaum verkneifen können, die Cavalcade der Gespenster – es sind wohl meistens Tote, die hier in Dunst und Nebel um mich steigen – fortzusetzen. Sollte ich damit dazu beitragen, in Ihnen das Bild einer immerhin interessanten Vergangenheit zu verlebendigen, so wäre ich zufrieden.«[120]

Die Korrespondenz Torbergs mit seinen ›Haberern‹ Justinian Frisch, Peter Heller, Milan Dubrovic, Alexander Inngraf, Fritz Thorn, Richard Révy und Victor von Kahler, die meist aus den 1940er Jahren stammt, liest sich in weiten Teilen wie eine große Stoffsammlung für das spätere Buch. Nicht zufällig wird Torberg, der, so die Selbsteinschätzung, »besonders im Anekdotischen einer an Zwangsneurose grenzenden Assoziations-Manie unterlag«,[121] von Justinian Frisch in einem Brief vom 4. März 1948 als »Hochgeschätzter Herr Anekdoteles«[122] angeredet. Aber nicht nur viele Anekdoten der *Tante Jolesch* verdanken sich dem Exil. Auch die Figur der Tante selbst ist eine Erfindung, die während der Zeit in Übersee entwickelt wurde, mithin in einer Zeit der Entwurzelung, als es galt, sich der Heimat auf jede nur erdenkliche Art zu versichern: »Ich nehme den Dienst an der Tante ernst«, heißt es in einem Brief Victor von Kahlers am 23. August 1945, »und es ist der einzige Dienst, der dessen wert ist. Da der kleine Torberg einer ist, der ›schreibt‹, wird er also verstehen, daß die Tante Jolesch nur ein Symbol ist, daß sie dasteht, ehern und unvergänglich [...], wie unsere ganze Vergangenheit, wie unsere Herkunft. Diesem Herkommen bin und bleibe ich so zugehörig, ich bleibe ihm so unauflösbar verknüpft, daß ich nicht ruhen werde bis nicht Torberg, bis er einmal groß geworden ist, das große Buch schreiben wird, die Bibel der k.u.k. Juden, in der die Tante Jolesch auftritt«.[123] Und ganz offensichtlich hatte

Schaufenster für einen Bestseller, Wien 1975 (DA). ▲

sich die Idee dieser symbolischen Gestalt unter den Freunden binnen kurzem soweit verselbständigt, daß man sich angewöhnte, sämtliche witzigen Zitate aus dem Umfeld der eigenen Familie, Freunde und Bekannten, kurz: alle »Sager ihr zuzuschreiben«.[124]

Kaum dreißig Jahre später sollte es soweit sein: das große Buch war da. Die Begeisterung war und ist bis heute ungeteilt. Mit einer Ausnahme: Lou Eisler-Fischer, die in erster Ehe mit Torbergs Freund, dem böhmischen Industriellen Franz Jolesch, verheiratet war (gefolgt von den beiden Ehen mit Hanns Eisler und Ernst Fischer). Ihr war die Symbolhaftigkeit der Tante leider verborgen geblieben. Auf eine Lesung Torbergs im Rundfunk reagierte sie mit einer Gegendarstellung: »Eine Tante Jolesch, deren Aussprüche in diesem Buch überliefert werden, gab es nicht. Es gab überhaupt keine Tante, von der in solchem Zusammenhang jemals die Rede gewesen wäre. Es gab nur eine Mutter, meine damalige Schwiegermutter, die Torberg natürlich kannte. Sie hat weder gejüdelt noch hat man von ihr ›witzige‹ und ›tiefgründige‹ Aussprüche à la Torberg gehört.«[125] Und noch jemand anderer erfuhr erst mit Verzögerung, um wen es sich bei der Tante Jolesch handelte. Horst Jarka, der Exilforscher und Herausgeber der Werke von Jura Soyfer, hatte sich 1977 mehrere Wochen in Wien aufgehalten, um zu recherchieren: »Nach staubigen Stunden in der Nationalbibliothek«, vermeldete er Torberg am 18. Januar 1978, »mußte ich mich abends erholen und geistig Luft schöpfen. Ich berichtete über meinen Tageslauf in zahlreichen, tagebuchartigen Briefen nach Haus. Etliche Male schloß ich sie mit dem Ruf: ›So, und jetzt ins Bett mit Tante Jolesch!‹ Meine liebe Frau, die von dem Buch keine Ahnung hatte, mußte auf die Aufklärung warten, bis ich zu Hause war.«[126]

▲ Friedrich Torberg mit seinem Erfolgsbuch. Photo: Kristian Bissuti (DA).

▲ Franz Jolesch (3.v.r.) und Friedrich Torberg (r.), August 1934 (DA).

Briefkopf aus dem Jahr 1934: »Torberg / dzt. bei Jolesch«. ▲ Gemeint ist Lou Eisler-Fischers erster Mann Franz Jolesch (DLA).

1 O. R.: »Gott Kupfer« wird interviewt. In: Prager Tagblatt, 6.4.1930.

2 Jean Améry: Sie lernten nicht für das Leben. Schülertragödien von Emil Strauß, Hermann Hesse, Friedrich Torberg. In: J. A.: Aufsätze zur Literatur und zum Film. Hg. von Hans Höller. Stuttgart: Klett-Cotta 2003 (= Werke 5), S. 276–291, hier S. 290.

3 Peter Handke an Friedrich Torberg, Brief vom 25.11.1977. WBR, Nachlaß Torberg, ZPH 588, 8/1.

4 Emmy Beckmann: Die Schule in der Dichtung unserer Tage. In: Die Frau 37 (1929/30), S. 484–490, hier S. 485.

5 Friedrich Torberg an den Paul Zsolnay Verlag, Brief vom 14.4.1930. Österreichisches Literaturarchiv in der Österreichischen Nationalbibliothek (= ÖLA), Zsolnay-Archiv, 286/05.

6 In: Prager Tagblatt, 9.4.1930.

7 Paul Schwarzmann: Der Schüler Gerber hat absolviert. In: Neue Freie Presse, 14.8.1930.

8 Annemarie Selinko: Wir sind nicht wie der »Schüler Gerber«. In: Neue Freie Presse, 21.8.1930.

9 Friedrich Torberg an Marion Sand, Brief vom 23.11.1977. WBR, Nachlaß Torberg, ZPH 588, 2/2.

10 Vgl. Friedrich Torberg: Die Entdeckung. In: Dichter, Denker, Helfer. Max Brod zum 50. Geburtstag. Hg. von Felix Weltsch. Mährisch-Ostrau: Kittl Nachf. [1934], S. 78–87.

11 Max Brod: Die Qual der Schule. In: Prager Tagblatt, Nr. 63 vom 2.3.1930, S. 11.

12 Jakob Rosenthal: Ein junger Dichter. Gespräch mit Friedrich Torberg. In: Der Wiener Tag, 1.3.1931. Vgl. auch Friedrich Torberg: Literarischer Erfolg und sachliche Blamage. In: F. T.: Auch Nichtraucher müssen sterben. Essays, Feuilletons, Notizen, Glossen. [Hg. von David Axmann u. Marietta Torberg]. München, Wien: Langen Müller 1985 (= Gesammelte Werke in Einzelausgaben 16), S. 15–27.

13 Vgl. R. Adler: Friedrich Torberg, Der Schüler Gerber hat absolviert. In: Internationale Zeitschrift für Individualpsychologie 8 (1930), S. 596f.

14 Friedrich Torberg an Manès Sperber, Brief vom 12.10.1960. WBR, Nachlaß Torberg, ZPH 588, 9/3.

15 Fritz Grünbaum an Friedrich Torberg, Brief vom 9.3.1935. WBR, Nachlaß Torberg, ZPH 588, 24/14.

16 Laut Herstellerkartei des Zsolnay-Verlags (ÖLA 286/05) wurden Torbergs Bücher Der Schüler Gerber hat absolviert sowie und glauben, es wäre die Liebe in Deutschland am 24. März 1936 offiziell beschlagnahmt und eingezogen.

17 Hermann Lienhard an Friedrich Torberg, Brief vom 11.12.1952. WBR, Nachlaß Torberg, ZPH 588, 27/16.

18 Christian Ferber [d. i. Georg Seidel]: Schule oder Kasernenhof? In: Romane von gestern – heute gelesen. Hg. von Marcel Reich-Ranicki. Bd. 2: 1918–1933. Frankfurt/M.: S. Fischer 1989, S. 269–276, hier S. 271f.

19 Michael Guttenbrunner an Friedrich Torberg, Brief vom 28.1.1955. WBR, Nachlaß Torberg, ZPH 588, 34/6.

20 Peter Handke an Friedrich Torberg, Brief vom 14.11.1976. WBR, Nachlaß Torberg, ZPH 588, 8/1.

21 Rosenthal, Ein junger Dichter (Anm. 12).

22 Ebd.

23 Friedrich Torberg an Zsolnay, Brief vom 9.4.1934. ÖLA, Zsolnay-Archiv, 286/05.

24 Friedrich Torberg an Zsolnay, Brief vom 28.5.1934. ÖLA, Zsolnay-Archiv, 286/05.

25 Vgl. Murray G. Hall: Österreichische Verlagsgeschichte 1918–1938. Bd. II: Belletristische Verlage der Ersten Republik. Wien, Köln, Graz: Böhlau 1985, S. 490.

26 Vgl. Murray G. Hall / Herbert Ohrlinger: Der Paul Zsolnay Verlag 1924–1999. Dokumente und Zeugnisse. Wien: Zsolnay 1999, S. 52.

27 Zsolnay an Friedrich Torberg, Brief vom 12.5.1933. ÖLA, Zsolnay-Archiv, 286/05.

28 Friedrich Torberg an Zsolnay, Brief vom 15.5.1933. ÖLA, Zsolnay-Archiv, 286/05.

29 Friedrich Torberg an Zsolnay, Brief vom 9.4.1934 (Anm. 23).

30 Zsolnay an Friedrich Torberg, Brief vom 18.8.1934. ÖLA, Zsolnay-Archiv, 286/05.

31 Hall, Verlagsgeschichte (Anm. 25), S. 500.

32 Vgl. ebd., S. 493 und 495.

33 Hall / Ohrlinger, Zsolnay (Anm. 26), S. 59.

34 Zsolnay an Friedrich Torberg, 18.8.1934 (Anm. 30).

35 Alle Zitate aus: Friedrich Torberg an Zsolnay, Brief vom 12.3.1935. ÖLA, Zsolnay-Archiv, 286/05.

36 Friedrich Torberg: Meine Erfahrungen mit Verlegern. In: F. T.: Pegasus im Joch. Briefwechsel mit Verlegern und Redakteuren. [Hg. von David Axmann u. Marietta Torberg]. München, Wien: Langen Müller 1983 (= Gesammelte Werke in Einzelausgaben 14), S. 7–12, hier S. 9f.

37 Ebd., S. 9.

38 Vgl. Volker Dahm: Das jüdische Buch im Dritten Reich. 2., überarb. Aufl. München: Beck 1993, S. 117.

39 Vgl. ebd., S. 182, Anm. 94.

40 Will Vesper: Unsere Meinung. In: Die Neue Literatur 37 (1936), 1, S. 55–56, hier S. 55.

41 Vgl. Liste 1 des schädlichen und unerwünschten Schrifttums. Gemäß § 1 der Anordnung des Präsidenten der Reichsschrifttumskammer vom 25. April 1935 bearbeitet und hg. von der Reichsschrifttumskammer. Stand vom Oktober 1935. Berlin: Reichsdruckerei 1935, S. 122.

42 Friedrich Torberg an Frederik R. Praeger, Brief vom 17.8.1948. WBR, Nachlaß Torberg, ZPH 588, 36/23.

43 Friedrich Torberg an Herbert Eisenreich, Brief vom 6.2.1959. WBR, Nachlaß Torberg, ZPH 588, 33/13.

44 Roland Betsch: Torberg, Friedrich: Die Mannschaft. In: Das Deutsche Wort 12 (1936), 15/16, S. 713–714, hier S. 714.

45 Susanne Alge: Kurt Juhn. In: Deutschsprachige Exilliteratur seit 1933. Bd. 3: USA. Hg. von John M. Spalek, Konrad Feilchenfeldt u. Sandra H. Hawrylchak. Tl. 5. Zürich, München: Saur 2005, S. 93–122, hier S. 95.

46 Hansgeorg Maier: Die Mannschaft. In: Die Literatur 38 (1935/36), 7, April 1936, S. 334f.

47 Den Band hat der Verfasser im Sommer 2006 auf dem Wiener Flohmarkt am Donaukanal erworben.

48 Friedrich Torberg: Blamage des Geistes. Ein Vortrag (1933). In: F. T.: PPP. Pamphlete, Parodien, Post Scripta. München, Wien: Langen Müller 1964 (= Gesammelte Werke in Einzelausgaben), S. 20–40, hier S. 35.

49 Alfred Doeblin: Bücher über Liebe und Jugend. In: Das Neue Tagebuch (Paris, Amsterdam), 1.1.1938, S. 21f.

50 Heinrich Werth [d. i. F. C. Weiskopf]: Abschied. In: Das Wort (Moskau) 3 (1938), 2, S. 141f.

51 Vgl. den Abdruck der Liste in: Markus Wolf: Die Troika. Geschichte eines nichtgedrehten Films. Nach einer Idee von Konrad Wolf. 3. Aufl. Berlin: Aufbau-Verl. 1990, S. 19–23, hier S. 22.

52 Friedrich Torberg: Auch das war Wien. Roman. Mit einem Nachw. von Edwin Hartl. [Hg. von David Axmann u. Marietta Torberg]. München, Wien: Langen

Müller 1984 (= Gesammelte Werke in Einzelausgaben 15), S. 37. Zitate aus diesem Buch werden mit der Sigle AW im Text nachgewiesen.

53 Walter Landauer an Friedrich Torberg, Brief vom 24.1.1939. ÖNB-HAN 37.284, Bl. 7.

54 L'Accueil Français aux Réfugiés d'Autriche et d'Europe Centrale (Paris) für Friedrich Torberg, 27.7.1939. ÖNB-HAN 37.434, Bl. 32.

55 Friedrich Torberg an William S. Schlamm, Brief vom 29.7.1939. WBR, H.I.N. 235842.

56 ÖNB-HAN Beilage zu 1196/11-8.

57 Friedrich Torberg an Alma Mahler-Werfel, Brief vom 15.12.1941. Zit. nach F. T.: Liebste Freundin und Alma. Briefwechsel mit Alma Mahler-Werfel. [Hg. von David Axmann u. Marietta Torberg]. München, Wien: Langen Müller 1987 (= Gesammelte Werke in Einzelausgaben 17), S. 44.

58 Peter Heller an Friedrich Torberg, Brief vom 10.10.1941. WBR, Nachlaß Torberg, ZPH 588, 34/17.

59 Friedrich Torberg an Fritz Thorn, Brief vom 14.11.1945. WBR, Nachlaß Torberg, ZPH 588, 48/2.

60 Friedrich Torberg: Mein ist die Rache. Novelle. Wien: Bermann-Fischer 1947, S. 9. Aus diesem Buch wird unter der Sigle MR im Text zitiert.

61 Erich Maria Remarque an Friedrich Torberg, Brief vom 18.11.1968. WBR, Nachlaß Torberg, ZPH 588, 25/1.

62 Torberg kannte sowohl Langhoffs Buch über die Haft in Esterwegen als auch dessen Autor. Vgl. Friedrich Torberg an Fritz Thorn, Brief vom 8.2.1946. WBR, Nachlaß Torberg, ZPH 588, 48/2.

63 Habbo Knoch: Die Emslandlager 1933–1945. In: Der Ort des Terrors. Geschichte der nationalsozialistischen Konzentrationslager. Hg. von Wolfgang Benz u. Barbara Distel. Bd. II: Frühe Lager, Dachau, Emslandlager. München: Beck 2005, S. 532–570, hier S. 548.

64 Ebd., S. 547.

65 Vgl. Hans-Peter Klausch: Tätergeschichten. Die SS-Kommandanten der frühen Konzentrationslager im Emsland. Bremen: Edition Temmen 2005 (= DIZ-Schriften 13), S. 293.

66 Vgl. Knoch, Emslandlager (Anm. 63), S. 541.

67 Ulrich Herbert: Vernichtungspolitik. Neue Antworten und Fragen zur Geschichte des „Holocaust". In: Nationalsozialistische Vernichtungspolitik 1939–1945. Neue Forschungen und Kontroversen. Hg. von U. H. Frankfurt/M.: Fischer 1998, S. 9–66, hier S. 57.

68 Friedrich Torberg an Alma Mahler-Werfel, Brief vom 10.12.1942. WBR, Nachlaß Torberg, ZPH 588, 23/2.

69 Alma Mahler-Werfel an Friedrich Torberg, Brief vom 3.1.1943. WBR, Nachlaß Torberg, ZPH 588, 23/2.

70 Heinz Politzer an Friedrich Torberg, Brief vom 6.3.1946. WBR, Nachlaß Torberg, ZPH, 24/10.

71 Hermann Broch an Friedrich Torberg, Brief vom 21.8.1943. WBR, Nachlaß Torberg, ZPH 588, 25/3.

72 Ebd.

73 WBR, Nachlaß Torberg, ZPH 588, 34/3.

74 Roland Jaeger: Die Pazifische Presse. In: Deutschsprachige Exilliteratur seit 1933. Bd. 3: USA. Hg. von John M. Spalek, Konrad Feilchenfeldt u. Sandra H. Hawrylchak. Tl. 2. Bern, München: Saur 2001, S. 311–342, hier S. 313.

75 Ebd., S. 315.

76 o. f. b.: »Mein ist die Rache«. In: Der Standpunkt (Meran), undat. Ausschnitt. ÖNB-HAN 24.723, Bl. 25.

77 Edward C. Aswell: The Case of the Ten Nazi Spies. In: Harper's Magazine 185 (1942), Nr. 1105, S. 1–21.

78 Franz Werfel an Friedrich Torberg, Brief vom 15.6.1942. WBR, Nachlaß Torberg, ZPH 588, 25/4.

79 So wollte er in der Nähe des tunesischen Orts Gabès Platons Atlantis entdeckt haben. Vgl. Paul Borchardt: Platos Insel Atlantis. Versuch einer Erklärung. In: Petermanns Geographische Mitteilungen (1927), 1/2, S. 19–32.

80 Zu den biographischen Angaben, die leider nicht sehr genau sind und einander bisweilen widersprechen, vgl. Deutsches Biographisches Archiv, Neue Folge, Fiche 155, sowie Wikipedia, Abfrage vom 25.8.2007. Im Archiv der Universität München gibt es keinerlei Material zu Paul Borchardt.

81 Laut Mitteilung der KZ-Gedenkstätte Dachau vom 17.9.2007. Gedankt für die Auskunft sei Albert Knoll vom Archiv der Gedenkstätte.

82 Vgl. Gert Buchheit: Der deutsche Geheimdienst. Geschichte der militärischen Abwehr. München: List 1966, S. 246f.

83 Vgl. Bernard Josephs: How a Dachau Survivor Became a Spy for Hitler. In: The Jewish Chronicle, 21.12.2005.

84 Buchheit, Geheimdienst (Anm. 82), S. 247.

85 Friedrich Torberg: Hier bin ich, mein Vater. Roman. München: Langen Müller 1962 (= Gesammelte Werke in Einzelausgaben), S. 105.

86 Ebd., S. 128.

87 Friedrich Torberg an Peter André Bloch, Brief vom 28.1.1975. WBR, Nachlaß Torberg, ZPH 588, 18/1.

88 Oscar Teller an Friedrich Torberg, Brief vom 21.5.1944. ÖNB-HAN 1200/7–8.

89 Friedrich Torberg an Oscar Teller, Brief vom 23.5.1944. ÖNB-HAN 1200/9–15.

90 Alma Mahler-Werfel an Friedrich Torberg, Brief vom 22.5.1945. WBR, Nachlaß Torberg, ZPH 588, 23/2.

91 Friedrich Torberg an Franz Werfel, Brief vom 27.6.1945. WBR, Nachlaß Torberg, ZPH 588, 25/4.

92 Friedrich Torberg an Max Tau, Brief vom 8.7.1945. ÖNB-HAN 1200/2–1.

93 Friedrich Torberg an Max Tau, Brief vom 12.2.1947. ÖNB-HAN 1200/2–5.

94 Friedrich Torberg an Joseph P. Strelka, Brief vom 11.7.1972. WBR, H.I.N. 241868. Aus dem nur teilweise publizierten Briefwechsel zwischen Torberg und Bermann Fischer wird eine genaue Begründung für diese Entscheidung nicht ersichtlich. Aus dem in der Österreichischen Nationalbibliothek befindlichen Verlagsvertrag jedenfalls ist von einem Verzicht auf die Auslieferung in Deutschland noch nicht die Rede, heißt es doch in § 7, »dass die in Deutschland oder Österreich anfallenden Honorare auf ein [...] Sonderkonto eingezahlt werden« [ÖNB-HAN o. Sign.]. Jene Ausgabe, die 1962 im Rahmen der Gesammelten Werke im Verlag Langen Müller auf den Markt kam, vermerkt jedoch auf der Rückseite des Titelblatts, daß der Roman anläßlich des ersten Erscheinens 1948 nicht in Deutschland, sondern nur in der Schweiz und Österreich ausgeliefert werden durfte.

95 Alfred Neumann an Friedrich Torberg, Brief vom 20.10.1946. WBR, Nachlaß Torberg, ZPH 588, 24/12.

96 Nelly Sachs an Friedrich Torberg, Brief vom 14.12.1948. WBR, Nachlaß Torberg, ZPH 588, 23/8.

97 Hermann Broch: Literatur der Anständigkeit. In: Aufbau (New York), 2.7.1948.

98 Zit. nach Hermann Broch: Schriften zur Literatur 1: Kritik. Kommentierte Werkausg. Hg. von Paul Michael Lützeler. Bd. 9/1. Frankfurt/M.: Suhrkamp 1975 (= suhrkamp taschenbuch 246), S. 401–403, hier S. 402.

99 Manuskript der Sendung in: WBR, Nachlaß Torberg, ZPH 588, 21/6.

100 Ernst Schnabel an Friedrich Torberg, Brief vom 2.9.1951. WBR, Nachlaß Torberg, ZPH 588, 26/9.

101 Friedrich Torberg an Hildegard Knef, Brief vom 12.1.1952. ÖNB-HAN 1196/30-1.

102 Friedrich Torberg an Fritz von Herzmanovsky-Orlando, Brief vom 20.1.1950. WBR, Nachlaß Torberg, ZPH 588, 37/26.

103 Friedrich Torberg an Heinz Politzer, Brief vom 24.11.1950. WBR, Nachlaß Torberg, ZPH 588, 24/10.

104 Manès Sperber an Friedrich Torberg, Brief vom 19.1.1966. WBR, Nachlaß Torberg, ZPH 588, 9/3.

105 Ilse Kantor: Erinnerungen aus dem Elternhaus, S. 58–77, hier S. 67.

106 Friedrich Torberg: Blaugrau karierte Berufung zum Dichter. In: Vorletzte Worte. Schriftsteller schreiben ihren eigenen Nachruf. Hg. von Karl Heinz Kramberg. Frankfurt/M.: Bärmeier & Nikel 1970, S. 257–264, hier S. 264.

107 Zum Thema gibt es zahlreiche Publikationen. Genannt seien Rudolf Kilian Weigand: Süßkind von Trimberg. Ein Jude als Spruchdichter im deutschen Mittelalter? In: Jenseits der Grenzen. Die Auseinandersetzung mit der Fremde in der deutschsprachigen Kultur. Hg. von Margaret Stone u. Gundula Sharman. Oxford [u. a.]: Lang 2000, S. 13–30, und Edith Wenzel: Süßkind von Trimberg, ein deutsch-jüdischer Autor im europäischen Kontext. In: Interregionalität der deutschen Literatur im europäischen Mittelalter. Hg. von Hartmut Kugler. Berlin, New York: de Gruyter 1995, S. 143–160.

108 Paul Nettl: Alte jüdische Spielleute und Musiker. Vortrag, geh. in Prag Juni 1923. Prag: Flesch 1923, S. 31.

109 Johann-Günther König: Josef Kastein. In: http://vs.verdi.de/projekte/verbrannt_und_vergessen/publikation/zur_broschuere/data/W_BRE [Abfrage vom 17.1.2008].

110 Friedrich Torberg an Max Tau, Brief vom 8.7.1945 (Anm. 92).

111 Friedrich Torberg an Heinz Politzer, Brief vom 25.8.1945. WBR, Nachlaß Torberg, ZPH 588, 24/10.

112 Manès Sperber an Friedrich Torberg, Brief vom 23.5.1967. WBR, Nachlaß Torberg, ZPH 588, 9/3.

113 Friedrich Torberg: »Möge es zum Guten sein«. Das Arbeits-»Tagebuch« zum Roman »Süßkind von Trimberg«, erstmals veröffentlicht. In: Die Presse (Wien), 17./18.1.1981. Das Manuskript befindet sich in der Österreichischen Nationalbibliothek (ÖNB-HAN 24.838).

114 Friedrich Torberg an Joseph P. Strelka, Brief vom 22.2.1972. WBR, H.I.N. 241867.

115 Marcel Reich-Ranicki: Kulissenzauber mit Anspruch. In: Die Zeit, 31.3.1972.

116 Friedrich Torberg an Manès Sperber, Brief vom 7.5.1972. WBR, Nachlaß Torberg, ZPH 588, 9/3.

117 Friedrich Torberg an Marlene Dietrich, Brief vom 12.9.1972. WBR, Nachlaß Torberg, ZPH 588, 20/7.

118 Manès Sperber an Friedrich Torberg, Brief vom 5.4.1972. WBR, Nachlaß Torberg, ZPH 588, 9/3.

119 Herbert Rosendorfer an Friedrich Torberg, Brief vom 11.3.1976. WBR, Nachlaß Torberg, ZPH 588, 10/2.

120 Justinian Frisch an Friedrich Torberg, Brief vom 12.7.1947. In: F. T.: Kaffeehaus war überall. Briefwechsel mit Käuzen und Originalen. [Hg. von David Axmann u. Marietta Torberg]. München, Wien: Langen Müller 1982 (= Gesammelte Werke in Einzelausgaben 13), S. 48–52, hier S. 52.

121 Torberg, Blaugrau (Anm. 106), S. 258.

122 Justinian Frisch an Friedrich Torberg, Brief vom 4.3.1948. In: Torberg, Kaffeehaus (Anm. 120), S. 86–87, hier S. 86.

123 Victor von Kahler an Friedrich Torberg, Brief vom 23.8.1945. In: Ebd., S. 255–258, hier S. 257.

124 Friedrich Torberg an Victor von Kahler, Brief vom 31.7.1949. In: Ebd., S. 268–272, hier S. 271.

125 Lou Eisler-Fischer: Gab es »Die Tante Jolesch«? Typoskript, 1 Bl. Hanns-Eisler-Archiv, Slg. Louise Eisler-Fischer 169, Archiv der Akademie der Künste, Berlin.

126 Horst Jarka an Friedrich Torberg, Brief vom 18.1.1978. WBR, Nachlaß Torberg, ZPH 588, 6/3.

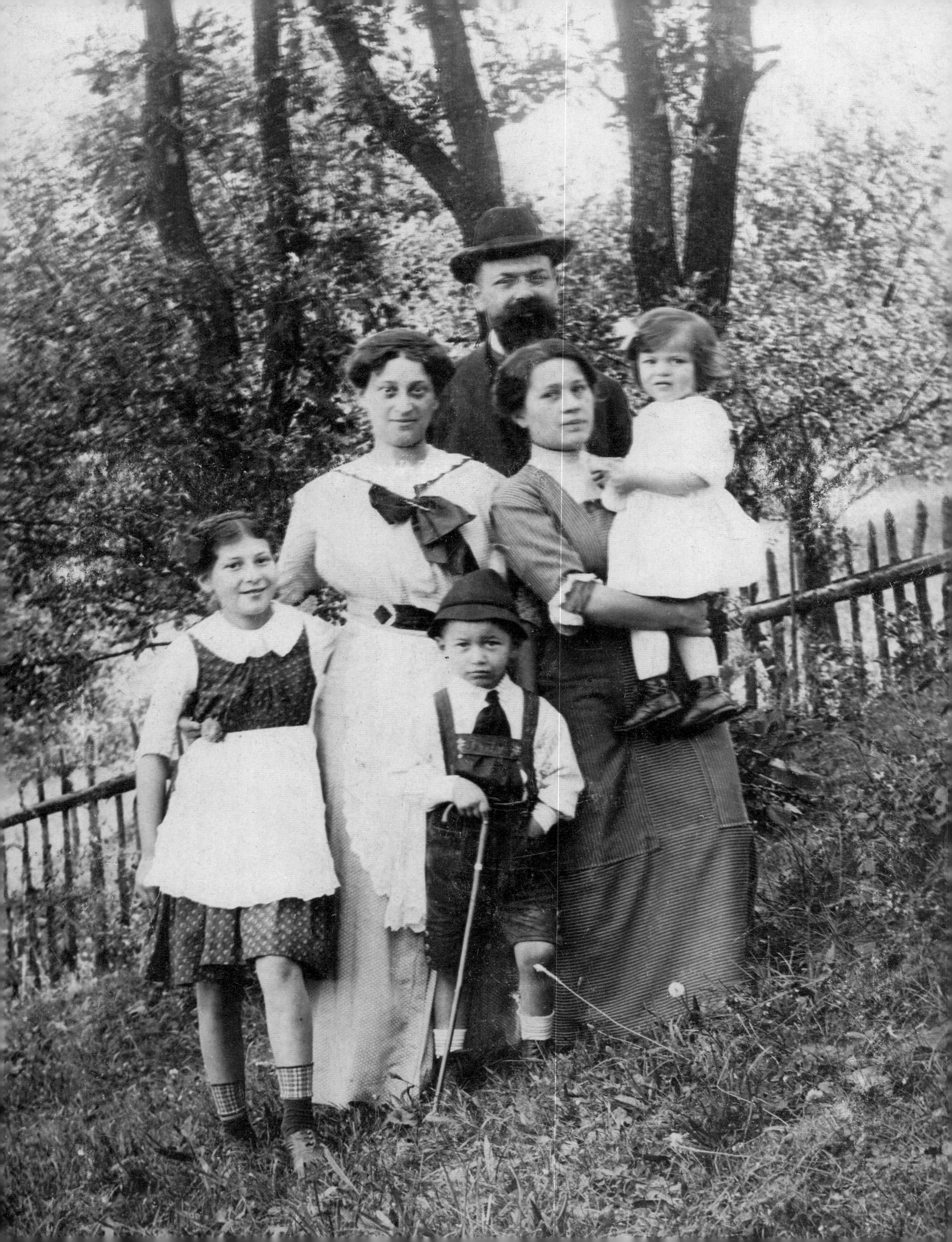

Ilse Kantor

Erinnerungen aus dem Elternhaus

Hätte man uns vor die Wahl gestellt, uns selbst Eltern auszusuchen, wir hätten keine besseren finden können als unsere eigenen, sagte mein Bruder Fritz. Als unser Vater starb, war ich 20 Jahre alt und mein Bruder 22 Jahre. Damals war das erste Buch meines Bruders bereits veröffentlicht und in sieben Sprachen übersetzt worden. Unser Vater konnte den großen Erfolg seines Sohnes, der ihm während der Schulzeit so große Sorgen bereitet hatte, noch miterleben.

Im Hinblick auf jene Zeit, als die Familie patriarchalische Struktur hatte, den Kindern seitens der Mutter mit dem Vater gedroht wurde, kann ich mich nicht erinnern, daß wir je Angst vor den Eltern gehabt hätten. Unser Elternhaus war von Liebe und Rücksichtnahme auf den Nächsten geprägt. Zwischen den Eltern herrschte absolute Harmonie, sie hatten einen natürlichen Instinkt für die Erziehung der Kinder und – sie hatten Sinn für Humor.

Die Großeltern väterlicherseits waren Landwirte in einem kleinen tschechischen Dorf, neben der Stadt Melnik, nördlich von Prag. Vater war das älteste von 15 Kindern, von denen nur sechs die frühe Kindheit überlebten. Er selbst bekam schon als Kind Rheumatismus; später wurde auch eine Herzkrankheit erkannt. Deswegen konnte er nicht auf dem Bauernhof arbeiten und wurde zum Lernen in die Stadt geschickt. Er lernte beim Bruder der Großmutter in der Handelsakademie, war dort ein guter Schüler und absolvierte auch noch das Gymnasium mit Erfolg. Danach begann er in einer Fabrik zu arbeiten, die Filialen im ganzen Gebiet der Monarchie hatte. Als beschlossen wurde, die Zentrale nach Wien zu verlegen, wurde unser Vater dorthin geschickt, um die Zentrale zu errichten.

◂ Familie Kantor vor dem Ersten Weltkrieg auf Sommerfrische im Salzkammergut (JMW).

Die Porzellangasse, 1904 (JMW). ▴

Mutter kam aus einem völlig anderen Hintergrund. Sie entstammte einer Familie aus Prag, war das mittlere von neun Kindern. Der Vater hatte eine bekannte koschere Wursterzeugung. Als er nach Wien expandierte, schickte er seinen ältesten Sohn und die jüngste Tochter, um dort ein Geschäft zu gründen. So kam es, daß obwohl beide aus Prag waren, unsere Eltern sich in Wien kennenlernten.

Vater lehrte uns etwas, das ihm sehr wichtig war: die Meinung anderer zu respektieren. Fritz und ich waren Zionisten. Vater war gegen den Zionismus, denn er war Paneuropäer. »Wie viele Katastrophen hat der Nationalismus schon gebracht, alle Kriege sind deswegen ausgebrochen. Wozu noch eine Nation hervorbringen? Damit noch mehr Kriege ausbrechen«, sagte er. Er erzog uns dazu, alle Menschen gleich zu achten, alle gleich gut zu behandeln. Wir wurden nicht aus Protest gegen das Elternhaus zu Sozialisten, sondern wegen der Erziehung, die wir erhielten.

Unsere Eltern überließen uns auch die Wahl zu studieren, was wir wollten, und uns selbst einen Beruf auszusuchen, da sie der Meinung waren, daß wir über unser Leben selbst bestimmen sollten. So wurden wir in liberaler Atmosphäre erzogen, mit tschechischen Volksmärchen und den Geschichten der Gebrüder Grimm. Mit den deutschen und Wiener Sagen und dem Alten Testament. Unser Haus war jüdisch, und obwohl unsere Mutter im Laufe der Jahre mit der Kaschruth lockerer umging, feierten wir doch die jüdischen Feiertage, und in unserem Haus kannte man weder Weihnachtsbaum noch Ostereier.

Um ein wenig Ordnung in die Geschichte zu bringen, muß ich hier einfügen, daß ich am 31. Jänner 1911 als jüngstes von 3 Kindern geboren wurde. Meine Schwester Sidonie, geboren am 28. Juni 1902, war die Älteste, ihr Rufname war Sidi; das mittlere Kind war Fritz, geboren am 16. September 1908. Nach der Geburt von Sidi hatte meine Mutter eine Fehlgeburt im achten Monat, und die Ärzte sagten ihr, daß sie nie mehr Kinder bekommen sollte. Als Mutter mit Fritz schwanger war, sagten meine Eltern Sidi kein Wort, da sie fürchteten, daß es wieder zu einer Fehlgeburt kommen könnte. Als Fritz geboren war, wollte Sidi nur eines: die Eltern sollten Fritz wieder zurückgeben. Sidi betrachtete den Neuankömmling immer als ihren persönlichen Feind und ließ auch nie eine Gelegenheit aus, um ihn und später auch mich, die als letzte geborene Schwester, zu verpetzen. Sidi lernte erst spät sprechen und wollte nicht in den Kindergarten gehen. Sie sprach, obwohl die Eltern inzwischen in Wien lebten und dort deutsch redeten, absichtlich nur tschechisch und verweigerte die deutsche Sprache. Sie wollte dann auch nicht in die Schule gehen und versprach, nie lernen zu wollen – ein Versprechen, das sie stur einhielt. Fritz und ich waren unzertrennlich. Wir teilten einfach alles, auch die Kinderkrankheiten. Die Krankheiten hatten auch etwas Schönes, unsere Mutter verwöhnte uns nach allen Regeln der Kunst. Einmal sekkierte Fritz Sidi, als sie krank war, und sie rief nach der Mutter und klagte: »Mama, Fritz vergönnt mir nicht, daß ich krank bin!« Fritz hatte eine Zeit, in der er sich in der Rolle eines schwar-

▲ Sidi, Ilse und Fritz, um 1914 (TD).

ERINNERUNGEN AUS DEM ELTERNHAUS

zen Hengstes sah. Einmal zog Mutter ihm einen weißen Anzug an, da schrie er ganz erbost: »Pfui, pfui, ich bin überhaupt kein schwarzer Hengst, ich bin ein weißer Hengst, pfui, pfui!«

Als wir klein waren, pflegte Mutter uns anläßlich Vaters Geburtstag photographieren zu lassen, um ihm die Photos als Geburtstagsgeschenk zu geben. Das war zu Beginn des 20. Jahrhunderts eine richtige Zeremonie. Der Photoapparat war riesig und stand auf mit schweren Rädern versehenen Beinen. Er war komplett von einem schwarzen Tuch verhüllt, darunter verschwand der Photograph, um das Bild zu prüfen. Dann kam er wieder hervor, rückte die Köpfe seiner Opfer zurecht, verschwand wieder – und wiederholte das so lange, bis er zufrieden war. Dann steckte er eine riesige Glasplatte, die damals den heutigen Film ersetzte, in das Gerät. Er stellte sich neben seinen Apparat, in der Hand den Auslöser, einen ballonartigen Gummiball, der durch einen dünnen Schlauch mit dem Photoapparat verbunden war, und rief: »Bitte lächeln!«, drückte auf den Gummiball und beendete die Prozedur in Frieden. Es gab noch einen zweiten Phototermin im Jahr, und zwar in der Sommerfrische. Doch Photographen gab es damals nur in größeren Orten, und daher gab es kein Photographieren, wenn wir in einem kleineren Ort Urlaub machten.

Einmal waren wir zur Sommerfrische in Bad Ischl, und dabei sahen wir in seiner offenen Kutsche den Kaiser, der wie jedes Jahr in seiner Sommerresidenz weilte. Wieder zurück in der Schule, erzählten wir dies voller Stolz in der Klasse. Der Patriotismus ging so weit, daß ich und andere Mädchen ihren Puppen keine Lieder, sondern die Kaiserhymne vorsangen. Kein Wunder, daß der 18. August, der Geburtstag des Kaisers, allgemeiner Feiertag war. Überall wurde gefeiert. Am Abend organisierten wir Umzüge mit Lampions für die Kinder. Der Höhepunkt waren nächtliche Fahrten auf dem See mit geschmückten und beleuchteten Booten, deren Feuer sich im Wasser spiegelte, und darüber funkelten die Sterne. Noch Jahrzehnte später, als ich das erste Mal das Chanukkah-Zeremoniell im Kibbuz Hefzi-Bah am Fuße des Gilboa erlebte, schrieb ich meinem Bruder Fritz: »Das war beinahe so schön wie der Geburtstag des Kaisers.« Einige Tage nach des Kaisers Geburtstag packten wir wieder unsere Koffer und verließen die Sommerfrische, um nach Wien zurückzufahren. Dort begann sofort das »Saubermachen der Wohnung«. Das wurde zwei Mal im Jahr gemacht, im Herbst vor den großen Feiertagen und im Frühling vor Pessach. Vor unserem Auszug in die Sommerfrische, denn dorthin nahm man den gesamten Hausrat, Betten, Küchenutensilien usw. mit, wurden die Teppiche eingerollt und Naphthalin gegen die Motten verteilt, die Polstermöbel wurden mit Schonbezügen versehen, und so fanden wir die Wohnung bei unserer Heimkehr bereit für das große Reinigungsritual. Auch unsere Hausmädchen kamen vom Urlaub zurück, und wir nahmen für die groben Arbeiten noch eine Hilfe auf. Als wir älter wurden, mußten wir beim Großputz mithelfen; ich bin heute noch meiner Mutter dankbar, daß sie darauf bestand, daß wir jede Arbeit auch selbst zu tun lernten.

Als ich dreieinhalb Jahre alt war, brach der Erste Weltkrieg aus. In Wien dachte man, der Krieg werde in einigen Wochen mit einem fulminanten Sieg vorbei sein. Zu Beginn des Krieges spürte man noch keine Lebensmittelknappheit. Wer Geld hatte, konnte alles kaufen, aber bald wurden die Lebensmittel rationiert. Vor allem Milch gab es keine mehr, Mehl und Kartoffeln schickten die Verwandten aus Melnik, obwohl auch das gefährlich war. Aber Milch, Eier und alle anderen verderblichen Waren gab es einfach nicht. Daher verlor ich an Gewicht und wurde immer nervöser. Wegen jeder Kleinigkeit fing ich an zu weinen. Ich wurde immer schwächer. Ich wurde anfällig für Krankheiten und hatte eitrige Wunden, nach jeder Krankheit war ich noch schwächer als zuvor. Man begann, mir alle möglichen Spitznamen zu geben, ›langer Stock‹, ›die Grüne‹ und dergleichen. Und auch den Namen, den ich am meisten von allen haßte, ›Heulsuse‹. Sogar Fritz rief mich manchmal so. Er stellte sich vor mich hin und sagte: »Nu, wein ein bißchen«, worauf ich wirklich sofort anfing zu heulen. Meine Großmutter mütterlicherseits lebte damals in einer Erdgeschoßwohnung mit zwei Zimmern im gleichen Haus, in dem wir im zweiten Stock eine Vierzimmerwohnung bewohnten. Weil die Kohle rationiert war, ging sie nur noch zum Schlafen in ihre Wohnung, sonst saß sie mit uns im einzigen geheizten Zimmer und strickte ohne Unterlaß Socken.

Ich war eine furchtbar schlechte Esserin; nicht nur, daß ich keinen Appetit hatte, zu allem Überdruß aß ich auch sehr langsam und wurde deswegen ununterbrochen gemahnt. Fritz hingegen war ein ›Fresser‹, er aß gerne gut und viel, und ich lernte bald, ihm in unbemerkten Augenblicken Essen von meinem Teller zuzuschieben. Das blieb so bis in seine letzten Tage. Wenn wir miteinander essen gingen, ließ ich immer ihn für uns beide bestellen, weil klar war, daß er einen ordentlichen Teil meiner Portion aufessen würde. Er hatte aber keine Freude daran, denn es wäre ihm lieber gewesen, wenn ich das Essen ebenso genossen hätte.

Fritz erfand auch ein ›Eß-Spiel‹, als er sah, wie wichtig es unserer Mutter war, daß wir aufaßen, was sie unter großen Schwierigkeiten auf den Tisch brachte. Wir tranken rasch unsere Milch, aßen unsere weichen Eier (vom Schwarzmarkt), und dann taten wir so, als ob wir nicht essen und trinken wollten, indem wir die leeren Eierschalen umdrehten und die weißen Tassen so hielten, als seien sie voll. Wenn Mutter dann versuchte, uns zu überreden, oder böse wurde, sagten wir ihr schnell die Wahrheit und zeigten ihr, daß alles in Ordnung war.

Mein Vater wurde wegen seiner Herzkrankheit nicht eingezogen, aber seine Firma erzeugte Spiritus, und der galt als kriegswichtiges Material. Er wurde beauftragt, eine staatliche Spirituszentrale zu gründen. Das war ein sehr schwerer und verantwortungsvoller Auftrag, und alle Freunde rieten, ihn nicht anzunehmen. Er nahm trotzdem an und verblieb sogar nach dem Krieg noch weiter im Amt. Oft mußte er für mehrtägige Geschäftsreisen ganz früh morgens aufbrechen, aber er weckte uns immer, um sich zu verabschieden, da er wollte, daß wir wissen, wann er da sei und wann nicht. Er spielte gerne mit uns, zu unserem Bedauern hatte er aber nicht oft Zeit dazu. Unser größtes Vergnügen war, am Sonntagmorgen zu ihm ins Bett kommen zu dürfen! Das ging so lange, bis Mutter kam und ihn ›rettete‹. Vater war immer geduldig, und ich kann mich nicht erinnern, daß er jemals die Hand gegen uns Kinder erhob. Mutter schlug uns auch nur ganz selten, und sie erklärte mir eines Tages, als ich schon älter war, daß man bei einer Bestrafung von Kindern immer sehr gut überlegen müsse, ob es auch wirklich nötig sei. Ich wollte immer so sein wie Vater, der niemals laut wurde, aber es gelang mir nicht immer. Ich erinnere mich an einen Streit mit Fritz, an einem Sonntag während des Mittagessens. Jeder saß auf seinem Platz, Vater war schon verstorben und sein Platz leer. Fritz wollte Musik hören und bat mich, den Plattenspieler aus seinem Zimmer zu holen. Ich weigerte mich, ihn zu bedienen, er blieb stur, ich ebenso. Er wurde so wütend, daß er einen Stuhl nahm und ihn gegen die Türe zum Nebenzimmer warf. Mutter schickte ihn aus dem Zimmer mit den Worten: »Was unterstehst du dich, dich in

▲ Nach dem Ersten Weltkrieg ging es auf Sommerfrische zu den Verwandten nach Melnik (JMW).

Anwesenheit deiner Mutter so zu benehmen!« Und Fritz, der große Schriftsteller, der damals bereits einen Preis gewonnen hatte, schlich wie ein begossener Pudel zum Zimmer hinaus.

Der Ausbruch des Ersten Weltkriegs und die Einschulung von Fritz fielen in die gleiche Zeit. Wie gewohnt, bezog mich Fritz nun auch in sein Lernen ein, bis Mutter ihm das untersagte, weil ich mich sonst in der Schule langweilen würde. Er weihte mich aber weiterhin in alle seine Abenteuer ein. Zu Beginn des Schuljahres hatte er einen netten, jungen Lehrer. Dieser und andere wurden dann eingezogen und durch bereits pensionierte ersetzt. Sein neuer Lehrer war sehr alt und taub, er zwickte die Schüler und riß sie an den Haaren und schlug sie sogar mit dem Lineal, wenn sie die Antworten nicht wußten. Fritz hatte ein gutes Gedächtnis, er lernte leicht, aber einer seiner Freunde hatte solche Angst, daß er sich jeden Tag vor dem Unterricht erbrach. Er lernte, daheim wußte er alle Antworten. Im Unterricht konnte er vor Angst nicht antworten. Unsere Mutter fragte Fritz, ob er auch schon geschlagen wurde. Da sagte er: »Nein, ich schreie die Antworten immer. Der Lehrer ist taub, es genügt ihm, daß er etwas hört, auch wenn er es gar nicht versteht. Mein Freund flüstert immer aus Angst, und auch wenn seine Antworten richtig sind, wird er geschlagen.«

Seit seiner frühesten Kindheit liebte es Fritz, Gedichte zu schreiben. Dem Zeitgeist entsprechend waren das in den ersten Kriegsjahren sehr patriotische Gedichte. Am Ende der zweiten Klasse beschloß der Lehrer, daß eines dieser Gedichte zum Schulschluß deklamiert werden sollte. Die ganze Familie war anwesend und sehr stolz, da wir sehr kaisertreu waren. Als es klar wurde, daß kein schneller Sieg in Aussicht war, verlangte das Kaiserreich von seinen Untertanen auch finanzielle Unterstützung. So verloren meine Eltern ihre gesamten Ersparnisse, als sie Kriegsanleihen zeichneten. Dazu gab es auch noch eine Aktion, an der auch der ›kleine Mann‹ teilhaben konnte. »Gold gab ich gegen Eisen« nannte sich das, und die Regierung sammelte goldene und silberne Gegenstände, gespendet von der gläubigen Bevölkerung. Man gab Schmuck, Eßbesteck, sogar Eheringe für den Staat. Ich erinnere mich noch gut an die Eisenringe als Gegengabe, die Fritz und ich bekamen, geformt wie ein Siegelring mit der Abbildung einer Patrone statt eines Siegels. Als der Krieg andauerte, wurden auch billigere Metalle wie Kupfer und Messing eingesammelt,

Fritz, Therese und Ilse Kantor (v.r.n.l.) mit Freunden in Binz am Rhein (JMW). ▲

um Munition daraus zu machen. Bei dieser Gelegenheit ging auch unsere Chanukkiah den Weg des Schmucks. Ich erinnere mich noch gut an das traurige Bild: die brennenden Kerzen auf einem schmalen Holzscheit, wie es zum Ofenanheizen benützt wurde. Im Grunde war es uns egal, worauf die Kerzen angezündet wurden. Fritz und ich bekamen jeder ein solches Holzscheit, und obwohl wir die hebräischen Worte des Chanukka-Gebetes nicht verstanden, hatte Mutter uns doch den Sinn der Worte erklärt, und wir liebten unsere Feiertage sehr. In unserer Familie wäre es niemandem in den Sinn gekommen, einen Weihnachtsbaum aufzustellen, wie es in vielen anderen jüdischen Familien der Brauch war. Für unsere Bediensteten aber veranstaltete Mutter eine kleine Weihnachtsfeier, und aus diesem Anlaß bekamen alle kleine Geschenke von jedem Familienmitglied und einen traditionellen Weihnachtskuchen. Es wurde ein kleiner, künstlicher Weihnachtsbaum mit brennenden Kerzen am Gabentisch aufgestellt. Nach der Feier wurde er zusammengeklappt und weggeräumt.

Als einziger katholischer Feiertag wurde bei uns Nikolo gefeiert, der kam mit dem Krampus. Sie gingen von Haus zu Haus, um alle Kinder zu besuchen. Die braven Kinder bekamen Äpfel, Nüsse und Süßigkeiten, und den schlimmen drohte der Krampus. Offenbar verstand Mutter diesen Feiertag eher folkloristisch-wienerisch als religiös.

Unsere Köchin Emma spielte zwei Jahre hindurch für uns den Nikolo, und als Fritz dahinterkam, daß Sie in der Verkleidung steckte, war sie nicht böse und fuhr weiter damit fort, ihn zu verwöhnen. Emma erreichte bei Mutter auch, daß Fritz alle zwei Wochen zum Fußballmatch gehen durfte. Alleine hätte er nicht gehen dürfen, und so opferte Emma ihm ihren zweiwöchentlichen Sonntagnachmittags-Ausgang, die einzige Freizeit, die sie hatte. Sie wurde zu einer glühenden Verehrerin des jüdischen Vereines Hakoah, in dessen Jugendgruppe Fritz eintrat. Ein Spieler hatte es ihr ganz besonders angetan, Nemes war sein Name, und sie hörte zu Hause nicht auf, von ihm zu schwärmen.

Mittlerweile ging der Krieg weiter, und der Bevölkerung wurden die letzten Mittel abgepreßt. Ein Krieg kostet nun einmal viel Geld. Um die Moral der Bevölkerung aufrechtzuerhalten, wurden alle möglichen Animationen angeboten, die natürlich auch nur der Geldbeschaffung dienten. Und das

▲ Fritz und Ilse Kantor mit Freunden, um 1925 (JMW). ▲

ERINNERUNGEN AUS DEM ELTERNHAUS

funktionierte so: Auf einem der zentralen Plätze Wiens wurde ein lebensgroßer Mann aus Holz aufgestellt, und gegen eine kleine Gebühr durfte man einen Nagel in den ›Verteidiger aus Eisen‹ einschlagen. Gegen Ende des Krieges wurde er weggeschafft, da man Protestveranstaltungen in seiner Umgebung befürchtete.

Die Familie meiner Mutter war kaisertreu, nicht so aber die Familie meines Vaters. Diese gehörte zur tschechischen Opposition, zumindest die im Dorf gebliebenen Familienmitglieder. Viele Jahre verbrachten wir die Hälfte unseres Urlaubs bei unseren Verwandten im Dorf. Uns Kindern wurde es nie langweilig, wir verbrachten die Zeit mit Spielen, Schwimmen und durften im Garten bei der Obsternte mithelfen. Wenn wir nach Wien zurückkamen, dauerte es eine Weile, bis wir wieder ›zivilisiert‹ waren.

Gleich nach Kriegsende kamen die Sozialdemokraten in Österreich an die Macht, und unter Dr. Glöckel als Unterrichtsminister setzte eine große Schulreform ein. Ich war 1919 in der ersten Gruppe der ›Versuchskaninchen‹ und erkannte rasch, wieviel Freude das Lernen plötzlich machte. Es gab keinen starren Unterricht nach Fächern mehr, sondern Gesamtheitsunterricht, in dem eine natürliche Verbindung zwischen den Fächern geschaffen wurde. Doch bei den nächsten Wahlen siegten die ›Rechten‹, und damit war diese Art von Unterricht wieder vorbei. Aber in der Zeit dazwischen war das Lernen einfach ein Vergnügen. Besonders begabte Schüler bekamen nach Unterrichtsschluß von eigenen Lehrern zur Förderung Sonderunterricht. Dieser galt als Pflichtunterricht, damit auch Kinder der ärmeren Bevölkerungsschichten in den Genuß der Förderung kamen. (Ansonsten hätten diese Kinder für gewöhnlich in ihrer Freizeit arbeiten müssen.) In den Schulen wurden Schülerräte gegründet, deren Aufgabe es war, die Rechte der Schüler zu schützen.

Doch unsere Eltern durchlebten schwere Zeiten. Die junge Tschechoslowakei verkündete, daß jeder österreichische Staatsbürger, der in den Grenzen der neuen Republik geboren war, die Staatsbürgerschaft erhalten konnte, auch wenn er außerhalb der Grenzen lebte. Das traf zwar auf meine Eltern zu, aber sie konnten diese Option nicht nützen, da Vater noch immer in offizieller Position für Österreich tätig war, das heißt, er leitete noch immer die staatliche Spirituszentrale und hatte inzwischen noch ein Amt dazubekommen. Da er tschechisch sprach, wurde er in ein Komitee zur Aufteilung von industriellem Besitz gewählt, das letzten Endes großen Einfluß auf die genaue Grenzziehung beider Staaten hatte. Da er das natürlich auf der Seite Österreichs tat, konnte er die tschechoslowakische Staatsbürgerschaft nicht annehmen. Nach dem Ende seiner Aufgaben entschloß er sich 1921, zurück nach Prag zu übersiedeln, und mußte dann die guten Beziehungen seines Bruders Rudolf aus Melnik benützen und außerdem viel Geld bezahlen, um die tschechoslowakische Staatsbürgerschaft zu bekommen, da die Zeit der freien Wahl bereits vorbei war. Während der Reisen meines Vaters war Mutter sehr besorgt, daß ihm etwas zustoßen könnte, einerseits weil er herzkrank war, andererseits hörte man viel über Morde in der Eisenbahn: Menschen wurden einfach so umgebracht, da angenommen wurde, sie hätten Geld bei sich. Eine weitere Quelle der Angst war seine Ähnlichkeit mit einem sozialistischen Minister, dem Gerüchten zufolge ein Attentat drohte. Meine Mutter neigte nicht zur Hysterie, aber in dieser Angelegenheit übertrieb sie etwas, glaube ich. Zu allem kam noch hinzu, daß nicht klar war, wo Vater arbeiten würde; er hatte zwar

Prag, 1919 (JMW). ▲

viele Angebote aus der Industrie, sowohl in Österreich als auch in der Tschechoslowakei, doch er zögerte. Erst als seine alte Firma ihm eine Stelle in Prag anbot, sagte er sofort zu, obwohl er viel weniger verdienen würde als bisher. Mutter hatte daran keine große Freude. Aber Vater erklärte ihr im Bewußtsein seiner schwachen Gesundheit, daß bei Ernst Fischel (seinem Chef) für sie und die Kinder gesorgt würde, wenn ihm – Gott behüte – etwas zustoßen sollte. Dessen sei er sich sicher, bei den anderen Firmen aber nicht.

Beim Abschied von seiner Wiener Firma bekam er von der Belegschaft ein gedrucktes Schild mit der Aufschrift: »Wir haben einen guten Mann verloren – und uns war er noch mehr. Unserem verehrten Geschäftsführer gewidmet.« (In Anlehnung an den Vers eines berühmten Dichters, der lautet: »Sie haben einen guten Mann begraben – und mir war er noch mehr.«) Das war das einzige Mal, daß wir unseren Vater weinen sahen. Fritz war von dem Geschehen so beeindruckt, daß er die Szene in seinem Buch *Hier bin ich, mein Vater* beschrieb.

Vater zog gleich darauf nach Prag, als nächster folgte Fritz unmittelbar nach seiner Bar Mitzwah. Er besuchte in Prag eine andere Art Schule als bisher, und je weniger Stunden Unterricht er versäumte, desto besser für ihn. Er wohnte beim gleichen Onkel wie damals sein Vater, als er zum Lernen nach Melnik geschickt wurde. Vater wohnte im Hotel und Mutter, Sidi und ich blieben in Wien, bis in Prag eine passende Wohnung gefunden war. Es war schwierig, in Prag eine Wohnung zu finden, also zogen wir zunächst in eine kleine Wohnung und fanden erst später eine Sechs-Zimmer-Wohnung, die in der Nähe von Vaters Arbeitsplatz lag und in der zwei Zimmer untervermietet wurden. Das von Fritz besuchte Gymnasium lag gegenüber dem Büro des Vaters.

Für ihn war die Veränderung am härtesten, nicht nur, weil er die meiste Zeit allein war, denn der Sohn seines Onkels war ihm nicht sympathisch, auch in der Schule gab es völlig andere Regeln als in Wien. Beim Aufnahmegespräch sagte ihm der Klassenlehrer sofort, daß er sich mit einigen Schülern, die er auch namentlich benannte, nicht anfreunden dürfe, da sie schlechte und renitente Schüler seien. Auch waren die Unterrichtsmethoden veraltet, und es war natürlich keine Rede von Schülerrat und Schutz der Schüler vor Ungerechtigkeiten. Zusätzlich gab es auch noch große Unterschiede im Lehrstoff; in Wien hatte er ein humanistisches Gymnasium besucht, in Prag gab es diese Richtung gar nicht. Er besuchte daher ein Realgymnasium mit dem Schwerpunkt Mathematik und Physik. Fritz hatte aber zu diesen Lehrfächern überhaupt keinen Bezug. Er vermißte Wien ganz schrecklich, und alle seine Gedichte dieser Zeit drückten das aus.

Als wir endlich nach Prag zogen, waren die Ersparnisse meiner Eltern aus 21 Jahren Berufsleben vollständig aufgebraucht. Das Gefühl, daß nichts für die Kinder übriggeblieben war, verließ meinen Vater bis zum Ende seines Lebens nie mehr und bedrückte ihn sehr.

Mein Bruder Fritz galt in der Schule als intelligenter, aber frecher und sogar fauler Schüler, und sie befürchteten, daß auch ich so sei. Damals verstanden die wenigsten Lehrer, daß Intelligenz wichtiger ist als Disziplin und Mathematik, und daß Fritz nicht faul, sondern kritisch war. In Gegenständen, die ihn interessierten, investierte er auch viel Zeit. Seine Chuzpe war gegen Ungerechtigkeit gerichtet, die ihn stets aufbrachte. Mit denen, die das verstanden, kam er gut aus. Fritz hatte im Gegensatz zu mir viele Probleme im Gymnasium. Kein Jahr schaffte er ohne Nachprüfung aufzusteigen, manchmal nur mit noch einer Extraprüfung. Letztlich kam er immer durch, doch diese großen Aufregungen waren insbesondere für unseren kranken Vater eine Belastung. In der Schule gab es jede Woche bei jedem Lehrer eine Sprechstunde, und manche Lehrer wollten nur mit Vater über Fritz sprechen, nicht mit Mutter. Einmal sagte ein Professor zu meinem Vater, daß er Fritz in Zukunft härter bestrafen werde, worauf mein Vater antwortete, daß wenn das so sei, er zu Hause mit Fritz noch sanfter umgehen werde, denn wenn er in der Schule kein Verständnis finde und auch nicht zu Hause, wohin solle er sich dann wenden? In den Fluß springen?

Außer dem normalen Schulunterricht bekamen Fritz und ich Privatunterricht in Englisch und Klavierspiel, ich auch noch Zeichenunterricht. Fritz und ich stellten uns oft vor, daß wir gemeinsam Bücher herausgeben würden: Fritz würde schreiben und ich dazu die Zeichnungen liefern. Fritz war auf vielen Gebieten aktiv, er war Schwimmer im Jüdischen Club Hagibor und gründete eine Wasserballmannschaft, die Landessieger wurde. Beim entscheidenden Spiel, das 2:0 ausging, schoß Fritz beide Tore. Bis zu seinem Tode verkündete er, daß dies der schönste Tag in seinem Leben war. Er gab auch eine Zeitung unter dem Titel *Das Wasser* heraus, deren Artikel er größtenteils selbst schrieb. Und natürlich verfaßte er weiterhin viele Gedichte. Es war 1926 oder 1927, als ich das erste Mal von ihm hörte, daß er einen Roman schreiben wolle. Ich weiß nicht, auf welchem Weg Fritz eine Broschüre des Musikologen Paul Nettl in die Hände bekam, in der dieser über jüdische Sänger und Musikanten im Altertum schrieb – darunter über den jüdischen Troubadour Süßkind von Trimberg. »Lies das«, sagte er zu mir, »darüber möchte ich einmal ein Buch schreiben.«

Die Gedichte, die Fritz damals schrieb, wurden nicht veröffentlicht. Sie paßten schon nicht mehr in eine Jugendzeitung, und in einer allgemeinen Zeitung zu veröffentlichen war den Schülern verboten. Bald trat er in Clubs auf, in denen unsere Eltern Mitglieder waren. Dort las er gereimte Satiren, in denen er das Verhalten der assimilierten Juden oder die politische Lage karikierte. Schnell erwarb er sich einen guten Ruf als Kabarettist. Man bat ihn, Künstlerabende zu moderieren, womit er großen Erfolg hatte. Zu einem dieser Abende kam Max Brod, und einer der Freunde unserer Eltern kam zu Fritz und sagte ihm, daß Brod sehr von ihm angetan sei und ihn zu einem Besuch in seine Redaktion einlud. Brod war damals Chefredakteur der Sonntags-Kulturbeilage des *Prager Tagblatts*. Fritz zögerte etwas, aber Vater erklärte ihm, daß man einer solchen Einladung Folge leisten müsse. Ansonsten würde man den Einladenden beleidigen und den Eindruck eines unerzogenen Menschen machen. Fritz ließ sich überzeugen und vereinbarte einen Besuch. Auf Brods Aufforderung hin brachte er einige Liebesgedichte mit. Brod druckte zwei davon, aber das Veröffentlichungsverbot für Schüler verlangte nach einem Pseudonym, und Fritz überlegte lange, denn er wollte einen Namen, hinter dem er nötigenfalls auch zu erkennen wäre. Er nahm die zweite Silbe seines Nachnamens und den Mädchennamen seiner Mutter, und so entstand der Name, der im Laufe

Schani Kantor (2.v.l.) und die von ihm aufgebaute Wasserballmannschaft (JMW). ▲

der Zeit zu seinem gesetzlichen Namen wurde. Ohne daß Fritz sich dessen bewußt war, hatte der Name einen norddeutschen Klang. Thorberg war in Skandinavien ein häufiger Name, und dann war da noch der Donnergott Thor aus der nordischen Mythologie. Es gab einige Juden, die ihn wegen seiner Namensänderung zur Rede stellten, weil sie dachten, daß er sich assimilieren wollte. Fritz erklärte, daß wenn der Name seines Vaters Rosenblatt und der seiner Mutter Gold gewesen wäre, er sich eben Goldblatt genannt hätte, doch man glaubte ihm nicht. Unsere Mutter galt Fritz für die Qualität seiner Sketche und Witze als oberste Schiedsrichterin; lachte sie, war das Werk gelungen, wenn nicht, strich er es aus seinem Repertoire.

Ich wurde zur Vervollständigung meiner Ausbildung nach vier Jahren Gymnasium in Begleitung meiner Cousine Käthe für ein Jahr in ein Pensionat nach Frankreich, nach Tours, geschickt. Dort belegte ich Zeichen- und Kunstgewerbekurse und lernte natürlich Französisch. Danach lernte ich in Prag und Wien weiter.

▲ Bühnenbild von Ilse Daus (JMW).

Titelgraphik von Ilse Daus (JMW). ▲

ERINNERUNGEN AUS DEM ELTERNHAUS

Die Verheiratung meiner Schwester Sidi lag meinen Eltern sehr am Herzen. Daher beauftragten sie Heiratsvermittler, einen passenden Mann zu suchen. Dies gestaltete sich schwierig, weil Sidi ein – gelinde gesagt – einfaches Gemüt hatte. Sie wußte, daß sie aus einem intellektuellen Haus stammte, und sie war davon überzeugt, daß sie sehr schön sei. Deshalb war sie nicht bereit, einen Kandidaten ›unter ihrer Würde‹ zu erwählen. Doch den intelligenteren war sie und die anderen waren ihr nicht gut genug. Trotzdem ließ Vater sie gewähren, denn wie immer war er der Meinung, daß wir Kinder über unser Leben selbst entscheiden sollten. Oft hörten wir seine Einschätzung einer Situation und seinen Rat, aber er war nicht bereit, uns eine Entscheidung abzunehmen.

Nach Ende meiner Ausbildung begann ich, für einen Hungerlohn in einer handwerklichen Kunstgewerbe-Fabrik zu arbeiten, der nur die Kosten der Fahrt zur Arbeit abdeckte. Manchmal bekam ich einen privaten Auftrag nebenher, sodaß sich meine Einkünfte verbesserten. Deshalb beschlossen Vater und ich, daß ich mich selbständig machen sollte.

In der Zwischenzeit gingen die Probleme mit Fritz weiter. Er kam in die achte Klasse und mußte sich auf die Matura vorbereiten. Außerdem gab es ein weiteres wichtiges Ereignis im Winter. Es wurde von den Schülern der Oberstufe ein kultureller Abend organisiert, genannt »Akademie«. Diese Akademien waren für gewöhnlich sehr langweilig und setzten sich aus Musizieren, Deklamieren oder einem getanzten Menuett zusammen, immer nach gleichem Vorbild. Verantwortlich war diesmal ein von Fritz geleitetes Schülerkomitee der achten Klasse, das beschloß, aus dem gewohnten Rahmen auszubrechen und eine Art Revue über den Schulalltag aufzuführen. Organisation und Textgestaltung? Kantor natürlich! Und Fritz organisierte, gestaltete Texte – und vergaß dabei, sich auf die Matura vorzubereiten. Die jungen Lehrer halfen zu aller Überraschung; eine Turnlehrerin brachte den Mädchen zwei neumodische Tänze bei. Kurz gesagt, der Abend war ein Riesenerfolg. Aber eine rechtsradikale sudetendeutsche Zeitung schrieb eine vernichtende Kritik! Was für eine Erziehung bekommt die deutsche Jugend? Welch ein Mangel an Verantwortung seitens der Schulleitung!

Einige der älteren Lehrer hatten sich ebenfalls beleidigt gefühlt, und bald präsentierten sie die Rechnung. Es war nicht schwer, Fritz, der immer schon in den realen Fächern schlecht gewesen war, in Mathematik durchfallen zu lassen. In Latein war er für gewöhnlich nicht so schlecht, aber in der Aufregung kam er in der Übersetzung eines Textes durcheinander. Das Komitee entschied gegen seine ›Reife‹. Einige Professoren, darunter der Rabbiner und Religionslehrer Arie, sprachen sich für Fritz aus, aber die Mehrheit siegte. Fritz war zerstört; er wußte, was solch eine Nachricht für die Gesundheit seines Vaters bedeutete.

Zu Hause bereiteten wir uns schon auf die schlechte Nachricht vor. Schon als wir ihn in der Tür stehen sahen, wußten wir, was es geschlagen hatte. Auch Vater war darauf vorbereitet. Niemand war Fritz böse, nur als er sagte, daß er nie wieder zu dieser Prüfung antreten werde, verlangte Vater vehement, daß dies zu geschehen habe. Fritz folgte ihm und kam ein Jahr danach in allen Ehren durch, obwohl er sich überhaupt nicht auf die Prüfungen vorbereitet hatte. In diesem Jahr schrieb er seinen ersten Roman, in den viel Autobiographisches einfloß. Der ursprüngliche Name des Buches war *Der Schüler Gerber hat absolviert*. Als Motto schrieb er den Satz des Rabbi Gamliël in das Buch: »Auf drei Dinge ist die Welt gegründet: auf der Wahrheit, auf der Gerechtigkeit und auf der Liebe.«[1]

In einer kleinen Vorbemerkung schrieb er, daß die Zeitungen im Winter 1929 innerhalb einer Woche über zehn Selbstmorde von Schülern infolge ihres Scheiterns bei der Matura berichtet hatten. Das Manuskript brachte er Max Brod, seinem bewährten väterlichen Freund. Kurze Zeit danach bekam er ein Telegramm des bekannten Wiener Verlages mit folgendem Text: »Nehmen Roman an, Vertrag folgt, Zsolnay.« Das Buch erschien im Frühling 1930, Fritz war gerade 21 Jahre alt. Die Kritiker überschlugen sich vor Begeisterung, Übersetzungen in acht Sprachen folgten, und Fritz war über Nacht in die erste Reihe junger Schriftsteller gerückt.

Im Herbst 1930 fuhr Vater wie immer in Begleitung unserer Mutter auf eine Geschäftsreise, die ihn durch alle Fabriksfilialen der Firma führen sollte. Die erste Station war Wien, doch sie kehrten bereits einige Tage später zurück, weil er einen schweren Herzanfall erlitten hatte. Sein Zustand verschlimmerte sich, und eines Tages rief man mich von meinem Arbeitsplatz nach Hause, weil es ihm so schlecht ging. Von da an ging ich nicht mehr zur Arbeit. Mutter und ich waren ständig bei meinem Vater, ich schlief auf einer Matratze vor seinem Zimmer, damit ich jederzeit zu Hilfe kommen konnte.

Langsam begann es ihm besser zu gehen, und sogar sein Chef kam zu Besuch. Als die Ärzte Vater für stark genug hielten, schickten sie ihn nach Baden bei Wien auf Kur. Danach wurde Vater genauestens untersucht, und der Arzt erklärte ihn für gesund; er könne arbeiten, bis er 120 sei. In Wien und gleichzeitig in Prag fanden am nächsten Sonntag Familienfeiern statt, wir alle telefonierten hin und her, Sidi und ich sprachen mit den Eltern. Danach fuhren sie für die Nacht in eine Pension, in der sie ein Zimmer gemietet hatten. Vor sechs Uhr morgens erwachte Vater, ging auf die Toilette und sagte zu Mutter, er habe wieder Schmerzen im linken Arm, aber er wisse jetzt, daß es nichts sei. Er nahm eine Tablette, und Mutter sollte ihn eine halbe Stunde später wecken. Sagte es und legte sich hin. Mutter hörte ihn röcheln, aber bis sie um das Bett herum zu ihm gelaufen war, war er schon nicht mehr. Für Vater – ein wundervoller Tod, für Mutter ein Schock, über den sie zeit ihres Lebens nicht hinwegkam.

Fritz war ständig in Wien und Mutter rief ihn an. Er kam sofort und ließ sie nicht einen Augenblick allein. Er erledigte die Formalitäten zur Überführung der Leiche nach Prag und sorgte dafür, daß sie immer von Familienmitgliedern umgeben war. Ich weiß nicht, wie lange es dauerte, bis Mutter wieder da war und wieviel Zeit bis zum Begräbnis verging. Ich weiß nur, daß das Haus immer voller Menschen war, von morgens bis abends, bis nach der Schiwah.

Weil ich noch nicht volljährig (20) war, bekam ich einen gesetzlichen Vormund. Dieser versuchte, mich dazu zu bringen, Handarbeiten im jüdischen Waisenhaus zu unterrichten. Doch das wollte ich nicht, ließ ihn reden und verfolgte meinen Plan vom eigenen Geschäft. Langsam baute ich mir meine kleine Werkstatt auf. Anfangs arbeitete ich für private Bestellungen und verwendete alle Techniken, die ich gelernt hatte. Ich erzeugte Vorhänge und Lampenschirme, machte Glas- und Fliesenmalerei und Gartengeschirr aus Metall. Dann beschloß ich, mich nur noch mit Lederverarbeitung zu beschäftigen, denn Leder war sehr in Mode, und ich verdiente gut.

Sidi wollte lange Zeit nicht arbeiten und auch keinen Beruf erlernen; sie sagte, daß sie das als Tochter des bekannten Firmenleiters Kantor nicht nötig habe. Zum Schluß sah sie doch ein, daß sie etwas tun müsse, und wurde Vertreterin für französische Parfüms. Das war kein geachteter Beruf, und sicher ist es ihr schwergefallen. Zu dieser Zeit beschlossen wir, unsere große Wohnung aufzugeben, da uns die Kosten für die Haushaltshilfen zu hoch wurden, und wir zogen ins Zentrum, in die Nähe einer der Moldaubrücken, in eine Vier-Zimmer-Wohnung.

1932 hatte Fritz ein neues Buch beim Verlag Paul Zsolnay herausgegeben: *und glauben, es wäre die Liebe*. Das Buch wurde von der Universität Wien preisgekrönt, aber nicht mehr gut verkauft. Die Nazis hatten die Bücher jüdischer Autoren verboten, so konnte es nur mehr in der Schweiz, Öster-

▲ Alfred und Therese Kantor an der Ostsee, 1929 (TD).

reich und den Sudetenländern angeboten werden, wobei die beiden letzteren bereits unter dem Einfluß Nazi-Deutschlands und Hitlers standen. Fritz' drittes Buch *Die Mannschaft* beschreibt den Gegensatz zwischen Einzel- und Mannschaftssport; auch dieser Roman enthält viel Autobiographisches. Fritz bat Zsolnay, ihn aus dem Vertrag zu entlassen, was dieser ihm sofort gewährte, da es für ihn ohne einen jüdischen Schriftsteller im Verlag leichter war. Fritz wollte diesen Roman bei Julius Kittl Nachfolger erscheinen lassen, einem neuen Verlag, dessen Gründer junge jüdische Talente der Tschechoslowakei fördern wollte. Dessen Geschäftsführer Paul Fischl hatte einen ähnlichen Hintergrund wie Fritz, denn er war aktiver Fußballer und danach Journalist gewesen. Er wollte den Roman unbedingt zum Weihnachtsgeschäft herausbringen, und Fritz verpflichtete sich, das Manuskript rechtzeitig abzuliefern, andernfalls würde er ein Bußgeld bezahlen. Offenbar hatte sich herumgesprochen, daß Fritz nie mit dem Schreiben zeitgerecht fertig wurde. Er besserte immer wieder aus, und es fiel ihm schwer, sich von seinem Werk zu trennen. Einer seiner Freunde scherzte einmal: »Sein Buch ist schon in allen Schaufenstern ausgestellt, aber Torberg fährt noch immer damit fort, auszubessern!«

▲ Sidonie Kantor, um 1930 (JMW).

Torbergs Wohnung lag in der Revolucni trida (l.) ▲ am Rand der Josefstadt (JMW).

Fritz kam nach Hause, um zu schreiben. Schon immer arbeitete er in der Nacht. Neben ihm standen eine große Thermoskanne mit sehr starkem schwarzen Kaffee und eine 100er Packung der stärksten Zigaretten, die in der Tschechoslowakei erhältlich waren. Manchmal genügte der Kaffee nicht, und dann weckte er mich mitten in der Nacht und bat mich, händeringend vor meinem Bett kniend: »Sili – Kaffee!« (Sili war sein Kosename für mich, den nur er verwendete.) Aber meistens war eine Thermoskanne genug. Zeitig in der Früh ging Mutter als erste in sein Zimmer, um alle Fenster zu öffnen und den Zigarettenrauch hinauszulassen. Und dann klagte Fritz: »Mutter, ich

▲ Portraitphoto, um 1935.
Photo: Studio, Prag (DA).

Bis an sein Lebensende gab es bei der Arbeit Kaffee und Zigaretten. ▲
Photo: Wolfgang Pfaundler (DA).

ERINNERUNGEN AUS DEM ELTERNHAUS

habe mir so eine gute Kaffeehaus-Atmosphäre geschaffen – und du machst die Fenster auf!« Diese Zeremonie wiederholte sich jeden Morgen.

Im Sommer 1935 geriet Fritz in Streß: Der Abgabetermin für seinen Roman rückte immer näher, und sein Schreibprozeß hatte noch immer kein Ende gefunden. (Er hielt es mit Flaubert, der gesagt hatte: »Niemals beendet man ein Kunstwerk, man läßt es im Stich.«) Er suchte eine Maschinschreibkraft, und ich sprang ein. Ich schrieb sein Manuskript mit der Maschine ins reine. Wir hatten eine seltsame Tageseinteilung. Er weckte mich um sieben Uhr, und wir aßen gemeinsam. Das war mein Frühstück und seine Nacht-Mahlzeit. Er überreichte mir, was er in der Nacht geschrieben hatte, und ging schlafen. Ich tippte. Manchmal das gleiche zwei, drei Mal, weil er auch an der Reinschrift noch Änderungen vornahm. So gegen vier Uhr nachmittags weckte ich ihn, und wir aßen gemeinsam. Diesmal war das sein Frühstück und meine Jause. Ich gab ihm die Reinschrift, und mit der Zeit gerieten wir in einen richtigen Wettbewerb. In den letzten zwei Nächten vor dem Termin ging ich gar nicht mehr schlafen. Ich tippte fast so schnell, wie er mir die korrigierten Seiten gab.

Schon seit längerer Zeit war ich Mitglied einer zionistisch-sozialistischen Organisation, gerne wäre ich nach Palästina gegangen, aber ich konnte Mutter doch nicht alleine lassen! In der Zwischenzeit kam in Österreich Dollfuß an die Macht und gab 1934 den Befehl, in die Häuser der Arbeiter zu schießen. So kamen auch österreichische und nicht nur wie bisher deutsche Flüchtlinge nach Prag, unter ihnen mit Hans Fischer auch ein Freund von Fritz, ein Redakteur der *Arbeiter-Zeitung*. Man rief ihn nur »Hafis«, weil er immer so unterschrieb. Fritz brachte ihn zu uns nach Hause, und auch er liebte es, sich mit Mutter zu unterhalten und zu beraten. Seine finanzielle Lage war katastrophal, so wie die der meisten Flüchtlinge, ganz besonders derer, die kein Tschechisch konnten. Die Tschechen haßten alles Deutsche, ganz besonders aber die Juden – sie waren gelernte Antisemiten. »Wer Jude ist, ist Deutscher«, war einer ihrer Sprüche, und unter den Flüchtlingen waren viele Juden. Hafis und ich befreundeten uns und beschlossen zu heiraten. Aber der Lauf der Welt mischte sich ein, und es kam nicht dazu. In der Zeit hatten wir noch große Pläne; es sah so aus, als ob sich die Lage in Österreich bessern wer-

Häufige Ziele in Prag: Der Wilson-Bahnhof und das Deutsche Theater, um 1935 ▲
(JMW).

de. Nach Dollfuß' Ermordung wurde Schuschnigg Kanzler, und er verfügte die Entlassung der Sozialisten aus den Gefängnissen und ermöglichte auch den Flüchtlingen eine Heimkehr. So wollte er seine Regierung gegen Hitler stärken. Hafis kehrte nach Wien zurück.

Als Hitler 1938 in Österreich einfiel, war Fritz gerade nicht in Wien, eines der Wunder, die in seinem Leben geschahen. Am 9. März jährte sich der Todestag unseres Vaters, am 15. März hatte Mutter Geburtstag, und wir hielten die Tradition aufrecht, beide Tage mit Mutter zu verbringen. So war Fritz nach Prag gekommen, erklärte Mutter jedoch, daß er am 9. und am 15. bei ihr sein werde, den 13. März 1938 aber wegen der für diesen Tag von Schuschnigg geplanten Volksabstimmung unbedingt in Wien sein müsse. Mutter wollte nicht, daß er fuhr, da er gegen die Nazis geschrieben hatte; jeder wußte, daß er Jude war, und hinzu kam seine allgemeine Bekanntheit. Es war zu gefährlich! Zum Schluß lenkte Fritz ein: er würde nicht mit der Bahn und nur dann nach Wien fahren, wenn er eine Mitfahrgelegenheit im Auto eines Freundes erhielte. Niemand fuhr nach Wien, und so kam es, daß Fritz am 11. März in Prag war, wo ihn die Nachricht vom ›Anschluß‹ Österreichs überraschte. Er erfuhr später, daß die Deutschen ihn gleich in der ersten Nacht in seiner Wiener Wohnung gesucht hatten.

Die Tschechen verhielten sich mit unglaublicher Grausamkeit. Als letztes kam der Nachtzug Wien – Prag – Berlin aus Österreich an die Grenze, die Tschechen holten die Menschen mit österreichischen Pässen heraus, hielten sie in einer Baracke fest und schickten sie mit dem Gegenzug zurück nach Österreich. Unter ihnen war auch ein alter Freund von uns, Fritz Grünbaum mit seiner Frau. Er hatte ein persönliches Einladungsschreiben des tschechischen Präsidenten bei sich, das er vorzeigte. Er bat, mit dem Präsidenten telefonieren zu dürfen, um seine Geschichte beglaubigen zu lassen, es half nichts. Man schlug ihm seine Bitte ab. Er bot an, auf eigene Kosten mit dem nächsten Zug in einem versperrten Abteil nach Polen fahren zu dürfen – der Zug nach Polen stand da. Nichts half. Man verweigerte jegliche Hilfe, und er kehrte nach Wien zurück. Seine Frau bat ihn, es über die Schweiz zu versuchen, aber er lehnte ab, noch einmal lasse er sich nicht von einer Grenze zurückschicken. Sagte es und kehrte in seine Wohnung zurück. Einige Tage später wurde er abgeholt und in das Konzentrationslager Dachau gebracht. Wir wußten die Einzelheiten so genau, weil wir, solange es irgendwie möglich war, den Kontakt mit seiner Frau Lili aufrechterhielten.

Die politische Lage war sehr angespannt. Wir dachten, daß jeden Moment ein Bruderkrieg aus-

▲ Das letzte gemeinsame Photo aus Prag mit der Mutter und der Schwester Ilse, um 1935 (TD).

brechen werde und wir sozusagen mitten im Feld stehen würden. Alle, die noch Arme und Beine hatten, machten einen Erste-Hilfe-Kurs. Man rief den Ausnahmezustand aus, in den Städten war Verdunkelung. Die kursleitenden Ärzte kamen in Uniform und hatten Gasmasken dabei. An der deutschen Grenze gab es Schußwechsel. Wir waren einer ungeheuren Spannung ausgesetzt.

Fritz saß zu Hause in Prag, schrieb Artikel gegen die Nazis und an seinem vierten Roman und wartete darauf, zum Militär einberufen zu werden. Da er nie gedient hatte (er hatte ein hohes Bestechungsgeld bezahlt, um nicht zum Militär gehen zu müssen), hätte man ihn erst ganz zum Schluß einberufen, obwohl er freiwillig gegen Hitler gekämpft hätte. Als die Tschechen ihre Waffen niederlegten, beschloß Fritz, daß er in Prag nichts mehr tun könne. Er wolle nicht warten, bis Hitler auch die Tschechoslowakei schluckte, und wenn er in Wien nicht den Nazis in die Hände gefallen war, so wolle er das auch nicht in Prag nachholen. Im Juni 1938 flog er nach Zürich. Keiner von uns beiden glaubte, daß das eine Trennung für zwanzig Jahre sein würde.

1   In der Erstausgabe lautet das Motto »Von den drei Dingen, auf denen die Welt beruht, nennt Rabban Schimon ben Gemliël als die ersten zwei: die Wahrheit und die Gerechtigkeit. / Der Talmud«.

▲ Tschechoslowakisches Militär bei einem Staatsbegräbnis, 1937 (JMW).   In Palästina arbeitete Ilse Kantor in der Metallfabrik des Kibbuz Hefzi Bah (JMW). ▲

Anmerkung der Herausgeber:

Ilse Kantor erreichte Palästina am 23. Oktober 1939. Der Großteil ihrer Familie kam im Lager Theresienstadt zu Tode. Nur sie, ihre Cousine Antschi, ein Cousin namens Franz und Friedrich Torberg überlebten den Zweiten Weltkrieg und die Schoa. In Israel heiratete Ilse den Berliner Dirigenten Abraham Daus und gab den gemeinsamen Töchtern die Namen Tamar und Tirza. Im Zuge der Recherchen für Ausstellung und Publikation schenkten Tirza Parsai und ihr Mann Rafi dem Jüdischen Museum Wien zahlreiche Familienfotos, zwei Zeichnungen von Peter Hammerschlag und neben anderen Dokumenten auch dieses »Testimonio« von Ilse Kantor, das in Ausschnitten von Naomi Kalwil aus dem Hebräischen übersetzt und von Marcus G. Patka sowie Christopher Frey redigiert wurde (JMW Inv. Nr. 14662, 55 S.).

◄ Peter Hammerschlags Liebeserklärungen an Ilse Kantor (JMW). ▲

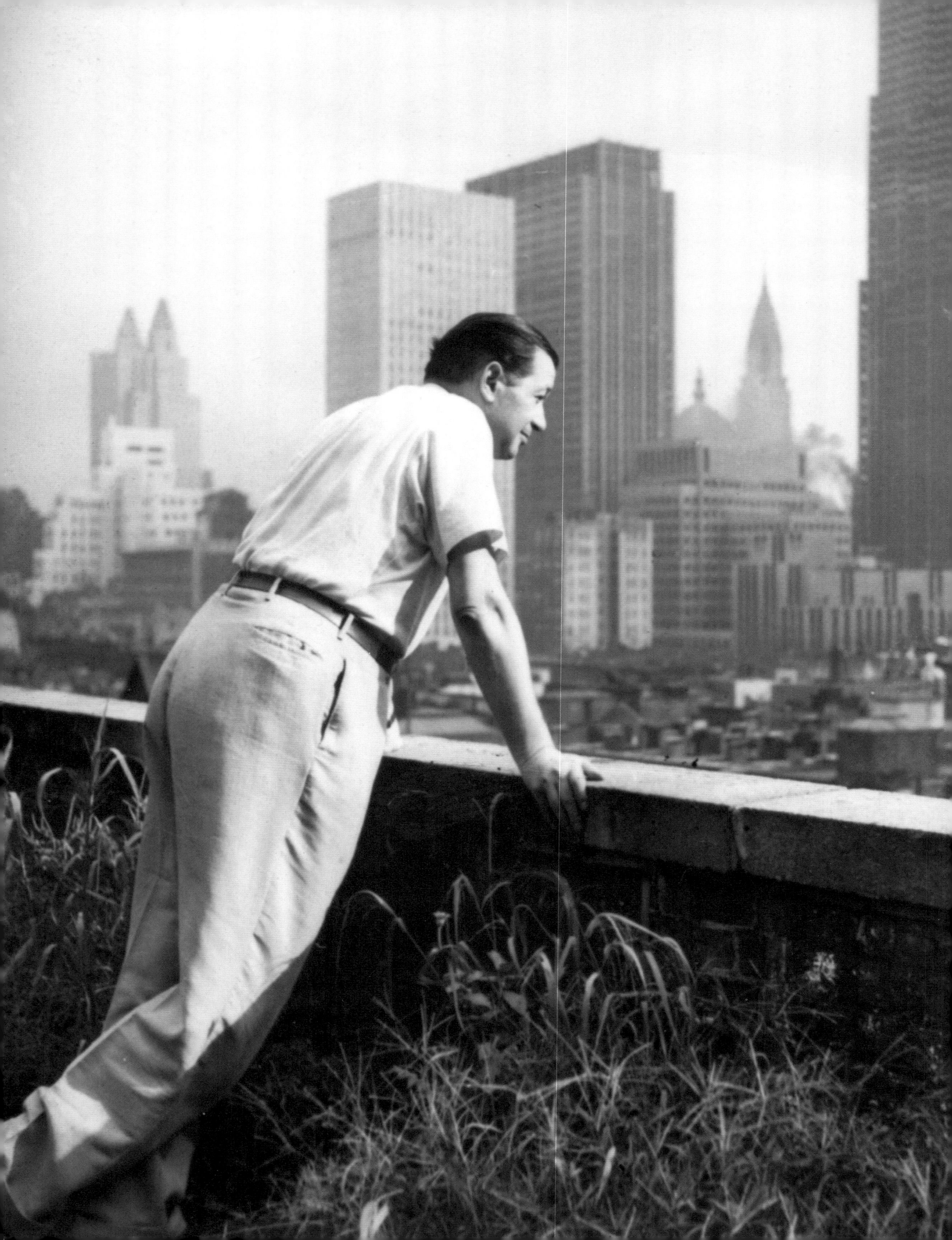

Oliver Matuschek

»Hals über sowieso«
Friedrich Torberg im Exil (1938–1951)

»Vom meinigen Leben ist nicht viel zu melden. Es ist, wie Hitler sagen würde, ein arbeitsames.«[1] Dieser Satz aus Friedrich Torbergs Feder (oder, in seinem Falle treffender ausgedrückt, aus dem Farbband seiner Schreibmaschine) findet sich in einem seiner Briefe aus den USA, abgeschickt am 26. Dezember 1940. Eine für Torbergs sarkastisches Understatement charakteristischere Beschreibung dessen, was er in den fast drei Jahren seit dem ›Anschluß‹ Österreichs erlebt hatte, ließe sich kaum denken. Als Torberg den Satz in die Maschine tippte, waren erst wenige Wochen seit seiner Ankunft in den USA vergangen. Inzwischen hatte er das Land von der Ostküste bis nach Kalifornien durchquert und dort eine vorläufige Bleibe gefunden. Die Aufgabe, die er nun vor sich hatte, sollte ihm für das kommende Jahr den Lebensunterhalt sichern: In einem Gebäude auf dem Gelände der Warner Bros. Filmstudios – dem sogenannten Writers' Building – hatte er ein Büro zugewiesen bekommen, um an Drehbüchern für Spielfilme mitzuwirken. Doch diese Tätigkeit als Berater oder bestenfalls Mitautor neuer Hollywoodproduktionen war alles andere als befriedigend.

Immerhin fand sich nebenher genug Zeit, die private Korrespondenz zu erledigen – und diese hatte im Falle Torbergs immense Ausmaße. Als Angehöriger der jüngeren Generation von Schriftstellern, der zudem journalistisch arbeitete, schrieb Torberg nur selten mit der Hand, benutzte vielmehr fast immer die Schreibmaschine und füllte in sehr kleiner Schrifttype und mit engstem Zeilenabstand kaum jemals weniger als zwei Seiten pro Brief, zumeist gerichtet an Freunde und Kollegen. Dies hing zum einen damit zusammen, daß er von seinem Leben häufig doch sehr viel mehr zu berichten wußte, als er in der eingangs zitierten Briefpassage anmerkt – auch jenes Schreiben, aus dem der Satz stammt, umfaßt mehrere Seiten. Zum anderen pflegte er einen unverwechselbaren Stil, der oft genug vom Ausführlichen ins Ausschweifende übergeht. Jedenfalls sind durch das umfangreich erhaltene Briefmaterial Torbergs gerade für seine Jahre im Exil zahlreiche Quellen überliefert, mit denen sich seine Spur durch mehrere Länder Europas und die USA bis zur Rückkehr nach Wien Anfang der 1950er Jahre verfolgen läßt. Nicht ohne Grund wurde die Korrespondenz später zu erfolgreichen Briefausgaben von nahezu erzählerischer Form arrangiert, in denen der Leser im amüsanten Plauderton viel über die Kultur jener Jahre erfährt. Doch die biographische Forschung stößt anhand besagter Papiere auch an ihre Grenzen. Bei allem Wortreichtum enthalten jene im Untertitel des Buches *Kaffeehaus war überall* genannten »Briefwechsel mit Käuzen und Originalen« neben Kauzigkeit und Originalität wenig Persönliches. Der private Torberg bleibt zumeist hinter der Buchstabenflut verborgen.

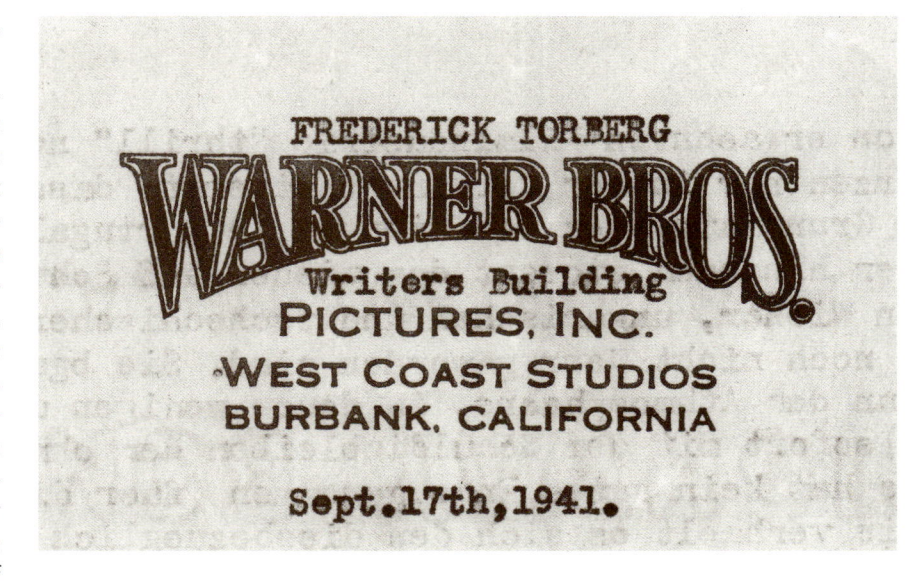

◀ Friedrich Torbergs Blick von seinem New Yorker Penthouse, 1945 (DA). Briefkopf der Warner Bros. (DNB). ▲

Außer den Briefen, die Torberg im Exil geschrieben hat, existiert noch eine ganze Reihe von Schriftstücken, die er in der Nachkriegszeit im Rückblick auf die Emigration verfaßte. Anlässe dazu waren sowohl in der privaten Korrespondenz gegeben wie auch bei zahlreichen Anfragen, die Forscher und Journalisten an Torberg richteten, der grundsätzlich zu umfangreichen Auskünften über seine Geschichte bereit war. Daß er bei dieser Gelegenheit auch sehr bewußt Einfluß auf das Bild nahm, das er der Nachwelt bieten wollte, verwundert wenig. Torberg, der sich nur selten eine Pointe nehmen ließ, wußte eine genaue Wortwahl zu würdigen, zumal dann, wenn ein Satz ihn selbst betraf. So plante im Mai 1954 der RIAS Berlin eine Sendung, in der auch über Torbergs Zeit als Exilant berichtet werden sollte. Vor der Ausstrahlung hatte man ihm das Manuskript des Beitrags zugeschickt. Schon in einem der ersten Sätze fand er eine Formulierung, die ihm wenig behagte: »Im einleitenden Text hat die Sprecherin unter anderem zu sagen, dass ich ›rechtzeitig‹ nach Amerika emigriert‹ sei, was für meine empfindlichen Ohren einen merkwürdig zwiespältigen Unterton aufweist, nämlich entweder den eines Kompliments für meinen souveränen Weitblick, oder den eines Tadels für meine Eile. Beides, so Kompliment wie Tadel, wäre jedoch unangebracht. Ich bin nach der Besetzung Österreichs keineswegs nach Amerika emigriert, sondern Hals über Kopf – eine Körperhaltung, die ich dann noch jahrelang beibehalten habe, – in die Schweiz geflohen, ging bei Kriegsausbruch als Freiwilliger zur französischen Armee, und bin nach dem Zusammenbruch Frankreichs noch ganz knapp über die aus vielen Wochenschauen bestens bekannte Brücke zwischen Endaye und Irun nach Spanien entkommen, abermals Hals über sowieso und zwei Stunden bevor diese Brücke von der deutschen Armee besetzt wurde. Von dieser Halsüberbrückenüberquerung an hat es dann noch ein reichlich prekäres halbes Jahr gedauert, ehe ich nach Amerika gelangt bin. Wenn also jemand <u>nicht</u> rechtzeitig nach Amerika emigriert ist, dann darf ich füglich für mich in Anspruch nehmen, genau das getan zu haben. Ich würde also ihrer Sprecherin nahelegen, zumindest das Wörtchen ›rechtzeitig‹ wegzulassen.«[2]

Torbergs scheinbare Spitzfindigkeit wird um so nachvollziehbarer, je genauer man die einzelnen Stationen seiner Flucht und seines Exils betrachtet. Über Jahre hinweg kann hierbei kaum von Planung die Rede sein – Torbergs Leben war weit mehr von Zufällen als von Rechtzeitigkeiten bestimmt, wie nachfolgend zu sehen sein wird.

Wiederholte Abschiede

Nicht einmal dreißigjährig hatte Friedrich Torberg bereits einige Erfolge auf journalistischem und literarischem Gebiet vorzuweisen, war aber trotz seines 1930 erschienenen und vielbeachteten Buchs *Der Schüler Gerber hat absolviert* noch weit davon entfernt, als etabliert zu gelten. Er arbeitete an einigen größeren Projekten gleichzeitig, um seine Karriere möglichst rasch fortschreiben zu können. Die politische Lage allerdings wurde immer bedrohlicher, und es stellte sich die Frage, wie lange man sich als Jude in Prag, wo sich Torberg im März 1938, in den Tagen des ›Anschlusses‹, als Bürger der ČSR aufhielt, noch einigermaßen sicher fühlen konnte. Zu befürchten war, daß man bald von den kaum berechenbaren politischen Entwicklungen überrollt würde.

Mit Torbergs wenige Monate später getroffenem Entschluß, Prag mit dem Ziel Schweiz zu verlassen, brach der Kreis seiner Familie, Freunde und Kollegen auseinander. Seine Freundin Marion Wünsche sollte ebenfalls in die Schweiz ausreisen, seine Mutter und die ältere Schwester hingegen sahen einer ungewissen Zukunft entgegen. Die meisten Kontakte, die für Torbergs berufliches Fortkommen in allernächster Zeit dringend nötig gewesen wären, gingen mit diesem Schritt verloren. Um das Land, das vom jüngst vergrößerten Deutschen Reich inzwischen wie eine Halbinsel umklammert worden war, in Richtung Westen verlassen zu können, trat er seine Reise nach Zürich im Flugzeug an.

Wie schon im Ersten Weltkrieg war die Schweiz zum Sammelpunkt für Flüchtlinge geworden. Die Treffpunkte hatten sich kaum geändert. Das Café Odeon, das schon zwischen 1914 und 1918 Emigranten angelockt hatte (und somit auch die an deren Wissen interessierten Spione), war wiederum ein zentraler Ort für Zusammenkünfte der

Exilschriftsteller geworden. Als Torberg nach Zürich kam, traf er dort auf zahlreiche Kollegen aus Deutschland und Österreich. Wenigstens ließ sich in diesem Kreis die gewohnte und von Torberg längst zu einem unabdingbaren Teil seines Lebensstils kultivierte Kaffeehausatmosphäre seiner bisherigen Wohnorte aufrechterhalten. In diesem Umfeld entstanden Torbergs Geschichten um den »Herrn Neidinger«, die er später in der in Paris erscheinenden *Österreichischen Post* veröffentlichen konnte.[3] In diesem Exilperiodikum erschienen zum Jahrestag des ›Anschlusses‹ auch Karikaturen von Bil Spira, die dem Terror, der in Österreich dem Einmarsch der Deutschen auf den Fuß folgte, mit Humor zu begegnen suchten. Die Szenen waren von Torberg mit zehn Vierzeilern wie diesem versehen worden: »Verbrüdert sind wir allesamt / und in Begeisterung entflammt! / Besonders freudig merkt Seyss-Inquart, / was aus dem Anschluss für ein Ding ward.«[4]

Aus allen Richtungen kamen erschreckende und einschüchternde Nachrichten über die Weggefährten der letzten Jahre. Überall wäre zu helfen gewesen. Besonderes Augenmerk verdient der Fall Moriz Seeler. Der jüdische Gründer des Berliner Avantgarde-Theaters *Die Junge Bühne* hatte in den 1920er Jahren Stücke von Bertolt Brecht, Marieluise Fleißer, Carl Zuckmayer und anderen inzwischen längst verbotenen Autoren inszeniert.[5] 1933 war er über Prag nach Wien geflohen, wo er Torberg kennengelernt haben dürfte. In Wien wurde er im Zuge der Nazi-Razzien nach dem Novemberpogrom 1938 verhaftet. Nach seiner Freilassung ging er nach Berlin zurück, um von dort aus seine Flucht zu organisieren, denn soviel stand fest: Er würde bald erneut festgenommen werden, wenn es ihm nicht gelang, das Land zu verlassen. Seine Ausreisepapiere für die USA waren angeblich schon auf dem Weg, wie er in einem Brief vom 29. Dezember 1938 Hermann Hesse mitteilte.[6] An diesen hatte er sich gewandt, um so eventuell an vorläufige Genehmigungen für die Einreise in die Schweiz zu gelangen. Die Idee, sich von Berlin aus an den Bestsellerautor Hesse zu wenden, kam wohl von Torberg. Der hatte Hesse – wie Seeler in einem Brief an Carl Zuckmayer schreibt – als einen »angesehenen Schweizer Bürger«[7] bezeichnet und damit als möglichen Bürgen für Seeler emp-

Karikaturen aus der Österreichischen Post (Paris) vom 13.3.1939 ▶ (DÖW).

nur allzu begreiflich – besonders wenn jemand, so wie Sie, mit derlei Inanspruchnahmen überlaufen wird. Da fällt es schwer, in jedem einzelnen Fall besonders zu bedenken, dass jeder einzelne Fall seine besonderen Komplikationen und Tragiken hat. Wenn S. zum Beispiel sein Affidavit im zweiten Brief nicht erwähnt, so rührt das leider daher, dass er noch immer vergebens darauf wartet. Der Hinweis, dass er diese an sich schon unerquickliche Betätigung obendrein unter ständiger Lebensgefahr ausübt, erübrigt sich wohl.«[8] Doch alle Bemühungen Torbergs zur »Reinwaschung eines sehr wertvollen und ein wenig wirklichkeitsfremden Menschen« – wie es im gleichen Brief heißt – waren vergebens. Seeler wurde erneut verhaftet und verschleppt. Seine Spur verliert sich Mitte August 1942. Wahrscheinlich ist, daß Seeler zur Zwangsarbeit nach Riga deportiert wurde und dort bei der Auflösung des Ghettos im Dezember 1942 ermordet wurde.[9]

Mit Blick auf zahlreiche ähnliche Schicksale, die ihm zu Ohren gekommen waren, durfte sich Torberg in der Schweiz relativ sicher fühlen. Im August 1938 konnte er über seine Freundin berichten: »Was die Wünsche ist, wird am 1. November ihre Gauklertätigkeit am zürcher Schauspielhaus aufnehmen, und es bleibt also alles beim Neuen.«[10] Für sich selbst sah er weitaus weniger erträgreichen Zeiten entgegen: Sein Geld wurde knapp, und bei den in der Schweiz zu zahlenden Preisen schien sich für ihn kaum eine andere Möglichkeit zu ergeben als eine baldige Fortsetzung der Flucht nach Frankreich, wo er auf die Unterstützung dort ansässiger Freunde hoffte. Die Schweizer Behörden hatten zudem ein Auge auf ihn geworfen, denn mit dem inzwischen stattgefundenen Einmarsch der deutschen Truppen in die Tschechoslowakei hatten für den Juden Torberg seine Reisedokumente mit sofortiger Wirkung ihre Gültigkeit verloren. Die Polizei machte ihm in mehreren Verhören sehr deutlich, daß seine Ausweisung bevorstehe. In Briefen parodierte er das Vorgehen der Behörden auf sarkastische Weise, nicht ohne sich dabei auch noch über den Schweizer Dialekt zu amüsieren. Es schien unter diesen Umständen kaum einen anderen Weg als die Weiterreise zu geben – und noch war Frankreich ein freies Land.

fohlen. Aber in seinen Briefen an Hesse machte Seeler offenbar ungenaue und widersprüchliche Angaben zum Stand der Ausreise, was den vielbeschäftigten Adressaten, der seinerzeit zahllose Bittbriefe von Notleidenden erhielt, verärgert haben muß. Seelers Freunde verstärkten daraufhin ihren Einsatz. Torberg entschuldigte sich für seinen Schützling und unterstrich gegenüber Hesse nochmals die Bedeutung, die dessen Eingreifen für Seeler haben könnte: »Ihre Verstimmung über Seelers verschiedentliche Unzulänglichkeiten ist

▲ Moriz Seeler, 1930er Jahre (PV).

▲ Hermann Hesse, 1943 (DLA).

Den Sommer 1939 verbrachte Torberg mit Marion Wünsche an der Côte d'Azur. Seine Freundin – sie war nach Nazi-Diktion ›Arierin‹, weshalb ihr die akuten Probleme um die Reisepapiere erspart blieben – fuhr von dort zur Vorbereitung der neuen Theaterspielzeit nach Zürich zurück, wo sie mit ihrer Arbeitserlaubnis und ihrem weiterhin gültigen Paß in Sicherheit war. Torberg schrieb später, er habe sie bei Kriegsbeginn zurückgeschickt; an anderen Stellen erwähnt er, sie sei zufällig am Tag vor Kriegsbeginn in die Schweiz zurückgefahren. Mit keinem Wort aber berichtet er in Briefen an Freunde und Bekannte über die Gefühlslage bei dieser Trennung, die keineswegs ein Wiedersehen versprach.

Soldat am Schreibtisch

Torberg sah sich zu diesem Zeitpunkt gefordert, einen aktiven Beitrag im Kampf gegen Nazi-Deutschland zu leisten. Und diese Tätigkeit sollte in seinen Augen deutlich mehr als seine schriftstellerische Arbeit sein. In Frankreich formierte sich mit Erlaubnis der Regierung eine militärische Truppe tschechischer Flüchtlinge, die sich als Exilarmee zur Unterstützung bei der Verteidigung des Landes und bei Auslandseinsätzen verpflichtet hatte. Das Vorhaben bot in vielerlei Hinsicht Stoff für ein Drama, angefangen von der Ausstattung der Soldaten, die in abgelegten Uniformen steckten und mit antiquierten Waffen hantierten, bis hin zu Torbergs erheblichen körperlichen Beschwerden, die ihn wegen seiner Herzschwäche während der Ausbildung im südfranzösischen Agde heimsuchten. Die meiste Zeit seines Militärdienstes verbrachte er deshalb am Schreibtisch bei mehr als ungeliebten Arbeiten an Listen und Abrechnungen. Zudem war abzusehen, daß die Truppe trotz gegenteiliger Beteuerungen von offizieller Seite kaum zum Einsatz gegen den Feind kommen würde. Vor diesem Hintergrund war für Torberg die Frage aufgekommen, ob ein Verbleib für ihn oder die Armee überhaupt einen Vorteil böte.
Nach Amerika hatte er schon lange geblickt, hatte in noch ruhigeren Prager Zeiten erste Kontakte geknüpft, damals freilich noch ohne konkrete Pläne zur Auswanderung. Inzwischen war eine ganze Reihe von Freunden und Bekannten in die USA geflohen, doch waren die Aussichten, dorthin zu gelangen, unter den gegebenen Voraussetzungen alles andere als vielversprechend. Die Einwanderungskontrollen waren streng; ohne die erforderlichen Dokumente mußten die Pläne erfolglos bleiben. Und auch die Entlassungspapiere der Armee, die Torberg bei seinem Ausscheiden aus dem Dienst aufgrund gesundheitlicher Probleme erhielt, konnten höchstens für den allernächsten Schritt von Nutzen sein.
Wie er in einem Brief an Dana und Ulrich Becher schilderte, befand sich Torberg in Paris, als die

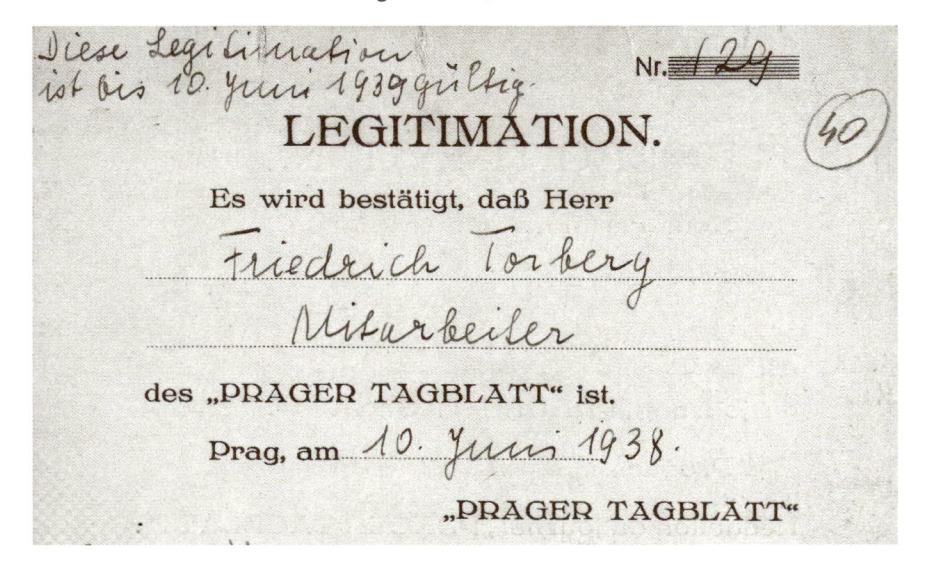

Legitimation des *Prager Tagblatts* vom 10.6.1938 (ÖNB-HAN). ▲

Postkarte Torbergs aus Paris, 1939 (DNB). ▲

Wehrmacht die Einnahme der Hauptstadt vorantrieb: »Ich bin sofort bei Kriegsausbruch unter die Fahnen der böhmischen Legion geeilt in der naiven Absicht, wenigstens eine von diesen Fahnen entsprechend hochzuhalten – es kam hierzu jedoch nicht, sondern sie verwandelten sich alsbald in Segel, welche gestrichen wurden. Bei mir persönlich spielte sich das so ab, dass ich gerade auf Urlaub in Paris war, als der Wirbel anhob, erst am Tag vor dem Einmarsch der Nazi wegkonnte, und alle etwa noch vorhandenen Bestrebungen, mein corps zu rejoindren, infolge gänzlichen Nichtvorhandenseins eines solchen oder ähnlichen alsbald als undurchführbar erkennen musste. Also entledigte ich mich des bunten Tuchs, senkte es in die Fluten der mit Recht so überschrittenen Loire und schloss mich einer Gruppe wackrer Bursche[n] an, die sich in der gleichen inneren und äusseren Verfassung befanden. (›Wären ganz anständige Leute, wanns nicht mechten Desertehre sein!‹ hiess es in einem derartigen Zusammenhang im Schwejk.)«[11]

Die Entscheidung über sein weiteres Vorgehen war ihm somit auf denkbar brutale Weise abgenommen worden. Es blieb ihm gar nichts anderes übrig, als hastig und nur mit dem nötigsten Gepäck die Flucht in Richtung Süden anzutreten, wenn er sich nicht in die Gefahr begeben wollte, den Deutschen in die Hände zu fallen. Der Strom der Flüchtlinge schob sich in Richtung spanischer Grenze voran, obwohl sich viele der Flüchtenden noch immer nicht vorstellen konnten, daß Frankreich eine Niederlage erleiden könnte.

Die nächsten Stationen auf Torbergs Flucht waren Bordeaux und die grenznahe Stadt Bayonne. Nicht weit von dort führte eine Brücke nach Spanien. Als Torberg sie mit anderen Flüchtlingen passiert hatte, sollte es nur noch wenige Stunden dauern, bis auch dieser Fluchtweg durch ein deutsches Kommando gesprengt wurde. Zuvor hatte er noch einmal erfahren, wie grausam die Bürokratie sich auf das Leben der Flüchtlinge auswirken konnte: Visa für Länder in Übersee wurden zwar gelegentlich vergeben, aber der Empfänger hatte oft genug nicht die zunächst dringend notwendige Ausreiseerlaubnis aus Frankreich, die anschließend erforderliche Transitgenehmigung für Spanien oder das Einreisevisum für Portugal, so daß der mühsam erkämpfte Stempel im Paß gänzlich ohne Wert blieb. Torberg selbst war auf abenteuerlichsten Wegen ins portugiesische Curia bei Porto gelangt. Er war am Rande seiner Kräf-

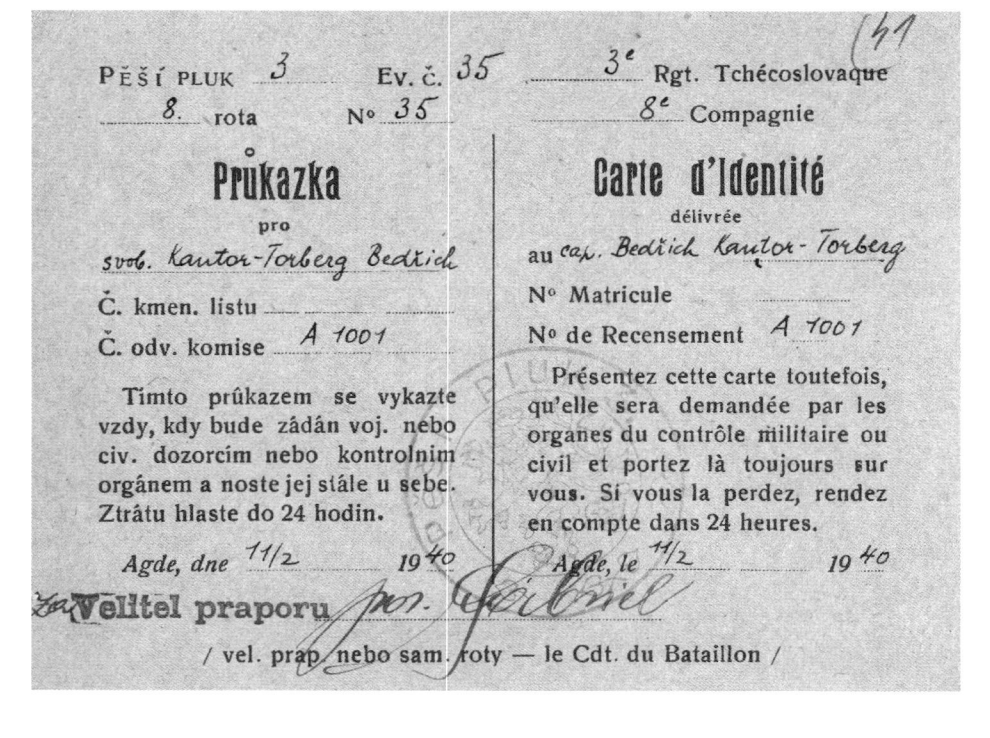

▲ Als Soldat der tschechischen Exilarmee, 1940 (DA).   Militärausweis, 11.2.1940 (ÖNB-HAN). ▲

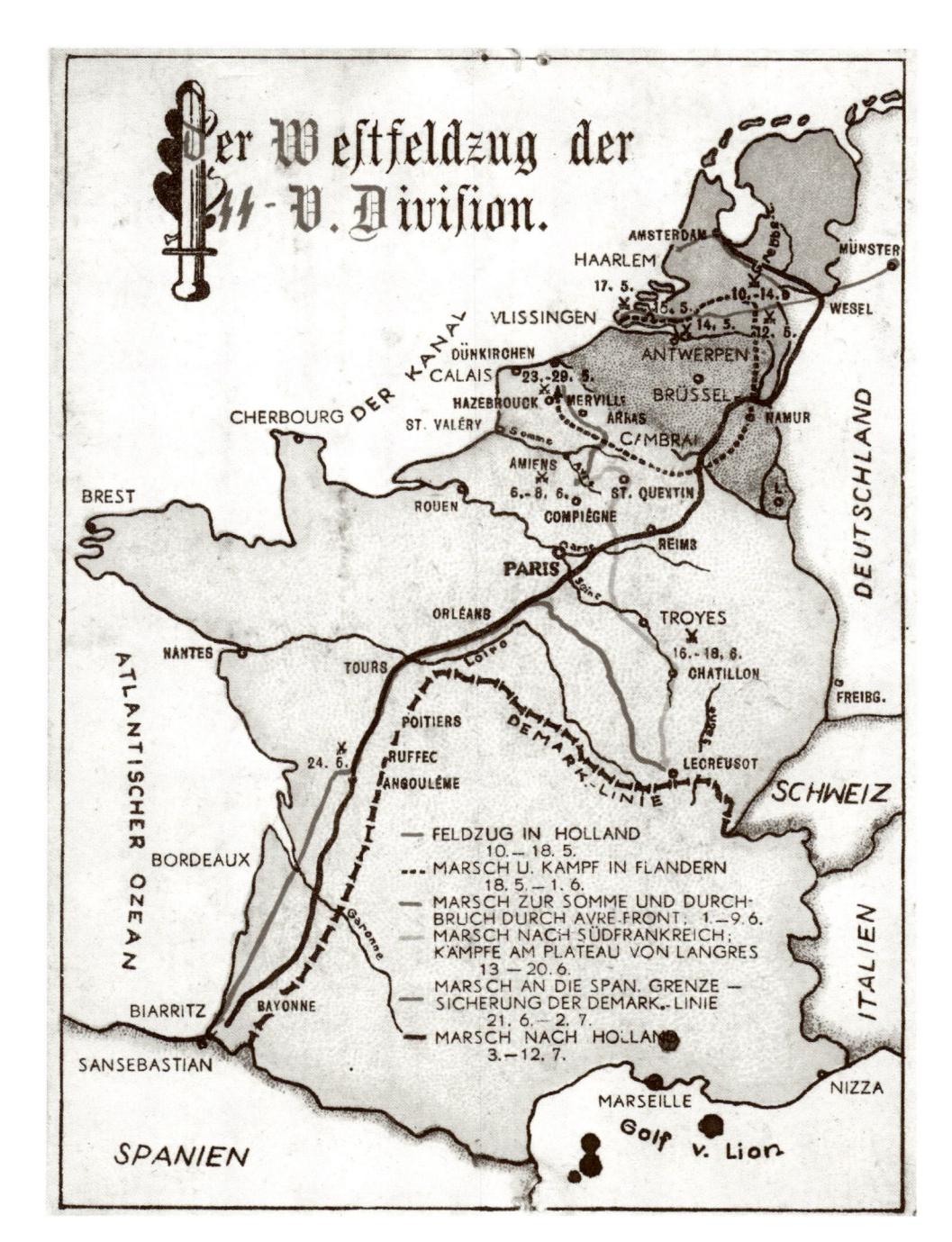

te, doch dann trat etwas ein, was er im Rückblick, noch immer voll ungläubigen Staunens, als »das Wunder mit dem Emergency-Visum und das andre mit dem Vertrag«¹² bezeichnen sollte.

»Outstanding German Anti-Nazi Writer«

In der Zwischenzeit hatten sich Hilfsorganisationen gebildet, mit deren Unterstützung auf mehr oder minder legale Weise Visa und andere Papiere für die Flüchtlinge in Europa beschafft wurden. Das »Wunder«, das Torberg weiterhalf, war zunächst die Aussicht, daß er auf nachdrückliches Betreiben von Freunden schon bald ein Visum für die USA erhalten sollte. Der erwähnte »Vertrag« war darüber hinaus eine Besonderheit, die ihm in Übersee zumindest für die erste Zeit ein Auskommen sichern sollte und zudem den Erhalt des Visums erheblich vereinfachte: Torbergs Name war vom amerikanischen PEN-Club auf eine Liste von »Ten Outstanding German Anti-Nazi Writers« gesetzt worden, denen in Hollywood eine einjäh-

▲ Propaganda-Postkarte der SS-Division »Das Reich«, 1940. Torberg entging dieser Formation bei seiner Flucht über Bayonne nur knapp (MA).

Mit diesem tschechischen Paß ging es ins Exil (ÖNB-HAN). ▲

rige Verpflichtung bei verschiedenen Filmstudios zugesichert wurde. Unerwartet fand Torberg seinen Namen nun zwischen jenen so prominenter Autoren wie Franz Werfel, Alfred Döblin und Heinrich Mann wieder. Am 23. August 1940 brachte Mildred Adams, Sekretärin des Emergency Rescue Committee in New York, die für Torbergs Einreise in die USA notwendigen Papiere auf den Postweg. Sein Vertrag mit Warner Bros. lag den Behörden zu diesem Zeitpunkt bereits vor; jetzt folgten ein kurzer Lebenslauf Torbergs mit entsprechender Würdigung seiner Verdienste – »one of the most famous and most gifted novelists of the younger German generation« – und Hervorhebung der Gefahr, in der er sich befand: »He is wanted by the Gestapo, figuring pretty high on its list of presumptive victims.«[13]

Trotz weiterer Bekräftigungen zog sich die Erteilung des Visums noch über quälende Wochen hin. In der Zwischenzeit war Torbergs Aufenthaltsgenehmigung für Portugal abgelaufen. Es folgte seine vorübergehende Verhaftung unter der Ankündigung, des Landes verwiesen zu werden. Erst Anfang Oktober hielt er das Visum für die USA in Händen, doch waren damit noch immer nicht alle Probleme beseitigt: Man zwang ihn, das nächstmögliche Schiff für die Atlantikpassage zu nehmen, wobei der für das Ticket geforderte Preis um einiges höher als der ursprünglich dafür vorgesehene Betrag war. Durch Vermittlung seiner Freunde Willi Schlamm und Pablo Tänzer konnte das Geld schließlich zugesagt werden und Torberg an Bord der »Exeter« Europa mit Ziel Amerika verlassen.

Als er Jahrzehnte nach dem Krieg gefragt wurde, wer ihm die zur Überfahrt über den Atlantik und zur Einreise in die USA notwendigen Papiere, darunter auch die eidesstattliche Versicherung, das Affidavit, beschafft hatte, waren ihm nach eigener Aussage die Namen der Helfer entfallen: »Wer dann der tatsächliche Aussteller [des Affidavits] war, ist mir nicht mehr erinnerlich.«[14] Auf einer Karteikarte des Emergency Rescue Committee findet sich allerdings eine Angabe, die Aufschluß über die beteiligten Personen gibt: »Rec[eive]d Hollywood contract through Erica Mann«,[15] heißt es dort. Und das Affidavit für die USA erhielt er von Eugene Lyons, damals wohnhaft in New York City. Lyons stammte aus Weißrußland und stand in Amerika lange Zeit der radikalen Arbeiterbewegung nahe. Als Korrespondent der United Press in Moskau war es ihm 1930 sogar gelungen, als erster westlicher Pressevertreter ein Interview mit Stalin zu führen. Zwar änderte er seine politische Ansicht im Lauf der Jahrzehnte und wandte sich nach dem Krieg entschieden gegen die Sowjetunion, doch scheint es Torberg vor dem Hintergrund seiner eigenen kämpferisch-antikommunistischen Einstellung weder im Falle Lyons' noch bei Thomas Manns Tochter Erika ratsam gewesen zu sein, sie als seine Fluchthelfer und Bürgen ausdrücklich zu erwähnen.

Nach einem kurzen Aufenthalt in New York, der ein Wiedersehen mit zahlreichen Freunden brachte, machte sich Torberg, der hier bereits von einem Vertreter der Filmstudios begrüßt und mit einer ersten Zahlung ausgestattet worden war, auf den Weg nach Hollywood. An seinem Arbeitsplatz in Kalifornien angekommen, waren seine Eindrücke der Situation schon innerhalb kürzester Zeit »höchst unerquicklich«. Bei einem prominent besetzten Dinner des Committee for Writers in Exile waren dem überaus aufmerksam zuhörenden Torberg in zehn Tischreden und einer anschließenden Diskussion weder ein kritischer Satz über Rußland noch die Worte ›Diktatur‹ oder ›Nationalsozialismus‹ zu Ohren gekommen. Stattdessen schien es ihm, als sei man in aller Stille übereingekommen,

▲ In den Straßen von Porto, beschriftet mit »Pensao Aremde« (DA).

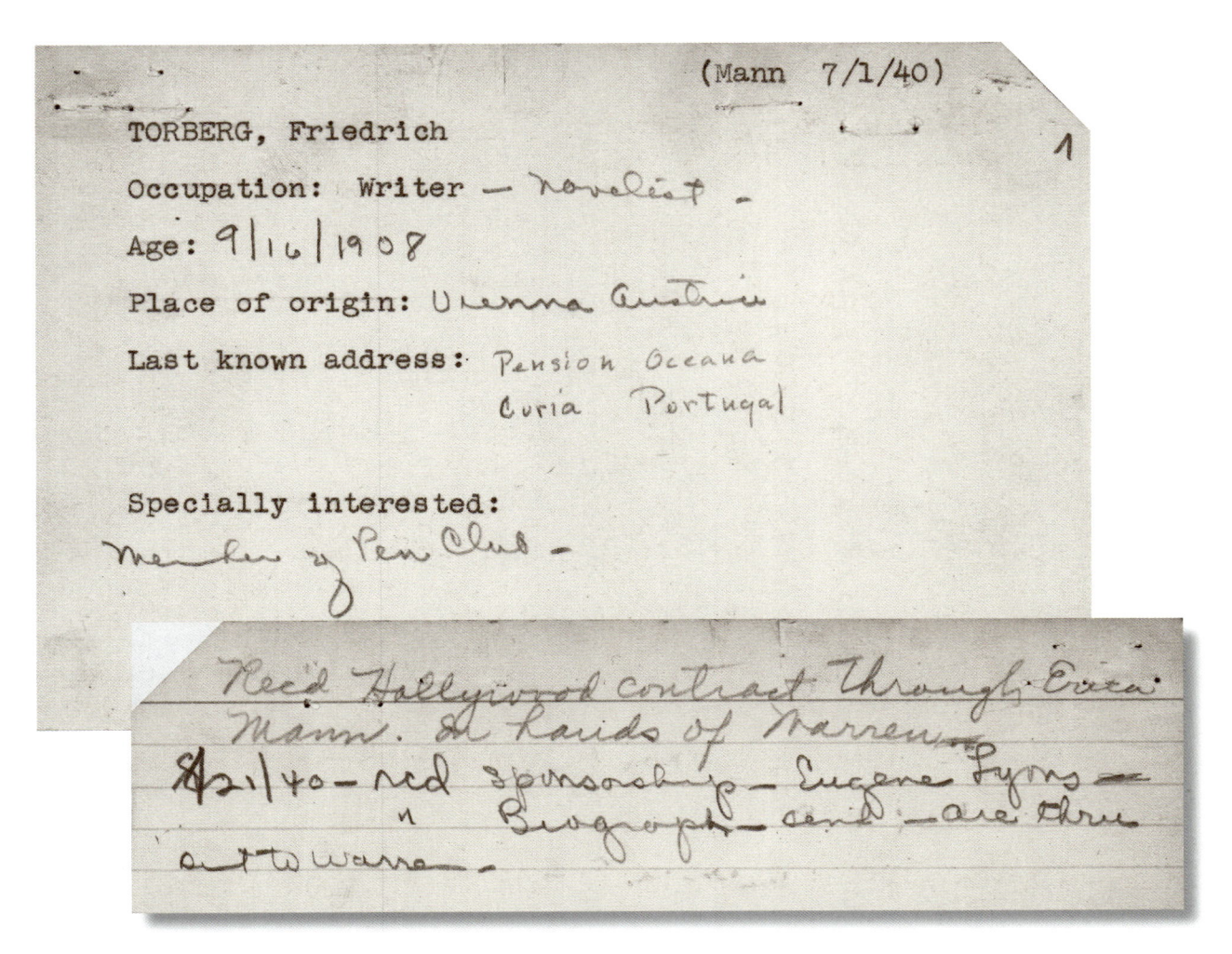

```
                                    (Mann  7/1/40)

TORBERG, Friedrich

Occupation: Writer — novelist —

Age: 9/16/1908

Place of origin: Vienna Austria

Last known address: Pension Oceana
                    Curia Portugal


Specially interested:
Member of Pen Club —
```

Rec'd Hollywood contract through Erica Mann. In hands of Warren
8/21/40 — rec'd sponsorship — Eugene Lyons — Biograph — sent — are thru — out to Warren —

nur allgemein vom ›Faschismus‹ in Europa zu sprechen. Torberg war mit einigen anderen bekannteren Exilanten an einen besonderen Tisch gebeten worden, an dem er sich für das im Saal anwesende Publikum »ausgestellt« fühlte. Damit ohnehin genug gestraft, sparte er in Rückschau auf das Treffen nicht mit ätzender Kritik an seinen Kollegen und deren Begleitung: »Und dann lallte, wörtlich aus dem Undeutschen ins Unenglische übersetzt, der arme Heinrich Mann (indessen sein fülliges Fischerweib, um so recht zu dokumentieren wie nicht es sie interessiert, ihren Tischherrn laut gakkernd in ein Gespräch zu verwickeln trachtete; der Tischherr war ich). Und das alles verblasste gegen den Emil Ludwig, der ja schon vorher die tollsten Kaprioladen aufgeführt hatte, mit wehenden Frackschössen durch den Saal schoss um immer mal wieder vom Blitzlicht zu naschen, zwanglos und zufällig zu Norma Shearer oder Paulette Goddard niedergebeugt, es war ein schaurig schöner Anblick. Und dann erst seine Rede! [...] Und so bleibt den hilflosen Zeitgenossen nur die Hoffnung auf eine nahegelegene Bedürfnisanstalt, damit man sich zwischendurch auch auf den Emil Ludwig ausscheissen kann, und soviel also zur deutschen Literatur im Exil!«[16]

Zu dieser frustrierenden Erfahrung kam bald noch die Erkenntnis, daß die Arbeit in den Filmstudios keinerlei Bedeutung hatte, außer daß mit seiner körperlichen Anwesenheit die Bezahlung der 100 Dollar pro Woche seitens des Studios einigermaßen gerechtfertigt werden konnte. Torberg und seine Kollegen hatten allenfalls hier und da Ideen zu liefern. Eine Aussicht, jemals im Vorspann eines großen Hollywoodfilms namentlich erwähnt zu werden, war keineswegs gegeben. Über die Ar-

Karteikarte des Emergency Rescue Committee (DNB). ▲

beit an einem seiner Projekte, ein Kriegsfilm mit dem Arbeitstitel »Bombshelter«, schrieb Torberg ebenso ironisch wie entnervt: »Das Dichten selbst wär ja gar nicht so schwer. Aber bevor ich dem Producer z. B. ausrede, dass der Naziflieger, der das respektive Haus bombardiert hat, sich nicht direkt mittels Fallschirm in den respektiven Bombshelter hinunterlassen kann, vergehen Tage.«[17]

Hollywood

In Kalifornien kam Torberg langsam wieder zur Ruhe. Seine Gesundheit aber hatte unter den Anstrengungen der Flucht erheblich gelitten. Seine Herzbeschwerden meldeten sich immer wieder, was ihn nicht davon abhielt, seinen gewohnten starken Kaffee zu trinken, der jederzeit auf seinem Schreibtisch in einer Thermoskanne bereitstand. Zudem bekam er Hautprobleme, die er zeitweise durch einen Schnauzbart zu kaschieren versuchte, und er nahm deutlich zu.

Die Emigranten aus dem deutschen Sprachraum, die sich in und um Hollywood aufhielten, blieben weitestgehend unter sich. Freilich versuchten sie nicht nur, ein Stück ihrer europäischen Kultur in den Alltag hinüberzuretten, sondern auch ihr bisheriges ›Klassensystem‹ untereinander zu erhalten. Die bekannten und arrivierten Schriftsteller lebten als Solitäre, wie sie es aus der Heimat gewohnt waren. Torberg fühlte sich an seinem Arbeitsplatz sowie in seinem neuen Bungalow mit der Adresse 8440 Yucca Trail, Hollywood 46, California, einsam und unterfordert. Die Drehbucharbeit war eher ein Alibi als eine ernstzunehmende Beschäftigung, und nach Feierabend brachte er kaum einen Satz für eigene schriftstellerische Werke zustande. Die Treffen der Emigranten waren zumeist wenig erfreulich, und unter den amerikanischen Kollegen Freunde zu finden, mit denen man wenigstens einige Interessen teilte und auf Augenhöhe diskutieren konnte, schien alles andere als einfach zu sein. Dünnhäutig regte sich Torberg über die von ihm beobachtete zunehmende Verwilderung der deutschen Sprache durch die Emigranten auf und plagte sich im Alltag mit ständigen Sorgen um sein geliebtes Cabriolet herum, dessen Unterhalt sich zum kostspieligsten Aben-

▲ Mit Schnurrbart, Hollywood 1942 (DA).

▲ Beim Schmökern, Hollywood 1942 (DA).

teuer seines Amerikaaufenthaltes zu entwickeln drohte.

Eine enge Beziehung entwickelte Torberg zu Franz Werfel und dessen Ehefrau Alma Mahler-Werfel, mit denen er schon seit längerem bekannt gewesen war. Während der Flucht war er den beiden bereits in Portugal und später in New York begegnet. In Kalifornien kamen sie nun oft zusammen. In Franz Werfel fand Torberg einen erfolgreichen Kollegen, mit dem er sogar einige gemeinsame Projekte entwarf, während Alma zu einer (gelegentlich resoluten) mütterlichen Freundin wurde, die Torberg in seinen privaten Krisenzeiten aufbaute. Die Intensität der freundschaftlichen Beziehung wurde von beiden Seiten unabhängig und auch nach Jahrzehnten immer wieder betont. Insbesondere während der Verschlimmerung von Werfels Herzkrankheit bewährte sich die enge Bindung, als Torberg sich mit Alma Mahler-Werfel bei der Nachtwache an dessen Krankenbett abwechselte.

Eine Nachricht, die große Teile der Emigrantengemeinde zu Beginn des Jahres 1942 zutiefst erschüttert hatte, beschäftigte Torberg in seiner Lage mehr und intensiver, als es zu erwarten gewesen wäre. Am 23. Februar hatte sich Stefan Zweig gemeinsam mit seiner zweiten Ehefrau Lotte in der brasilianischen Stadt Petropolis das Leben genommen. Kurz nachdem Torberg die Nachricht im Radio gehört hatte, brachte ihm die Post einen Brief, den ihm Joachim Maass, ein von Zweig lange Zeit geförderter Schriftstellerkollege, geschrieben hatte. Maass berichtete auch über die letzten Neuigkeiten, die er von Zweig aus Brasilien erfahren hatte, freilich noch ohne von den dramatischen Ereignissen der letzten Tage gewußt zu haben. Torberg kannte Zweig nur flüchtig und hatte nach eigener Aussage nur wenig für dessen Werk übrig gehabt, wußte aber selbstverständlich, welche Vorbildfunktion dem früher in Salzburg ansässigen weltbekannten Kollegen zukam. Für Torberg war Zweigs Entscheidung, seinem Leben als Flüchtling ein Ende zu setzen, ohne Frage »ein Sieg Hitlers«. Zweig war aus seiner Sicht »mit zugehaltener Nase« geflohen »und so, als hätte ihn nicht der Antichrist aus Europa vertrieben, sondern das schlechte Klima oder sonstetwas Unfashionables, wovon man nicht spricht«.[18]

Vor seinem Bungalow, Adresse Yucca Trail. Hollywood, 1942 (DA). ▲

Stolzer Besitzer eines Autos. Hollywood, 1942 (DA). ▲

Über Monate mühte er sich, Genaueres über die Umstände von Zweigs Entscheidung zu erfahren. An Zweigs Bekannten Victor Wittkowski schrieb er nach Brasilien: »Dass dieser Tod auf mich – ausser allen Wirkungen, die sich von selbst verstehen – auch noch die Wirkung eines ganz banalen Zorns geübt hat, wird Sie vielleicht wenig überraschen, und am Ende werden Sie es sogar verstehen; vielleicht sogar gut genug, um zu spüren, dass es das Gegenteil von Respektlosigkeit ist.«[19] Immer noch von Zweigs Entscheidung aufgebracht, schrieb Torberg ein Gedicht mit dem Titel *Terzinen von der Flucht*, das den Untertitel »Dem Andenken des Selbstmörders Stefan Zweig« trägt und mit dem Ausruf endet: »Ich will den grossen Schlächter überleben!«[20]

Blicke in Richtung Osten

Nach seiner Ankunft in den USA hatte Torberg New York nur ungern verlassen. In der ohnehin europäisch geprägten Stadt hatte sich durch die zahlreichen Flüchtlinge eine regelrechte Emigranten-Kultur entwickelt, die ihm im fernen Kalifornien ebenso fehlte wie die meisten seiner Freunde, nicht zuletzt Willi Schlamm, der ihn immer wieder finanziell und auch sonst unterstützte. Torberg saß unterdessen in seinem Büro und langweilte sich. Ein Ventil, um die Frustration über seine Lage zu mildern, war das altbewährte Mittel des Briefeschreibens. Eine Erklärung am Ende einer seiner langen Auslassungen war reine Ironie: »[I]ch muss jetzt schliessen, weil mich die Brüder Warner ja eben zur Herstellung von Laufbildern engagiert haben und nicht zur Abfassung von eher schwachsinnigen Privatbriefen, und wenn sie mir draufkommen, so würden sie mich – da sich hier so ziemlich alles durch das Medium des Tonfilms abspielt – in den Projektionsraum 7 bitten und mir dort den Tonstreifen ›You are fired!‹ vorspielen; was sie vermutlich auch so in Bälde tun werden.«[21]

Endlose Briefe gingen an die Brüder Egon und Otto Eisler. Zwischen den Korrespondenzpartnern wurden reihum »Zerlegereime« ausgetauscht oder Spottverse auf das unter den Kollegen seit Jahren beliebte Ziel Emil Ludwig abgeschossen. Diese Schreiben waren gespickt mit zotigen Bemerkungen und derben Scherzen, wovon Egon Eislers Bemerkung »Ihre Freundin Irma habe ich gestern am Strich getroffen. Das Mädel macht sich!«[22] noch zu den harmlosesten zählt. Bei kaum einem anderen Adressaten wirkt Torberg so ausgelassen und geradezu übermütig, und es scheint, als habe er auf diese Weise den fehlenden persönlichen Kontakt zu gleichaltrigen Kollegen auszugleichen versucht. Liest man die Briefe, so mag man wohl eine ungefähre Ahnung haben, wie es in Kaffeehausrunden unter Teilnahme Torbergs hatte zugehen können.

Seine Idee, Hollywood zu verlassen und an der Ostküste, am besten in New York, nach einer Anstellung zu suchen, nahm deutlichere, wenngleich noch längst nicht konkrete Formen an. Alle vorsichtigen Hoffnungen, sich im Lauf der Jahre in der Filmbranche einen bedeutenderen Platz als Drehbuchautor zu erschreiben, mußte er aufgeben. Nur mit einem einzigen Hollywood-Projekt, dem Film *A Voice in the Wind*, konnte er einen Erfolg verbuchen. Das Vorhaben war ursprünglich von der Producers Releasing Corporation produziert worden, deren Filme nicht unbedingt als Inbegriff herausragender Qualität galten. In diesem Fall

▲ Alma und Franz Werfel. Hollywood, um 1943 (UP).

ging in der Branche jedoch bald das Gerücht um, es handle sich hier um ein durchaus beachtenswertes Werk. So kaufte am Ende der renommierte Verleih United Artists die Rechte und brachte den Film in die Kinos – wovon Torberg dank seiner Verträge allein der bescheidene Ruhm, aber keinerlei finanzieller Vorteil blieb. Selbst gemeinsam mit Franz Werfel entwickelte Projekte – wie der Film *Love and Hate of Zorah Pasha*, dessen Exposé in zwei Exemplaren im Nachlaß erhalten ist[23] – kamen nicht über das Planungsstadium hinaus. Und auch Torbergs intensive Vorstöße, sich beruflich für den Kampf gegen den Kommunismus zu empfehlen, fruchteten zunächst wenig.

Der Kalte Krieger

Adolf Hitler war in den Augen aller Emigranten jener »große Schlächter«, den Torberg in seinem Gedicht über Stefan Zweigs Freitod »das rote Beil«[24] schwingen ließ und dem Millionen von Menschen zum Opfer fielen. Aber Torberg hatte früh den zweiten Gegner ausgemacht, den es zu bekämpfen galt. Lange bevor der Begriff vom ›Kalten Krieg‹ geprägt wurde, hatte er damit begonnen, seine ideologische Front gegen Stalins Regime und dessen echte und vermeintliche Helfer aufzubauen.

In seinem *Geheimreport* hatte Torbergs Schriftstellerkollege Carl Zuckmayer – wie erst Jahrzehnte nach Kriegsende bekannt wurde – während seiner Zeit in den USA im Auftrag des Office of Strategic Services (OSS) Porträts von ›Kulturschaffenden‹ des Dritten Reichs vorgelegt und in raffinierten Texten seine Einschätzung gegeben, ob die Betreffenden echte Nazis seien oder ob man den einen oder die andere für den kulturellen Wiederaufbau nach der Niederlage Hitlers rekrutieren könne. Der 1942 gegründete OSS war der Nachrichtendienst des US Department of War, gleichsam der militärische Vorläufer des zivilen Auslandsgeheimdienstes CIA (Central Intelligence Agency), der erst seit 1947 existiert. Der OSS hatte ein breitgefächertes Aufgabenspektrum, das von Spionage, Unterstützung von Widerstandsgruppen und Sabotageaktionen im Feindesland bis hin zur Beschaffung aller nur denkbaren wichtigen Informationen reichte. Dazu gehörte auch

▲ Filmgelände in Hollywood (DA).

– wie das Beispiel Zuckmayers belegt – das Sammeln biographischer Informationen.

Für die Mitarbeit beim OSS interessierten sich zunächst durchaus viele deutschsprachige Emigranten unterschiedlichster politischer Couleur. Am bekanntesten sind wohl Mitarbeiter des ehemaligen Frankfurter Instituts für Sozialforschung wie Herbert Marcuse, zeitweilig Chef der Europa-Sektion und später philosophische Galionsfigur der 68er-Bewegung, und der marxistische Geschichtswissenschaftler Franz Neumann. Letzterer schlug sogar vor, Bertolt Brecht als Mitarbeiter zu gewinnen.[25] Der Plan wurde zwar wieder fallengelassen, doch die Frage, wie es gewesen wäre, wenn der OSS-Agent Brecht auf den OSS-Mitarbeiter Friedrich Torberg getroffen wäre, entbehrt nicht einer gewissen Komik. Etwa zu der Zeit, in der über Brechts Anwerbung nachgedacht wurde, bemühte sich nämlich Torberg um die Mitarbeit beim OSS, der sich zu diesem Zeitpunkt freilich vor allem dem Kampf gegen die Nazi-Herrschaft in Europa widmete.[26] Dorthin sollte auch Torberg geschickt werden. Im Januar 1944 schrieb er unter dem Siegel der Verschwiegenheit seinem Freund und OSS-Mitarbeiter Peter Heller, »dass ich – nach nunmehr jahrelangem Fehlschlag aller Bemühungen, mich hierzulande kriegswichtig zu machen – kürzlich für eine Weisheits-Mission im europäischen Theater volontiert habe, die – was ich jedoch nicht zu wissen supposed bin – vom Psychological Warfare Branch des Office of Strategic Services ausgeht und mich, wenn überhaupt und irgendwohin, in absehbarer Zeit via Washington und Canada nach London führen sollte.«[27] Doch Torberg hörte nichts mehr von seiner Bewerbung. »When the OSS contacted me last December«, heißt es in einem Brief an eine Mitarbeiterin des Office of War Information, »I was told to be prepared to go overseas by March.«[28] Er wurde wegen seiner Herzkrankheit einmal mehr als untauglich eingestuft und ausgemustert, noch ehe er eingestellt worden war.

Für Torberg stand bereits Anfang 1944 der künftige Kampf gegen den Noch-Verbündeten Stalin im Zentrum eines möglichen Engagements beim OSS. »Since Buchenwald has happened to them [den Juden], and since the world has allowed it to happen, their conceptions of basic human rights have become rather confused and it will take some time to restore them […]. Right now, I don't think they can be blamed for failing to realize that the whole difference between Hitler and Stalin, as far as the Jews are concerned, is that Hitler has killed us without further ado, while Stalin gives us the benefit of chloroform before killing us. It is there that the counter-propaganda should set in: by showing that however attractively this chloroform is labeled as ›liberation‹, ›liberty‹, ›egality‹, and what not, it is still chloroform and still intended to make us unconscious of the end to which it is applied«.[29] Da Stalin jedoch außerhalb Torbergs Reichweite war, machte er dem OSS auch nach seiner Ablehnung konstruktive Vorschläge, wie man dem Übel Kommunismus beikommen könne. So hat er offenbar im Juni 1945 angeregt, sich die »Communist political cells in Hollywood« genauer anzusehen: »A close research into the situation in Hollywood seems to be in place, since there is no doubt that the intellectual leadership of German Communists in this country is found there.«[30] Ganz in diesem Sinne hatte Torberg das FBI schon 1943 – im Jahr, als die US-Behörde begann, Brecht zu observieren – unter der Bezeichnung »Source A«

▲ Portraitphoto von Trude Geiringer, Los Angeles 1944 (DA).

wissen lassen, »that Subject [Brecht] and [Hanns] Eisler were co-authors of a march known as the ›Song of Solidarity‹« und daß dieses Lied noch vor der Machtübernahme Hitlers »was adopted with the permission of Subject and Eisler as the song of the Communist youth organization in Germany«.[31] Diese aus heutiger Sicht wenig spektakuläre Information sollte jedoch später vom House Un-American Activities Committee (HUAC) gegen Brecht benutzt werden, wo dieser am 30. Oktober 1947 dem gefürchteten Kommunistenjäger Joseph McCarthy Rede und Antwort stehen mußte. Am Tag nach diesem Verhör durch den »Ausschuß für unamerikanische Umtriebe« verließ Brecht die USA und ging nach Europa zurück.

Torberg blieb fortan ein Informant offizieller US-Regierungsstellen, wenn es um die Frage ging, wer dem kommunistischen Lager angehörte. »What do you know about the ›Aurora Verlag‹?« fragte beispielsweise Frederick A. Praeger am 4. März 1948 im Namen des – wie der Briefkopf verrät – Office of Military Government for Hesse, Information Control Division, Publications Branch. »Are all the other ›Herausgeber‹ with the exception of Döblin communists? Sorry I have to use you as an ›Auskunftsbüro‹ but you know more about them as [!] I do or could find out over here.«[32] Offensichtlich konnte der in Wiesbaden stationierte Praeger nichts über diesen Autorenverlag herausfinden, der 1944 in New York unter Leitung von Wieland Herzfelde gegründet worden war, um Exilautoren eine Publikationsmöglichkeit zu geben. Zu diesem Kollektiv gehörten Ernst Bloch, Bertolt Brecht, Ferdinand Bruckner, Alfred Döblin, Lion Feuchtwanger, Oskar Maria Graf, Heinrich Mann, Berthold Viertel, Ernst Waldinger und F. C. Weiskopf. Dieser kleine Verlag publizierte nur zwölf Bücher und ging 1948 im Ostberliner Aufbau-Verlag auf, wo noch bis 1950 das Imprint »Aurora-Bücherei« an den Exilverlag erinnerte. Torberg wußte auch hier Bescheid: »Clear and immediate replies obviously being the best, if not the only thing I can do for the cultural policies of OMG, I hasten to inform you that the ›Aurora Verlag‹ is definitely, absolutely and almost officially communistic, und dass der eine Döblin da ungefähr die gleiche Rolle spielt wie die eine Schwalbe beim keinen Sommer. Wieland Herzfelde, der eigentliche Verlagsleiter, hat früher den offiziell kommunistischen Malik-Verlag in Berlin geleitet, und alle übrigen Sponsors sind entweder Parteikommunisten (der Fussball-Club Weiskopf z. B. wurde soeben Attaché der tschechoslowakischen Gesandschaft in Washington) oder eindeutige Fellow Travellers. Und was der Aufbau-Verlag ist, weisst Du ja selbst.«[33]

Doch nicht alle Freunde Torbergs teilten dessen radikalen Antikommunismus. Ende 1945 schickte ihm Soma Morgenstern einen Zeitungsausschnitt unbekannter Quelle, in dem behauptet wurde, daß Ante Pavelić, zwischen 1941 und 1945 Staatsoberhaupt Kroatiens von Hitlers Gnaden und an zahllosen Verbrechen gegen die Menschlichkeit beteiligt, Gast der US-Armee in Graz sei: »Anton Pavelich, Nazi puppet governor of Croatia, a war criminal charged by the Yugoslavs with the murder of thousands, is reportedly living in luxury as a guest of the U. S. Army in a hotel in Graz«. Pavelić konnte auch dank dieser großzügigen Geste über die sogenannte Rattenlinie – also mit Hilfe des Vatikans – nach Argentinien fliehen. Den Ausschnitt kommentierte Morgenstern gegenüber Torberg am 21. November 1945 so: »Natürlich wird das und Ähnliches weder Sie noch andere wohlmeinende Juden daran hindern, den letzten Willen Adolf Hitlers auszuführen: Krieg gegen den Bolschewismus!«[34] Torberg replizierte postwendend: »In meiner Eigenschaft als Pavelić-Anhänger und Vollstrecker des Hitlerschen Testaments bitte ich Sie aber doch zur Kenntnis zu nehmen, dass ich den Kampf gegen die Bolschewisten nicht im Auftrage Hitlers führe, sondern im Auftrage Herzls. Noch lieber hätte ich gesagt: im Auftrag des Lieben Gotts – aber dann hätten Sie mir sicherlich bewiesen, dass der Liebe Gott eigentlich für Stalin ist: and who am I to disprove you?«[35]

Hoffnungsschimmer

Das lange erhoffte Signal zum Aufbruch aus Kalifornien kam schließlich im Sommer 1944 von Willi Schlamm, der Torberg die Mitarbeit an einem Vorhaben des TIME/Life-Konzerns hatte vermitteln können. Unter dem Arbeitstitel »Projekt Umlaut« war für die Nachkriegszeit eine deutschsprachige Ausgabe des renommierten Magazins TIME geplant. Torberg war von dem Gedanken sehr angetan, nicht nur, weil es sich um eine längerfristige Beschäftigung handelte, sondern auch, weil er hoffte, als Mitarbeiter des Heftes im besten Falle Einfluß auf inhaltliche Ausrichtung und politische Tendenzen der Artikel nehmen zu können.

Der Abschied von Hollywood fiel ihm nicht schwer. Einige wenige Freunde, darunter die Werfels, ließ er nur ungern zurück, doch die Aussichten auf eine Arbeit in New York waren zu verlockend. Eine Entscheidung war dringend nötig geworden, denn vom Honorar für Gelegenheitsartikel im *Aufbau* und in anderen Zeitschriften allein war nicht zu leben. Torbergs ungeliebter Vertrag mit den Warner Bros. war längst ausgelaufen. Nach genau einem Jahr hatte man ihm gekündigt. Nicht etwa mit der Vorführung des Tonfilms *You are fired!* im Projektionsraum 7, wie er es vermutet hatte, aber auf ähnlich elegante Weise: Der Pförtner hatte ihn auf Anweisung der Vorgesetzten eines Morgens nicht mehr auf das Studiogelände gelassen.

Das *TIME*-Projekt klang dagegen vielversprechend. Aber auch hier relativierte sich die Freude bald: Man dachte in der Führungsetage des Magazins weniger an eine eigenständige, auf den deutschen Markt zugeschnittene Zeitschrift, sondern eher an eine Auswahl von Artikeln der Originalausgabe in Übersetzung. Doch selbst dieser Plan wurde trotz weit fortgeschrittener Vorarbeiten nicht ausgeführt, und so erhielt Torberg in den letzten Tagen des Jahres 1944 die Mitteilung, daß das »Projekt Umlaut« aufgegeben worden war. Im März 1945 schrieb er dazu: »Ich bin kein Mitarbeiter von TIME und war es auch nie, seit Beginn dieses Jahres bin ich es aber, falls Sie für Nuancen-Unterschiede wie den zwischen ›nie‹ und ›schon gar nicht‹ empfänglich sind, schon gar nicht. Meine Funktion, zu deren Ausübung man mich eigens von Hollywood herübergeholt hat, bestand in der Durchführung der Vorarbeiten zu einer für das Nachkriegs-Deutschland geplanten deutschsprachigen Ausgabe, zu der es jedoch mangels eines Nachkriegs-Deutschlands schwerlich kommen dürfte.«[36] Als Übersetzer für das Office of War Information konnte er sich in der kommenden Zeit wenigstens einige Dollar verdienen, wenngleich seine Übertragungskünste dort aufgrund persönlicher Differenzen wenig Anerkennung fanden.

Darüber, welche Auswirkungen die Nachricht vom Kriegsende in Europa im Mai 1945 auf sein persönliches Schicksal haben könnte, war sich Torberg noch keineswegs klar. Nachdem der Krieg auch in Japan zu Ende gegangen war und man in Amerika nach der Kapitulation Deutschlands und dem »V-E Day« nun den »V-J Day« ausgerufen hatte, zeigte er sich jedenfalls pessimistisch: »Weder ›Victory‹ noch ›Europe‹ kann heute noch ernst genommen werden. Mit dem kürzlich eingetretenen V-J Day verhält es sich ganz ähnlich, was ja auch nicht weiter zu verwundern ist. Wenn man bedenkt, dass da ein Krieg, den Deutschland gegen Polen begonnen hat, plötzlich von Amerika gegen Japan gewonnen wurde, und von der einstigen Premierenbesetzung ist nur noch England da: so wird man allen offiziellen Pronunciamentos von vornherein mit dem gebührenden Misstrauen entgegentreten. Das ist ja eine Haltung, die sich überhaupt jeglichen offiziellen Pronunciamentos gegenüber empfiehlt, – ausser natürlich, wenn sie von kaiserlich bolschewistischen Regierungsstellen ausgegeben werden.«[37]

Auf einem ganz anderen Gebiet wurde Torberg dagegen wirklich glücklich. Im November 1945 heiratete er Marietta Bellak. Einem Freund schrieb er: »[J]etzt, da ich geheiratet habe, hat sich die Zahl meiner Leser endlich verdoppelt! Gediegen, nicht?«[38] Gut ein Jahr zuvor hatte er seine Braut kennengelernt und war sich sofort sicher gewesen, mit ihr die Frau fürs Leben gefunden zu haben: »[Z]ur sachlichen Information: sie ist Wienerin, beinahe 12 Jahre jünger als ich und beinahe um ebensoviel lebenstüchtiger, ein Kind aus gutem jüdischem Haus mit allen inneren Protesten dagegen, die man sich nur wünschen kann, Eu-

Mit Marietta in New York, um 1945 (DA). ▲

ropens begierig kundig eingedenk und des Humors teilhaftig mächtig voll, tapfer, eigensinnig, respektlos und überhaupt ein Haupttreffer. Bisher war noch jedem meiner Freunde, der sie kennengelernt hat, nach fünf Minuten zumut, als hätte er sie schon lange vor mir gekannt.«[39]

Die beiden lebten gemeinsam in einem Penthouse im Zentrum Manhattans. Der Einzug hatte bei Torberg zu wahren Freudenausbrüchen geführt, nachdem er in der ersten Zeit seines Aufenthaltes in New York entweder in unbezahlbaren Hotels oder in erbärmlichen Wohnungen gehaust hatte. Hier entwickelte sich endlich wieder jener urbane Lebensstil, den er seit Jahren schmerzlich vermißt hatte. Die Wohnung der Torbergs wurde zu einem beliebten Treffpunkt in der Welt der New Yorker Emigranten, und das war dem Hausherren mehr als recht. Erich Maria Remarque, Carl Zuckmayer, Bruno Walter und Alma Mahler-Werfel, die Kalifornien nach dem Tod ihres Mannes verlassen hatte, gehörten zu den bekannten Besuchern der Torbergs. Auch Marlene Dietrich, mit der Torberg einen bis zu seinem Tod 1979 andauernden innigen Briefwechsel führen sollte, war hier – meist kochend und mit Schürze bewaffnet – zu Gast.

Auch sein Förderer und Freund Hermann Broch, in Princeton lebend, war nun in erreichbarer Nähe.

▲ Marlene Dietrich in *The Garden of Allah*, 1936 (WBR, HS).   Hermann Broch, um 1950 (DLA). ▲

Letztlich wurde Torberg aber auch in New York nie wirklich heimisch. Seine grundlegende Skepsis gegenüber dem Intellekt und dem politischen Scharfsinn der Amerikaner blieb ihm erhalten. Immer noch ohne langfristige Beschäftigungsaussichten besuchte er nun wieder Theater und Cabarets und beobachtete deren Entwicklung. Vom Gebiet der »leichten Emigrations-Muse« konnte er berichten: »Tatsache bleibt jedenfalls, dass das Bedürfnis danach besteht, das heisst also, dass den Jiden, die sich anfangs vor lauter Assimilation nicht genug tun konnten, sogar untereinander nur englisch sprachen etc., auf Dauer in ihrer Yankee-Haut doch nicht so wohl ist, wie sie sich einzureden versuchten. Die Programme werden auch immer frecher gegen Amerika, Farkas z. B. entwarf eine Vision von der Rückkehr nach Wien – ›endlich geht man wieder durch eine grosse Stadt ganz ohne Akzent‹ – und dann kommt ein amerikanischer Offizier und fragt, wo der Schottenring ist, und da wird man sagen ›How do you spell it?‹ – – auch jeder andre trägt sein Scherflein bei, und eigentlich spielt Amerika in diesen Cabaret-Programmen die gleiche Rolle wie szt. Berlin in den Wiener Cabarets.«[40] Torberg nahm solche gleichsam öffentlichen Bestätigungen seiner Meinung dankbar auf, konnte er doch auf diese Weise seine Vorbehalte gegenüber der amerikanischen Kultur weiter pflegen. Umgekehrt steckte hinter solchen Aussagen stets ein tiefes Bekenntnis zu seiner europäischen Heimat und wahrscheinlich auch ein gehöriges Stück Heimweh.

Zwischen den Kontinenten

Mitte 1949 hatte Torberg von Harry Klepetar die Nachricht erhalten, daß dieser vorhabe, aus dem Exil in Asien in die USA zu übersiedeln. Torberg aber bremste den Optimismus seines Bekannten aus Prager Zeiten: »Auch was Deine Zukunftspläne betrifft«, schrieb er ihm, »und die Möglichkeit ihrer Verwirklichung in New York, muss ich mich für heute aufs Notdürftigste beschränken, und das heisst leider: auf grundsätzlich Pessimistisches. Wenn ich Dir sage, dass ich heute, im neunten Jahr meines Aufenthaltes in Amerika, den weitaus grösseren Teil meiner Einkünfte doch wieder aus Europa beziehe, so weisst Du ungefähr, wo mein Pessimismus herrührt.«[41] Zum Wechsel des Jahrzehnts hatte sich für Torberg selbst bei optimistischer Selbsteinschätzung seiner Lage längst abgezeichnet, daß ein wirklicher beruflicher Erfolg in den USA kaum mehr zu erwarten war. Nur ein einziges Buch von ihm, die Novelle *Mein ist die Rache,* war in Übersee erschienen.

In Europa hingegen sollten seine Bücher wieder verlegt werden. Besonders hilfreich war es in diesem Zusammenhang, daß Torberg während seines Aufenthaltes in New York einen engen Kontakt zum Verleger Gottfried Bermann Fischer geknüpft hatte. Für ihn redigierte er den Almanach zum zehnjährigen Bestehen des Verlags und arbeitete als Berater für kommende Projekte, die Bermann-Fischer als Nachfolger des Traditionsverlags S. Fischer angehen wollte. Auch für ein

▲ Am Schreibtisch. New York, um 1945 (DA).

Vor der Bibliothek. New York, um 1945 (DA). ▲

> **FRIEDRICH TORBERG**
>
> MEIN IST DIE RACHE.
> Anti-Nazi Novel.
>
> *Printed in Fournier Antiqua on Worthy paper.*
>
> Cloth bound with gilt imprint $1.75
> French semi-flexible board $1.20
>
> ---
>
> Torberg, who at the age of 21 has won great fame with his novel "Der Schüler Gerber hat absolviert", has rung the bell again.
>
> This is the most impressive short story about the German concentration camp written so far. It is a literary masterpiece—the 2 main figures being opponents from the very depth of their nature.
>
> The Nazi commander, a sadistic brute, confronts the pondering Jew, who tries to bring the dreadful truth of his experience into harmony with his ideas of the world created by God.
>
> Books abroad: ... "a story of major importance from this very talented author" ... "told with remarkable skill, in both phrasing and construction" ...

▲ Die New Yorker Buchhändlerin Mary S. Rosenberg vertrieb *Mein ist die Rache* an der Ostküste der USA als »Anti-Nazi Novel« (ÖNB-HAN).

eigenes Werk, das nach der Absage des »Umlaut«-Projektes bei TIME im Sommer 1945 Form angenommen hatte, konnte Torberg einen Verlagsvertrag mit Bermann Fischer schließen. Bei einem Arbeitsaufenthalt auf der Farm seines Freundes Walter Slezak hatte er das Manuskript des Romans *Hier bin ich, mein Vater* nahezu abgeschlossen. Der Band erschien 1948 bei Bermann-Fischer in Stockholm und wurde trotz erheblicher Schwierigkeiten bei der Auslieferung ein Achtungserfolg, was Torberg ermutigte, sein lange brachgelegenes Talent als Erzähler zu reaktivieren und an einem weiteren Roman zu arbeiten, der unter dem Titel *Die zweite Begegnung* 1950 auf den Markt kam.

Mit den Büchern war eine hoffnungsvolle Grundlage für eine Rückkehr nach Europa geschaffen worden, wenngleich das daraus erzielte Einkommen allein längst nicht zur Finanzierung der Übersiedlung und der Abzahlung der noch in Amerika vorhandenen Schulden gereicht hätte. Torberg mühte sich vergeblich um Korrespondentenposten und andere Stellen, durch die er sich nicht nur die Reise finanzieren, sondern auch eine langfristig sichere Existenz in Wien hätte aufbauen können.

Die Bekanntschaft mit Gottfried Bermann Fischer machte sich nun bezahlt, denn dieser half, für seinen Autor eine Lesereise in Deutschland und Österreich zu organisieren. Bei der Vorbereitung der Tournee schätzte Torberg den Bedarf an Saalplätzen allerdings reichlich großzügig ein, so daß seine Pläne von den zuständigen Mitarbeitern vor Ort auf die zu erwartenden Maßstäbe zusammengestrichen wurden. Für seinen Vorstoß nach Europa mußte Torberg sich am Ende einmal mehr Geld von Freunden leihen. Aus Gründen der Sparsamkeit ließ er sogar seine Frau vorerst in New York zurück, obwohl auch sie größte Sehnsucht nach ihrer europäischen Heimat verspürte. Mit dem Flugzeug gelangte Torberg im April 1951 zunächst nach Paris und reiste von dort nach Wien. Noch einmal hatte er intensiv die Lage sondiert, ob und wie sich seine Arbeitskraft für die Amerikaner in Europa für beide Seiten gewinnbringend nutzen ließe. Eine Lösung schien seine Einbindung in die Aktivitäten des im Sommer 1950 in Berlin begründeten »Congress for Cultural Freedom« (CCF) zu sein. Es war offiziell bekannt, daß dieser von Geldern aus dem Marshall-Plan und aus amerikanischen Stiftungen finanziert wurde, um vorrangig kommunistischen Strömungen auf kulturellem und politischem Gebiet und in den Medien entgegenzuwirken. Eine verantwortliche Stelle in dieser Organisation wäre geradezu auf Torbergs ideologische Einstellung zugeschnitten gewesen. Er hatte die Gründung der Vereinigung von Amerika aus aufmerksam verfolgt und besaß Hintergrundinformationen zum CCF, deren Tragweite viele seiner Zeitgenossen nicht einmal erahnten: Das Vorhaben war nämlich auch und vor allem eine breit angelegte Kontroll- und Überwachungsaktion des amerikanischen Auslandsgeheimdienstes CIA, der über alle Aktivitäten genauestens informiert war und diese zum Teil auch gezielt steuerte. Torbergs Einbindung in das Geflecht der Organisation ging schrittweise voran und gipfelte in seiner Übernahme einer eigens eingerichteten österreichischen Sektion des CCF im April 1952. Seinen Lebensunterhalt verdiente er außerdem mit journalistischen Arbeiten, vor allem für den ebenfalls von den Amerikanern eingerichteten Radiosender *Rot-Weiß-Rot* und die mit US-Lizenz erscheinende Zeitung *Kurier*. Hier konnte er, zusehends bissiger werden, sein kämpferisches Talent ausleben.

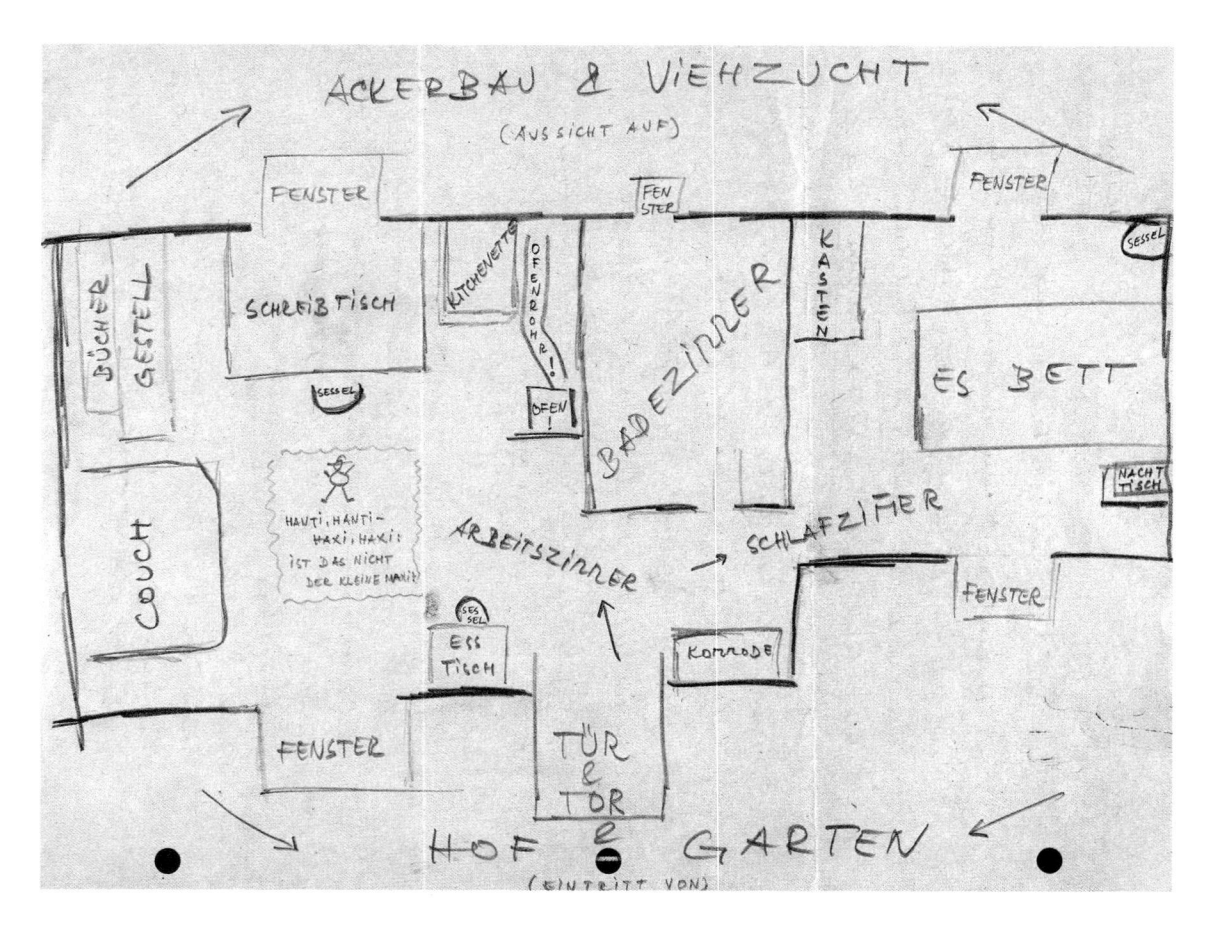

Zwar war er nun wieder in seiner Heimat angelangt, doch trugen die Auswirkungen des Kalten Krieges und die Zustände in Österreich nicht dazu bei, Torbergs grundsätzlichen Pessimismus zu mildern. 1953 besuchte sein alter New Yorker Bekannter Laci Fessler Europa. Torberg hatte ihn dringend gebeten, ihm die Eindrücke seiner Reise, insbesondere jene, die die Stadt Wien auf ihn gemacht hatte, in einem Brief mitzuteilen. Wieder nach Amerika zurückgekehrt, entsprach Fessler diesem Wunsch: »Was ich zu sehen und spüren bekam war ein Konglomerat von Versumperung und rachsüchtigem Judenhass. […] Niemand konnte mir wirklich erklären was es zu bedeuten hat, dass man in Wien hauptsächlich Lederhosen und Lodenjanker sieht. Aber ich verstehe es schon. Das ist die wahre Tracht, und normale Strassenkleidung war seit jeher nur eine Konzession an eine aufgezwungene Rolle. Diese aber fehlt jetzt, also kann die Lederhose wieder das Stadtbild beherrschen; ihre Symbolik ist ungestört und lautet: Mir san Mir; und was ›Mir‹ san habe ich bereits gesagt.«[42]

Torberg sah sich durch solche Äußerungen einmal mehr in seiner düsteren Sicht bestätigt. Im Herbst 1954, inzwischen war unter seiner Federführung und mit Unterstützung des CCF die Zeitschrift *FORVM* gegründet worden, zog er in einem Brief an Georg Ruttkay in New York eine vorläufig ernüchternde Bilanz seiner Rückkehr nach Europa: »Ich selbst gebe jetzt im Auftrag des von USA-Geldern subventionierten ›Congress for Cultural Freedom‹ ein Monatsblatt heraus, das mich, obwohl es nur 32 Seiten hat, vollkommen auffrisst. […] Es ist eine wirtschaftlich sehr dürftige und mit provinziellem Ressentiment geladene Situation. Die Remigranten unseres Schlages, die hier wieder Fuss gefasst haben, sind ein verschwindend kleines Häuflein, und ich weiss nicht einmal, ob ich selbst mich zu ihnen zählen soll.«[43]

▲ Friedrich Torbergs eigenhändige Zeichnung des Grundrisses seines Bungalows auf der Redhill Farm, Sommer 1945 (ÖNB-HAN).

▲ Mit Walter Slezak, bereit für den Wiener Opernball 1960.
Photo: Fayer (DA).

▲ Meldezettel für den »Ausländer« Torberg, 20.12.1963. Die österreichische Staatsbürgerschaft nahm er erst 1979 wieder an (ÖNB-HAN).

Friedrich Torberg, Klaus Dohrn, Erich Kästner, Leonhard Frank u. a. an ▲ Marietta Torberg. Ansichtskarte (München) vom 18.5.1951 (ÖNB-HAN).

1. Friedrich Torberg an Leopold Schwarzschild, Brief vom 26.12.1940. ÖNB-HAN Beilage zu 1199/33-1.

2. Friedrich Torberg an Günther Giefer (RIAS Berlin), Brief vom 28.5.1954. WBR, Nachlaß Torberg, ZPH 588, 31/8.

3. Mit Ulrich Becher und Peter Preses stritt sich Torberg später darum, wer die Figur des »Neidinger« erfunden hatte, die Becher und Preses als den »Bockerer« bekannt machten.

4. Bil Spira / Friedrich Torberg: März 1938 – März 1939. In: Die Österreichische Post (Paris), 13.3.1939. Vgl. hierzu Heinz Lunzer: Joseph Roth im Exil in Paris 1933 bis 1939. Wien: Dokumentationsstelle für Neuere Österreichische Literatur 2008 (= Zirkular), S. 155.

5. Vgl. Günther Elbin: Am Sonntag in die Matinee. Moriz Seeler und die Junge Bühne. Eine Spurensuche. [Mannheim]: Persona-Verlag 1998.

6. Vgl. Moriz Seeler an Hermann Hesse, Brief vom 29.12.1938. DLA Marbach, A: Hesse, 67.1375.

7. Moriz Seeler an Carl Zuckmayer, Brief vom 24.1.1939. DLA Marbach, A: Zuckmayer, HS 259546.

8. Friedrich Torberg an Hermann Hesse, Brief vom 25.1.1939. DLA Marbach, A: Hesse, 63.1393.

9. Vgl. Günther Elbin: Ermordet und vergessen. Der jüdische Dichter Moriz Seeler. In: NZZ, 16.12.1988.

10. Friedrich Torberg an Ulrich Becher, Brief vom 10. August 1938. Deutsche Nationalbibliothek, Deutsches Exilarchiv 1933–1945, Frankfurt am Main (= DNB Exilarchiv) EB 85/147.

11. Friedrich Torberg an Dana und Ulrich Becher, Brief vom 17.9.1941. DNB Exilarchiv, EB 85/147.

12. Friedrich Torberg an Harry Klepetar, Brief vom 10.4.1941. ÖNB-HAN 37.286, Bl. 49.

13. Anlage zum Brief vom 23. August 1940, Akte des Emergency Rescue Committee. DNB Exilarchiv, EB 73/21.

14. Friedrich Torberg an Dagmar Malone, Brief vom 13.9.1972. WBR, Nachlaß Torberg, ZPH 588, 18/2.

15. Akte des Emergency Rescue Committee. DNB Exilarchiv, EB 73/21.

16. Friedrich Torberg an Leopold Schwarzschild, Brief vom 26.12.1940. ÖNB-HAN Beilage zu 1199/33-1.

17. Ebd.

18. Friedrich Torberg an Joachim Maass, Brief vom 12.8.1942. DLA Marbach, A: Maass, 79.52/18.

19. Friedrich Torberg an Victor Wittkowski, Brief vom 6.6.1942. DLA Marbach, A: Wittkowski, 94/395.

20. Friedrich Torberg: Terzinen von der Flucht. Typoskript, 1 Bl. DLA Marbach, A: Maass, 79.52/18.

21. Friedrich Torberg an Dana und Ulrich Becher, Brief vom 17.9.1941. DNB Exilarchiv, EB 85/147.

22. Egon Eisler an Friedrich Torberg, Brief vom 28.2.[1945]. ÖNB-HAN 37.286, Bl. 7.

23. WBR, Nachlaß Torberg, ZPH 588, 45/2 und 45/3.

24. Torberg, Terzinen (Anm. 20).

25. Vgl. Gunther Nickel / Johanna Schrön: Carl Zuckmayers »Geheimreport« für das ›Office of Strategic Services‹. In: Carl Zuckmayer: Geheimreport. Hg. von G. N. und J. S. Göttingen: Wallstein 2002 (= Zuckmayer-Schriften), S. 407–477, hier S. 409ff.

26. Zu Torbergs OSS-Kontakten vgl. auch Frank Tichy: Friedrich Torberg. Ein Leben in Widersprüchen. Salzburg, Wien: Müller 1995, S. 137–140.

27. Friedrich Torberg an Peter Heller, Brief vom 15.1.1944. WBR, Nachlaß Torberg, ZPH 588, 34/17.

28. Friedrich Torberg an Ursula Elkan Hammil (OWI), Brief vom 4.6.1944. ÖNB-HAN 37.285, Bl. 21.

29. Ebd.

30. Zit. nach Alexander Stephan: Im Visier des FBI. Deutsche Exilschriftsteller in den Akten amerikanischer Geheimdienste. Stuttgart, Weimar: Metzler 1995, S. 90.

31. Zit. nach ebd., S. 39. Stephan beruft sich auf einen FBI-Report (Los Angeles), 30.3.1943, S. 5 u. 7 (FBI-Akte, Bertolt Brecht; Brecht-Archiv, Berlin).

32. Frederick A. Praeger an Friedrich Torberg, Brief vom 4.3.1948. WBR, Nachlaß Torberg, ZPH 588, 36/23.

33. Friedrich Torberg an Frederick A. Praeger, Brief vom 16.3.1948. WBR, Nachlaß Torberg, ZPH 588, 36/23.

34. Soma Morgenstern an Friedrich Torberg, Brief vom 21.11.[1945]. WBR, Nachlaß Torberg, ZPH 588, 36/18.

35. Friedrich Torberg an Soma Morgenstern, Brief vom 22.11.[1945]. WBR, Nachlaß Torberg, ZPH 588, 36/18.

36. Friedrich Torberg an Osso van Eyss [d. i. Otto Eisler], Brief vom 12.3.1945. ÖNB-HAN 37.286, Bl. 5.

37. Friedrich Torberg an Egon Eisler, Brief vom 5.9.1945. ÖNB-HAN 37.286, Bl. 28.

38. Friedrich Torberg an Osso van Eyss [d. i. Otto Eisler], Brief vom 29.12.1945. ÖNB-HAN 37.286, Bl. 24.

39. Friedrich Torberg an Harry Klepetar, Brief vom 30.6.1948. ÖNB-HAN 37.286, Bl. 60–62.

40. Friedrich Torberg an Osso van Eyss [d. i. Otto Eisler], Brief vom 2.1.1945. ÖNB-HAN 37.286, Bl. 15.

41. Friedrich Torberg an Harry Klepetar, Brief vom 2.6.1949. ÖNB-HAN 37.286, Bl. 54.

42. Laci Fessler an Friedrich Torberg, Brief vom 10.9.1953. WBR, Nachlaß Torberg, ZPH 588, 34/2.

43. Friedrich Torberg an Georg Ruttkay, Brief vom 2.9.1954. WBR, Nachlaß Torberg, ZPH 588, 31/5.

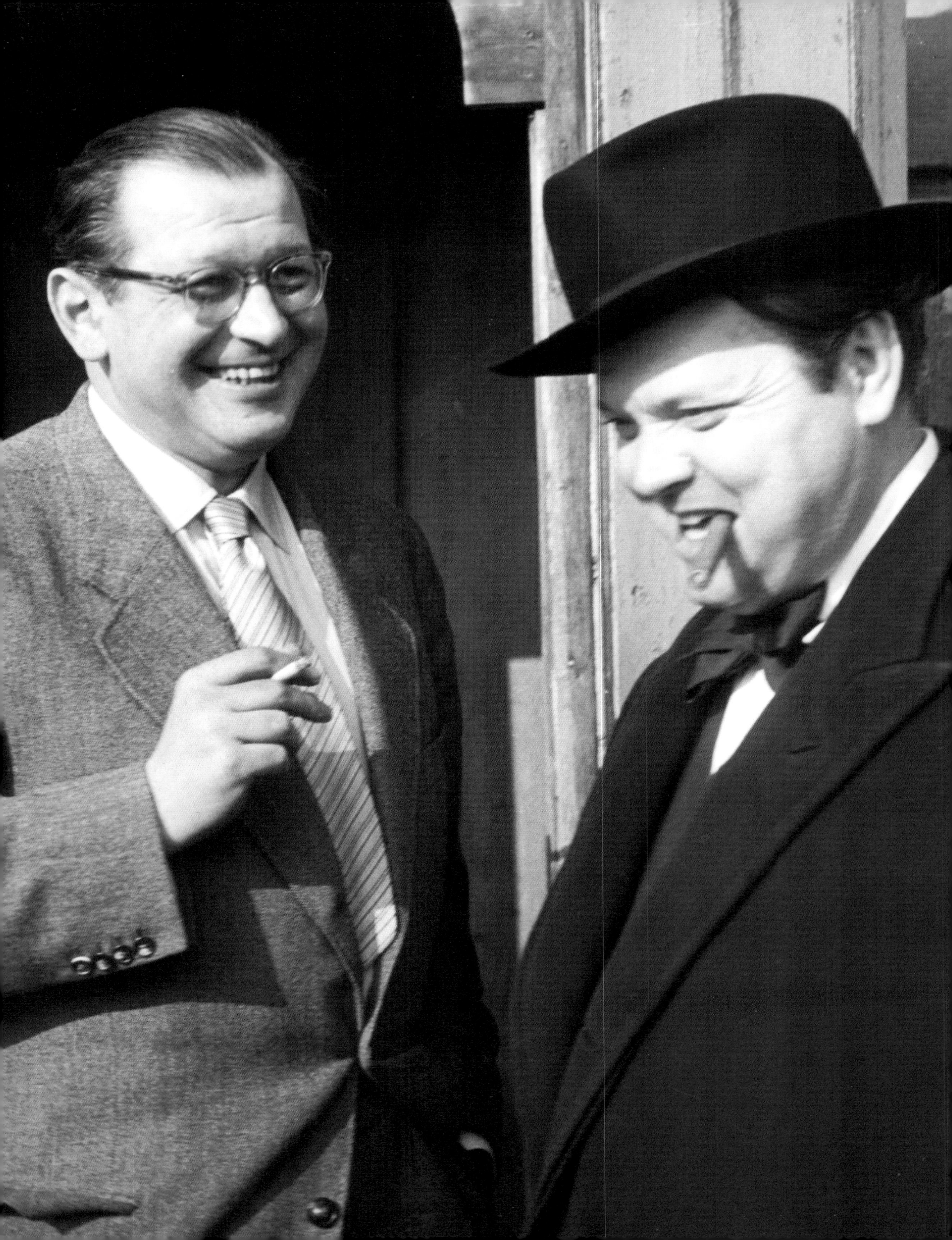

Marie-Theres Arnbom

»Ich bin so vielseitig, dass ich fürchte, ein ewig purzelnder, niemals Halt findender Greis zu werden.«[1]
Friedrich Torberg – Kabarett und Film

»Vor vielen, vielen Jahren lebte ein kleiner, frühreifer Judenbub namens Kantor. Sein geistiges Ideal war Fritz Grünbaum, sein literarisches Karl Farkas, sein künstlerisches Armin Berg. Was wunders, dass dieser frühreife Judenbub, wie schon der Name frühreif sagt, bereits in frühestem Alter sich in dieser Richtung zu betätigen begann, Cabaret-Texte schrieb, an Revuen mitarbeitete, selbst als Conférencier auftrat und in seinen mehr oder weniger eigenen Sketchen spielte – das alles in äußerst minderjährigem Zustand und zum Entsetzen seines in Ehren ergrauenden Vaters, der zwischen dieser Tätigkeit und dem mangelhaften Fortgang seines Sohnes in der Schule nicht mit Unrecht das herstellte, was die Ungarn einen Kausal-Näksusch nennen. Indessen hatte diese Tätigkeit auch noch eine andre Folge – und zwar wurde der frühreife Judenbub von verschiedenen Zeitungen und Zeitschriften zur Mitarbeit aufgefordert, z. B. von der Wiener ›Muskete‹ und vom ›Prager Tagblatt‹. […] Der besagte Judenbub, auf dem besten Weg zur Karriere völliger Verrottung, hatte indessen bald darauf ein tiefes, sonderbares und erschütterndes Erlebnis, ein Erlebnis von jener Art, wie sie schon häufig die Entwicklung bedeutender Männer beeinflusst haben und wodurch die Menschheit um sehr viele grosse Werke bereichert wurde: ein Mädchen, das er begehrte, liess ihn … nun, wir wollen es durch die Blume ausdrücken: nicht

◀ Mit Orson Welles in Wien, um 1960 (Antiquariat Fritsch Wien).

Mit Karl Farkas, um 1970 (DA). ▲

Milan Dubrovic, Armin Berg und Friedrich Torberg in Begleitung ▲ ihrer Ehefrauen. Wien, 1955 (Antiquariat Fritsch Wien).

drüber. Die unmittelbare Folge davon war, dass er Gedichte zu machen begann, wirkliche, lyrische, liebestrunkene Gedichte. Die nächste Folge: dass er diese Gedichte veröffentlichen wollte, teils um dem Mädchen zu imponieren und sich auf diese Weise, wenn man so sagen kann, in sie einzuschleichen, teils weil er andrerseits für die anderweitige Abreaktion seines Kummers immer mehr Geld brauchte, teils aus dem ganz natürlichen Bestreben, Geschriebenes in Gedrucktes zu verwandeln. Und nun ergab sich das unvorhergesehene Problem, dass niemand diese Gedichte ernst genommen hätte, wenn sie unter demselben Autorennamen erschienen wären, der doch schon einer beträchtlichen Anzahl von Publikum als der Name eines Cabaret- und Humoreskenschreibers bekannt war. Es hätte sich vielmehr jeder Leser gefragt, wo denn die Komik bliebe (ähnlich wie Armin Berg auf einem Begräbnis, als der Rabbiner schon eine halbe Stunde sprach, sich kopfschüttelnd zu den Danebenstehenden umwandte und sagte: ›Heer zu – wie soll ein Mensch nicht eine Pointe haben!‹), ja wahrscheinlich hätten sich das schon die betreffenden Redakteure gefragt, und überhaupt war die Situation sehr verwirrt. Es gab nur eine einzige Lösung: die Gedichte unter einem andern Namen zu veröffentlichen. Da aber tauchte eine neue Komplikation auf: wie nämlich hätte der Autor im Bedarfsfall beweisen sollen, dass er identisch ist? Von dieser Erwägung ausgehend, nahm er den zweiten Teil des Vatersnamens, das Tor von Kantor, und kombinierte ihn mit dem Geburtsnamen der Mutter, Berg (wirklich Berg, nicht so wie beim gleichnamigen Armin, der eigentlich Weinberger heisst), – und das Ergebnis ist heute nicht nur Ihnen, sondern, wie ich in stiller Bescheidenheit einflechten möchte, dem lesenden Publikum in sieben Kultursprachen und ungarisch bekannt.«[2]

Bereits in der Oberstufe des Realgymnasiums wurde Fritz Kantor, wie er damals noch hieß, von einer »starken Vorliebe fürs Kabarett« erfaßt und begann, »Gereimtes vorzutragen«[3]. Er pendelte zwischen Prag und Wien, wo er seine Heimat im Café »Herrenhof« fand und Menschen traf, die ihm sein Leben lang Inspiration, Anregung und Freunde sein sollten. In Wien hatte Torberg auch Gelegenheit, die lebendige, wechselnde Kabarettszene zu erleben. Unter dem Pseudonym Fritz Tann verfaßte er einige Texte für das Kabarett »ABC«, so auch gemeinsam mit Jura Soyfer, der unter dem Pseudonym Walter West schrieb, *Die verzauberte Zeitung* für das Programm *Wienerisches – Allzuwienerisches*, das von 12. Dezember 1935 bis 19. Februar 1936 lief. Dasselbe Autorenduo verfaßte *Pinguine. Ein Polarnachtstraum* für das Kabarett »Literatur am Naschmarkt« – das Programm war vom 18. Juli bis zum 4. Oktober 1936 zu sehen.

Fritz Grünbaum

Fritz Grünbaum war für Torberg einer der »gescheitesten, geistreichsten, liebenswertesten Menschen, denen ich jemals begegnet bin und um dessen freundschaftliche Zuneigung – sie wurde mir durch seinen Tod im KZ Dachau gewaltsam entrissen – ich noch heute trauere. Grünbaums Conférencen waren kleine Meisterwerke einer subtilen, niemals aufdringlichen Pointierungskunst, waren gesprochene Feuilletons, die auch als solche hätten bestehen können«.[4] Torberg bemühte sich nach seiner Flucht in die Schweiz verzweifelt, Grünbaums Entlassung aus der Haft zu erwirken. Am 10. August 1938 schrieb er an den Journalisten Willi Schlamm: »Etwas Zweites, woran mir sehr gelegen wäre (und hoffentlich auch Ihnen): das beigelegte grüne Informationsblatt über den Fall Grünbaum beruht auf den letzten Nachrichten, die ich teils aus Prag durch Grünbaums Bruder, teils direkt aus Wien bekommen habe. Ich glaube, dass dem nichts weiter hinzuzufügen ist. Angeblich wurde G. vor kurzem in die Tütenklebeabteilung transferiert (nachdem man ihn vorher die schwersten körperlichen Arbeiten hatte verrichten lassen). Das steigert die Hoffnung, dass er noch ein paar Wochen durchsteht und dass im Wettlauf der beiderseitigen Bemühungen wir die Oberhand behalten. Ludwig Stössel von der Josefstadt, der noch in Wien drei Wochen lang mit ihm zusammen in der Karajangasse sass, bestätigte alle kursierenden Nachrichten über G's grossartige Haltung sowohl den Nazis wie den Mithäftlingen gegenüber. Ich meine, dass es also wirklich alle Anstrengungen verlohnt, ihn herauszubekommen. Bitte tun Sie was Sie können und was Sie für gut erachten.«⁵ Das beigelegte Informationsblatt hatte folgenden Inhalt: »Fritz Grünbaum, 60 Jahre alt, befindet sich seit Monaten im Konzentrationslager Dachau, wo er immer schwereren Bedrohungen an Leib und Leben ausgesetzt ist. Nach den letzten Nachrichten, die seine Frau aus Wien ins Ausland gelangen lassen konnte, gibt es eine einzige Möglichkeit ihn zu retten: es müsste für ihn ein Affidavit mit gleichzeitigem (unterlegtem) Arbeitsvertrag für USA beigebracht werden. Offenkundig handelt es sich hier um eine willkürliche Schikane der Nazibehörden, welche die von ihnen geübte Praxis – sofortiges Verlassen des Reichsgebietes als Bedingung der Freilassung – in diesem Fall noch besonders erschweren wollen und die Bedingung als dahin erweitert haben, dass G., wie es hiess, ›sofort und unter Garantie nach Amerika‹ fährt. Da G. zwar österreichischer Staatsbürger ist, als gebürtiger Brünner aber unter die tschechoslovakische Quote fällt und noch mehrere Monate lang auf seine Quotennummer zu warten hätte, würde ein Affidavit allein nicht genügen, d. h. es wurde von den deutschen Behörden mit der Begründung abgelehnt, dass G. ›dann vielleicht noch monatelang in Wien sitzen bleibt‹. Der ausdrücklich als ›einzige Chance‹ bezeichnete Weg ist also Affidavit und Vertrag. Nachrichten und event. Erkundigungen sind erbeten an die Adresse: Friedrich Torberg, dzt. Zürich, Dufourstrasse 29, bei Oberle. – Mitteilungen, die für den Empfänger keine Gefährdung bedeuten, können auch direkt an Frau Lilli Grünbaum, Wien IV., Rechte Wienzeile 29 übermittelt werden.«⁶

Am 21. August 1938 schrieb Torberg in einem weiteren Brief an Willi Schlamm: »Nur noch rasch zum Fall Grünbaum: es handelt sich da um kein Affidavit, deren drei bereits in anerkanntem Zustand am USA-Konsulat in Wien erliegen, sondern eben um die von den Nazis ausgeheckte Schikane, dass er also unbedingt einen Arbeitsvertrag beibringen muss – einfach deshalb, weil die natürlich wissen, wie schwer das ist. Wenn Sie Ihre newyorker Freunde nicht in diesem Sinn informiert haben, dann holen Sie es bitte nach – Hollywood wäre zwar besser, aber schliesslich könnte das auch mit einem newyorker Theater, mit Gilbert Miller oder mit sonst wem zu machen sein.«⁷ Doch blieben alle Bemühungen erfolglos: Fritz Grünbaum kam am 14. Jänner 1941 im Konzentrationslager Dachau zu Tode.

Kabarett im Exil

Zu diesem Zeitpunkt war Torberg nach einer abenteuerlichen Flucht aus Europa gerade in Hollywood angekommen. Auf dem Weg dorthin hatte er seinen Aufenthalt in New York genutzt, um sich die dortigen Exil-Kabaretts anzusehen. Irritiert beobachtete er: »Es ist irgendwie gespenstisch, welcher Eindruck sonderbarerweise noch dadurch gesteigert wird, dass immer krach-ausverkauft ist. Wanns wenigstens leer wär, könnt man plaazen … Aber so sitzen wohl an die tausend Emmerln unten und lachen über dieselben Lozzelach wie einst, – nicht ahnend, dass es genau diese Lozzelach und genau dieses Gelächter war, dessentwegen man sie von Haus und Hof vertrieben hat.«⁸

▲ Fritz Grünbaum im KZ Dachau (GD).

Torberg schrieb ab 1943 immer wieder für das New Yorker Kabarett »Die Arche« in der 245 West 72nd Street, das von Oscar Teller und Erich Juhn geleitet wurde. Teller hatte 1927 in Wien das zionistisch geprägte »Jüdisch-politische Cabaret« gegründet, das gegen die Assimilation der Juden auftrat. Erich Juhn war Journalist, Theater-Impresario, mit Torberg verband ihn auch ihre gemeinsame Vergangenheit als Hakoah-Sportler. Seine berufliche Karriere reichte vom Kabarettgründer (»Le Dernier Cri« in den Wiener Reichshallen) über die Tätigkeit für ein luxemburgisches Stahlunternehmen bis zum Amateur-Fußballtrainer und Direktor des Wiener Märchentheaters. Im US-Exil gehörte er auch zu den Mitarbeitern des *Aufbau*. Als musikalischer Leiter der »Arche« fungierte Franz Mittler, über den hier noch zu hören sein wird. Torberg korrespondierte mit Teller auch über die eventuelle Einrichtung einer Kleinkunstbühne in Los Angeles: »Was das Cabaret betrifft, so kenn ich mich aber schon gar nicht aus. In Los Angeles soetwas aufzuziehen halte ich für undurchführbar – es gab bis jetzt zwei ›Künstler-Abende‹ des Jewish Club, Du wirst darüber im ›Aufbau‹ gelesen haben, aber Du kannst Dir schwerlich einen Begriff von der makabren Ahnungslosigkeit machen, mit der sich das abwickelte. Es gab an beiden Abenden auch nicht eine Nummer, die die geringste Beziehung zu irgendetwas Jüdischem gehabt hätte, und, was schlimmer war: das fiel niemandem auf. Die Krotoschiner und Wendriner im Parkett fanden es ganz in Ordnung und waren womöglich noch begeistert, dass die Lieblinge der deutschen Bühne sich oben so gebärdeten, als wären sie noch immer Lieblinge der deutschen Bühne. Was da eine jüdische Kleinkunst-Bühne machen soll, weiss ich nicht. Vielleicht und hoffentlich ist es in New York anders, obwohl ich den schweren Verdacht nicht loswerden kann, dass auch dort nur zufällig lauter jüdische Schauspieler vor zufällig lauter jüdischen Zuschauern spielen. Belehr mich eines besseren, wenn Du kannst.«[9]

Da Teller sich jedoch nicht abbringen ließ, seine Idee in New York umzusetzen, schrieb Torberg: »Lieber Ossi, [...] vor allem bitte ich meiner Beschämung Ausdruck geben zu dürfen, weil ich so kleinmütig und hoffnungslos war, an die Möglichkeiten der von Dir geplanten Unternehmung gar nicht erst zu glauben. Dass das gerade mir passieren muss, wo ich doch ... na ja. Wahrscheinlich ist der weit umfänglichere Kleinmut schuld, der mich zurzeit umschleiert. Ich habe schon so viel (scheinbar) Aussichtsreicheres scheitern gesehn, dass ich gerade bei der Idee einer Jüdischen Kleinkunstbühne nicht gehabt woher zu nehmen den Optimismus von wo. Du hast natürlich recht, und Du wirst auch den Erfolg haben.« Torberg versprach, Hugo Haas zu kontaktieren, denn »[v]ielleicht

▲ Schlußszene des »Arche«-Programms *Reisende der Weltgeschichte* mit Vilma Kurer, Erna Trebitsch, Werner Kemp und Arthur Hoff (v.l.n.r.), 1943. Photo: Trude Fleischmann (ÖEB).

Oscar Teller, um 1945. Photo: Trude Fleischmann (ÖEB). ▲

kann ich von V&W [Jiří Voskovec und Jan Werich] eine ihrer letzten Nummern bekommen, deren deutschen Teil ich gemacht habe, es hiess ›Der Traum des Führers‹ und war eine für die europäischen Kurzwellensendungen gemachte Radio-Übertragung einer Hitlerschen Traumbegegnung mit Napoleon«.[10] Das Autoren- und Schauspielerduo Jiří Voskovec und Jan Werich trat ab 1927 im Prager »Befreiten Theater« mit politischen Revuen auf. Vom Verfassen der Texte bis hin zu Regie und Darstellung lag alles in ihren Händen. Torberg war von ihren Programmen so begeistert, daß er sie ins Deutsche übersetzte. Voskovec und Werich mußten ebenfalls vor den Nationalsozialisten flüchten und fanden in New York eine neue Heimat.[11]

Torberg verfaßte für die Eröffnungs-Revue der »Arche« *Reisende der Weltgeschichte* den Eröffnungstext *Der Reisende spricht*, vorgetragen von Oscar Teller. Den zweiten Teil eröffnete ein Prolog: *Wir gedenken Fritz Grünbaums* (Worte von Hans Lengsfelder, vorgetragen von Vilma Kurer); danach folgte der Einakter *Der Stammbaum* von Fritz Grünbaum.[12] Torberg schrieb an die »Arche«: »Neben unsern Gesetzesbüchern wird gewöhnlich unserm Familiensinn ein Hauptverdienst daran zugeschrieben, dass es uns noch gibt. Dennoch tut ihr gut und recht daran, kein Heiratsvermittlungs-Büro zu eröffnen, sondern eine Kleinkunstbühne: weil unser Humor ein mindestens gleiches Verdienst in Anspruch nehmen darf, und weil es ganz danach aussieht, als ob wir ihn noch eine Zeitlang brauchen sollten.«[13]

Die Eröffnungsrevue wurde ein voller Erfolg. In 25 Aufführungen konnten mehr als 3000 Besucher begrüßt werden, wie der *Aufbau* im April 1943 berichtete:[14] Die geistige Elite der Emigranten hatte »in der ›Arche‹ einen neuen Treffpunkt gefunden. Dieses erste und einzige jüdisch-politische Kaba-

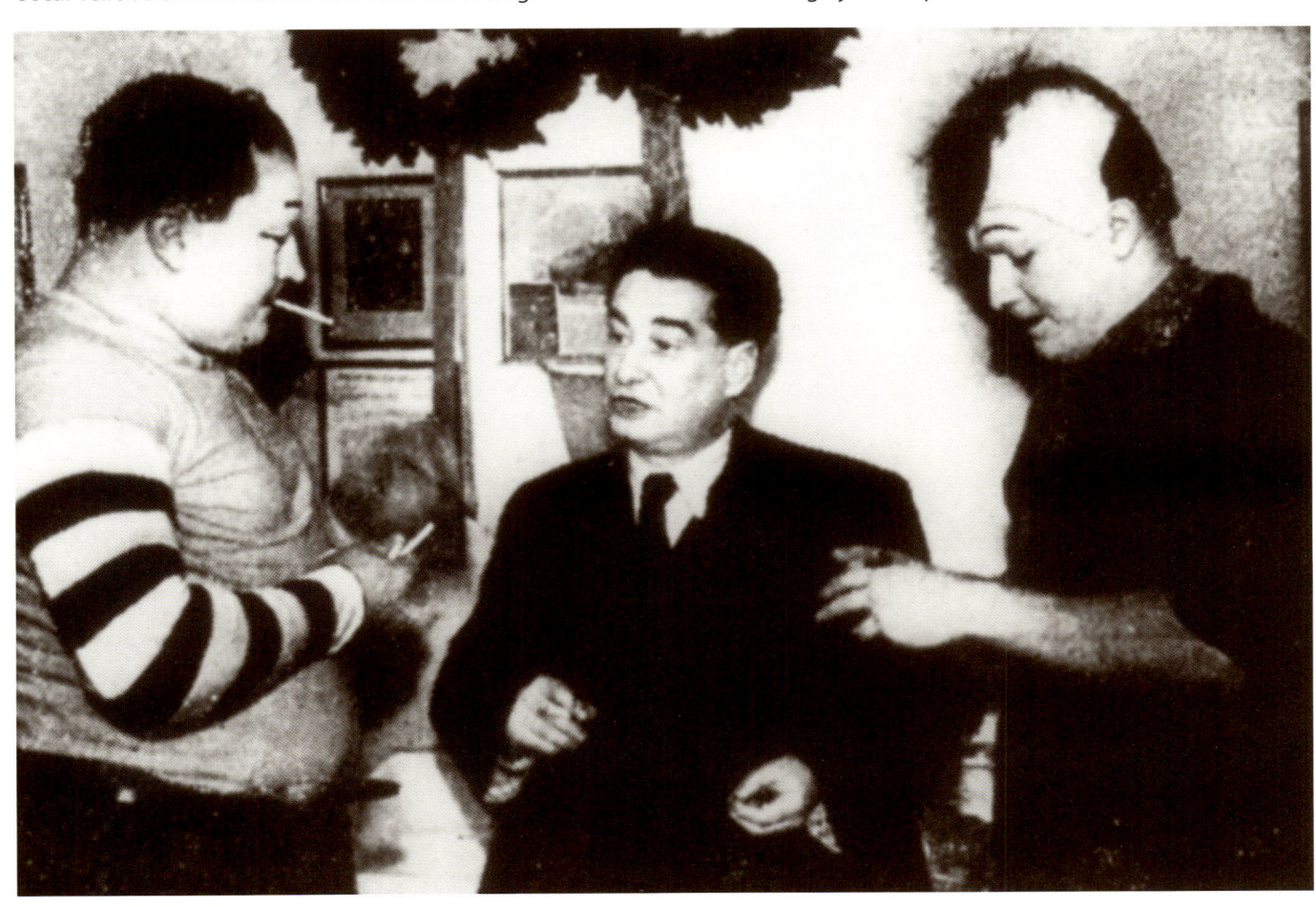

Jan Werich und Jiří Voskovec mit Egon Erwin Kisch in Prag, um 1928 (PNP). ▲

rett ist ein wahrer Sorgenbrecher. Was die Blasiertesten zum Lachen bringt, wird auch Ihnen gut gefallen.«¹⁵

Der Herr »Neidinger«

Gemeinsam mit Peter Preses hatte Friedrich Torberg noch in Wien die Figur des »Neidinger« ins Leben gerufen, dessen Charakter von einer schwejkhaften unschuldig-natürlichen Widersetzlichkeit geprägt ist. Peter Preses war in Wien als Schauspieler tätig; in der Saison 1936/37 wirkte er als Regisseur an Wiener Kabaretts wie der »Literatur am Naschmarkt« und dem »ABC«, wo er auch mit Torberg zusammenarbeitete. 1938 emigrierte Preses nach England und brachte einige »Neidinger«-Episoden auf die Bühne des Kabaretts »Laterndl«. Andere »Neidinger«-Geschichten wurden im französischen Exil in der *Österreichischen Post* veröffentlicht, im Dezember 1941 erschien dann eine weitere in der Emigrantenzeitung *Austria*, die Torberg deren Herausgeber mit dem Hinweis hatte zukommen lassen, daß diese vor der Veröffentlichung nochmals überarbeitet werden müsse, was dann aber nicht geschah. Aus dieser Verkettung von Mißverständnissen und Umständen, die auch auf die große räumliche Distanz, die politische Situation und die schwierige Kommunikation zurückzuführen war, entbrannte ein heftiger Streit, wer denn nun eigentlich der Schöpfer des »Neidinger« gewesen sei. Torberg meinte, »[e]s besteht zwar kein Zweifel und ist jederzeit nachweisbar, dass die szt. in der ›Post‹ erschienenen Neidinger-Geschichten von mir geschrieben waren – ebensowenig besteht aber ein Zweifel (und ich selbst habe solche Zweifel auch niemals aufkommen lassen), dass ich zur literarischen Verwertung dieser Figur durch Deine Erzählungen angeregt wurde. [...] Ich möchte die ganze Sachlage wie folgt klarstellen: Du hast, wie das bei uns in Wien üblich war und auch in Zürich üblich blieb, diese anfangs unpolitischen Neidinger-Geschichten privat zum besten gegeben, und die Geschichte vom Umbruch brachte mich auf die Idee, Herrn Neidinger als symbolische Figur des wienerischen Widerstands gegen Hitler sozusagen in die Literatur einzuführen. Ich tat das mit Deinem Einverständnis und mit Deiner Mitwirkung, die erste Geschichte, eben die vom Umbruch, war auch im wesentlichen nichts andres als die mehr oder weniger literarische Fassung Deiner Erzählung, ein paar weitere Geschichten entstanden dann in gemeinsamer mündlicher Zusammenarbeit zwischen uns beiden, deren schriftliche Ausarbeitung dann von mir besorgt wurde [...], und wieder ein paar andre [...] waren zur Gänze mein Erzeugnis.« Nach einem versöhnlich klingenden Zwischenspiel holte Torberg jedoch in bewährter Manier zum Schlag aus und verlangte einen Brief »etwa des Inhalts, dass ich szt. in Zürich durch Deine Erzählungen über eine Wiener Volkstype, die Du Karl Neidinger nanntest, dazu angeregt wurde, diese Figur in die Literatur einzuführen [...], dass ich technisch und rechtlich der Autor dieser Geschichten [bin] und dass niemand, ausgenommen Du selbst, das Recht hat, die Figur des Karl Neidinger in irgendeiner Weise ohne meine Zustimmung öffentlich zu verwerten«.¹⁶ Preses beugte sich Torbergs Willen und bestätigte am 18. Dezember 1941, daß Torberg der legitime Autor der »Neidinger«-Geschichten sei, die in der *Österreichischen Post* in Paris erschienen waren. Einige Tage später bedankte sich Torberg, drückte aber sein Erstaunen darüber aus, daß er von der Aufführung im Londoner »Laterndl« nicht in Kenntnis gesetzt worden sei: »Dass es bis zu Aufführungen und Bildeln gekommen ist, ohne dass ich davon wusste, ist freilich bitter, und ich frage Dich mit treuherzigem Augenaufschlag, ob ich mir das um die Figur verdient habe? Das ist kein Vorwurf, sondern wirklich nur eine Anfrage – weil es mir völlig unvorstellbar ist, dass es wegen dieser [...] Sache zwischen uns zu Vorwürfen kommen könnte. Ich glaube lediglich, dass wir in Hinkunft unter allen Umständen und bei allen Anlässen gemeinsam operieren sollten, und da Gott es so gefügt hat, dass von uns beiden Du der Schauspieler bist und ich der Schriftsteller, so möchte ich über ein <u>öffentliches</u> Erscheinen Herrn Neidingers doch gern meine diesbezügliche Hand drüberhalten. [...] Deiner Feststellung, dass wir ›wunderbar zusammen arbeiten könnten‹, begegne ich mit erstaunt hochgezogenen Augenbrauen. Was heisst ›könnten‹? Wir <u>ham</u> doch schon!«¹⁷

Der Konflikt wurde beigelegt, flammte jedoch 1946 wieder auf. Torberg schrieb, offenbar als Vorbereitung für einen Prozeß, daß er den Kontakt zu dem Schriftsteller Ulrich Becher – der den »Neidinger« ebenso für sich beanspruchte – abgebrochen habe und nur mehr mit Preses in Verbindung stehe: »If Becher can claim that he didn't want to contact me with regard to my ›Neidinger‹ rights because we were no longer on speaking terms, Preses definitely cannot claim this.«[18] Noch in New York hatte Preses zusammen mit Becher das Possenspiel *Der Bockerer*, wie der »Neidinger« nun hieß, vorgelegt.[19] Torbergs Name wird nicht mehr erwähnt.[20] Nach Wien zurückgekehrt, fungierte Preses als Schauspieler und Regisseur am Theater in der Josefstadt. Schon das Bühnenstück wurde 1948 ein großer Erfolg – dies ausgerechnet im von der KPÖ unterstützten Neuen Theater in der Scala, gegen das Torberg einige Jahre später im Kalten Krieg noch heftig polemisieren sollte. Größte Breitenwirkung erfuhr der Stoff in der gleichnamigen Verfilmung von Franz Antel 1981, dies nicht zuletzt deshalb, weil der Film wunderbar zum ›österreichischen Opfermythos‹ paßte und das Publikum sich in der Illusion gefallen konnte, daß der gemütvolle Wiener per se das absolute Gegenteil der militaristischen Nazis und schon jedes ›Raunzen‹ subversiver Widerstand sei.[21]

Franz Mittler und Peter Hammerschlag

Für zwei enge Freunde schlüpfte Torberg auch in die Rolle des Literaturvermittlers. Franz Mittler war ein Multitalent und machte sich vor allem als Komponist und Pianist einen Namen. In der Zwischenkriegszeit galt er als einer der beliebtesten Klavierbegleiter, unter anderem von Leo Slezak und Marie Gutheil-Schoder, aber auch als Liedkorrepetitor oder als Kammermusiker mit dem Rosé-Quartett. Zu seinem wichtigsten künstlerischen Partner wurde Karl Kraus, den er von 1930 bis 1936 vor allem bei dessen legendären Offenbach-Abenden begleitete. Da Kraus des Notenlesens nicht mächtig war, mußte Mittler die Melodien vorspielen, dazu improvisieren und die Melodie immer mitspielen, damit der große Rezitator den Faden nicht verlor. Da dieser die ganze Bühne für sich beanspruchte, spielte Mittler hinter einem Vorhang. Im März 1938 befand sich Mittler auf einer Tournee in Holland, von wo es ihm gelang, in

Franz Mittler (DMB).

Karl Kraus, Prag 1929. Photo: Schlosser Wenisch, Prag (JMW).

die USA zu flüchten. In Wien gingen wertvolle Manuskripte verloren, so das Ballett *Die goldene Gans*. In New York heiratete er im Dezember 1939 Regina Schilling, die zuvor Ballettkorrepetitorin am Wiener Konservatorium gewesen war.[22] 1963 nach Europa zurückgekehrt, lehrte Mittler am Salzburger Mozarteum. Er starb am 27. Dezember 1970 in der Nähe von München.[23] Zu seinen Werken zählen die Oper *Rafaella* (1930) und zahlreiche Werke für Klavier wie *Manhattan Suite, Suite in ¾ Time, Newsreel Suite, Waltz in Blue, One Finger Polka* (gewidmet dem Zeigefinger von Chico Marx) sowie Lieder nach Texten von Karl Kraus und Hermann Hesse. Fast 200 Kompositionen entstammen seiner Feder. Eher als ›Nebenprodukt‹ war Mittler eine unerschöpfliche Quelle für Schüttelreime, die ihm in und zu jeder Lebenssituation einfielen und die vor keinem noch so banalen oder auch anzüglichen Thema haltmachten.

Friedrich Torberg und Franz Mittler standen in reger Korrespondenz und schickten einander immer ihre neuesten Schüttelreime. Mittler publizierte diese in den USA, doch war es für ihn aufgrund der Distanz äußerst schwierig, einen Verlag in Europa zu finden, der sich dafür interessierte. Da sprang Torberg ein, dessen Begeisterung für die Wortspielereien in all den Briefen spürbar wird. Er kontaktierte den Gardena-Verlag, der in Wien und München beheimatet war, und gab 1969 Franz Mittlers *Gesammelte Schüttelreime* heraus. Noch 1938 war in Wien Mittlers erster Schüttelreimband erschienen, die politischen Umstände ließen dieses kleine Bändchen jedoch sofort wieder verschwinden.[24] Mehr als dreißig Jahre später schreibt Torberg in seinem Vorwort: »In der Tat ist Franz Mittler für seinen spielerisch produktiven Umgang mit Wort und Reim gewissermaßen zweifach legitimiert, durch sein eminentes Sprachgefühl wie durch seine eminente Musikalität.«[25]

Peter Hammerschlag gehörte für Torberg »zu den originellsten Begabungen, die im Wien der Ersten Republik, genauer: in den Jahren 1928–1938, zwischen Cabaret und Literatur hin und her pendelten. Wäre er zwei oder drei Jahrzehnte früher auf die Welt gekommen – er hätte sich in der Groteskdichtung des deutschen Sprachraums, irgendwo zwischen Christian Morgenstern und Joachim Ringelnatz, einen sicheren Platz erworben.«[26] Torberg und Hammerschlag verband eine enge, aber ambivalente Freundschaft. Obgleich nur drei Jahre älter, betonte Torberg immer wieder seine Rolle als Mentor: »Seinerzeit, als ich noch ein Mächtiger beim Prager Tagblatt war, habe ich ihn als erster zum Druck befördert (und das hat er mir nie verziehn)«, brüstete er sich 1947 in einem Brief. Torberg, von Hammerschlag in Anspielung auf dessen Nahebeziehung zu Prag »Prokop« genannt (es handelt sich um eine Abwandlung des tschechischen Wortes »prokopávka«, zu deutsch »Durchstich«),[27] genoß die Rolle des Älteren und Ratgebers – Hammerschlag reagierte zwar mit Spott, suchte aber die Meinung Torbergs, der ja in diesen Jahren zu den ›shooting stars‹ der literarischen Szene zählte, zu verschiedensten Belangen seines beruflichen Weiterkommens. Hammerschlag bedurfte wohl nur der ›Starthilfe‹ Torbergs; bereits nach kurzer Zeit erschienen seine Texte in verschiedenen Zeitungen – seine ganz besondere Liebe galt Kinder-Gedichten.

Am 7. November 1931 eröffnete Stella Kadmon ihre Kleinkunstbühne »Der liebe Augustin« im Souterrain des Café Prückel. Hier konnte Hammerschlag sein Multitalent als Hausautor, Conférencier, Darsteller und Blitzdichter unter Beweis stellen. Stella Kadmon erinnerte sich voll der Hochachtung: »Leute sind oft nur ins Programm gekommen, um Peter schwierige Aufgaben zuzurufen, und er hat sie alle gelöst und es gab großen Applaus. Er war nie in Verlegenheit. Ich habe mir gedacht: Was muß der Bursch alles gelesen haben, daß er den Stil dieser berühmten Autoren so wunderbar parodieren kann.«[28] 1938 floh Hammerschlag nach Jugoslawien, wo er Stella Kadmon traf, der später die Ausreise nach Israel gelang, während Hammerschlag im November 1938 ausgewiesen wurde, nach Wien zurückkehren und dort ab 1941 Zwangsarbeit leisten mußte. 1942 wurden seine Eltern deportiert; sie starben im KZ Theresienstadt. Sein Vater Victor Hammerschlag war ein bedeutender Sozialdemokrat und Freimaurer, der Großes für die Kinderfürsorge in Wien geleistet hatte. Peter Hammerschlag wurde vom Komponisten Alexander Steinbrecher in dessen Wohnung versteckt. Als er das Versteck einmal verließ, wurde er verhaftet und am 17. Juli 1942 nach Auschwitz deportiert. Sein genaues Todesdatum ist unbekannt.

Es war Friedrich Torbergs Verdienst, daß Hammerschlags Werk nicht in Vergessenheit geriet. 1972 gab er eine kleine Auswahl von dessen Lyrik unter dem Titel *Der Mond schlug grad halb acht* heraus. Doch wie auch als Herausgeber Herzmanovsky-Orlandos griff Torberg stark in die Texte ein; er betätigte sich nicht nur als Editor, sondern auch als Zensor »und befreite Hammerschlags Texte von allem, was moralisch anfechtbar sein könnte«.[29] Die Stärke der Eingriffe und die Eigenmächtigkeit, mit der sich Torberg auch nach so vielen Jahrzehnten auf seine ›Mentorrolle‹ berief, verleihen seinem Verdienst als Wiederentdecker einen schalen Beigeschmack. Torberg erklärt seine Eingriffe in die Texte Hammerschlags damit, daß er sich »zwischendurch immer wieder über seine formalen Nachlässigkeiten ärgern [mußte], über seine Sprachschlampereien, über die oft dilettantische Art, wie er mit Reim und Rhythmus umging. Er seinerseits behandelte mich mit einer Mischung aus lächelnder Nachsichtigkeit und grimmigem Respekt, hielt mich für einen pedantischen Literaturbeamten ...«.[30] Weiter heißt es: »Er wurde, daran besteht für mich kein Zweifel, wiederholt vom Genieblitz gestreift und nur deshalb nicht voll getroffen, weil er so zapplig war, weil er nicht stillsitzen und sich nicht konzentrieren konnte, weil er all diese Dinge – einschließlich seiner selbst – nicht ernst genug nahm.«[31] Hammerschlags rasch hingeworfene Poesie läßt sich hingegen auch als moderne Schreibweise interpretieren, die geprägt ist von »Verzicht auf Zusammenhang, Logik des Ablaufs, weiche Übergänge; das Aufbrechen des Schriftbildes mittels Interpunktion; die Drastik der Wortwahl; die Missachtung der Konventionen von Reim und Rhythmus.« Wie sehr Torberg in Hammerschlags Texte eingriff, soll das Gedicht *Lauter weiße Schimmel* illustrieren, das im Original wie folgt lautet:

Aus der Kurzoper *Adam und Eva* von Peter Hammerschlag im »Lieben Augustin«, 1932: ▲
Stella Kadmon, Walter von Varndal, Peter Hammerschlag, Marcelle Milton, Tom Kraa und Grete Wagner (v.l.n.r.). Photo: Residenz (ÖTM).

Das steht … wie aus Marmor gemeißelt!
Und – höchstens – vom Ehrgeiz gegeisselt …
Beamte der Kunst … doch Elite!
Die Herrn Philharmoniker? … Eisen!
Das Opernballett? … Mag man preisen.
Wiens singende Knäblein? … die reisen …
Hier lebt man in spanischem Tritt!

Torbergs Fassung liest sich hingegen so:

Das steht wie aus Marmor gemeißelt
Und höchstens vom Ehrgeiz gegeißelt:
Die Hofkunst-Beamten-Elite.
Das Opernballett mag man preisen.
Die Philharmonie, die ist Eisen,
Wiens singende Knäblein, die reisen –
Hier lebt man im spanischen Tritt[32]

Torberg macht Hammerschlag braver, angepaßter, grammatikalisch ›richtiger‹ – und beraubt ihn gleichzeitig seiner Originalität, seiner Dynamik und der Ironie zwischen den Zeilen.

Filmdrehbücher – »Mehr Betätigung als Berufung«

Friedrich Torberg interessierte sich schon früh für das Medium Film. Bereits 1935 lieferte er den *Europäischen Heften*[33] eine sechsseitige Rezension über den Film *Cavalcade* nach Noël Coward, der die Kinosäle füllte. Für den Bühnenverleger Gyuri Marton wirkte Torberg in Wien als Dialogschreiber an einer Kollektivproduktion mit, die tatsächlich von einer französischen Filmgesellschaft gekauft wurde. Torberg war klar, daß die finanzielle Ausbeute eher gering sein würde, doch war die erhaltene Summe weit unter dem Erwarteten. Er wandte sich an Marton: »›Gyuri – ist das nicht ein bißchen wenig?‹ Gyuri nahm mir den Scheck wortlos aus der Hand, zerriß ihn, schrieb einen neuen auf eine doppelt so hohe Summe aus und reichte ihn mir herüber. ›Also werde ich dich woanders betrügen‹, sagte er. Ich kniete nieder, küßte den Saum seines Gewandes und war ihm von Stund an verfallen.«[34]

Nach der nationalsozialistischen Machtübernahme in Deutschland 1933 sahen sich jüdische Filmschaffende noch vor vielen anderen Vertretern von Kunst und Kultur zur Emigration gezwungen. Viele flüchteten nach Wien, wo zwar noch immer Filme scheinbar frei produziert wurden, doch solchen mit jüdischen Mitwirkenden blieb der lukrative deutsche Absatzmarkt verschlossen. 1937 erhielt Torberg die Anfrage, das Drehbuch zu Ludwig Anzengrubers *Der Pfarrer von Kirchfeld* zu schreiben. Die Bearbeitung eines volkstümlichen Stoffes war wohl nicht ganz nach seinem Geschmack, doch benötigte er dringend das Geld und stimmte zu »unter der Voraussetzung, daß ich meinen Namen nicht nennen müßte. Das sei ihr sogar sehr recht, sagte die Firma, denn es hätte sich in Österreich schon herumgesprochen, daß ich ein Asphaltliterat sei, und ich sollte mir nur nicht einbilden, daß mein Name zumal in jenen Kreisen, auf die es für den Absatz des Films ankäme, irgendwelche Zugkraft besäße.«[35] Der Film wurde unter der Regie von Jakob und Luise Fleck auch dank guter Schauspieler wie Hans Járay, Hansi Stork, Karl Paryla und Frida Richard ein Erfolg; der Drehbuchautor trug den originellen Namen Hubert Frohn, steirischer Heimatdichter aus Judenburg.[36] 1938, nach Torbergs Flucht in die Schweiz, »machte meine (zum Glück beweisbare) Angabe, daß ich das Drehbuch zum ›Pfarrer von Kirchfeld‹ geschrieben hätte, auf die eidgenössische Fremdenpolizei ungleich größeren Eindruck als meine bis dahin erschienenen Romane«.[37]

Ende 1940 begann Torbergs Engagement in Hollywood, doch diese Erfahrung war niederschmetternd: »Die Filmstudios bezahlten in der Regel nach dem schriftstellerischen Namen, den sich ein Emigrant in der Heimat erworben hatte. Eine Anzahl exilierter Autoren musste daher mit kleineren Wochenschecks vorlieb nehmen, darunter auch der junge Torberg, der auf dem deutschen Buchmarkt noch wenig bekannt war.«[38] Das Wochensalär betrug 100 Dollar brutto, davon blieben, nach Abzug verschiedener Abgaben, 70 übrig. Davon mußte Torberg 20 Dollar für die Rückzahlung seiner Überfahrt aufbringen, blieben also 50 – »und wenn mir dann zum Schluß die $ 100, die ich angeblich wöchentlich hab, für den ganzen Monat bleiben, so bin ich froh und glücklich«.[39] Torberg wurde Mitglied der Screen Writers' Guild,[40] nach deren Maßstäben 100 Dollar als Wochenlohn viel zu knapp bemessen waren. Er begriff sich daher als Angehöriger des »100-Dollar-Proletariats«[41] und erklärte, daß er spätestens vom zweiten Tag seines Aufenthaltes in Los Angeles an nur noch eine Vorstellung von Hollywood-Karriere hatte: genug Geld zu verdienen, um nach New York übersiedeln zu können. Los Angeles erschien ihm als »zelluloidverpackte Weltabgewandtheit«.[42] Nach einem Jahr lief sein Vertrag mit Warner Bros. aus. Am 12. Februar 1942 schrieb Torberg an Ulrich Becher, »dass meine soziale Stellung jetzt ungefähr der eines beschäftigungslosen Kanalräumers gleichkommt, und was so einer an Beziehungen hat, kannst Du Dir ohne Logarithmentafel ausrechnen. Man gehört als Inhaber eines verlorenen Vertrages tatsächlich zu einer so niederen Sorte von Lumpenproletariat wie es sie woanders gar nicht gibt.«[43] So sehr ihn die bezahlte Untätigkeit enerviert hatte, so schwierig wurde die Situation ohne jegliche finanzielle Basis. Torberg betätigte sich nun als Freelancer. Unter größten Anstrengungen versuchte er vergeblich, Manuskripte und Treatments wie *Night Warning*, *April in October* oder, zusammen mit Franz Werfel, *Love and Hate of Zorah Pasha* bei diversen Studios unterzubringen. Torberg lebte derweil von Artikeln in deutschsprachigen Exilzeitungen, Advisor-Diensten bei Regisseuren und nicht genannter Mitar-

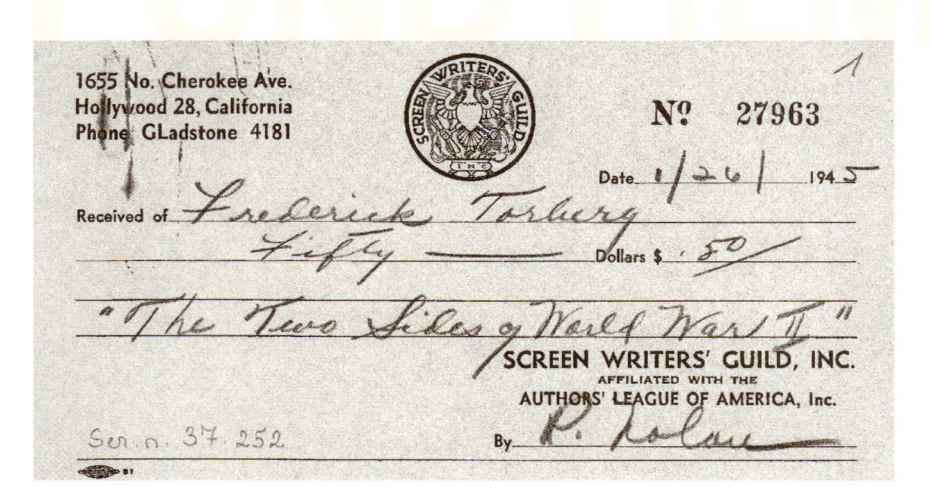

▲ Franz Werfels Vollmacht für Torberg, 1942 (WBR, HS).   Scheck der Screen Writers' Guild für Frederick Torberg, 26.1.1945 (ÖNB-HAN). ▲

beit an Drehbüchern. Als technical advisor wirkte er 1941 bei *Underground* mit, ein Jahr später beim Bogart-Streifen *All Through the Night*. 1943 schrieb er das Drehbuch zu *Background to Danger* und zu Werfels *The Song of Bernadette*.

Auch wenn sich Torberg selbst nur mühsam über Wasser halten konnte, gab er anderen bereitwillig Auskunft über Hollywood-Interna und bewies, daß er durchaus wußte, wie man hätte agieren müssen, um zu reüssieren. So schrieb er 1941 an den Schauspieler und Regisseur Hugo Haas, den er noch aus Prager Tagen kannte: »Erstens und vor allem haben Writer mit Schauspielern und Engagements überhaupt nichts zu tun, ausser vielleicht wenn ein ganz Prominenter wie Ben Hecht oder Robert Riskin sich drauf kapriziert, dass er für eine bestimmte Rolle einen bestimmten Schauspieler haben muss. Nun sind wir aber keine Hechts und keine Riskins, sondern wir sind, obwohl wir alle sehr begabt sind, besonders ich, die letzten Nebbochanten, wir beziehen (dies nur nebenbei und zu Ihrer Information) die kleinste gewerkschaftlich zulässige Gage, haben gar nichts zu reden und sind, kurzum, froh, dass wir leben. Warum sage ich Ihnen das? Nicht um Sie zu entmutigen – wozu gar kein Grund vorliegt; und nicht um mich auszureden, dass ich leider nichts für Sie tun kann – was gar nicht wahr ist. Ich will Sie nur, grundsätzlich und ein für alle Mal, darauf hinweisen, dass hier unglaubliche Einteilung und Spezialisierung herrscht – wie eben in einer grossen Industrie (Film ist der drittgrösste Industriezweig Amerikas) – und dass es für jede Kleinigkeit Leute gibt, die sich damit und nur damit beschäftigen. Ein Writer kann Ihnen kein Engagement verschaffen. Das kann nur ein Agent. [...] Hingegen müssen Sie Tag und Nacht englisch lernen, wobei wichtiger als die Sprache selbst die Aussprache ist – es gibt Spezialisten dafür, und wenn Sie können, nehmen Sie sich einen Lehrer eigens dafür. Es ist

▲ Friedrich und Marietta Torberg mit Alma Mahler-Werfel, dahinter Oscar Karlweis (l.). New York, um 1950 (Antiquariat Fritsch Wien).

besser, wenn Sie einen Vokabelschatz von 1000 Worten akzentfrei aussprechen als wenn Sie perfekt englisch können, aber mit Akzent.«[44]

Vor allem in den Briefen an Alma Mahler-Werfel spürt man die tiefe Depression, die Torberg in Hollywood erfaßte. Sie war wohl eine der wenigen Korrespondenzpartner, bei denen er nicht darauf achtete, gut dazustehen, stark zu sein und in jeder Debatte die Oberhand zu bewahren. Selten sind seine Briefe so offen und ernüchtert wie die an seine ›Seelenfreundin‹ Alma: »Mir ist im übrigen ziemlich leer und schäbig zumut, weil ich nun schon seit mehr als zwei Jahren nichts Richtiges mehr gearbeitet habe. Das hat, wenn ich so sagen darf – und ohne weiter ins Detail zu gehen – eine Art geistiger Stuhlverstopfung zur Folge, mit all den üblen Begleiterscheinungen einer solchen. Außerdem naht unweigerlich der Tag, an dem mich die Brüder Warner in einen ihrer Vorführräume bitten werden, um mir dortselbst den Tonstreifen: ›You're fired‹ vorzuspielen. Ich werde es demütig hinnehmen und wissen, daß man nicht ungestraft unter Palmen wandelt, schon gar nicht unter künstlichen, die statt von der Sonne von Jupiterlampen beschienen werden. Was mich eigentlich giftet, ist, daß ich ebenso unterschiedslos pauschal gefired werde wie die greisen Impotenzler, mit denen ich pauschal engagiert wurde. Natürlich. Was denn sonst.«[45]

1944 stellte sich plötzlich der sehnlichst erhoffte Erfolg mit dem Drehbuch zu *A Voice in the Wind* ein. Der Produzent Rudolf Monter, ein gebürtiger Prager und ursprünglich Rechtsanwalt, und der Regisseur Arthur Ripley drehten mit geringfügigen Mitteln einen für Hollywood-Begriffe fast avantgardistischen Film, einen sogenannten ›sleeper‹. Die Hauptrollen waren mit Francis Lederer, Sigrid Gurie und dem kurz darauf verstorbenen Alexander Granach gut besetzt, für den Plot griff Torberg wieder einmal auf eigene Erfahrungen zurück, denn der Film erzählt eine Emigrantengeschichte: Ein Prager Pianist spielt bei einem Konzert ein von den Nazis verbotenes Stück, wird verhaftet, kann aber auf abenteuerliche Weise fliehen und wartet auf die Überfahrt in die USA. Es war eine Art ›work in progress‹; die Schauspieler erhielten den halbfertigen Text und hatten dadurch die Chance, aktiv an der Gestaltung mitzuwirken, bevor die Filmaufnahmen begannen. »When shooting finally began, the players not only knew their own parts but had a clear understanding of what the film was all about.«[46] Torberg kommentierte diese ungewöhnliche Arbeitsanforderung so: »This can be best compared to the old story of the man who threw away his suit because it did not match his shirt, then his shirt because it did not match his tie, then his tie because it did nor match his face, and then committed suicide because his face did not match his personality. Originally I had been asked to adapt one scene playing in Prague. Adapted scene then did not match other European scenes so I had to adapt them too. European scenes then did not match scenes playing overseas so I had to rewrite whole script. Of course I did all that for the same salary I would have received for adapting

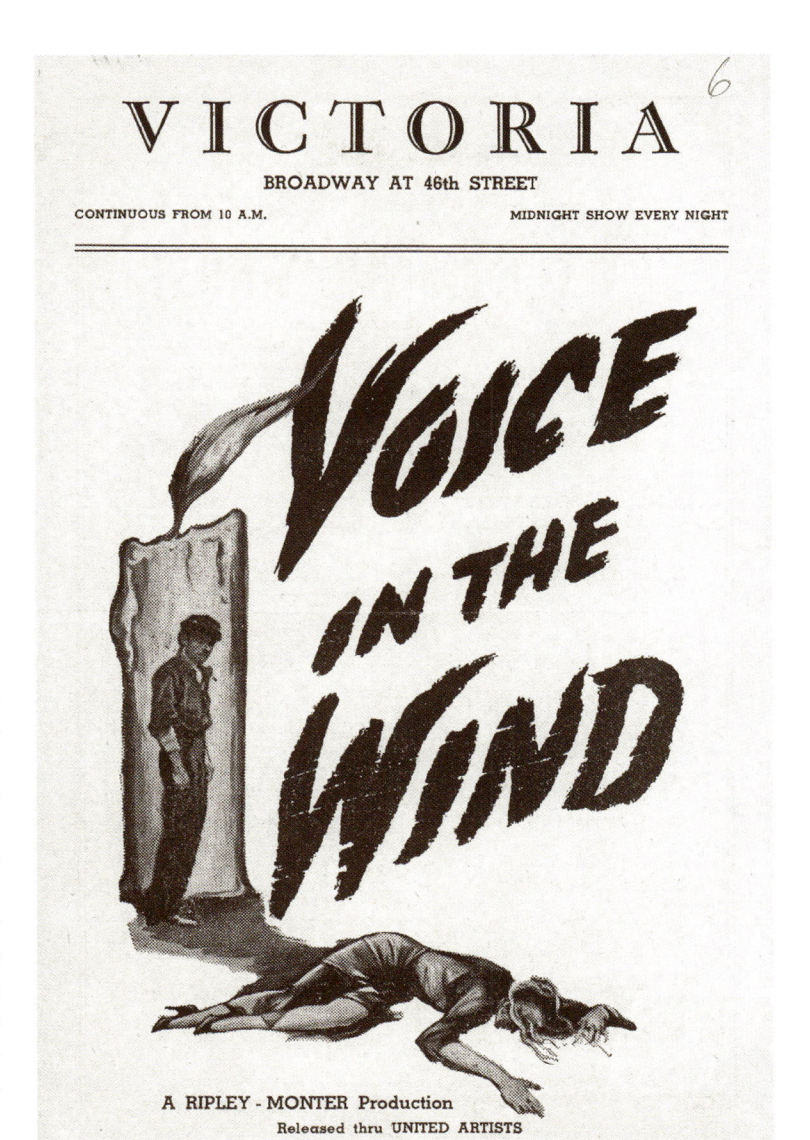

Faltblatt zum Film *A Voice in the Wind* (ÖNB-HAN). ▲

one scene and which was hardly appropriate even then. I have, however, been promised a percentage in net gains of picture. For the benefit of my creditors let it be said that percentage payments will not come in until end of next year.«[47]

Aufbau-Herausgeber Manfred George schrieb höchstpersönlich über *A Voice in the Wind* – ein Zeichen, welche Wellen dieser Film geschlagen hatte: »›I have an idea that the less discriminating among the German refugees will go crazy over it‹, schreibt der immer sehr scharfe, aber viel vom Film verstehende James Agee in der ›Nation‹. Und er trifft ins Schwarze. Denn dieser Film ist mit Heimweh getränkt. Er versucht an jene Epochen deutscher und französischer Filmkunst anzuknüpfen, in denen sich der Durchbruch des Dichterischen in den Bereich des Geschäfts- und Amusierbetriebs ankündigte, und dessen schönster Ausdruck Werke wie etwa ›Quai des Brumes‹ waren. Mit geringen äusserlichen Mitteln und das Spiel der Nerven und der Sehnsucht ganz in Musik tauchend, wird hier gearbeitet.«[48]

Der Film wurde von United Artists angekauft und erlebte eine festliche Premiere in einem bekannten Broadway-Kino; am 31. Mai 1944 war der Film dann auch in Hollywood zu sehen: »Hollywood had another gala night, Wednesday May 31st, at the Hawaii when ›The Voice in the Wind‹ has a premiere with gross benefits going to the Los Angeles Port of Embarkation Hospital at TERRANCE; Lieut: Col. W. Hugh L. Westbrook, C. O.«[49] Der Erfolg dieses Films, der sogar für den Oscar nominiert wurde, brachte Torberg einige lukrative Angebote im Filmbusiness ein, doch er wußte, daß dies nicht seine Welt war, daß er in Kalifornien nicht bleiben konnte und wollte. Im Juli 1944 übersiedelte er nach New York.

Nach Kriegsende korrespondierte Torberg über mehrere Filmprojekte, sogenannte ›outlines‹. Am 1. August 1948 berichtete er Rudolf Monter über seinen neuen Roman *The Hidden Trace*, der den kommunistischen Putsch in der Tschechoslowakei thematisiert. Torbergs Verleger hatte zwar Kontakte zu New Yorker Agenten, doch wollte er einen »deal with Hollywood through Hollywood channels instead of New York literary agencies. At any rate, this is my question to you: Do you feel that you could get me such an option deal on the ground of the aforementioned outline?«[50] Nicht realisiert wurden *This was Schickelgruber*,[51] das Gemeinschaftsprojekt mit Werfel, *Love and Hate of Zorah Pasha*,[52] der Dokumentarfilm *The Two Sides of World War II*[53] und ein auf seinem Roman *Hier bin ich, mein Vater*[54] beruhendes Outline.

Am 1. April 1951 verließ Friedrich Torberg die USA und kehrte nach Europa zurück. Hier machte die Arbeit im Filmgeschäft nur einen kleinen Teil seiner Beschäftigungen aus, blieb aber bis zu seinem Tod ein immer wieder diskutiertes Metier. So schrieb Torberg 1951 ein Drehbuch für eine Schweizer Filmfirma;[55] 1955 korrespondierte er erfolglos mit der Paula Wessely Filmproduktion wegen des »kurbelfertigen Drehbuches« für den Film *Die Wirtin zur goldenen Krone* nach einer Idee von Peter Herz.[56] Ein Jahr später wandte sich Ernst Gärtner von der UFA an Torberg, der angeblich am Drehbuch von Joseph Roths *Radetzkymarsch* arbeitete, was sich jedoch als Mißverständnis herausstellte.[57] Freilich hat Torberg diese Idee offenbar weiterverfolgt, erhielt jedoch 1959 von der Tele-Film in München eine abschlägige Antwort.[58] Die Univox Filmproduktion wandte sich 1965 mit der Bitte an Torberg, ein Drehbuch für eine Sendung über Werner Richard Heymann zu verfassen, doch diesmal mußte Torberg aus Zeitmangel absagen.[59] Wenige Wochen später berichtete Torberg Felix Guggenheim, einem der wichtigsten Literaturagenten der deutschsprachigen intellektuellen Emigranten in Hollywood, wie ungerecht er sich für sein Drehbuch zu *Hier bin ich, mein Vater* entlohnt fühlte: »Zu ergänzen wäre noch, dass im August dieses Jahres die Fernsehrechte von ›Hier bin ich, mein Vater‹ um DM 12.000,-- an den ›Sender Freies Berlin‹ verkauft wurden und dass Sch[ondorff] mir daraufhin ›eine Verlängerung der im November auslaufenden monatlichen Zahlungen bis zum März 1967‹ zusagte, d. h. 16 Monate à 700,-- DM, was ungefähr der Verkaufssumme entspricht. Da ich beim Verlag nicht mehr im Vorschuss stehe, sondern mit dem Übersetzungshonorar für den neuen Kishon bereits ein Saldo von rund 1000 DM zu meinen Gunsten besteht, bezahlt mich Sch[ondorff] de facto mit dem Geld des SFB und nur so lange dieses Geld reicht. […] Sehr erbittert bin ich über meine Unachtsamkeit, die mich übersehen liess, dass mir nur beim Verkauf von ›Filmrechten‹ ein Anteil von 75% zusteht, falls der Verkauf durch mich bewerkstelligt wurde, und nicht auch bei Fernseh-Verfilmungen. Denn der Abschluss mit dem SFB kam ausschliesslich durch mein Zutun zustande, und müsste sinngemäss unter die 75%-Klausel fallen.«[60]

Die Verfilmung des *Schüler Gerber* blieb lange Jahre im Projektstatus. Erste Pläne dazu reichten bis ins Jahr 1958 zurück, als Torberg die Vorlage eines entsprechenden Drehbuchs erhielt, das ihm jedoch ungenügend erschien.[61] Erst 1974 berichtete Torberg seiner Freundin Gina Kaus über seine Filmtätigkeit nach der Rückkehr aus den USA; so erwähnte er auch die geplante Verfilmung des *Schüler Gerber:* »[Ich] habe auch nach meiner Rückkehr mehrmals für reguläre und Fernseh-Filme das Drehbuch geschrieben, eben jetzt für meinen ›Schüler Gerber‹«.[62] Tatsächlich sollte dieser Film erst 1981 fertiggestellt werden; als Autoren des Drehbuchs werden neben Friedrich Torberg der Regisseur Wolfgang Glück sowie Werner Schneyder genannt.[63] Somit stand der *Schüler Gerber* zu Beginn und am Ende von Torbergs vielseitigem Schaffen.

Broschüre zum Fernsehfilm *Hier bin ich, mein Vater* des Senders Freies Berlin, 1970. Mit Helmut Lohner (l.) und Peter Vogel (r.) (ÖNB-HAN).

1 Friedrich Torberg: Blaugrau karierte Berufung zum Dichter. In: Vorletzte Worte. Schriftsteller schreiben ihren eigenen Nachruf. Hg. von Karl Heinz Kramberg. Frankfurt/M.: Bärmeier & Nikel 1968, S. 257–264, hier S. 262.

2 Friedrich Torberg an Marie Bibikoff, Brief vom 30.12.1941. ÖNB-HAN 1. Beilage zu 1194/46.

3 David Axmann: Friedrich Torberg. Die Biographie. Wien: Langen Müller 2008, S. 36.

4 Friedrich Torberg: Die Erben der Tante Jolesch. [München, Wien]: Langen Müller 1978 (= Gesammelte Werke in Einzelausgaben 9), S. 146f.

5 Friedrich Torberg an Willi Schlamm, Brief vom 10.8.1938. WBR, H.I.N. 235826. Vgl. hierzu Marie-Theres Arnbom / Christoph Wagner-Trenkwitz (Hg.): »Grüß mich Gott!« Fritz Grünbaum 1880–1941. Eine Biographie. Wien: Brandstätter 2006.

6 Beilage zu Friedrich Torberg an Willi Schlamm, Brief vom 10.8.1938. WBR, H.I.N. 235826.

7 Friedrich Torberg an Willi Schlamm, Brief vom 21.8.1938. WBR, H.I.N. 235827.

8 Friedrich Torberg an Arthur Stappler, Brief vom 16.11.1944. WBR, Nachlaß Torberg, ZPH 588, 36/3.

9 Friedrich Torberg an Oscar Teller, Brief vom 3.4.1942. ÖNB-HAN 1200/9-4.

10 Friedrich Torberg an Oscar Teller, Brief vom 25.4.1942. ÖNB-HAN 1200/9-5.

11 Vgl. Axmann, Friedrich Torberg (Anm. 3), S. 86.

12 Vgl. Kleinkunstbühne »Die Arche«. Reisende der Weltgeschichte. ÖNB-HAN 5. Beilage zu 1200/8.

13 Briefe an »Die Arche«. ÖNB-HAN 4. Beilage zu 1200/8.

14 Vgl. Christian Klösch, Regina Thumser: From Vienna. Exilkabarett in New York 1938 bis 1950. Wien: Picus 2002, S. 73.

15 Sammelpunkt: Die Arche. In: Aufbau, 26.3.1943.

16 Friedrich Torberg an Peter Preses, Brief vom 15.12.1941. ÖNB-HAN 1198/41-3.

17 Friedrich Torberg an Peter Preses, Brief vom 22.12.1941. ÖNB-HAN 1198/41-4.

18 [Friedrich Torberg:] In a continued examination of Preses and Becher. ÖNB-HAN 32.572, Bl. 6.

19 Peter Preses / Ulrich Becher: Der Bockerer. Dramatisches Possenspiel in 3 Akten. Wien: Continental Ed. 1947.

20 Vgl. Konstantin Kaiser: Die Karrieren des Kleinen Mannes. Hirnschal, Seicherl, Schwejk und Bockerer im Zweiten Weltkrieg. In: Mitteilungen des Instituts für Wissenschaft und Kunst 40 (1985), 1–2, S. 7–14, hier S. 12f.

21 Vgl. hierzu: Robert Schindel: Die hilflosen Antifaschisten. Anmerkungen zu Franz Antels »Bockerer«. In: Meteor. Texte zum Laufbild 2 (1996), 5, S. 4, und Hilde Haider-Pregler: »Der Bockerer« und die Folgen. Varianten und Mutationen des »Homo viennensis«. In: Österreichische Satire (1933–2000). Exil – Remigration – Assimilation. Hg. von Jeanne Benay, Alfred Pfabigan u. Anne Saint Saveur. Bern: Lang 2003 (= Convergences 29), S. 363–394.

22 Vgl. Diana Mittler-Battipaglia: Franz Mittler. Austro-American Composer, Musician, and Humorous Poet. New York [u. a.]: Lang 1993, S. 37.

23 Vgl. hierzu Walter Pass / Gerhard Scheit / Wilhelm Svoboda: Orpheus im Exil. Die Vertreibung der österreichischen Musik von 1938 bis 1945. Wien: Verlag für Gesellschaftskritik 1995 (= Antifaschistische Literatur und Exilliteratur 13), S. 322f.

24 Franz Mittler: Macht man denn aus Kalk die Terzen? Schüttelreime. Wien: Neue Galerie 1938.

25 Friedrich Torberg: Zum Geleit. In: Franz Mittler: Gesammelte Schüttelreime. Hg. von F. T. Wien, München: Gardena 1969, S. 5.

26 Friedrich Torberg: Zum Geleit. In: Peter Hammerschlag: Der Mond schlug grad halb acht. Grotesk-Gedichte. Eingeleitet u. hg. von F. T. Mit 51 Federzeichnungen von Bil Spira. Wien, Hamburg: Zsolnay 1972, S. 7–17, hier S. 7.

27 Vgl. Monika Kiegler-Griensteidl: Ein Meschuggener, ein Genie, ein hochgebildeter Bursche. Annäherungen an Leben und Werk Peter Hammerschlags. In: Kringel, Schlingel, Borgia. Materialien zu Peter Hammerschlag. Hg. von M. K.-G. u. Volker Kaukoreit. Wien: Turia + Kant 1997, S. 17–75, hier S. 70, Anm. 12.

28 Zit. nach ebd., S. 45.

29 Ebd., S. 48.

30 Torberg, Zum Geleit (Anm. 26), S. 9.

31 Ebd., S. 15.

32 Bernhard Fetz: »Du Schnitzel meiner Seele! Wunschtraum eines Schefredaktehrs«. Peter Hammerschlag und Friedrich Torberg. In: Kringel, Schlingel, Borgia (Anm. 27), S. 179–193, hier S. 184.

33 Vgl. Friedrich Torberg: Die Würde der Eltern. In: Europäische Hefte 2 (1935), 8, S. 187–192.

34 Torberg, Die Erben der Tante Jolesch (Anm. 4), S. 40. Vgl. hierzu auch: Axmann, Friedrich Torberg (Anm. 3), S. 95f.

35 Torberg, Die Erben der Tante Jolesch (Anm. 4), S. 152.

36 Ebd., S. 155.

37 Ebd., S. 156.

38 Rudolf Ulrich: Österreicher in Hollywood. Wien: Verlag Filmarchiv Austria 2004, S. 530.

39 Friedrich Torberg an Willi Schlamm, Brief vom 24.2.1941. In: F. T.: Eine tolle, tolle Zeit. Briefe und Dokumente aus den Jahren der Flucht 1938–1941. [Hg. von David Axmann u. Marietta Torberg]. München: Langen Müller 1989 (= Gesammelte Werke in Einzelausgaben 18), S. 174–178, hier S. 176.

40 Vgl. [Friedrich Torberg:] Professional Activities as a Writer. ÖNB-HAN 32.572, Bl. 2.

41 Joseph P. Strelka: Friedrich Torberg. In: Deutsche Exilliteratur seit 1933. Bd. 1: Kalifornien. Tl. 1. Hg. von John M. Spalek und J. P. S. Bern, München: Francke 1976, S. 616–632, hier S. 619.

42 Friedrich Torberg an Franz Werfel, Brief vom 15.12.1941. In: F. T.: Liebste Freundin und Alma. Briefwechsel mit Alma Mahler-Werfel. [Hg. von David Axmann u. Marietta Torberg]. München, Wien: Langen Müller 1987 (= Gesammelte Werke in Einzelausgaben 17), S. 41–45, S. 42.

43 Friedrich Torberg an Ulrich Becher, Brief vom 12.2.1942. Deutsche Nationalbibliothek, Deutsches Exilarchiv 1933–1945, Frankfurt am Main (= DNB Exilarchiv), EB 85/147.

44 Friedrich Torberg an Hugo Haas, Brief vom 8.1.1941. ÖNB-HAN 1194/48–1.

45 Friedrich Torberg an Alma Mahler-Werfel, Brief vom 27.9.1941. In: Torberg, Liebste Freundin (Anm. 42), S. 26–29, hier S. 27.

46 Voice in the Wind. The Story of a Film. In: Theatre Arts 28 (1944), 3, S. 151–153, hier S. 151.

47 Frederick Torberg: Here's How. In: Aufbau, 24.3.1944.

48 m. g. [d. i. Manfred George]: Filmpanorama. Voice in the Wind. In: Aufbau, 24.3.1944.

49 Hawaii Premiere May 31. ÖNB-HAN 37.267, Bl. 5.

50 Friedrich Torberg an Rudolf Monter, Brief vom 1.8.1948. ÖNB-HAN 4. Beilage zu 1197/51.

51 Frederick Torberg: This was Schickelgruber. In collaboration with Erwin Nistler. ÖNB-HAN 37.251.

52 Vgl. hierzu: Martina Weiss: Friedrich Torberg im Exil in Amerika. Wien: phil. Diplomarbeit 1993.

53 Frederick Torberg: The Two Sides of World War II. ÖNB-HAN 37.252.

54 Outline of a film treatment. ÖNB-HAN 37.277, Bl. 26–30.

55 Vgl. Axmann, Friedrich Torberg (Anm. 3), S. 193.

56 Friedrich Torberg an Paula Wessely, Brief vom 18.8.1955. WBR, Nachlaß Torberg, ZPH 588, 33/1.

57 Friedrich Torberg an Ernst Gärtner, Brief vom 18.8.1955. WBR, Nachlaß Torberg, ZPH 588, 31/6.

58 Tele-Film an Friedrich Torberg, Brief vom 27.11.1959. WBR, Nachlaß Torberg, ZPH 588, 31/1.

59 Friedrich Torberg an Univox, Brief vom 9.7.1965. WBR, Nachlaß Torberg, ZPH 588, 30/13.

60 Friedrich Torberg an Felix Guggenheim, Brief vom 30.10.1965. WBR, Nachlaß Torberg, ZPH 588, 40/8.

61 Friedrich Torberg an Richard Katz, Brief vom 21.2.1941. WBR, Nachlaß Torberg, ZPH 588, 25/6.

62 Friedrich Torberg an Gina Kaus, Brief vom 4.1.1974. DNB Exilarchiv, EB 96/082.

63 Vgl. Arno Rußegger: Ein Österreicher im »Club der toten Dichter«. Wolfgang Glücks »Der Schüler Gerber«. In: Gottfried Schlemmer (Hg.): Der neue österreichische Film. Wien: Wespennest 1996, S. 84–96.

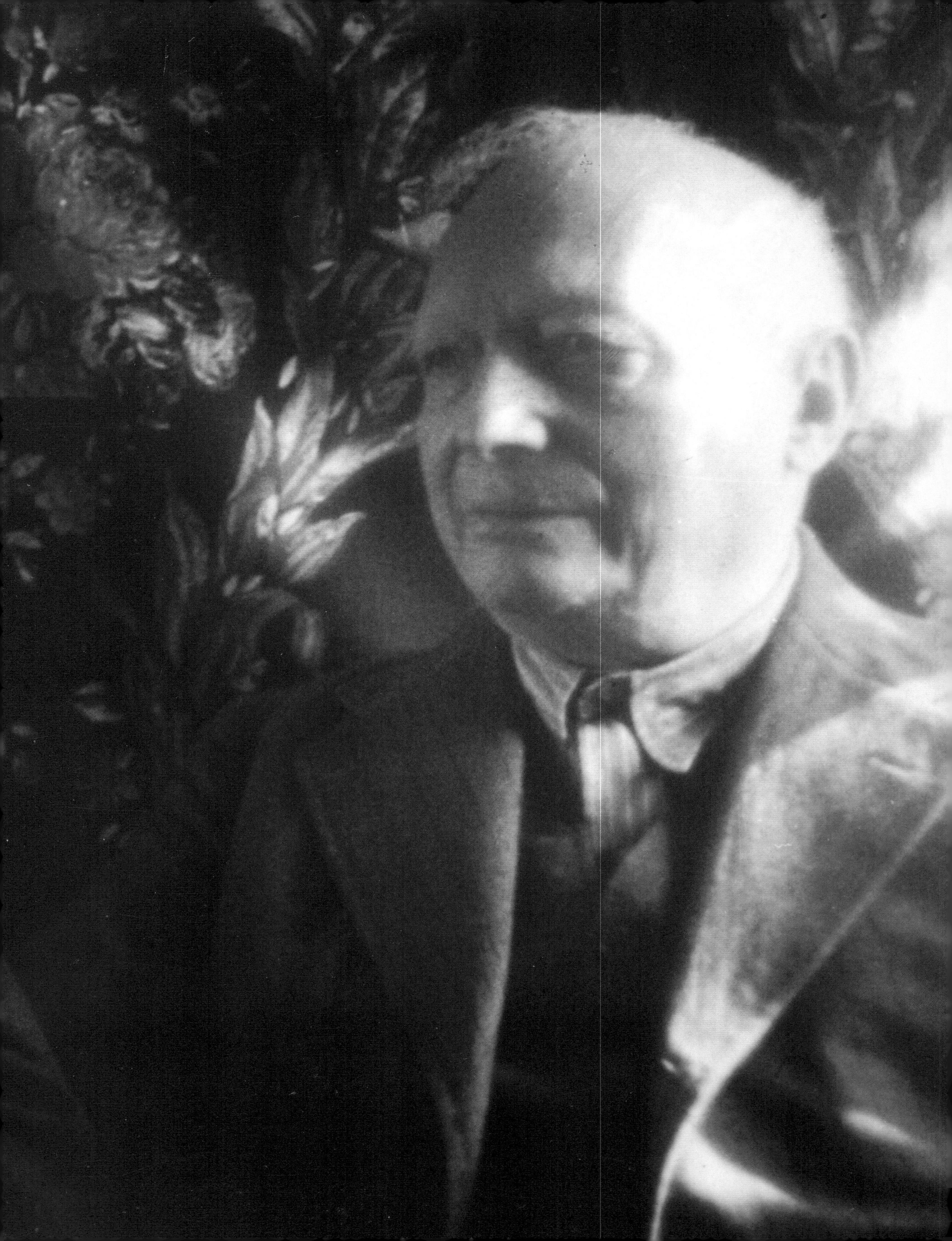

Michael Hansel

»… EIN LACKERL GEIFER ZU ERZEUGEN«
FRIEDRICH TORBERG ALS VERMITTLER UND VERHINDERER VON LITERATUR

Nicht von einem Zwiespalt, der sich tragisch durch sein Leben zieht, nein, von einem »Fünfspalt« spricht Friedrich Torberg (in dritter Person über sich selbst) in seinem Nachruf zu Lebzeiten. Sind es doch nach seiner Selbsteinschätzung mindestens fünf Gebiete literarischer Betätigung, auf denen er hervorgetreten ist – als Lyriker, als Romancier, als Parodist, als Theaterkritiker und als Feuilletonist. Bis ganz nach vorne, so Torberg, habe es ihn leider nirgends geführt, wenngleich sein Hervortreten auf keinem dieser Gebiete unbemerkt blieb. Weshalb er nicht in die ganz erste Reihe gelangte, erklärt der zungenfertige Stilist, dem es an Stolz und Selbstbewußtsein nicht mangelte, sodann in der für ihn typischen ironischen Manier: »Kurzum: er machte immer zuviel auf einmal, und da ihm nichts davon überzeugend mißlang, hörte er bis an sein Lebensende nicht auf damit.«[1]

Torberg war ohne Zweifel ein Multitalent, das ein sehr vielfältiges Schriftsteller- und Journalistenleben führte. *Der Schüler Gerber* (1930) und *Die Tante Jolesch* (1975) sind Werke, die im literarischen Gedächtnis gut verankert sind; als großer Schriftsteller ging Torberg aber nicht in die Annalen der österreichischen Literatur ein. Weitaus prägender für das literarische Leben nach 1945 war er da schon in der Funktion des Kritikers und Herausgebers, in der Rolle des Literaturvermittlers – und des Literaturverhinderers.

Durch ausgezeichnete Kontakte zu künstlerischen und vor allem auch politischen Kreisen – belegt durch Tausende von Briefen in seinem Nachlaß – avancierte er zu einer der einflußreichsten, aber auch umstrittensten Persönlichkeiten in der Kulturpolitik der Nachkriegszeit. Schlagworte wie ›Kalter Krieger‹ und ›Kommunistenjäger‹, ›Brecht-Boykotteur‹ und ›Feind der Moderne‹ vermögen heutzutage noch zu polarisieren, und seiner Tätigkeit als Herausgeber der Werke Fritz von Herzmanovsky-Orlandos begegnete man damals wie heute mit Lob und Dank, aber auch mit dauerhaften Feindschaften. All dies soll anhand exemplarischer Beispiele im folgenden verdeutlicht werden.

1. Der zweifache Herzmanovsky

Zu Lebzeiten war der Schriftsteller und Zeichner Fritz von Herzmanovsky-Orlando alles andere als erfolgreich. 1926 wurde in Venedig die Novelle *Der Kommandant von Kalymnos* aufgelegt, und 1928 erschien in dem kleinen, kurzlebigen Wiener Verlag Artur Wolf die Erzählung *Der Gaulschreck im Rosennetz*. Weil sich das Werk nicht verkaufte, wurde es schließlich unter dem marktschreierischen Titel *Der letzte Hofzwerg* verramscht. Kennengelernt hatte Torberg den »verkauzten Österreich-Mystiker aus Meran«,[2] der erfolglos einen Verleger für seine Werke zu finden versuchte, 1935 im sogenannten Herrenhof-Kreis, einer Wiener Kaffeehausrunde um Ernst Polak. Herzmanovsky war damals knapp 60 Jahre alt und in der breiten Öffentlichkeit so gut wie unbekannt. Anders Torberg: Er galt nach seinem Erfolg des *Schüler Gerber* als »eine der Hoffnungen der neuen österreichischen Literatur und wirkte in Prag und in Wien als glänzender, bösartiger Journalist und Publizist«.[3] Torberg fand Gefallen an den skurrilen

◀ Fritz von Herzmanovsky-Orlando, 1954.
Photo: Peter Ziegler, Meran (ÖNB-BA).

Texten seines Kollegen und hatte schon bald die Absicht, Herzmanovsky zu fördern. Dabei dachte er vor allem an Veröffentlichungen im *Prager Tagblatt* und in der *Wiener Sonn- und Montagszeitung*, zu der er über Karl Tschuppik, den ehemaligen Chefredakteur des *Prager Tagblatts*, gute Kontakte pflegte. Obendrein plante Torberg einen eigenen Herzmanovsky-Abend an der Prager Urania: »Ihr Durchbruch an eine breitere Öffentlichkeit soll nämlich, wie ich glaube, möglichst vollkräftig inszeniert werden«, schrieb er dem Autor in einem Brief vom 3. Dezember 1935. Viel sollte Torberg jedoch nicht verwirklichen können. Eine Prager Lesung aus dem *Gaulschreck im Rosennetz* innerhalb der Vortragsreihe *Humor auf Seitenwegen* im Februar 1938 war die einzige Ausbeute seines großen Vorhabens, bevor die politische Entwicklung in Europa die Beziehung der beiden Schriftsteller mehrere Jahre unterbrechen sollte.

Im Sommer 1949 nimmt Torberg von New York aus die Verbindung mit Herzmanovsky wieder auf: »Verehrtester, ich will heute nur in aller Eile wissen, wie es Ihnen geht, wie Sie die finstern Jahre überstanden haben, was Ihre Arbeit macht, um wie viel und um was Ihr Œuvre sich mittlerweile vermehrt hat, und, vor allem: ob die Aussicht besteht, dass ich möglichst bald wieder in den Besitz möglichst vieler Manuskripte von Ihnen käme, um meine von der Weltgeschichte unterbrochenen Versuche, sie zu propagieren und vielleicht einen Verleger für sie zu finden, wieder aufnehmen zu können. Es wäre natürlich ein kindisches Unterfangen, Ihnen verhehlen zu wollen, dass hinter dieser letzten Anfrage auch ein gieriges persönliches Interesse steckt – aber das wird, so hoffe ich, Ihre Erfolgsaussichten nicht schmälern.«[4]

Das persönliche Interesse Torbergs an den Autographen seines Kollegen ist um vieles größer gewesen, als es seine selbstironisierenden und pointierten Zeilen hier nahelegen. Nicht zu Unrecht schreibt Frank Tichy in seinem Buch von Torbergs »Jagd« nach Herzmanovskys Manuskripten.[5] Deutlich wird dies in einem Brief an den aus Prag stammenden Journalisten Joseph Wechsberg, Österreich-Korrespondent der Zeitschrift *The New Yorker* in Wien, den Torberg Anfang 1948 sehr eindringlich auf die Suche nach Autor und Werk schickte: »Der Mann ist alt, und weiss Gott was passiert, wenn diese einzigartigen Ms. nicht rechtzeitig sichergestellt werden. Lügts das Blaue vom Himmel herunter, versprechts ihm Publikationen, Übersetzungen, Aufführungen, was Eich einfällt, streichts Eire amerikanische Position heraus und meine eiropäische, sagts ihm, dass ich Lektor bei S. Fischer bin und auch zu anderen Verlagen gute Beziehungen habe, [...] sagts ihm alles – nur gehts um Gottes willen nicht mit leeren Händen weg!!«[6]

Torberg konnte allerdings erst 1951 – dem Jahr seiner Rückkehr nach Wien – dort anknüpfen, wo er vor dem Zweiten Weltkrieg hatte aufhören müssen. Über seine guten Kontakte zu Journalisten gelang es ihm, ein paar wenige Erzählungen Herzmanovskys an einige Zeitungen zu vermitteln. Eine breitere Öffentlichkeit erreichte Torberg mit der von ihm eingerichteten und von Burgschauspielern gelesenen Zusammenstellung von Texten des Meraner Autors, die die Sendergruppe *Rot-Weiß-Rot* im April 1953 unter dem Titel *Die k. u. k. Glasmenagerie* ausstrahlte.[7] Die Beifallskundgebungen in der Presse registrierte auch

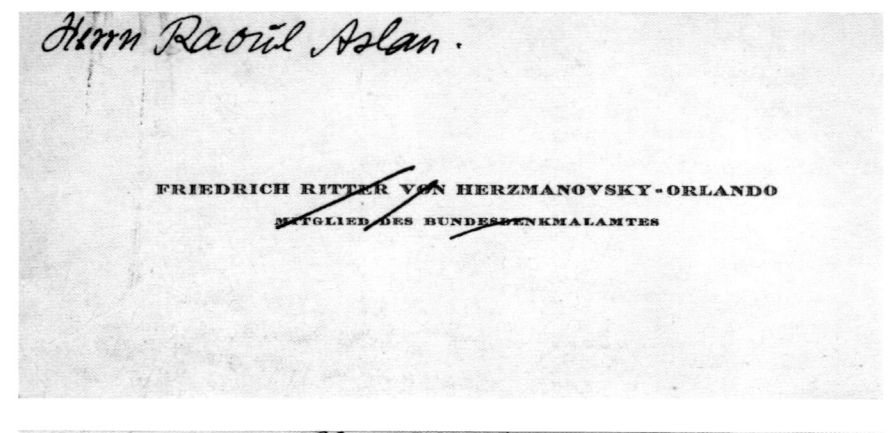

▲ Die Visitkarte Herzmanovsky-Orlandos weist Torberg gegenüber dem Burgschauspieler Raoul Aslan als Interessenvertreter aus (WBR, HS).

Herzmanovsky, der große Freude an der »hervorragenden Schöpfung« seines Kollegen fand: »Sie haben die Auswahl vorzüglich getroffen und die Verbindung der einzelnen Fragmente ausserordentlich glücklich gestaltet.«[8]

In erster Linie war Torberg jedoch bemüht, einen Verlag für Herzmanovsky zu finden. Dies sollte ihm aber nicht mehr zu dessen Lebzeiten glücken. Der Dichter verstarb am 27. Mai 1954, und erst 1957 erschien mit *Der Gaulschreck im Rosennetz* der erste Band der *Gesammelten Werke* beim Münchner Verlag Langen Müller. Komplettiert wurde die vierbändige Ausgabe mit *Maskenspiel der Genien* (1958), *Lustspiele und Ballette* (1960) und *Cavaliere Huscher und andere Erzählungen* (1963).

Herzmanovsky wurde mit der Herausgabe seiner Werke der literarischen Szene schlagartig bekannt und ist in der Folgezeit »zum unantastbaren Inbegriff des typischen Altösterreichers geworden«.[9] Mit der Herausgabe der Werke begann allerdings auch eine Kontroverse, die sich bis in die Gegenwart ziehen sollte. Torberg gab, weil Herzmanovskys Texte vielfach nur in skizzenhafter Form vorlagen, die Bände in eigener Bearbeitung heraus. Dabei veränderte er den ursprünglichen Charakter der Werke erheblich. Einem konservativen Gattungsbegriff verpflichtet, strich Torberg zugunsten der Linearität der Handlung umfangreiche Passagen, »reinigte die Texte Herzmanovskys von Inhalten, die der damaligen Staatsräson zuwiderliefen, glättete seine manchmal perverse Erotik«[10] und bearbeitete Antirationalistisches und Klamauk. Hinzugefügt dagegen wurden typische Österreich-Klischees. Erst als die Witwe Herzmanovskys 1962 Teile des Nachlasses der Handschriftensammlung der Österreichischen Nationalbibliothek übergab und damit der Öffentlichkeit zugänglich machte, wurde das Ausmaß der Torbergschen Bearbeitungsprinzipien deutlich, das die Aufmerksamkeit der Germanistik erregte, die mit Kritik an der Vorgangsweise des Herausgebers nicht sparte. Er habe aus Ehrgeiz, Gewinnsucht und Eigennutz die Werke Herzmanovskys verstümmelt, war der Tenor der Vorhaltungen. Den heftigsten Angriff startete 1966 die junge Germanistin Barbara Grunert-Bronnen, die kurz zuvor eine Dissertation zu Original und Bearbeitung von Herzmanovsky-Orlando fertigge-

Graphik von Paul Flora (WBR, HS). ▲

▲ Die Kontroverse zwischen Grunert-Bronnen und Torberg in *Literatur und Kritik* (WBR, DS).

stellt hatte, in der Zeitschrift *Literatur und Kritik*. Dort warf sie Torberg und dem Verlag Kahlschlag und Deformation vor und bezichtigte den Herausgeber, »aus dem unverdaulichen Genie-Kauz Herzmanovsky einen wohlfeilen, verdaulichen und skurril-lustigen levantinischen Sonderling«[11] gemacht zu haben. Abschließend urteilte sie, »daß es eine traurige, aber unbestreitbare Tatsache ist, daß Friedrich Torberg dem Phänomen Herzmanovsky ahnungslos gegenübersteht. Anders läßt sich seine Bearbeitung nicht erklären. Zugegeben, Herzmanovsky eignet sich nicht als Bestseller-Autor, und er erschließt sich nicht jedem Leser, der nur einen ›gfälligen‹ Spaß bei ihm sucht. Aber durfte deshalb sein Werk verstümmelt werden, ein Werk, das – nach allgemein üblichen vorsichtigen Korrekturen, die ein vom Autor unkorrigiert hinterlassenes Manuskript notwendig verlangt – in seiner originalen Gestalt veröffentlicht werden konnte, und dies tatsächlich zur Ehre des Autors, des Herausgebers, des Verlags und zur ungetrübten Freude des Lesers?«[12]

Sichtlich gekränkt, daß ihm für seine Mühen nicht allerorts Ruhm und Ehre widerfuhren, spottete Torberg über diese Ausführungen: »Frau Barbara Grunert-Bronnen hat eine sensationelle Entdeckung gemacht. Sie hat entdeckt, daß die Werke Herzmanovsky-Orlandos, die mit dem deutlich lesbaren Vermerk ›Herausgegeben und bearbeitet von Friedrich Torberg‹ erschienen sind, von mir nicht nur herausgegeben, sondern auch bearbeitet wurden.«[13] Auf die Kritik an seiner Vorgangsweise eingehend, verwies er auf den Umstand, daß er mit seiner Bearbeitung die ungefügen Hervorbringungen eines genialisch verkauzten Amateurs druckreif gemacht habe. Selbst die Literaturkritik würde seine Leistungen hoch anerkennen und sich nicht an den Korrekturen stoßen. »Im Gegenteil sieht es verdächtig danach aus«, so Torberg, »als wäre erst dem von mir deformierten Herzmanovsky jener Rang zuerkannt worden, um den sich der originale mit so erschütternder Vergeblichkeit bemüht hat.«[14] Der Erfolg sollte Torberg recht geben.

Nach Arbeiten am Nachlaß Herzmanovskys zeigte der Literaturwissenschaftler Wendelin Schmidt-Dengler auf, daß das von Torberg in den Vorworten seiner Ausgabe vermittelte Bild eines Dichters, der sich der Inspiration als Dilettant hingab, nicht zutraf. Sowohl die Komposition einzelner Werke als auch das vorhandene Material des Nachlasses vermögen ein anderes Bild wiederzugeben. »Da zeigt sich ein Schriftsteller«, so Schmidt-Dengler, »der zwar nicht mit der Pedanterie eines Archivars vorgeht, aber doch mit deutlicher Intention konzipiert und korrigiert.«[15] Es habe der unzähligen Eingriffe und Änderungen Torbergs also nicht bedurft, die Herzmanovsky darüber hinaus in die Nähe eines Roda Rodas plazierten und nicht neben Alfred Kubin, wo er ursprünglich anzusiedeln gewesen wäre.[16] In der Öffentlichkeit ließ sich Torberg seinen Mißmut nicht anmerken und argumentierte mit Hohn aus der Position des Entdeckers und Förderers heraus. Über Schmidt-Dengler meinte er nur, »daß er zur Sekte der Germanisten zählt, welche bekanntlich dem Glaubenssatz huldigt, Literatur entstehe vor allem zum Zweck der

Abfassung von Dissertationen. Für einen solchen ist es natürlich ein gefundenes Fressen, bearbeitete Texte mit der Originalfassung zu vergleichen. Nur daß er halt das Fressen nie gefunden hätte, wenn's ihm von mir nicht so appetitanregend serviert worden wäre.«[17] Insgeheim sah er aber in der Erregung um seine Bearbeitung eine »straff organisierte Rufmordcampagne« gegen sich in Gang gesetzt, die, von der Witwe Herzmanovsky angezettelt, von »den in Meran ansässigen Universalerben eifrig weiterbetrieben« werde und unter den Vertretern der Germanistik »lebhafte Unterstützung« finde.[18] Tatsächlich war das Verhältnis zwischen Torberg und der Witwe, Carmen Maria Herzmanovsky-Orlando, nicht so harmonisch, wie es sich in ihrer Danksagung an den Herausgeber im Nachwort zum *Maskenspiel der Genien* darstellt. Wie die Korrespondenz der beiden offenbart, brachte sie sich häufig in die Planungen der Ausgabe ein, las die Abschriften der für den Druck vorgesehenen Texte und scheute nicht davor zurück, Torberg ihre Änderungswünsche zu übermitteln. In einem Brief an Joachim Schondorff von Langen Müller schrieb Torberg über die Texteinwendungen der Witwe: »Sie möchte mit dem unveränderten Werk den Ruhm und das Geld für das von mir veränderte einheimsen und hat noch immer nicht begriffen, dass das nicht geht.«[19]

Im zähen Ringen um die Arrangements behielt aber nicht selten Torberg die Oberhand. Auch wenn seine treuesten Anhänger immer wieder darauf pochten, daß er bei der Ausgabe und Bearbeitung in erster Linie an den Leser gedacht habe,[20] läßt sich der Vorwurf, Torberg habe auch aus einer gewissen Selbstsucht heraus gehandelt, nicht aus der Welt schaffen. Denn der Glanz des Erfolgs strahlte natürlich auch auf ihn, der diesen auch bestens zu vermarkten wußte. Verbürgt (aber meines Wissens nicht niedergeschrieben) ist die gerne von Torberg geäußerte Feststellung: »Wenn drei Sätze von Herzmanovsky-Orlando zitiert werden, so ist mit Sicherheit einer davon von mir.« Gleiches gilt für die Theaterstücke *Kaiser Joseph und die Bahnwärterstochter* (UA 1957) und *Zerbinettas Befreiung* (UA 1961), die er stark überarbeitete und mit großem Erfolg auf die Bühne brachte.

Szenenphoto aus Herzmanovsky-Orlandos Stück *Zerbinettas Befreiung* im Wiener Volkstheater, 1969 (WBR, HS).

Daß er Herzmanovsky-Orlando einem breiten Publikum näherbringen wollte, scheint genauso außer Frage zu stehen wie die Tatsache, daß er sich selbst mit der Bearbeitung ein Denkmal setzen wollte. »Denn« – so schrieb Torberg 1956 – »in der ebenso genialischen wie dilettantischen Fassung, die er [Herzmanovsky] selbst seinen Stücken gegeben hatte, waren sie tatsächlich unspielbar, und zu seinen Lebzeiten wollte ich ihm das weder sagen, noch wollte ich ihn vor die Notwendigkeit der radikalen Bearbeitung stellen, die ich jetzt am ›Kaiser Joseph‹ vorgenommen habe.«[21]

Erst zwischen 1983 und 1994 erschien im Residenz-Verlag eine zehnbändige kommentierte Ausgabe *Sämtlicher Werke* von Herzmanovsky-Orlando, die nunmehr eine Einschätzung der originalen Texte ermöglicht. Da jedoch noch immer eine Leseausgabe aussteht, dominieren die von Torberg herausgegebenen vier Bände weiter den Markt. Ohne Torberg gäbe es heutzutage möglicherweise keinen gedruckten Herzmanovsky, und ohne die Kontroverse um seine Bearbeitung möglicherweise auch keine kommentierte Ausgabe und kaum literaturwissenschaftliches Interesse für Fritz von Herzmanovsky-Orlando. Wer sich aber auf ihn einläßt, muß sich darüber im klaren sein, es mit zwei österreichischen ›Klassikern‹ zu tun zu haben: mit Herzmanovsky-Orlando und Herzmanovsky-Torberg.[22]

2. Politik unter dem Vorwand von Kultur oder
Torberg als Literaturverhinderer

Bringt man es auf den Punkt, so war Torbergs Schaffen – das meint auch seine Kritiken und journalistischen Texte – von zwei grundsätzlichen Lebensanschauungen bestimmt: persönlich von seinem Selbstbild als Jude und weit mehr noch politisch von der radikalen Ablehnung jedes diktatorischen Systems. Nach der Zerschlagung der NS-Diktatur ging für Torberg die größte Gefahr für die Demokratie vom Kommunismus aus, und der Kalte Krieg gab ihm Gelegenheit, seinen fast paranoid zu nennenden Antikommunismus auf publizistischem Gebiet auszuleben. Torberg, der bereits in den Vereinigten Staaten das Office of War Information auf denunziatorische Art mit Daten beliefert hatte und zumindest temporär als Informant für das FBI tätig war, begann sich nach seiner Rückkehr auch in Wien massiv in die ideologischen Auseinandersetzungen einzuschalten und das österreichische Literatur- und Kulturleben in seinem (antikommunistischen) Sinne zu beeinflussen.[23] Dabei ging er äußerst aggressiv gegen politisch Andersdenkende aus Kunst und Kultur vor.

Im April 1951 – Torberg war gerade erst aus New York zurückgekommen – kam es beim ersten Wiedersehen mit Hilde Spiel nach der Emigration in Gegenwart der Schauspielerin Kitty Stengel, des Autors Hans Weigel und dessen Frau Udi im Café Hawelka zu einer Auseinandersetzung über Thomas Mann und Berthold Viertel, denen Torberg ›Fellow-Travellerei‹ vorwarf.[24] – Das sich aus diesem Streitgespräch entwickelnde Intrigenstück liest sich wie eine schlechte Spionagegeschichte. Hilde Spiel behielt den Vorfall nicht für sich. Bereits kurz nach dem Treffen war in *Pem's Personal Bulletins*, einem Informationsorgan der Londoner Emigrantenszene, zu lesen: »London Diary: The most interesting meeting of the week we had with Hilde SPIEL-de Mendelssohn who returned from one of her trips to her native Vienna. She met Friedrich Torberg, the author who returned from New York only a few weeks ago [...]. He is so furiously anti-Red that the Americans treat him as a favourite guest, and he enjoys every minute of it. Although Torberg sits in the ›Herrenhof‹ and his Austrian opposite number Hans Weigel in the ›Raimund‹, they are allies against Berthold Viertel. They admire Viertel's productions at the ›Burg‹, but suspect him as a not enough clearcut democrat; so they want him to give a decisive declaration. [...] Torberg and Weigel attack also Thomas Mann for the same reasons, and it's not quite clear whether it is more dangerous to be suspected as a Communist in the States or in Vienna.«[25]

Erbost über diese Zeilen wandte sich Torberg an Arthur Koestler: »Ich weiss nicht, ob Sie dieses in London erscheinende shit-sheet und seinen Herausgeber Pem kennen; es ist eine Art Unter-›Aufbau‹ für den Tratschgebrauch der Emigranten und an sich vollkommen unwichtig. [...] Trotzdem scheint mir der Vorfall einiger Beachtung und Betrachtung wert. [...] Schon am nächsten Tag nach dem Zusammenstoss erfolgten aus den Kreisen der prominenten Fellowtraveler (die von der Dame Spiel sofort informiert wurden) drohende Telephonanrufe, – ich möge mich in acht nehmen, Viertel würde ›Schritte ergreifen‹, u. dgl. Ich liess ihm sagen, dass er mich jederzeit klagen könne, und machte mich erbötig, ihm in einer von ihm zu bestimmenden Zeitung ein Inserat zu bezahlen, dessen Wortlaut lediglich zu heissen hätte: ›Ich halte Stalin für einen Diktator. Hochachtungsvoll Berthold Viertel‹. Daraufhin erfolgte nichts weiter, und dabei blieb es – bis ich jetzt diese Londoner Pöbelei bekam.«[26] Torberg schätzte zwar Viertels Regiearbeit am Burgtheater, besonders seine Übersetzungen wichtiger Dramen von Tennessee Williams, zählte ihn aber politisch zu den besonders gefährlichen Gegnern. Er hatte aber Respekt vor ihm und übte sich daher in der Öffentlichkeit in Zurückhaltung. In einem Brief an seinen Freund Klaus Dohrn – einen ebenfalls überzeugten Antikommunisten, der in den 1930er Jahren Chefredakteur der Zeitschrift *Der christliche Ständestaat* war – versuchte Torberg, das ihm vorgeworfene »mildtätige[] Verhalten gegen Viertel« als reines Strategem zu rechtfertigen: »Wenn ich mit un-

▲ Mit Klaus Dohrn, um 1960 (DA).

Berthold Viertel mit Upton Sinclair und Sergej Eisenstein (v.r.n.l.) in Hollywood, ▲ um 1940 (DLA).

terschiedsloser Schärfe nach allen linken Richtungen um mich schläge, räubte ich den Hieben, auf die es dann wirklich ankommt, ihr wichtiges Gewicht.«[27] Viertel selbst dürfte sich recht wenig um den politischen Gegner gekümmert haben. Einzig ein paar Eintragungen in ein Notizheft sind bekannt; eine, die sich auf die wöchentliche Kolumne des Schriftstellerkollegen im *Wiener Kurier* bezieht, lautet: Torberg habe »immer eine Woche Zeit, ein Lackerl Geifer zu erzeugen«.[28]

Daß Torberg in *Pem's Personal Bulletins* als radikaler Antikommunist bezeichnet wurde, war für ihn keineswegs ungefährlich. Da die sowjetische Besatzungsmacht mit ihren Gegnern nicht gerade sanft umzugehen pflegte, konnte diese Aussage »in Wien mit Leichtigkeit lebensgefährlich werden«, schrieb er Koestler im zitierten Brief.[29] In gleicher Weise versuchte Torberg aber nun Hilde Spiel zu diffamieren. Er wußte, daß Koestler in gutem Kontakt zu Melvin Lasky stand, dem Herausgeber der in Berlin erscheinenden Zeitschrift *Der Monat*, und bat ihn, dort gegen Spiel zu intervenieren, da sie ein »Fellowtraveller« der Kommunisten sei: »Was ich nicht so gerne in Kauf nehme, ist die Tatsache, dass diese Dame Spiel zu den regelmässigen Mitarbeitern des ›Monat‹ gehört, – desselben ›Monat‹, der für mich noch keine Zeile übriggehabt hat […]. Obviously, one doesn't qualify for the ›Monat‹ by being anti-Red in Vienna, but by being pro-Red in London.«[30] Lasky möge die ungeliebte Kollegin veranlassen, sich im strikt antikommunistischen Blatt klar gegen Thomas Mann und Berthold Viertel auszusprechen, oder ihn – Torberg – wegen seiner Attacken gegen die beiden Schriftsteller persönlich angreifen, »so that I can at least strike back«.[31] Spiel war von den regelmäßigen Einkünften aus Publikationen in Zeitungen und Zeitschriften abhängig. Allein schon die Verdächtigung, Kommunistin oder Sympathisantin zu sein, hätte bei dem aus amerikanischen Geldern finanzierten *Monat* zur Kündigung der Mitarbeit führen können. Bei seinen teilweise offen, teilweise hinter den Kulissen geführten Kampagnen ging es Torberg in den seltensten Fällen um inhaltliche Auseinandersetzungen. Wie in diesem Falle versuchte er seine Gegner zumeist – mit aller rhetorischen Finesse – bewußt zu verleumden. Die Kampagne gegen Hilde Spiel scheint keineswegs

▲ Hilde Spiel im Neuwaldegger Bad. Wien, britischer Sektor, um 1946 (EZR).

nur politisch motiviert gewesen zu sein: Die zitierten Briefstellen verbergen nur schlecht Torbergs Neid und Eifersucht auf seine alte Bekannte und lassen auch auf persönliche Gründe schließen. Erst nach etwas mehr als einem Monat antwortete Koestler, daß er mit Torbergs Einverständnis den Brief direkt an Lasky weiterleiten werde, denn Anderweitiges sei ihm dann doch zu kompliziert.³² Damit hatte Torberg nicht gerechnet, und aus seiner Antwort ist unschwer zu erkennen, daß er alles andere als erfreut war, daß sein Kollege offensichtlich die Dringlichkeit dieser Angelegenheit nicht erkannte und ihm die antikommunistische Solidarität versagte: »I'm almost as late with my letter as you have been with yours […]. Thanks for your readiness to take that Spiel thing up with Lasky – but I'd rather you didn't. It would be too much of a kowed [hebr./jidd.: Ehre] for that little Filzlaus, if you know what I mean, which you do. I'm satisfied that you have taken note of it. Should an occasion offer itself to mention it to Lasky personally, so much the better. Wenn nicht, dann nicht.«³³ Versuche Torbergs, in den Folgemonaten weitere Freunde und Berufskollegen einzuspannen, um Hilde Spiel zu schaden, blieben erfolglos, weswegen er die Angelegenheit ruhen ließ.

Überdies begann der Fall Karl Paryla seine Aufmerksamkeit zu erregen. Der Wiener Schauspieler und Regisseur, ein gerngesehener Darsteller bei den Salzburger Festspielen, hatte im Juni 1951 in der kommunistischen Zeitschrift *Tagebuch* ein Spottgedicht unter dem Titel *Karl Paryla macht Zwischenrufe für den ›JEDERMANN‹* veröffentlicht. Dort wetterte er gegen die Wirtschaftspolitik und die amerikanische Präsenz in Österreich, bezeichnete Mitglieder der Bundesregierung als »Marionetten« und die Festspielstadt als »Brückenkopf« des »Atlantikblocks«.³⁴ Reaktionen auf Parylas satirisches Gedicht gab es zunächst keine. Erst als Mitte März 1952 bekanntgeworden war, daß er in Salzburg die Rolle des Teufels im *Jedermann* übernehmen sollte, meldete sich Torberg im *Wiener Kurier* mit einem *P. S. zu einem K. P.-Engagement* zu Wort: »Es fügt sich hübsch, daß die Initialen des Schauspielers Karl Paryla die gleichen sind wie die der Kommunistischen Partei. Denn Karl Paryla ist nicht nur Schauspieler, sondern auch Parteiaktivist […] aus Überzeugung. Er ist kein Rück-, sondern Vorversicherer, er ist Kommunist nicht von ungefähr, er ist es mit Absicht, und zwar mit der Absicht, eine totalitär-diktatorische Gesellschaftsordnung herbeizuführen, in der bei den Salzburger Festspielen, wenn es sie dann überhaupt noch gäbe, ganz bestimmt kein Schauspieler mitwirken könnte, der auch nur ein einziges Mal auch nur halb so rabiat gegen den Kommunismus Stellung genommen hätte, wie K. P. seit Jahr und Tag gegen die Demokratie Stellung nimmt. Ja es steht zu vermuten, daß ein solcher Schauspieler, wenn er dann überhaupt noch lebt, auch außerhalb Salzburgs nicht auftreten könnte, oder höchstens in einer sibirischen Lagerbaracke. […] Daß er jetzt aber zur Mitwirkung an den Salzburger Festspielen 1952 eingeladen wurde, kann nur auf einen Irrtum zurückgehen.«³⁵

»Da muß sich jemand in der Schublade vergriffen haben«, tadelte Torberg weiter und gab zu bedenken, daß amerikanische Gäste »eine gewisse Abneigung dagegen entwickeln« könnten, »ihre grünen Dollars zum schwarzen Kurs gegen rote Fußtritte einzuwechseln«, und »sich die K.-P.-Losung ›Ami go home‹ dergestalt zu Herzen nehmen, daß sie erst gar nicht kommen«.³⁶

Paryla warf Torberg daraufhin primitives Denken vor und bezeichnete dessen Rubrik als Kommunistenhetze. »Diesmal sollte das P. t. Publikum zu einer Saalschlacht gereizt werden. Die Wahl fiel auf einen österreichischen Schauspieler, der geeignet genug zu sein schien, um als requisites Objekt der

Karl Paryla als »Teufel« im *Jedermann* auf dem Salzburger Domplatz, 1.8.1948 (ÖNB-BA). ▲

schwindelerregenden Stimmungskanone gegen die Sowjetunion zu dienen.«[37] Auch habe es Torberg nicht weiter als störend empfunden, fährt Paryla fort, daß er schon seit vielen Jahren »sein kommunistisches Kleid« trage und es noch nie gegen »vorteilhaftere Moderöcke« vertauscht habe. Und ebensowenig habe es Torberg als störend empfunden, daß er über einen Menschen herfiel, den er zuletzt in Zürich getroffen hatte, als sich beide zur Flucht vor dem nationalsozialistischen Terrorregime gezwungen sahen.[38]

Mittlerweile hatte Torbergs Kritik jedoch eine breite Debatte in der österreichischen Presse in Gang gesetzt, und die Empörung über Parylas Festspiel-Gedicht wogte immer heftiger durchs Land. Diesen Umstand nützte Torberg für eine weitere Kolumne im *Wiener Kurier*, in der er nun – gleichsam als Opinion Leader – die Verantwortlichen für die Verpflichtung des Bühnenkünstlers zur Rechenschaft zog: »Die Frage, warum K. P. das Engagement nach Salzburg angenommen hat, ist unsre Frage nicht. Wir fragen, warum es ihm angeboten wurde.«[39] Der Druck der Öffentlichkeit und der Politik wurde letztlich so groß, daß dem Intendanten der Festspiele, Ernst Lothar, keine andere Wahl blieb, als Paryla aus seinem Vertrag zu entlassen.

Daß Torberg nicht allerorts Anerkennung für seine Methoden der kulturpolitischen Einflußnahme fand, muß nicht eigens erwähnt werden; dies ließ ihn aber angesichts der erfolgreichen Hintertreibung von Parylas Anstellung kalt. Die spitze und bewußt doppeldeutige Bemerkung Hilde Spiels allerdings, Karl Paryla sei »im Privatleben zu rot, selbst für den Teufel«,[40] die sie in ihrem Artikel über die Salzburger Festspiele fallenließ, der noch dazu ausgerechnet im *Monat* veröffentlicht wurde, erzürnte den großen Polemiker dermaßen, daß er sich nun schließlich höchstpersönlich an Melvin Lasky wandte.

In einem acht Seiten langen Brief, den er gegenüber Dohrn als »einen ›echten‹ by highest Torberg standards«[41] bezeichnete, zog der Verfasser noch einmal sämtliche Register seiner polemischen Techniken, wobei er besonders sein Vorgehen gegen Linke, ›Fellow-Traveller‹ und Neutralisten hervorstrich, um schließlich auf den für ihn entscheidenden Punkt zu kommen: »Miss Spiel doesn't belong to those who are unmasking Bolshevism. She belongs to those who are camouflaging it. And the point of my polemic is not whether Miss Spiel has written something controversial in one or the other issue of DER MONAT, but whether Miss Spiel should be permitted to write in DER MONAT at all.«[42]

Lasky aber hatte – obwohl er ganz und gar dem Kalten Krieg verschrieben war – offenkundig wenig übrig für derartige persönliche Zwistigkeiten und war für Torbergs intrigantes Machtspiel nicht empfänglich. Zudem war der Herausgeber des *Monat* seit Jahren mit Hilde Spiel und deren Mann Peter de Mendelssohn gut bekannt: »Is it enough to say that I agree (and concede to you) on many points, that I differ on others, and that in the basic agreement which unites us the essential question is one of emphasis, of strategy and tactics. Here different responsibilities and different temperaments play a role. Why not leave it at that? […] I think the best way would be to employ your pen directly for this task – and not indirectly in personal correspondence.«[43]

Was Torberg hier nicht gelang – nämlich Hilde Spiel beruflich zu schaden –, sollte er 1972 erreichen, als er maßgeblich daran beteiligt war, Spiels Wahl zur Präsidentin des österreichischen P.E.N. zu verhindern, womit er späte Rache an seiner Kollegin nahm.

Das wohl bekannteste und von der Literaturwissenschaft am ausführlichsten dokumentierte Beispiel für Torbergs Tätigkeit als Verhinderer von Literatur und als Verfechter des Anti-Kommunismus ist der Boykott gegen Bertolt Brecht. Die Vorgeschichte dazu ist schnell erzählt: Brecht, der 1933 aus Hitler-Deutschland flüchten mußte und dem von den Nazis 1935 die Staatsbürgerschaft aberkannt wurde, benötigte nach seiner Rückkehr aus dem US-Exil wieder eine Staatsbürgerschaft, um in Europa uneingeschränkt reisen und arbeiten zu können. Über seinen Freund, den Bühnenbildner Caspar Neher, lernte er im Frühjahr 1948 den Komponisten Gottfried von Einem kennen. Einem, der dem Direktorium der Salzburger Festspiele angehörte und sich eine Neubelebung der renommierten Kulturveranstaltung zum Ziel setzte, kam auf die Idee, Brecht für eine Erneuerung der Festspiele zu gewinnen. Da abzusehen war, »daß es zu einer Sanktionierung der Spaltung Deutschlands kommen würde, was konkret für Brecht bedeutete, daß ein deutscher Paß – egal, ob vom Westen oder vom Osten ausgestellt – ihn in seiner Arbeit behindern würde«,[44] war dieser nicht abgeneigt, die österreichische Staatsbürgerschaft zu beantragen. Am 12. April 1950 wurde ihm endlich die »Urkunde über die Verleihung der Staatsbürgerschaft« ausgestellt. Die Öffentlichkeit wußte über diese Verleihung allerdings nicht Bescheid. Eingeweiht waren nur jene Personen und Gremien, die unmittelbar an dieser Angelegenheit beteiligt waren. Bald schon zeigte sich aber, daß es in diesem Kreis undichte Stellen gab, und als im Herbst 1951 die Meldung von der Verleihung der österreichischen Staatsbürgerschaft an Brecht in mehreren Zeitungen gleichzeitig erschien, löste dies einen kulturpolitischen Skandal ersten Ranges aus.[45] In den Medien wurde Brecht natürlich als der Kommunist schlechthin bezeichnet, und die Öffentlichkeit reagierte auf den Vorfall mit einem Proteststurm. Die beiden politischen Parteien ÖVP und SPÖ, die zu gleichen Teilen an der Einbürgerung des Dramatikers beteiligt waren, wiesen jede Verantwortung zurück, was dazu führte, daß Gottfried von Einem ins Schußfeld der Presse geriet. In den *Salzburger Nachrichten*, einer Zeitung, »die mit besonderem Eifer nach den verantwortlichen Herren suchte«,[46] stand schon wenige Tage nach Beginn der Kampagne in einem Kommentar zu lesen: »Ob man nicht jetzt doch den Festspielausschuß von Einem oder dem anderen säubern müßte?«[47]

Die Affäre wurde schließlich – man möchte sagen in typisch österreichischer Manier – mit dem Ausschluß von Einems aus dem Direktorium der Salzburger Festspiele beigelegt. Für Brecht bedeutete der Tumult rund um seine Einbürgerung allerdings, daß er im offiziellen Kulturbetrieb Österreichs einigermaßen diskreditiert war.[48] Als er auch noch zu den Ereignissen des sogenannten Volksaufstandes vom 17. Juni 1953 in der DDR in einer Weise Stellung nahm, die das Eingreifen der sowjetischen Truppen gegen die Demonstrationen der Arbeiter gutzuheißen schien, sah er sich erneut einer massiven Kampagne ausgesetzt, die zum Ziel hatte, Brecht-Stücke von den heimischen Bühnen fernzuhalten. Seine Dramen wurden fortan nur noch aus der antikommunistischen Position heraus beurteilt.[49] Zu der breit angelegten Aktion trug auch Torberg einen gewichtigen Teil bei. Mit mehreren Angriffen in der von ihm herausgegebenen Zeitschrift *FORVM* sowie mit Hilfe von Mitstreitern wie etwa Ernst Haeusserman und Hans Weigel gelang es tatsächlich, daß von 1956 an – ignoriert man die von den Medien totgeschwiegenen Aufführungen in der *Scala*, einem kleinen Theater mit kommunistischem Hintergrund, dann schon ab 1953 – kein Stück von Brecht in Wien aufgeführt wurde. Erst in der Spielzeit 1962/63 wagte das Volkstheater unter der Direktion von Leon Epp die »Blockadebrecher«-Premiere:[50] Regisseur Gustav Manker brachte eine Inszenierung von *Mutter Courage und ihre Kinder* auf die Bühne. Der ›Brecht-Boykott‹ war vor allen Dingen – so der Kritiker Joachim Kaiser – »ein bemerkenswerter publizistischer Triumph«[51] und wurde – über die Grenzen Österreichs hinaus – zu einem »Diskus-

Gottfried von Einem vor dem Eingang zum Salzburger Festspielhaus, 1947 (ÖNB-BA). ▲

sionsschlager von großer Wirksamkeit«.⁵² Nach dem Bau der Berliner Mauer 1961 schlossen sich sogar einige deutsche Bühnen vorübergehend dem Boykott an.

Torbergs Argument für sein Vorgehen gegen Brecht war das gleiche, das er auch gegen andere kommunistische Künstler oder Sympathisanten vorbrachte: man habe sich in den Dienst einer Diktatur gestellt. Anders als in seinen anderen politischen Kämpfen nahm er bei Brecht verstärkt Bezug auf dessen Werk. In seinem Einleitungsreferat für eine vom Westdeutschen Rundfunk im November 1961 veranstaltete Diskussion sagte Torberg: »Bertolt Brecht, daran ist nicht zu rütteln, war ein Anhänger dieser kommunistischen Diktatur. Er war ihr im vollen, ursprünglichen Sinn des Wortes verschrieben, er hat sein Werk und seine Person – die sich so wenig voneinander trennen lassen, wie sein Werk sich in einen künstlerischen und in einen politischen Teil aufspalten ließe – restlos und vorsätzlich in den Dienst der kommunistischen Sache gestellt, und er hat für diese Sache Propaganda gemacht, wo immer er konnte.«⁵³

Gleichwohl war sich Torberg über den Rang Brechts als einer der bedeutendsten Dramatiker des 20. Jahrhunderts und über dessen enorme Breitenwirkung im klaren. Gerade deshalb war es ihm wichtig, explizit auf die politische Botschaft des literarischen Werks hinzuweisen, da er überzeugt war, daß alles, was Brecht schrieb, »eine von ihm selbst eindeutig deklarierte Absicht verfolgt, nämlich die Propagierung eines ideologisch bestimmten Weltbilds, das dem im westlichen Sinn demokratischen Weltbild diametral und durchaus feindselig entgegensteht«.⁵⁴ Daß seine »Bedenken zu recht bestehen« würden, meinte Torberg, sei ihm »gerade von Brechts eifrigsten Anhängern bestätigt [worden]: indem sie permanent auf der Suche nach politischen Rechtfertigungen für ihn sind, permanent etwas aus ihm machen wollen, was er nicht ist, und sich somit darüber klar zu sein scheinen, daß man ihn als das, was er ist, dem Westen eigentlich nicht zumuten dürfte«.⁵⁵

All seinen Gegnern, die in ihm nur einen blindwütigen Anti-Brechtianer sahen, ihm ein Denken vorhielten, das sich nur noch in Fronten bewege, und ihm schließlich vorwarfen, für ein generelles Brecht-Verbot im Westen einzutreten, entgegnete Torberg, daß »die Stücke des verführerisch begabten KP-Dichters Bertolt Brecht« durchaus im Westen gespielt werden könnten, »aber ausschließlich vor einem Publikum, das sich nachweisbar weder mit der Gesinnung noch mit seiner Intelligenz im Notstand befindet«.⁵⁶ Auf diesen »Scharfsinn« der Menschen wollte der Kritiker aber offenkundig nicht vertrauen, weshalb er es als seine Aufgabe ansah, mit allen ihm zur Verfügung stehenden Mitteln vor der Verseuchung durch »Brechtokokken« – wie er es nannte – zu warnen.

Jahre später, als Brecht in Österreich längst wieder gespielt wurde, bezeichnete Torberg den Boykott in mehreren Artikeln und Aufsätzen als bewußtes oder absichtliches Mißverständnis der Brecht-Anhänger. Seine kritische Stellung habe

▲ Brechts *Mutter Courage* im Wiener Volkstheater 1962. Photos von der sogenannten Blockadebrecher-Premiere, u. a. mit Dorothea Neff, Fritz Muliar und Paola Löw (WBR, HS).

sich weniger gegen Brecht selbst als gegen die politischen Demonstrationen gerichtet, zu denen die Aufführungen der Werke genutzt wurden. Torberg dürfte zusehends klar geworden sein, daß er mit der Kampagne gegen den Autor von Weltrang einen nicht gewünschten Nebeneffekt hervorgerufen hatte: Mit jeder noch so kritischen und polemischen Äußerung über den Dichter machte er gleichzeitig auch Reklame für ihn. Im Bewußtsein dieses Widerspruchs forderte er von Siegfried Unseld, dem Leiter des Suhrkamp-Verlags, in der für ihn kennzeichnenden ironischen Manier fehlende Teile der neuen Werkausgabe ein: »[W]enn Sie die Standhaftigkeit, mit der ich für Ihren Starautor bei jeder Gelegenheit Propaganda mache, auch weiterhin unterstützen wollen, dann schicken Sie mir bitte die Gedichtbände 8 und 9 und die Prosabände 1–5 Ihrer Brecht-Ausgabe, die mir (anders als die zuvor erschienenen) noch nicht zugestellt wurden.«[57]

Auch wenn heutzutage der sogenannte Brecht-Boykott gerne als Groteske der österreichischen Art gesehen wird,[58] spiegelt sich in ihm dennoch wider, wie sich die globale ideologische Auseinandersetzung zwischen Ost und West auf das Denken und Handeln der Intellektuellen im Lande ausgewirkt hat. Noch ein Jahrzehnt nach Beendigung des ›Boykotts‹ sollte Torberg im Konflikt des Österreichischen P.E.N.-Clubs mit der jungen steirischen Avantgarde von der Vergangenheit eingeholt werden. Die Künstler rund um das »Forum Stadtpark« planten, ein »autonomes P.E.N.-Zentrum« mit Sitz in Graz als Gegenpol zur konservativen Zentrale in Wien aufzubauen, um in das kulturpolitische Geschehen Österreichs eingreifen und insbesondere gegen das Machtmonopol vorgehen zu können, das der damalige Österreichische P.E.N.-Club im offiziellen Literaturbetrieb ausübte. Einem solchen zweiten Zentrum wollten die alteingesessenen Mitglieder des P.E.N. freilich nicht zustimmen. Auf beiden Seiten sparte man daher nicht mit Vorwürfen und Attacken. Zum Höhepunkt der Debatte kam es im Sommer 1973, als Alfred Kolleritsch und Klaus Hoffer in der Zeitschrift *manuskripte* Torberg der Verleumdung bezichtigten und ihn obendrein als einen »CIA-Schützling« und »Brecht-Verhinderer« bezeichneten.[59] Torberg ließ sich das nicht bieten und ging gegen die beiden Grazer Autoren gerichtlich vor. Die Verhandlung endete mit einem Vergleich. Kolleritsch und Hoffer wurde die Verpflichtung auferlegt, den Passus »CIA-Schützling« zurückzunehmen. Obwohl Torberg jede Zusammenarbeit mit der CIA abstritt, konnte im Verfahren allerdings nachgewiesen werden, daß das *FORVM*, dessen Mitherausgeber er war, Subventionen von Stiftungen bezog, die auch aus Mitteln des amerikanischen Geheimdiensts finanziert wurden. Im Juni 1974 nahmen Kolleritsch und Hoffer – erneut in *manuskripte* – die »Bezeichnung des Herrn PA. Prof. Friedrich Torberg als ›CIA-Schützling‹, die jeder Grundlage entbehrt, mit dem Ausdruck des Bedauerns zurück«, nicht ohne in dieser Erklärung festzustellen, daß die »vom Privatankläger bis 1966 geführte Zeitschrift ›Forum‹ eingestandenermaßen, wenn auch ohne sein Wissen vom ›Congrés pour la Liberté de la Culture‹ Gelder erhielt. Der ›Congrés‹ wurde aus Mitteln des CIA mitfinanziert.«[60]

3. Von Kafka bis Handke oder Torberg als Literaturvermittler

Friedrich Torberg steht aber nicht nur für den radikalen Antikommunismus jener Zeit und das Blockieren von Kunst und Kultur. Er steht auch für die wichtige Funktion sowohl eines Förderers deutschsprachiger als auch eines Vermittlers fremdsprachiger Literatur: Karel Čapek, Peter Hammerschlag, Peter Handke, Fritz von Herzmanovsky-Orlando, Ephraim Kishon, Franz Mittler, Franz Molnár, Helmut Qualtinger und Brigitte Schwaiger sind nur eine kleine Auswahl bekannter und weniger bekannter Namen, die Torberg in irgendeiner Form unterstützt hat. Von ganz besonderer Bedeutung ist jedoch sein Engagement im Falle Franz Kafkas. Der Verleger Gottfried Bermann Fischer bemühte sich seit Kriegsende um die deutschsprachigen Publikationsrechte an dessen Werk. Diese lagen beim Kaufmann und Verleger Salman Schocken, der sie 1934 von Julie Kafka, der Mutter des frühverstorbenen Schriftstellers, erworben hatte. Schockens 1931 gegründetes Verlagshaus – anfangs mit Sitz in Berlin (Zwangsschließung 1938), ab 1934 auch in

Erklärung:

Wir, Dr. Alfred Kolleritsch und Dr. Klaus Hoffer, erklären hiemit, daß die von uns verfaßten Passagen im Artikel „Marginalie", wie er in der periodischen Druckschrift „manuskripte", 13. Jahrgang, 39. Heft, auf Seite 3 erschienen ist, von uns nicht aufrecht erhalten werden.

Wir nehmen insbesondere die Bezeichnung des Herrn PA. Prof. Friedrich Torberg als „CIA-Schützling", die jeder Grundlage entbehrt, mit dem Ausdruck des Bedauerns zurück.

Wir haben auch keinerlei Ursache und Anlaß mehr zu behaupten, daß Herr Prof. Friedrich Torberg die Grazer Autorenversammlung durch einen Artikel in der Hamburger Zeit „verleumdet" hätte.

Alfred Kolleritsch   Klaus Hoffer

Zusätzlich zu dieser Erklärung stellen wir fest:

Wir, die Beschuldigten, wurden gemäß § 259 Zahl 2 StPO freigesprochen. Wir, die wir seinerzeit, als Friedrich Torberg die Vereinigung, der wir angehören, des Verstoßes gegen sämtliche Punkte der P.E.N.-Charta zieh, auf eine Klage Torbergs um der Beruhigung der angespannten Situation der österreichischen Literatur willen verzichteten, geben diese Erklärung ab, obwohl die vom Privatankläger bis 1966 geführte Zeitschrift „Forum" eingestandenermaßen, wenn auch ohne sein Wissen vom „Congrés pour la Liberté de la Culture" Gelder erhielt. Der „Congrés" wurde aus Mitteln des CIA mitfinanziert. Wir geben diese Erklärung weiters ab, obwohl lange nach Ausbruch des Konflikts Heinrich Böll in einem an Friedrich Torberg und Klaus Hoffer gerichteten Brief ausdrücklich bemerkte, er wolle nicht, daß die in der „Grazer Autorenversammlung" vereinigten Schriftsteller dem Internationalen P.E.N. verlorengingen.

▲ Erklärung von Alfred Kolleritsch und Klaus Hoffer in der Zeitschrift *manuskripte*, 1974 (WBR, DS).

Jerusalem und Tel Aviv, nach seiner Emigration in die USA 1940 auch mit Sitz in New York – war auf moderne hebräische Literatur und Judaica spezialisiert. Sein kostbarstes Gut waren aber die Rechte am Gesamtwerk von Franz Kafka, von dem Schokken noch im Dritten Reich mehrere Bände einer Werkausgabe auf den Markt gebracht hatte.[61] 1946 erschien in den Vereinigten Staaten erstmals *Der Prozeß* in englischer Übersetzung, die auch im deutschsprachigen Raum eine Welle von geistiger An- und Aufregung auslöste, aber auch das Bestreben, diese für viele Jahre verschwundene Literatur dem Publikum wieder zugänglich zu machen. Schocken prüfte alle Verlagsmöglichkeiten äußerst genau. Bermann Fischer aber tat sich schwer, zu Schocken vorzudringen.[62] Von seinen Schwierigkeiten berichtete er Friedrich Torberg, der in freundschaftlicher Beziehung zum Verlegerehepaar Gottfried und Brigitte Bermann Fischer stand. Erst kürzlich hatte er das *Zehnjahrbuch 1938–1948*, eine Historie des Verlags, redigiert und eingeleitet. »Es hätte des Telegramms nicht bedurft, damit ich den Brief heute beantworte, und des Briefes nicht, damit ich in der Kafka-Affaire für Dich und den Verlag interveniere«,[63] schrieb Torberg an Bermann Fischer am 5. April 1950. »[I]n der Tat habe ich das […] sofort und mit großem Nachdruck zu tun begonnen, als ich vor einer Woche durch Zufall erfuhr, daß Du in Deinen Verhandlungen auf Schwierigkeiten stößt.«[64] Torberg erläuterte dem Verleger, daß die Probleme bei den Verhandlungen wohl auf einen Kafka-Vorabdruck zurückgehen dürften, den Bermann Fischer in der *Neuen Rundschau* gebracht hatte: Für die Freigabe des bis dahin unveröffentlichten Materials soll sich der Verleger nie richtig bedankt haben. Torberg war davon überzeugt, daß es schwer werden würde, den »schrullenhaften alten Herrn«[65] umzustimmen. Dennoch wollte er nichts unversucht lassen und teilte Bermann Fischer mit, daß er sich auch an Hannah Arendt gewandt habe, die Schocken noch aus ihrer Zeit beim Verlag, wo sie als Lektorin gearbeitet hatte, gut kenne.[66] Von Bermann Fischer ließ sich Torberg ein Schriftstück ausstellen, welches ihn als Berater des Verlages auswies und das überdies seine literarische Position, seine Gesinnung und seine Veröffentlichungen über Kafka dokumentieren sollte.[67] Torberg überließ nichts dem Zufall, um bei Schocken für eine Intervention qualifiziert zu erscheinen. Vertraut man Torbergs Briefen, dann ist es ihm nicht nur gelungen, einen Verkauf der Rechte an Rowohlt, sondern auch den Abschluß mit Suhrkamp zu verhindern. Am 21. Juni 1950 jedenfalls ging ein Telegramm an Bermann Fischer ab: »Flash battle of Schocken is won and Kafka is Fischer author […] congratulations Frederick«.[68] Noch im selben Jahr konnte Kafkas *Prozeß* als erster Band der *Gesammelten Werke* bei S. Fischer erscheinen, ein Erfolg, den Torberg für sich verbuchen konnte.

Für eine weitere Sensation auf dem deutschen Buchmarkt zeichnete Torberg Anfang der 1960er Jahre selbst verantwortlich. Von einem Besuch in Israel brachte der Komponist, Schriftsteller und Kabarettist Gerhard Bronner seinem Freund eine englische Buchausgabe der Satiren von Ephraim Kishon mit. Torberg, der bereits einige Texte des israelischen Autors ungarischer Herkunft kannte, stellte das Buch seinem Verleger Langen Müller

▲ Der Verleger Salman Schocken (DLA).

Der Verleger Gottfried Bermann Fischer (DLA). ▲

Titelblatt des *Zehnjahrbuchs* (WBR, DS). ▲

mit der Bereitschaft vor, es zu übersetzen.⁶⁹ Der damalige Verlagsinhaber Joachim Schondorff war von diesem Vorschlag sehr angetan und stellte sofort die Verbindung zu Kishon her. Dieser war über die Möglichkeit einer deutschen Übersetzung seines Buches *Look back Mrs. Lot!* zwar sehr erfreut, konnte allerdings mit dem Namen »Professor Torberg« nichts anfangen und war daher ein wenig skeptisch, was das Vorhaben anbelangte: »In principle I shall be delighted to grant you permission to publish a German edition of the book and am expecting your detailed offer. Unfortunately I am not acquainted with Professor Torberg's work, but I would like to draw your attention to the fact that to be successful the translation must be done in a facile and easy-flowing language.«⁷⁰ Torberg war über diese Zeilen verärgert: »Ich kann mich noch damit abfinden, daß er nichts von mir weiß – obwohl [...] schon eine gehörige Ignoranz dazu gehört, der er doch besser durch Erkundigungen an Ort und Stelle beigekommen wäre.«⁷¹ Die Geschichte stellte sich jedoch rasch als Mißverständnis heraus: »Regarding Prof. Torberg, I made a most regrettable error, for which I would like to apologize«, schrieb Kishon dem Verlag. »I simply did not associate Friedrich Torberg with the title ›Professor‹, but naturally I know and admire his work [...]. It is a great honour to me that he is willing to untertake the translation of ›Mrs. Lot‹.«⁷²

Torberg, der des Hebräischen nicht mächtig war, übertrug die englische Version von Kishons Satiren ins Deutsche. *Drehn Sie sich um, Frau Lot* erschien 1961 und wurde begeistert aufgenommen. Bis zu seinem Tod im Jahre 1979 übersetzte Torberg zwölf Bücher Kishons und hatte somit großen Anteil daran, daß dieser mit einer Auflage von gegenwärtig etwa 33 Millionen Bänden nicht nur zu einem der beliebtesten, sondern auch zu einem der bedeutendsten Satiriker im deutschen Sprachraum avancierte. Zwar lief die Zusammenarbeit der beiden nicht immer reibungslos ab, weil Kishon mitunter – völlig zu Recht – den Eindruck hatte, Torberg übersetze nicht, was er geschrieben hatte, sondern was er übersetzen wollte; gleichwohl wußte er, daß sein großer Erfolg vor allem dem Können Torbergs zu verdanken war.⁷³ In der Festschrift zu dessen 70. Geburtstag revanchierte sich Kishon mit folgenden humorvollen Zeilen: »[N]ews has gotten around that, when Ephraim Kishon reads his own books in Friedrich Torberg's translation, he bursts out into shameful fits of laughter, which is rather embarrassing. The critics say that we are a happy couple. Some years ago, I proposed to Torberg: I wanted him to marry me. But he turned me down. He says I am too old for him.«⁷⁴

Nicht zu alt war dem Doyen der österreichischen Literaturkritik Brigitte Schwaiger – ganz im Gegenteil, wie ihrem Beitrag in der Festschrift von 1978 zu entnehmen ist: »Ich mochte seine Arbeit und er meine dreiundzwanzig Jahre.«⁷⁵ Kennengelernt hatte Torberg die junge Autorin schon 1972, also fünf Jahre, bevor sie 1977 mit ihrem Debütroman *Wie kommt das Salz ins Meer?* einen Sensationsbestseller landete. Schwaiger arbeitete als Regieassistentin beim ORF und hatte kleinere Auftritte in Kellertheatern. Das Verhältnis der beiden wurde rasch so innig wie dauerhaft und Torberg darüber hinaus ihr Mentor und Lehrer: »Du wirst zugeben, daß ich bei aller Widerborstigkeit Deine gelehrige Schülerin war. Wenn ich arbeite – was Du immer sehr begrüßt –, sitze ich über einem widerspenstigen Satz fast so lange wie Du, und als genialer Übersetzer hast Du aus mir eine leidenschaftliche Übersetzerin aus dem Spanischen gemacht.«⁷⁶ Über seine eigentümliche Aufmerksamkeit gegenüber ihrem Erstlingswerk schreibt Schwaiger: »Als ich mit meinem ersten Buch fertig war, sagt[e] er: ›Streichen, streichen, wo Du nur kannst.‹ Dabei

▲ Mit Ephraim Kishon in der Jüdischen Gemeinde Berlin, 1964.
Photo: Harry Corner (DA).

hatte er es noch gar nicht gelesen. Ich, beflissen, strich. Und er hatte recht.«[77] Als das Buch erschienen war, setzte sich Torberg in seiner Funktion als Kritiker nachdrücklich für die junge Kollegin ein. In der *Süddeutschen Zeitung* rezensierte er ihr Debüt und präsentierte Schwaiger »als originelle, von sämtlichen Gruppen, Schulen und Klüngeln unabhängige und nicht nur aus diesem Grund bedrohliche Begabung«.[78] Insbesondere würdigte er ihren gar nicht harmlosen »Humor, der unter dem Deckmantel einer geradezu infamen Scheinheiligkeit um so spitziger zusticht«.[79] Ihre Stärke liege im sprachlichen Sensorium; sie habe »nicht dem Volk aufs Maul geschaut, sondern dem Mittelstand auf den Mund, und was dabei herauskommt, ist auf amüsanteste Weise vernichtend, ist sozialkritischer, als absichtsvolle Sozialkritik jemals sein könnte«.[80]

Torbergs Literaturauffassung war – und das ist nicht wertend gemeint – sicherlich altmodisch. Grobe sprachliche Experimente lehnte er ab und propagierte demgegenüber stets ein Produzieren von Literatur nach traditionellen Regeln. Der ihm von vielen Seiten gemachte Vorwurf, ein ›Feind der Moderne‹ zu sein, dürfte allerdings doch eine zu generalisierende Beurteilung gewesen sein. Immerhin bat ihn Ernst Jandl in einem Brief vom 8. November 1957 darum, er möge die in der Beilage angekündigte Lesung experimenteller Dichtung, die neben Kostproben aus seinem Werk auch Gedichte von Friederike Mayröcker bot, anzeigen und besprechen.[81] Die verschiedenen modernen literarischen Verfahren waren Torberg durchwegs geläufig, und nicht jede Form lehnte er kategorisch ab. Auch wenn er so manches nicht in die Öffentlichkeit trug, so ist zumindest seinen Briefen zu entnehmen, daß er beispielsweise den

▲ Rudolf Angerer: Eigenhändiger Entwurf des Schutzumschlags zu Ephraim Kishons *Wie unfair, David!* (WBR, HS).

Brigitte Schwaiger, um 1975. Photo: Karl Kofler (DLW). ▲

in ihren Techniken so verschiedenartig arbeitenden Dichtern H. C. Artmann, Wolfgang Bauer oder Barbara Frischmuth nicht nur literarisches Können, sondern auch große Bedeutung für die österreichische Literatur beimaß.[82] Bezeichnend ist, daß Torberg 1977 als Juror der zum ersten Mal veranstalteten *Tage der deutschsprachigen Literatur* in Klagenfurt mit Gert Jonke für einen Autor votierte, der sich hauptsächlich in antitraditionellen, oft provokativ experimentellen Schreibweisen und Erzählmustern bewegte. Der spätere Träger des ersten Bachmann-Preises habe ihm stilistisch und strukturell eine neue Dimension eröffnet, argumentierte Torberg.[83] Daß er in Jonkes skurrilem sprachlichen Humor auch eine Nähe zu Herzmanovsky-Orlando ortete, zeigt jedoch, daß er die junge Generation vor allem nach dem Literaturverständnis seiner Generation maß.

Von allen jüngeren Autoren genoß wohl Peter Handke die größte Wertschätzung bei Torberg – als Person wie als Schriftsteller. Nachdem Handke, der wie kein anderer Schriftsteller in der österreichischen Literatur immer neue Entwicklungen ankündigte und mit nahezu jedem Werk neue Po-

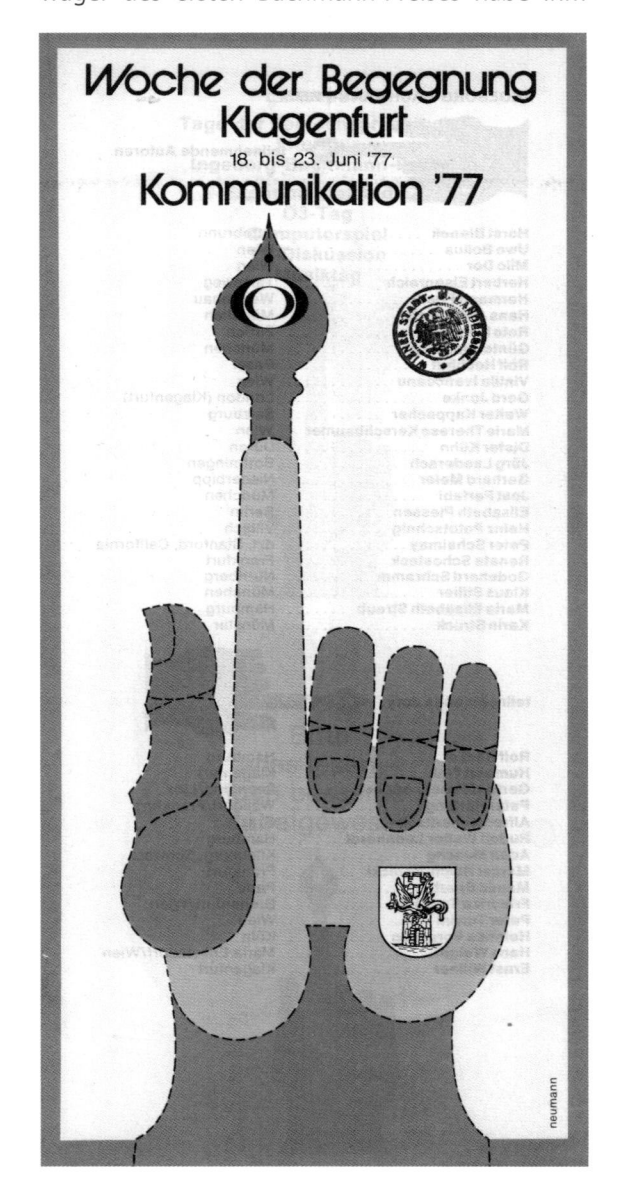

▲ Titelseite der Informationsbroschüre und Teilnehmerliste (WBR, HS).

sitionen bezog, 1972 die Erzählung *Wunschloses Unglück* veröffentlicht hatte, konstatierten viele Rezensenten eine aufsehenerregende Wendung im Werk des Kärntner Autors vom Avantgardisten hin zum traditionellen Erzähler.[84] Torberg sah sich veranlaßt, für den jungen Kollegen eine Bresche zu schlagen, und vermittelte im Zuge seiner Besprechung von Handkes Auswahlband *Als das Wünschen noch geholfen hat* der literarischen Öffentlichkeit eine Auslegung der Dichtkunst des Schriftstellers, welche bis heute Gültigkeit beansprucht: »Und mögen doch alle Reaktionäre, die ihn jetzt für sich in Anspruch nehmen möchten, von diesem unsinnigen Vorhaben ablassen. So avant ist keine Garde, daß Handke ihr nicht immer noch um ein entscheidendes Stückchen Einsicht voraus wäre, um ein entscheidendes Stückchen Intelligenz, und vor allem um die entscheidende Begabung, zwischen Inhalt und Ausdruck, zwischen Trostlosigkeit und ›poetischer Lust auf die Welt‹ eine einleuchtende Balance zu schaffen. Wer ihm daraus den Strick einer ›Rückkehr zum Konventionellen‹ drehen will, übersieht, daß sich mittlerweile die Konventionen geändert haben. Es ist diese Änderung, die Handke artikuliert, weit überzeugender, weit kompetenter als jene, die auf das Zerbröckeln bestimmter Daseinsformen mit einer Auflösung der Syntax reagieren, und die es für einen künstlerischen Ausdruck ihrer Kommunikationsschwierigkeiten halten, wenn sie lallen. Handke spricht zusammenhängend. Und wir sind mitten in die von ihm gesichteten Zusammenhänge gestellt.«[85]

Fast möchte man meinen, Friedrich Torberg habe gegen Ende seines Lebens eine Wende vollzogen, aber dies täuscht. Leidenschaftlich Stellung zu beziehen, sich einzumischen und sich dabei letztlich auch in Widersprüche zu verwickeln – das sind einige seiner wesentlichen Kennzeichen. Hier machten sich die Gefahren der Vielseitigkeit bemerkbar, die aus jenem »Fünfspalt« resultierten, der sich durch sein ganzes Leben gezogen hat – »er machte immer zuviel auf einmal, und da ihm nichts davon überzeugend mißlang, hörte er bis an sein Lebensende nicht auf damit«.

Gertrud Fussenegger, Hans Weigel, Manès Sperber und Friedrich Torberg beim ersten Ingeborg-Bachmann-Preis. Aus: Klagenfurter Texte 1977.

1   Vgl. Friedrich Torberg: Blaugrau karierte Berufung zum Dichter. In: Vorletzte Worte. Schriftsteller schreiben ihren eigenen Nachruf. Hg. von Karl Heinz Kramberg. Frankfurt/M.: Bärmeier & Nikel 1970, S. 257–264, hier S. 258f. und 264.

2   Frank Tichy: Friedrich Torberg. Ein Leben in Widersprüchen. Salzburg, Wien: Otto Müller 1995, S. 64.

3   Herbert Rosendorfer: Fritz und Friedrich. Herzmanovsky-Orlando und Torberg. In: Und Lächeln ist das Erbteil meines Stammes. Erinnerungen an Friedrich Torberg. Hg. von David Axmann. Wien: Edition Atelier 1988, S. 121–131, hier S. 121.

4   Friedrich Torberg an Fritz von Herzmanovsky-Orlando, Brief vom 26.7.1949. WBR, Nachlaß Torberg, ZPH 588, 37/26.

5   Tichy, Friedrich Torberg (Anm. 2), S. 65.

6   Friedrich Torberg an Joseph Wechsberg, Brief vom 21.7.1950. WBR, Nachlaß Torberg, ZPH 588, 36/8.

7   Vgl. Fritz von Herzmanovsky-Orlando: Sinfonietta Canzonetta Austriaca. Eine Dokumentation zu Leben und Werk. Hg. und kommentiert von Susanna Goldberg und Max Reinisch. Salzburg, Wien: Residenz 1994 (= Sämtliche Werke 10), S. 409 und 415.

8   Fritz von Herzmanovsky-Orlando an Friedrich Torberg, Brief vom 3.5.1953. In: Ebd., S. 416.

9   Herzmanovsky-Orlando, Sinfonietta Canzonetta Austriaca (Anm. 7), S. 420.

10 Tichy, Friedrich Torberg (Anm. 2), S. 66. Vgl. auch Klaralinda Ma: Einleitung. In: Phantastik auf Abwegen. Fritz von Herzmanovsky-Orlando im Kontext. Essays. Bilder. Hommagen. Hg. von Bernhard Fetz, Klaralinda Ma u. Wendelin Schmidt-Dengler. Wien, Bozen: Folio 2004, S. 7–12, hier S. 10.

11 Barbara Grunert-Bronnen: Herzmanovsky für Touristen. In: Literatur und Kritik 1 (1966), 5, S. 1–9, hier S. 1.

12 Ebd., S. 9.

13 Friedrich Torberg: In Wahrheit ist es noch viel schlimmer. In: Literatur und Kritik 1 (1966), 5, S. 10–16, hier S. 10.

14 Ebd., S. 14.

15 Wendelin Schmidt-Dengler: Groteske und geordnete Wirklichkeit. Anmerkungen zur Prosa Fritz von Herzmanovsky-Orlandos. In: Österreich in Geschichte und Literatur 14 (1970), 4, S. 191–201, hier S. 192.

16 Vgl. ebd.

17 Friedrich Torberg: Herzmanovsky-Nachlese oder Was man in einem Ausstellungskatalog alles nachlesen kann. In: morgen. Kulturzeitschrift aus Niederösterreich (1977), 1, S. 61–65, hier S. 62.

18 Friedrich Torberg an Joseph P. Strelka, Brief vom 24.9.1970. WBR, H.I.N. 241863.

19 Friedrich Torberg an Joachim Schondorff, Brief vom 31.3.1960. WBR, Nachlaß Torberg, ZPH 588, 5/7.

20 Vgl. Rosendorfer, Fritz und Friedrich (Anm. 3), S. 126.

21 Friedrich Torberg an Siegfried Bernfeld, Brief vom 24.10.1956. WBR, Nachlaß Torberg, ZPH 588, 30/5.

22 Vgl. Rosendorfer, Fritz und Friedrich (Anm. 3), S. 128.

23 Vgl. Kurt Palm: Torberg und »the subject«. In: Die Presse (Wien), 7.2.1998, S. IV, und K. P.: Brecht im Kofferraum. Aufsätze – Anekdoten – Abschweifungen. Wien: Löcker 2006, S. 157–164.

24 Vgl. Hilde Spiel: Welche Welt ist meine Welt? Erinnerungen 1946–1989. München, Leipzig: List 1990, S. 142–145.

25 Pem's Personal Bulletins 473/474. WBR, Nachlaß Torberg, ZPH 588, 35/2.

26 Friedrich Torberg an Arthur Koestler, Brief vom 29.6.1951. WBR, Nachlaß Torberg, ZPH 588, 35/2.

27 Friedrich Torberg an Klaus Dohrn, Brief vom 28.5.1952. WBR, Nachlaß Torberg, ZPH 588, 12/1.

28 Berthold Viertel: H. B., in memoriam. [Notizheft]. DLA Marbach, A: Viertel, 69.3142/51 [Verschiedenes, Arbeits- und Notizhefte, datiert 1951].

29 Friedrich Torberg an Arthur Koestler, Brief vom 29.6.1951 (Anm. 26).

30 Ebd.

31 Ebd.

32 Arthur Koestler an Friedrich Torberg, Brief vom 8.8.1951. WBR, Nachlaß Torberg, ZPH 588, 35/2.

33 Friedrich Torberg an Arthur Koestler, Brief vom 1.9.1951. WBR, Nachlaß Torberg, ZPH 588, 35/2.

34 Karl Paryla macht Zwischenrufe für den ›JEDERMANN‹. In: Tagebuch 6 (1951), 14, S. 1.

35 Friedrich Torberg: P. S. zu einem K. P.-Engagement. In: Wiener Kurier, 23.5.1952.

36 Ebd.

37 Karl Paryla: Wer ist ein Volltrottel unter den Nichtmarxisten? In: Tagebuch 7 (1952), 12, S. 3.

38 Vgl. ebd.

39 Friedrich Torberg: P. S. zu einem K. P.-Engagement (Fortsetzung und Schluß). In: Wiener Kurier, 19.6.1952.

40 Hilde Spiel: Kabale und Kunst. Die Salzburger Festspiele 1952. In: Der Monat 5 (1952), 49, S. 69–74, hier S. 73.

41 Friedrich Torberg an Klaus Dohrn, Brief vom 20.11.1952. WBR, Nachlaß Torberg, ZPH 588, 12/1.

42 Friedrich Torberg an Melvin J. Lasky, Brief vom 23.11.1952, WBR, Nachlaß Torberg, ZPH 588, 28/8.

43 Melvin J. Lasky an Friedrich Torberg, Brief vom 20.1.1953. WBR, Nachlaß Torberg, ZPH 588, 28/8.

44 Kurt Palm: Vom Boykott zur Anerkennung. Brecht und Österreich. Wien, München: Löcker 1983, S. 71.

45 Vgl. ebd., S. 81f.

46 Ebd., S. 83.

47 »Brechtige« Hintergründe. In: Salzburger Nachrichten, 13.10.1951.

48 Vgl. Palm, Vom Boykott zur Anerkennung (Anm. 44), S. 93.

49 Vgl. ebd., S. 98–105. – Brecht hatte das Eingreifen der sowjetischen Truppen für gut befunden, da sich dieses – wie er meinte – gegen die Versuche von Provokateuren richtete, die einen neuen globalen Konflikt zu entfachen versuchten, und keineswegs gegen die demonstrierenden Arbeiter. In den Medien wurde seine differenzierte Haltung jedoch auf die Verbundenheit mit der Sozialistischen Einheitspartei Deutschlands reduziert, die die Niederschlagung des Volksaufstands begrüßte.

50 Anonym: Brecht-Premiere mit der »Mutter Courage«. In: Kurier (Wien), Morgenausg., 23.2.1963.

51 Joachim Kaiser: Heißer Krieg gegen kühle Dramen. Zu Torbergs Anti-Brecht-Thesen. In: Der Monat 14 (1962), 162, S. 60–64, hier S. 60.

52 Vgl. Tichy, Friedrich Torberg (Anm. 2), S. 250.

53 Friedrich Torberg: Soll man Brecht im Westen spielen? Ein Vortrag im Zyklus »Umstrittene Sachen« des WDR. Abgedruckt in: Der Monat 14 (1961), 159, S. 56–62, hier S. 57.

54 Friedrich Torberg: Das Unbehagen in der Gesinnung. In: F. T.: Apropos. Nachgelassenes, Kritisches, Bleibendes. München, Wien: Langen Müller 1981 (= Gesammelte Werke in Einzelausgaben 11), S. 280–328, hier S. 315.

55 Torberg, Soll man Brecht im Westen spielen? (Anm. 53), S. 62.

56 Friedrich Torberg: Dreierlei Theater. In: FORVM 5 (1958), 55/56, S. 295.

57 Friedrich Torberg an Siegfried Unseld, Brief vom 27.12.1965. WBR, Nachlaß Torberg, ZPH 588, 30/13.

58 Vgl. Tichy, Friedrich Torberg (Anm. 2), S. 249.

59 Alfred Kolleritsch / Klaus Hoffer: marginalie. In: manuskripte 13 (1973), 39, S. 3.

60 Erklärung von Alfred Kolleritsch und Klaus Hoffer. In: manuskripte 14 (1974), 43, S. 2.

61 Vgl. Volker Dahm: Das jüdische Buch im Dritten Reich. 2., überarb. Aufl. München: Beck 1993, S. 349–353.

62 Vgl. Gottfried Bermann Fischer: Bedroht – Bewahrt. Weg eines Verlegers. Frankfurt/M.: S. Fischer 1967, S. 328–330.

63 Friedrich Torberg an Gottfried Bermann Fischer, Brief vom 5.4.1950. In: Gottfried Bermann Fischer / Brigitte Bermann Fischer: Briefwechsel mit Autoren. Hg. von Reiner Stach. Frankfurt/M.: S. Fischer 1990, S. 511.

64 Ebd.

65 Ebd., S. 512.

66 Vgl. Friedrich Torberg an Gottfried Bermann Fischer, Brief vom 18.4.1950. In: F. T.: Pegasus im Joch. Briefwechsel mit Verlegern und Redakteuren. [Hg. von David Axmann u. Marietta Torberg]. München, Wien: Langen Müller 1983 (= Gesammelte Werke in Einzelausgaben 14), S. 86f.

67 Vgl. Friedrich Torberg: Incomplete Notes on a Complete Kafka. In: Jewish Frontier 16 (1947), 1, S. 26–29, und F. T.: Kafka, the Jew. In: Commentary 4 (1947), 2, S. 189–190.

68 Friedrich Torberg an Gottfried Bermann Fischer, Telegramm vom 21.6.1950. In: Torberg, Pegasus (Anm. 66), S. 94.

69 Vgl. Friedrich Torberg an Bruno Wittels (Tribüne), Brief vom 27.10.1961. WBR, Nachlaß Torberg, ZPH 588, 6/5.

70 Ephraim Kishon an Karin Goedecke (Langen Müller), Brief vom 14.7.1960. WBR, Nachlaß Torberg, ZPH 588, 5/7.

71 Friedrich Torberg an Joachim Schondorff, Brief vom 25.7.1960. WBR, Nachlaß Torberg, ZPH 588, 5/7.

72 Ephraim Kishon an Karin Goedecke (Langen Müller), Brief vom 3.8.1960. WBR, Nachlaß Torberg, ZPH 588, 5/7.

73 Vgl. Ephraim Kishon: My Translator. In: Der Weg war schon das Ziel. Festschrift für Friedrich Torberg zum 70. Geburtstag. Hg. von Josef Strelka. München, Wien: Langen Müller 1978, S. 121–123, hier S. 122.

74 Ebd., S. 122f.

75 Brigitte Schwaiger: Ein spanisches Angebinde. In: Ebd., S. 218–224, hier S. 218.

76 Ebd., S. 219f.

77 Ebd., S. 221.

78 Friedrich Torberg: Ein bedrohliches Talent. Brigitte Schwaigers Erstlingsroman. In: Süddeutsche Zeitung, 30.3.1977.

79 Ebd.

80 Ebd.

81 Ernst Jandl an Friedrich Torberg, Brief vom 8.11.1957. WBR, Nachlaß Torberg, ZPH 588, 30/2.

82 Vgl. Friedrich Torberg an Hermann Kesten, Brief vom 12.3.1973. WBR, Nachlaß Torberg, ZPH 588, 4/7.

83 Vgl. »Klagenfurt und kein Ende ...«. Vom Kampf im Wörter-See. Das Beste aus 25 Jahren Ingeborg-Bachmann-Preis. Gestaltung: Alfred Dickermann und Dolores Hibler. Mitarbeit: Binia Salbrechter u. Doris Trinkl. Sprecher: Josef Glanz. 5 CDs. ORF, Landesstudio Kärnten 2001, hier CD 1.

84 Vgl. Wendelin Schmidt-Dengler: Bruchlinien. Vorlesungen zur österreichischen Literatur 1945 bis 1990. Salzburg, Wien: Residenz 1995, S. 255, und Hans Höller: Peter Handke. Reinbek bei Hamburg: Rowohlt 2007, S. 63.

85 Friedrich Torberg: Qualen eines Hellhörigen. In: Die Welt (Hamburg), 10.10.1974.

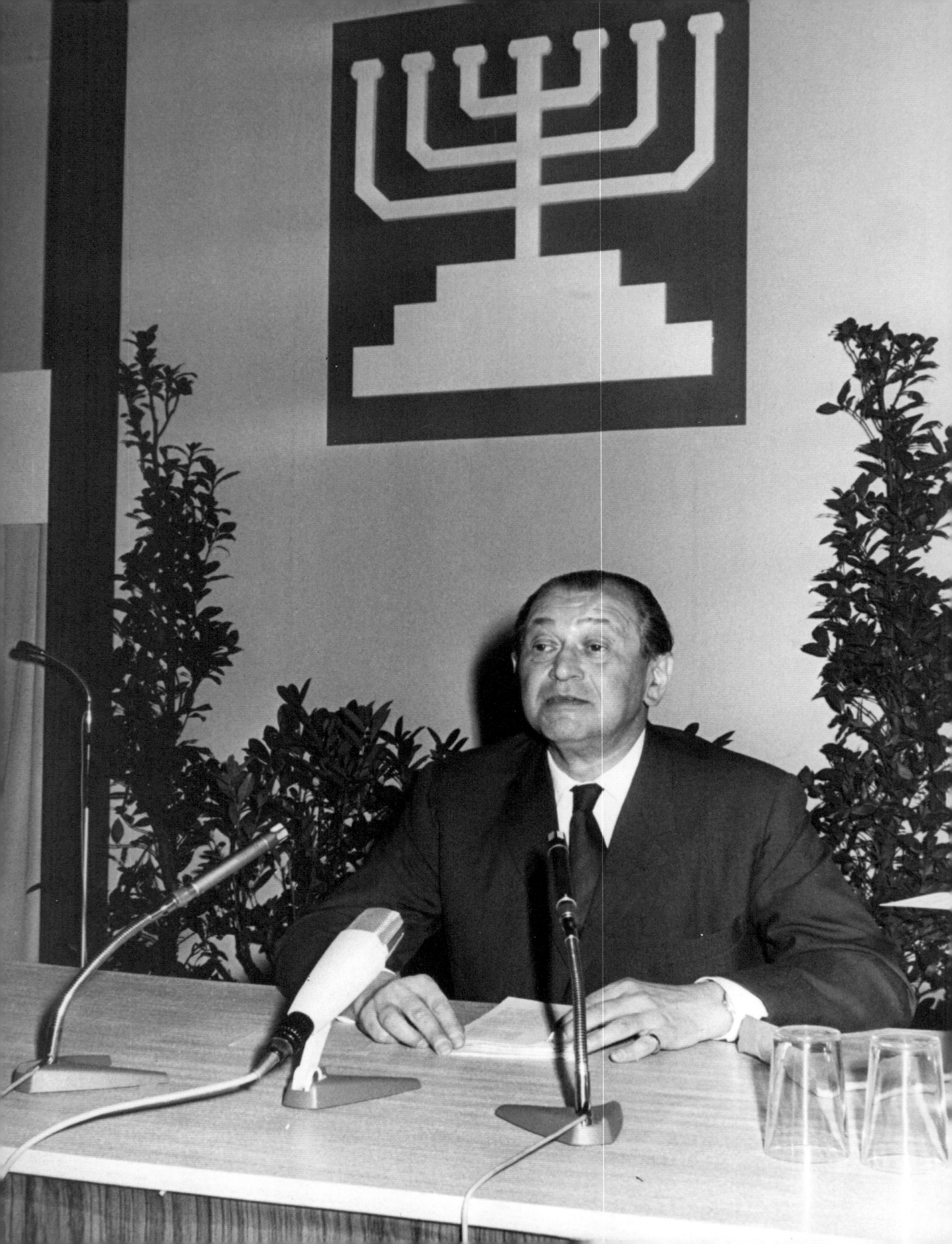

Evelyn Adunka

Der deutschen Sprache letzter »Jud vom Dienst«
Friedrich Torberg und sein Judentum

Meine Zugehörigkeit zum Judentum [...] ist für mich keine leere Formalität, sondern Sache einer stolzen Überzeugung, für die ich [...] mein Leben lang offen und kämpferisch eingetreten bin, auch wo das nicht zu meinem Vorteil war.[1]

Friedrich Torberg war der prononcierteste jüdische Schriftsteller in Nachkriegsösterreich. In zahlreichen öffentlichen und privaten Äußerungen deklarierte er sich als stolzer Jude und bezog explizit zu jüdischen Fragen Stellung. Bewußt kultivierte, ja stilisierte er diese Haltung und prägte dafür das Schlagwort »Jud vom Dienst«, das erstmals 1962 auftauchte.[2] In seinem *Nachruf zu Lebzeiten* heißt es, er kehre »die jüdische Komponente seines Wesens so nachdrücklich hervor, daß er immer häufiger als (wie er sagte) ›Jud vom Dienst‹ zu den einschlägigen Rundgesprächen, Fernsehdiskussionen und Seminaren herangezogen wurde«.[3] An anderer Stelle ergänzte Torberg, er habe »alle Hände voll damit zu tun, das Antisemiten- und Assimilantengezücht auf geistig-literarischem Gebiet zu bekämpfen«, und er sei bemüht, »in Österreich einen nicht immer ganz leichten Kampf um ein würdiges jüdisches Image zu führen«.[4]
Diese Einstellung war in Torbergs Jugend nur teilweise vorgegeben. So schrieb er an Adèle Herzfeld: »Ich bin in einer jener assimilatorischen Familien aufgewachsen, wie sie um die Jahrhundertwende in Wien beheimatet waren, und was immer ich an jüdischer Bildung besitze – es ist, ich muss es immer wieder sagen, wenig genug – habe ich mir erst in späteren Jahren aus eigenem Bedürfnis angeeignet.«[5] Als Friedrich Ephraim Kantor wurde er 1908 in Wien geboren. Sein Vater Alfred Kantor war »gegen den Zionismus« und ein Anhänger der von Richard Graf Coudenhove-Kalergi gegründeten Paneuropabewegung. Im Elternhaus lockerte sich im Laufe der Zeit die Einhaltung der jüdischen Traditionen und Speisegesetze, doch während die jüdischen Feiertage eingehalten wurden, waren christliche Bräuche wie Weihnachtsbaum

◀ Friedrich Torberg liest anläßlich der jüdischen Buchausstellung im Künstlerhaus Wien, 13.3.1969. Photo: Agentur Votava (DA).

Der Müllnertempel in Wien-Alsergrund in einer Entwurfszeichnung seines ▲ Architekten Max Fleischer (JMW).

und Ostereier verpönt.[6] Seine Bar Mizwa feierte Torberg 1921 im Wiener Müllnertempel. Sein Religionslehrer war der 1931 mit 71 Jahren verstorbene Heinrich Pollak, der Gerson Wolfs vielbenutzte *Geschichte Israels für die israelitische Jugend* nach dessen Tod in zahlreichen Auflagen neu herausgab. Torberg nannte diesen Umstand »ein ähnlich betäubendes Erlebnis, wie wenn man z. B. von Herrn Aspirin persönlich ein Pulver bekäme«.[7]

Schon als 15jähriger publizierte Torberg ein der jüdischen Emanzipation gewidmetes Gedicht in der Prager Zeitschrift *Jung Juda*; zwei Jahre später erschien hier auch das selbstbewußte Gedicht *Iwri onauchi* (hebr.: Ich bin ein Jude).[8] Torbergs jüdische Identität war vor allem zionistisch geprägt, wobei seine Identifikation mit den Idealen des berühmten Wiener jüdischen Sportklubs Hakoah die tragende Rolle spielte, dem er 1921 beitrat. 1932 wurde Torberg Mitglied der sozialdemokratisch orientierten Poale Zion, doch über seine dortige Tätigkeit liegen keine Quellen vor.[9]

Lehrmeister und Freunde

Max Brod verdankte Torberg nicht nur die Veröffentlichung seines Debütromans *Der Schüler Gerber hat absolviert* und die ersten Beiträge im *Prager Tagblatt*, sondern er war auch sein geistiger Vater, sein »Lehrer und Mentor in jüdischen Dingen«.[10] Torberg, der mit Brod über Jahrzehnte in enger Verbindung blieb, bekannte nach dessen Tod 1968, daß dieser ihn gelehrt habe, »wie man sich mit den Fragen des Jude-Seins auseinandersetzt und wie man sie mit den Fragen der Welt in Einklang bringt«.[11]

Für Martin Buber empfand Torberg »schon als sehr junger Mensch« eine Verehrung, die ihn »frühzeitig unter seinen geistigen und erzieherischen Einfluß brachte«.[12] Ihm widmete er zwar sein Gedicht *Fürbitte*, doch persönlich war er ihm nur wenige Male begegnet. 1946 lobte Buber die »wirklich gute« Erzählung *Mein ist die Rache*, besonders »ihr eigentümlicher Wahrheitscharakter«[13] habe ihn sehr bewegt. Eine seiner Begegnungen mit Buber schilderte Torberg nach dessen Tod 1965 im *FORVM* – etwas verändert wurde diese Sequenz auch in *Die Erben der Tante Jolesch* aufgenommen.

Ein weiterer großer Lehrmeister Torbergs war Arthur Schnitzler. »Er hat gerade in jüdischen Zusammenhängen eine Klarsicht und Klugheit und Würde dokumentiert, die auch manchen nicht assimilantischen Juden zum Vorbild dienen könnte«, schrieb Torberg an dessen Sohn Heinrich.[14] Eng verbunden fühlte sich Torberg auch Franz Werfel. Über diese Anhänglichkeit des jungen Torberg

Mit Max Brod, um 1960 (Antiquariat Fritsch Wien).

Robert Weltsch und Martin Buber in Jerusalem.
Photo: Bernheim (Antiquariat Fritsch Wien).

schrieb Werfels Biograph Peter Stephan Jungk: »In ihm erkannte Franz Werfel einen Ebenbürtigen und Geistesverwandten, er war bereit, sich diesem humorvollen, noch von kakanischer Weltsicht geprägten Vierunddreißigjährigen ganz zu öffnen«.[15] In der 1945 verfaßten Gedenkrede auf Werfel lieferte Torberg nicht nur eine der besten Analysen von Werfels katholischer *und* jüdischer Prägung, sondern auch eine der schönsten und liebevollsten Beschreibungen der katholischen Atmosphäre, in der alle – also auch die jüdischen – Kinder in Österreich aufwuchsen: »Katholizismus ist für einen, der noch im alten Österreich zur Welt kam, zunächst einmal [...] ein völlig unproblematischer, organischer Bestandteil von Luft und Landschaft; er ist das Marterl im Salzkammergut, das schöne, saubere Sonntagstuch der böhmischen Kinderfrau, Heiligenbild auf der Brücke, Kirchportal hinterm Park, Fronleichnams-Prozession und Peregrini-Markt.«[15] Auch mit Elie Wiesel stand Torberg in seinen letzten Jahren in freundschaftlichem Kontakt. Beide hatten einander 1978 auf Vermittlung von Paul Freedman in New York getroffen. In einem Brief Torbergs an Elie Wiesel heißt es: »You probably don't realize what it means for a more or less isolated Jew to be in touch with you. Let alone for a Jewish writer.«[17]

Jüdische Themen in Torbergs literarischem Werk

In Torbergs ersten vier Romanen spielten jüdische Themen zunächst keine Rolle. Das änderte sich mit dem Roman *Auch das war Wien*, der in den Jahren 1938/39 entstand, jedoch erst 1984 publiziert werden sollte. Im Mittelpunkt steht – vor dem Hintergrund der drohenden Okkupation Österreichs – die Liebesgeschichte des jüdischen Dramatikers Martin Hoffmann mit der ›arischen‹ Schauspielerin Carola Hell. Hoffmanns jüdische Identität beschreibt Torberg als selbstverständlich und unproblematisch: »Weder hat er die Tatsache, daß er Jude war, sich oder andern jemals verhehlen wollen, noch hat er sie zur beherrschenden seines Lebens gemacht.«[18] Dieses Selbstverständnis wird von anderen jedoch nicht geteilt, wie Martin Hoffmann feststellen muß. Er bewundert einen alten polnischen Juden »in schwarzem Kaftan und schwarzem abgeflachten Hut« (AW 365), der ein »vollkommenes Ebenmaß« besitzt, »daß es aus sich allein schon edel und erhaben wäre« (AW 368). Doch der Alte nimmt Martin gar nicht wahr. Hoffmann erkennt, daß er als Assimilant oder gar als Deutscher gilt, jedenfalls scheint für den Alten festzustehen, »daß ich nicht einmal ein Jud bin« (AW 368). Daraufhin beschließt Hoffmann, in die Leopoldstadt zu gehen, wo er fünf polnische Juden in einem Kaffeehaus beobachtet. Diese haben »leidensmüde Gesichter, tausendjährige Gesichter. Aber die hier sind anders. Die sind lebendig vom Leid, nicht müde. Und ihre tausend Jahre sind ihnen eingekerbt so tief, als böten sie Empfang und Platz der lächerlich geringen Spanne, die ihnen jetzt noch zugefügt werden soll.« Er überhört einen Satz aus ihren Gesprächen: »Er hot es gesugt. Der Sadagurer hot es gesugt. Jidn, hobt nischt kejne moire – [...] der Rabbi von Sadagora hat gesagt, daß die Juden keine Angst haben sollen« (AW 373). Während dieser Begegnung erinnert sich Hoffmann an seine jüdische Sozialisation und daran, was ihm sein Judentum bedeutet: »die

Elie Wiesel (r.) und Manès Sperber (Mitte) nebst unbekanntem Herrn in New York, um 1970 (ÖLA).

feierlichen Synagogengesänge von längst vergangenen Festabenden – ein pathetisches Melodram aus einem jiddischen Schauspiel – die Stimme des alten Lehrers, der ihm zum dreizehnten Geburtstag mit unsagbar verächtlicher Geduld seinen Thora-Abschnitt eintrichterte« (AW 373).

Beschreibt Torberg schon in diesem zunächst Manuskript gebliebenen Roman antisemitische Ausschreitungen nach dem ›Anschluß‹ Österreichs, so thematisiert er in seinen Prosatexten *Mein ist die Rache* (1943) und *Hier bin ich, mein Vater* (1948) explizit die Schoa. Es war wohl das Schicksal seiner engsten Angehörigen, das ihn zu dieser außergewöhnlich frühen literarischen Auseinandersetzung veranlaßte. Aus der engeren 15köpfigen Familie Kantor/Berg überlebten nur er und seine Schwester Ilse. Ihre Mutter Therese und die Schwester Sidonie wurden 1941 im Alter von 63 bzw. 40 Jahren nach Polen deportiert.[19]

Die Novelle *Mein ist die Rache* beschreibt aus der Sicht des »Rabbinatskandidaten« Joseph Aschkenasy die Willkür und Brutalität in einem deutschen Konzentrationslager. Er kommt nur frei, weil er den KZ-Kommandanten erschießt: »Ich hatte die Wahl, und ich habe falsch gewählt. Ich habe Rache genommen und meine Rache wird gerächt werden. Denn Mein ist die Rache, spricht der Herr.«[20] Torberg rekurriert damit auf eine Passage im 94. Psalm und will zeigen, daß die uralten jüdischen Moralgesetze auch unter den totalitären Bedingungen des 20. Jahrhunderts ihre Geltung behalten.

Mit dem Roman *Hier bin ich, mein Vater* legte Torberg den fiktiven Rechenschaftsbericht eines Juden vor, der für die Gestapo gearbeitet hat, weil er seinen in KZ-Haft befindlichen Vater retten wollte. Am Ende bekennt der Protagonist Otto Maier, ihm sei es doch stets »nur darum gegangen, von den andern, die keine Juden waren, so behandelt zu werden, als ob auch ich keiner wäre, so behandelt zu werden wie ein normaler Mensch. Das war der kleine Denkfehler, der mir dabei unterlief: daß ich mich immer nach *ihren* Begriffen gerichtet habe. Es ist mir nie der Gedanke gekommen, daß mit diesen ihren Begriffen etwas nicht stimmen könnte. Ich habe mein Judentum immer als Defekt akzeptiert, und die es mich fühlen ließen, immer als Ankläger. Ich habe nie zu vermuten gewagt, daß da vielleicht die Ankläger selbst an einem Defekt litten.«[21] Im letzten Kapitel schildert Torberg eine Begegnung Maiers mit seinem alten Religionslehrer Jonas Bloch. Beider Gespräch ist die Schlüsselszene des Buchs. Maier rechtfertigt seinen fragwürdigen Pakt mit der Gestapo und empört sich gegenüber Bloch: »Wir nicht. Nur die andern. Die dürfen mit den Nazi paktieren.« (MV 323) Und später fährt er fort: »Daß gerade wir, die Schwächsten von allen – gerade wir, die von allen verfolgt und getreten werden – daß gerade wir Juden immer zu einer höheren Moral verpflichtet sein sollen. Gegen diese Verpflichtung wehre ich mich.« (MV 324) In seiner Antwort versucht Bloch die einzigartige metaphysische Situation des Judentums zu erklären: »Merkst du nicht, daß einer, der sich gegen eine moralische Forderung auflehnt, sie gerade dadurch schon anerkennt? Ob du willst oder nicht: auch du bemühst dich um diese höhere Moral, die man von uns Juden verlangt – und die wir selbst von uns verlangen müssen, immer, und wenn wir in Not und Verzweiflung sind, dann erst recht.« (MV 324) Kurz darauf sagt Bloch: »Wir wehren uns ja gerade mit unsrer Moral. Gerade mit unsrem Glauben daran, daß eines Tages Moral vor Gewalt gehen wird. Daß eines Tages […] das Gute über das Böse siegen wird […] vielleicht werden eines Tages die andern unsre Moral haben. Das ist möglich. Aber daß wir eines Tages ihre Gewalt hätten, ist unmöglich. Dagegen hat Gott für alle Zeiten vorgesorgt. Wir werden heimkehren nach Zion, wir werden den Tempel bauen – und werden ihre Gewalt nicht haben, sondern immer nur unsre Moral.« (MV 325) Bloch schließt mit den Worten: »Und *das* […] ist unsre Auserwähltheit. Nicht daß wir besser wären als die anderen – nur daß es uns leichter ist, gut zu sein. Damit es uns aber nicht allzu leicht sei, werden wir verfolgt.« (MV 326) Am Ende entläßt Bloch den ehemaligen Schüler: »Ich kann dir nicht helfen. […] Niemand kann das. Es hat niemand die Macht, dir zu helfen.« (MV 329) Der Roman behandelt somit auch exemplarisch die Tragödie eines assimilierten Juden, »eines Juden, der kein Jude sein will«, wie Torberg zwei Jahrzehnte nach Erscheinen des Romans schreibt, und dessen Ringen mit den Wertvorstellungen des Judentums. In Maier entwirft Torberg einen Menschen, der das »ganz genaue Gegenteil jener jüdischen Haltung repräsentiert, die ich einnehme«.²²

Für Herbert Eisenreich stand Torberg mit diesem Buch »buchstabengetreu auf den sittlichen Fundamenten des Judentums, als da sind: das Gesetz, und Recht und Gerechtigkeit und die Selbstkritik«.²³ *Hier bin ich, mein Vater* erreichte eine deutsche Gesamtauflage von 60.000 Exemplaren und wurde ins Hebräische, Italienische und Französische übersetzt. 1958 wurde der Roman im Auftrag des ORF von Ernst Schönwiese und Josef Strelka mit Otto Schenk, Hermann Thimig, Susi Nicoletti und Guido Wieland dramatisiert. Nach einem Drehbuch von Torberg erfolgte 1970 die Verfilmung im Auftrag des Senders Freies Berlin mit Peter Vogel, Helmut Lohner, Erika Pluhar, Otto Schenk, Kurt Meisel, Guido Wieland und Fritz Muliar in den Hauptrollen.

Die 1968 publizierte Erzählung *Golems Wiederkehr* ist im Prager jüdischen Viertel während der deutschen Besatzung der Stadt situiert. Torberg verknüpft hier den nationalsozialistischen Plan eines »Jüdischen Zentralmuseums« mit der Legende, daß die berühmte Prager Synagoge »Altneuschul« in der NS-Zeit vom Prager Golem (einmal mehr) vor der Zerstörung gerettet worden sei. Die Erzählung ist eine beeindruckende Auseinandersetzung mit der Schoa und der jüdischen Geschichte Prags. Sie wurde wie vergleichbare literarische Darstellungen (H. G. Adler, Egon Erwin Kisch, Jiří Weil) auch von neueren Forschungen über das Zentralmuseum rezipiert.²⁴

Seinen letzten Roman *Süßkind von Trimberg* publizierte Torberg 1972 – für ihn war es sein wichtigstes Buch. Der historische Roman schildert neben dem mittelalterlichen auch das traditionelle jüdische Leben. Torberg fühlte sich in diesem Wissensbereich nicht ganz sicher und bat daher seinen Freund Michael Simon, den damaligen israelischen Botschafter in Wien und Bruder des israelischen Pädagogen Ernst Simon, um eine Beurteilung des Manuskripts. Simon retournierte es mit kritischen Anmerkungen, die Torberg aber nur teilweise veranlaßten, die entsprechenden Stellen zu ändern. Dabei ging es unter anderem um die Erklärung und Korrektur einiger ritueller Handlungen: das verhüllte Haar der Mutter, die Segenssprüche am Sederabend oder das Knien zu Jom Kippur.²⁵ Im Roman blieben dennoch einige sprachliche Fragwürdigkeiten, etwa das Wort »Geldjude« oder »Männerschule« statt »Männerschul«.

Die Reaktionen auf das Buch waren geteilt. Manès Sperber befand: »Es war nicht von vornherein selbstverständlich, daß das Buch bei so vielen gescheiten Menschen soviel Verständnis und Bewunderung finden würde.«²⁶ Gershom Scholem schrieb, er habe das Buch »mit großer Anteilnahme und nicht wenig beeindruckt« gelesen.²⁷ Ruth Kestenberg-Gladstein, die Autorin des Buches *Neuere Geschichte der Juden in den böhmischen Ländern*, fand die Leistung ausgezeichnet: »Eine besondere Kunst ist es, wie Sie Süsskind Worte in den Mund legen, die natürlich für die jüdische Situation – Ihre z. B., in gewisser Hinsicht auch meine – in unserer Zeit passen: und diese Worte klingen doch nicht deplaciert sondern echt.«²⁸ Für György Sebestyén hatte das Buch »die spannungsgelade-

▲ Schutzumschlag von Ernst Wahrmut Mayer (WBR, DS).

▲ Ansichten des »Jüdischen Zentralmuseums« in Prag, um 1944.
Aus dem Nachlaß von H. G. Adler (DLA).

ne Vieldeutigkeit bedeutender Epik«.²⁹ Und Heinz Politzer jubelte: »Wie farbenprächtig ist dieses Buch und mit welch tiefer Menschenkenntnis ist es geschrieben!«³⁰

Diesen euphorischen Urteilen widersprachen jedoch diametral die Rezension des bekannten Mediävisten Peter Wapnewski im *Spiegel* und, zu Torbergs größter Enttäuschung, die vernichtende Reaktion von Marcel Reich-Ranicki.³¹ Torberg war davon überzeugt, daß sich Wapnewski und Reich-Ranicki abgesprochen hatten. »Die beiden Herren haben bei ihren Verrissen eng (und nachweislich) zusammengearbeitet«, mutmaßte er gegenüber Fritz Kalmar, »so daß ich in einem Interview füglich von einem einzigen Verriß sprechen und als Verfasser den bekannten Kritiker Reich-Wapnewski angeben konnte.«³² Zu allem Überfluß wurde Reich-Ranickis Rezension von der *Allgemeinen Wochenzeitung der Juden in Deutschland* nachgedruckt.³³ Torberg beschwerte sich zwar bei deren Chefredakteur Hermann Lewy, mußte jedoch ernüchtert feststellen, daß dieser mit Reich-Ranickis Urteil völlig übereinstimmte. Auch Peter Härtling, Torbergs Lektor bei S. Fischer, zeigte sich gegenüber Lewy bestürzt, »weil wir meinen, daß die einzige jüdische Wochenzeitung Deutschlands imstande sein müßte, selbst einen Rezensenten für dieses bedeutende Buch zu finden«.³⁴ Daß Reich-Ranicki 1984 die Rezension in die Sammlung *Lauter Verrisse* aufnahm, erlebte Torberg nicht mehr. Dieser war so gekränkt, daß er seinem Kritiker einen langen Brief schrieb, den er allerdings nur in wenigen Auszügen abschickte. Er fühlte sich von diesem ›Meuchelmord‹ »düpiert«. Reich-Ranicki habe den Roman »wissentlich und vorsätzlich und ohne jede Not ruiniert«.³⁵

Erstaunlicherweise blieben beide trotz dieses Konflikts weiterhin in brieflichem Kontakt. 1975 kommentierte Reich-Ranicki ein Fernsehporträt über Torberg, in dem er festhielt, daß die Aufnahmen in dessen Wohnung deutlich erkennen ließen, »wie sehr sein Leben und Werk zwischen zwei Polen schwanken: Österreich und dem Judentum«.³⁶ 1978 publizierte er einen Beitrag in der Festschrift für Torberg, der dort als »ein verbohrter Liberaler, ein Querkopf mit Esprit, ein gutmütiger Eiferer, ein toleranter Dickschädel, ein witziger Fanatiker, ein Humorist mit missionarischen Tönen« beschrieben wird und der – so lautet eine seltsame Formulierung – von »ostmärkisch-talmudischer List getrieben«³⁷ sei. Reich-Ranicki würdigte Torberg in einem Nachruf als »eine der markantesten Persönlichkeiten der deutschen Literatur unserer Zeit« und betonte, daß das »ethische Fundament, dem er sich verpflichtet fühlte«,³⁸ jüdisch gewesen sei.

Doch der Roman besaß für Torberg neben der literarischen noch eine weitere Dimension. Mit dem *Süßkind* wollte er sowohl der deutsch-jüdischen Symbiose als auch der »Tragödie des in deutscher Sprache dichtenden Juden« ein Denkmal setzen.³⁹ Torberg identifizierte sich mit seinem mittelalterlichen Helden, dem *ersten* deutsch-jüdischen Schriftsteller, denn er selbst verstand sich als der *letzte* deutsch-jüdische Schriftsteller. So schrieb er bereits 1955 an Max Brod, die deutsch-jüdische Symbiose sei vorbei: »Wenn ich überhaupt noch eine jüdische Funktion habe, dann ausschließlich die, mein öffentliches Wirken so zu gestalten, daß möglichst viele Nichtjuden den Tod des letzten deutsch-jüdischen Schriftstellers als Verlust empfinden«.⁴⁰ In einem Brief an Julius Hollos stellte sich Torberg in eine Reihe mit Hermann Kesten, Elias Canetti, Manès Sperber und Robert Neumann: »Aber die sind durchwegs älter als ich und das ist ja der eigentliche Beweis fürs Aussterben.«⁴¹ Gegenüber Klara Carmely behauptete Torberg dann jedoch, »die wenigen noch vorhandenen jüdischen Autoren deutscher Zunge sind nach wie vor ein kleines, aber mieses Volk«.⁴² Als Torberg in einer Fernsehdiskussion einmal mehr proklamierte, daß es unter deutschsprachigen Schriftstellern keine jungen Juden mehr gebe, antwortete ihm der Schweizer Autor Charles Lewinsky, der 2006 den Bestseller *Melnitz* vorlegte, daß auf ihn selbst beides zutreffe. Torberg gab sich unbeirrbar und behauptete, »daß es nur noch eine Frage von wenigen Jahrzehnten ist, bis es im deutschen Sprachraum – ähnlich wie in Spanien nach der Inquisition – keine Juden mehr gibt«.⁴³ Er sollte sich täuschen, jedenfalls hat Torberg das Entstehen einer jungen deutschsprachigen jüdischen Literatur nicht mehr erlebt.⁴⁴ Paradoxerweise war Torberg vom Ende der »deutsch-jüdischen Kultursymbiose« ebenso überzeugt wie sein schärfster Kritiker Reich-Ranicki, der 1969 mit

Hebräische Melodie (1933)

Tausend Jahre trag ich auf den Armen
wie ein Buendel Strandgut vor mir her,
und von tausend todesbittern Harmen,
Furcht und Neid und Not und nie Erbarmen
starren meine Blicke traenenleer.

Opfer Scherge!
mit aller Regung laengst vertraut
haengt mein Antlitz ueber Meer und Berge,
Fluch und Mahnung dem Geschlecht der Zwerge,
und keinem ganz erschaut.

Was ihr sehen koennt, wenn ich mich beuge,
ist ein Laecheln, greisenhaft und schraeg :
Gottes alter Groesse letzter Zeuge,
Gottes vollen Bechers letzte Neige,
Gottes Irrens letzter Landungssteg.

Dieses Laecheln wuchs in Jakobs Munde,
mein Vater, als des Herrn Befehl
in dunkler Stunde
und der Segen und die Wunde
wurde: Jisra-El.

Dieses Laecheln wird Posaunen
des Gerichtstags
und indess die Andern angstvoll raunen,
werden wir aus matten Sinnen staunen,
Herr

Sieh wir wandeln so durch Welt und Zeiten
und wir kuenden dir auf ewig Hohn :
keine Priester mehr, die strahlend schreiten,
die Sonne, unsern Weg zu leiten,
ist versunken hinter Gibeon.

Sieh wir sind verweht und sind verronnen
in das Meer, dess' Sand wir sollten sein.
uns allzu gross ersonnen
liessest, in den Traum versponnen,
Deine Auserwaehlten ganz allein.

Lass uns immer tausend Tode sterben –
unsern einen Tod erstirbst Du nie,
an uns verderben
und der Letzte hinging ohne Erben :
Rak im acharon hajehudi.

Blick auf Ilse Aichinger, Wolf Biermann und Günter Kunert schrieb: »Wir haben es mit der letzten, der allerletzten Generation deutschschreibender Juden zu tun.«[45]

Neben den erwähnten Prosawerken verfaßte Torberg eine Reihe genauso bedeutender wie berührender jüdischer Exil- und Heimwehgedichte in deutscher Sprache, die gesammelt im Band *Lebenslied* erschienen.[46] Das Gedicht *Hebräische Melodie* faßt Torbergs Identifikation mit der tausendjährigen jüdischen Geschichte in Worte. Es beginnt mit den Zeilen: »Tausend Jahre trag ich auf den Armen / wie ein Bündel Strandgut vor mir her« – der Autor fühlt sich als »Gottes alter Größe letzter Zeuge« (LL 65f.). Das Gedicht *Kaddisch 1943* (LL 67f.) ist ein beeindruckendes Zeugnis für die Rezeption der Schoa unter den Juden in Amerika, während die Menschenvernichtung in Europa noch andauerte.[47] Als in den dortigen Synagogen für die Opfer der Schoa das jüdische Trauergebet

▲ Friedrich Torberg: Hebräische Melodie, 1933 (ÖNB-HAN).

»Kaddisch« gebetet wurde, schreibt Torberg: »Bruder, hunderttausend sind erschlagen, / und die Erde wurde ihnen schwer, / und da ist kein Sohn zum Kaddisch-Sagen, / und da brennt kein Licht zur Jahrzeit mehr.« Auch in dem 1939 entstandenen Gedicht *Kurzgefasste Lebensgeschichte des Friedrich Israel Torberg*, das in dem Band *Lebenslied* nicht enthalten ist, setzt er sein eigenes Leben mit der 5700jährigen jüdischen Geschichte in Beziehung. Es endet mit einem trotzigen Aufbegehren gegen Hitler: »[K]urzum: auch der wird's nicht zustande bringen. Natürlich nicht. Warum gerade er? Was keinem noch gelang, soll *ihm* gelingen? Wo nimmt der eigentlich die Frechheit her?«[48]

In seinen berühmten Anekdotenbänden *Die Tante Jolesch* und *Die Erben der Tante Jolesch* vermittelt Torberg ein authentisches, wenn auch subjektives Bild der vernichteten Welt des liberalen jüdischen Bürgertums in Mitteleuropa. Das große Verdienst der beiden Bücher sind die in den humorvollen Anekdoten verborgenen Zwischentöne, die ein Massenpublikum mit Themen wie Schoa und Exil konfrontierten. Diese Evozierung der jüdischen Welt von Gestern war für Torberg mit einem beständigen Gefühl der Melancholie und Sentimentalität verbunden. So schrieb er 1947 an Milan Dubrovic, daß die glückhafte Symbiose »zwischen jüdischem Dünger und wienerischem Humus« für alle Zeit dahin war.[49]

In dem hauptsächlich in Prag spielenden Kapitel *Von Onkeln, Neffen und Rabbinern*, das auf den Anekdoten des Schauspielers Ernst Deutsch beruht, beschreibt Torberg die Predigten eines nicht namentlich genannten Rabbiners als »eine Mischung aus guttural gebändigtem Pathos und frei fließendem Schmalz, aus milder Drohung und eifernder Beschwörung, aus Demut und Grollen – jeder dieser gelehrten Gottesdiener hielt sich für einen aus dem alten Testament in die Neuzeit verschlagenen Propheten und stand mit seinen biblischen Vorfahren gewissermaßen auf Du und Du.«[50]

Torberg erinnert sich in diesem Kapitel aber auch an die Jugendgottesdienste in Wien, an denen die Schüler vollzählig teilnahmen: »Sie taten das nicht etwa aus Frömmigkeit, sondern weil die Teilnahme eine Verkürzung der Unterrichtszeit um zwei

Einband von Gerhard M. Hotop (WBR, DS). ▲

Torberg bei der Ernst-Deutsch-Feier. Berlin, um 1960. ▲
Photo: Gonderer, Berlin (DA).

Stunden bedeutete. [...] Und eine dieser Predigten begann der uns zugeteilte Rabbiner Nußbaum, dessen blumiges Timbre mir bis heute vergnüglich im Ohr geblieben ist, mit folgenden Worten: ›Meine andächtigen jungen Zuhörer! Ich möchte nicht zu weit zurückgreifen in der Geschichte unseres Volkes. Es geschah im Jahr zweitausendeinhundert *vor* der üblichen Zeitrechnung ...‹ Was damals geschah, ist mir leider entfallen. Ich weiß nur noch, daß der behutsame Rabbi nicht zu weit zurückgreifen wollte.« (TJ 36f.) Ein Rabbiner Nußbaum ist jedenfalls in den Listen der Israelitischen Kultusgemeinde nicht vorhanden; in Briefen schrieb Torberg diese Geschichte auch Rabbiner Arthur Zacharias Schwarz vom Müllnertempel zu, bei dem er Bar Mizwa wurde.[51] Eine Geschichte über die »Mensa Academica Judaica« stammt von seinem Freund Walter Engel; allerdings ist Torbergs Angabe, daß dessen Vater Emil Präsident der Israelitischen Kultusgemeinde (IKG) war (vgl. TJ 43), nicht ganz korrekt – tatsächlich war er deren Sekretär.

Publizistische Debatten: Salcia Landmann und Hans Weigel

Welch brennende Aktualität Torberg jüdischen Belangen zumaß, ist in seiner umfangreichen Korrespondenz und in zahlreichen publizistischen Arbeiten nachvollziehbar. Besonders interessant scheint Torbergs Auseinandersetzung mit der aus der Schweiz stammenden jüdischen Schriftstellerin Salcia Landmann. Diese hatte 1961 im »katholischen« Walter-Verlag – worauf hinzuweisen Torberg nicht vergaß – die Sammlung *Der jüdische Witz* publiziert. Torberg reagierte darauf in der Zeitschrift *Der Monat* mit einer umfangreichen »rituellen Abschlachtung« und veröffentlichte über diesen »beunruhigenden Bestseller« eine seiner leidenschaftlichsten Polemiken. (Den Begriff »rituelle Abschlachtung« prägte Fritz René Allemann vom *Monat*, und Torberg übernahm ihn in seinem Nachruf auf sich selbst.)[52] Torberg verglich Landmanns Fassungen jüdischer Witze mit anderen gängigen Sammlungen und verwies auf »die trostlose Blässe« und »stilistische Holprigkeit« ihrer Formulierungen.[53] Landmann betreibe nichts als »Pointenmassaker«[54] und bekunde mit dem Band »weder Gesinnung noch Qualität, weder Charakter noch Talent«.[55] Das Buch sei »mit einer geradezu unglaublichen Nachlässigkeit zusammengeschustert« worden.[56] Einzig ihre gute Absicht wurde der Autorin konzediert: Sie habe »ganz gewiß einen projüdischen Zweck im Auge gehabt, nämlich die Rettung des jüdischen Witzes«. Die »vehement antisemitischen Effekte« des Buches seien von ihr »ganz gewiß nicht angestrebt« worden. Dennoch lag Torberg daran, dessen »unjüdischen und in zwangsläufiger Folge antijüdischen Charakter« aufzudecken.[57] Zudem wies er Landmann sachliche Fehler nach, etwa die inkorrekte Schreibweise und geographische Zuordnung des berühmten Erzbischofs Kohn von Olmütz. Sein Fazit lautete: »Sie hat eine Sammlung schlechter, weder spezifischer noch verbürgter noch jüdischer Witze angelegt, und sie hat den jüdischen Witz als solchen bis zur Unkenntlichkeit verstümmelt. Sie hat ihn, wai geschrien, ermordet.«[58]

Landmanns Buch wurde von etlichen nichtjüdischen Kritikern wie etwa Friedrich Sieburg überaus positiv aufgenommen.[59] Hans Lamm, der spätere Präsident der IKG München, fand es bezeichnend, daß das Buch »bei jüdischen Kritikern eine einhellig ablehnende Kritik erfuhr, während viele Nichtjuden – und nicht allein Ex- oder Neonazis – das Werk mit Schmunzeln genossen«.[60] Jüdische Zeitungen beurteilten es ähnlich negativ wie Torberg. Am schärfsten wurde das Buch von Paula Arnold verdammt, der in Israel lebenden Tochter des prominenten österreichischen Zionisten und Anglisten Leon Kellner. Sie warf Landmann Humorlosigkeit, schlechtes Deutsch, Mangel an Sprachgefühl, Ungenauigkeiten und ein geradezu grauenvolles Unverständnis gegenüber Israel vor.[61]

Torberg räumte ein, daß sein Aufsatz nicht gegen Landmann als Person gerichtet war, da diese »einfach nicht wusste, was sie tat«, sondern »gegen die deutsche Kritik«.[62] Landmann antwortete mit einer ausführlichen Entgegnung, doch einen direkten Kontakt zwischen den Kontrahenten dürfte es nicht gegeben haben.[63] Später lehnte Torberg die Bitte Arno Lustigers ab, Landmanns neues Werk über das Jiddische (München 1964) zu rezensieren.[64] Indessen verhinderte Torbergs

Polemik den enormen Erfolg von Landmanns Buch über den jüdischen Witz nicht. Landmann publizierte weitere Fassungen der Anthologie, in die sie Leserzuschriften einarbeitete und deren Namen in eine Dankesliste aufnahm. Diese Liste enthält unter den Österreichern keine bekannten Mitglieder der jüdischen Gemeinde, andererseits aber den rechtsextremen Autor Robert Hampel.[65] Bis heute sind verschiedene Ausgaben im Buchhandel erhältlich; zur Lektüre zu empfehlen ist jedoch die explizite Gegendarstellung von Jan Meyerowitz.[66] Zu einer weiteren Polemik kam es 1972, als Landmann in der Zeitschrift *Das neue Israel* Torbergs *Süßkind von Trimberg* kritisch, aber nicht unsachlich rezensierte.[67] Torberg reagierte wie so oft überaus aggressiv auf »das Gesabber der in jeder Hinsicht inkompetenten Dame«.[68] Veit Wyler, der Herausgeber der Zeitschrift, kam zu dem Schluß, daß Torberg »jene Selbstbeschränkung abgeht, welche die menschliche Würde des Angesprochenen schont«.[69]

In seinem ursprünglich für den Rundfunk geschriebenen Essay *Das philosemitische Mißverständnis* definierte Torberg dieses von ihm diagnostizierte Mißverständnis als »sowohl in seinen Motiven wie in seiner Zielsetzung vollkommen einwandfrei, vollkommen gutartig, vollkommen arglos«.[70] Dennoch sei der Philosemitismus ein Antisemitismus mit umgekehrtem Vorzeichen, denn er »akzeptiert den Juden als Deutschen, als Menschen, sogar als Christen – als alles, nur nicht als Juden«.[71] Im Zeichen des ›jüdischen Selbsthasses‹ steht Torbergs jahrzehntelange Auseinandersetzung mit dem Schriftsteller Hans Weigel und dessen – trotz jüdischer Herkunft – versöhnlicher Haltung gegenüber dem Antisemitismus österreichischer Prägung. In jungen Jahren verband sie noch eine intensive Korrespondenz, in der Nachkriegszeit waren sie Bundesgenossen beim ›Brecht-Boykott‹ und anderen wichtigen kulturpolitischen Diskursen.[72] Doch 1960 veröffentlichte Weigel in der sozialistischen Wochenzeitschrift *Heute* die Serie *Es gibt keine Juden*, die für Torberg ein Zeugnis »geradezu unglaublicher Selbstentwürdigung«[73] war. Weigel schreibt dort, daß er mit 24 Jahren aus der IKG ausgetreten sei und es ablehne, »als ›Jude‹ oder als ›jüdisch‹ bezeichnet zu werden«.[74] Torbergs Antwort ließ an Deutlichkeit nichts zu wünschen übrig: »Vielleicht interessiert es Ihre Leser, daß es daneben noch eine andere Sorte [von Juden] gibt, zu der auch ich mich zähle und die ihre jüdische Abstammung keineswegs als Makel empfindet, sondern als durchaus positive Bindung an eine altehrwürdige, historisch und ethisch fundierte Gemeinschaft. Ich wünsche Hans Weigel alles Glück bei seinem Vorhaben, nicht als Jude zu gelten, zweifle aber, ob er damit durchkommen wird. Zumindest bin ich noch niemandem begegnet, der ihn nicht für einen Juden gehalten hätte. Am Ende täte er doch besser, das Unvermeidliche mit Würde zu tragen.«[75] Torberg wollte seither mit Weigel nichts mehr zu tun haben, was ihm sehr österreichisch nicht gelang, da Weigel nie aufhörte, Torberg »sehr hoch zu schätzen«.[76]

Jüdische Einrichtungen und Organisationen

Die IKG war aus verständlichen Gründen sehr stolz auf ihr prominentes Mitglied; mit ihr verband Torberg seit seiner Rückkehr nach Wien ein freundschaftliches Verhältnis. Zum 50. Geburtstag schickte die IKG Glückwünsche und versicherte Torberg, daß er mit seinem Werk dem Judentum einen großen Dienst erweise.[77] Obwohl die IKG 1959 eine Lesung Torbergs organisierte,[78] ließ sich

Mit Marietta, Hans Weigel und Leopold Figl an der Wand, 1955. ▲
Photo: Seifert (Antiquariat Fritsch Wien).

dieser nicht vereinnahmen, weder von der IKG noch von zionistischen Organisationen. Als Otto Herz, der Vizepräsident der Zionistisch-Revisionistischen Union Österreichs, sich 1958 mit Torberg unterhielt, hatte dies einen offiziellen Brief der Union zur Folge, in dem es hieß: »Der Präsidialvorstand war sehr beeindruckt, daß Sie, werter Herr Dr. Torberg, ein Jude ganz im Sinne unseres Führers und Lehrers Jabotinsky sind, daß Sie mit Stolz das unabdingbare Primat des Judentums erkennen und Ihren Lebensinhalt darin tauchen. [...] Da Ihre Geisteshaltung, Ihr Mut und Ihr stolzes Judentum Ihrem Namen die Bedeutung einer Fahne geben, so bitten wir Sie, die heute einstimmig beschlossene Verleihung der Ehrenmitgliedschaft der Heruth zu akzeptieren.«[79] Torberg versicherte in seiner Antwort, daß es für ihn »mit keinerlei negativen Gefühlen verbunden« sei, wenn er die Ehrenmitgliedschaft nicht akzeptieren könne, denn er freue sich zwar sehr, »daß Sie mich jetzt sozusagen auch als Juden entdeckt haben, aber bei mir selbst liegt diese Entscheidung doch schon einige Zeit zurück. Zum Beispiel habe ich Wladimir Jabotinsky noch persönlich gekannt und habe seinen dynamischen Idealismus immer sehr bewundert. Aber ich bin nicht sicher, ob ich, wie Sie sagen, ›ein Jude ganz in seinem Sinne‹ bin. Vielmehr bin ich ziemlich sicher, daß ich das nicht bin.«[80]

Wenn es aber nicht um partikularistische Interessen ging, verweigerte Torberg niemals eine solidarische Haltung. 1964 trat er dem Ehrenkomitee der Vereinigten Aktion für Israel (Keren Hajessod) bei.[81] 1967 wurde er selbstverständlich Mitglied des Solidaritätskomitees für Israel, und 1971 trat er einem von der IKG gebildeten Komitee zur Rettung der Juden in Syrien bei.[82] Die Interna der IKG interessierten ihn jedoch in der Regel nicht. Nur einmal, anläßlich der Wahlen zum Kultusvorstand 1968, bildete er mit Karl Kahane, Emil Feldmar und Hilde Zadek ein Proponentenkomitee, das zur Wahl der überparteilichen zionistischen Wahlgemeinschaft »Jüdische Föderation« unter dem Listenführer Alfred Reischer aufrief. Die Komiteemitglieder versprachen, »dem künftigen Kultusvorstand – falls dieser es wünschen sollte – *mit Rat und Tat* zur Seite zu stehen«.[83] Dennoch kam diese Gruppierung nur auf vier von 24 zu vergebenden Mandaten.

Darüber hinaus war Torberg ein regelmäßiger Mitarbeiter von Leon Zelmans Zeitschrift *Das jüdische Echo*. 1979 nannte ihn dessen Redaktion dankbar ihren klugen Berater und selbstlosen Freund.[84] Anton Pick, der damalige sozialdemokratische Präsident der IKG, schrieb 1978 in einer Würdigung Torbergs für die *Gemeinde*: »Wir sehen in Torberg den letzten in der Reihe der jüdischen Romanciers in Österreich, wir achten in ihm den bewußten Juden, der in deutscher Sprache schreibt, wir schätzen in ihm den Mann, der zwei Epochen jüdischen Lebens in sich vereinigt und der die Brücke bildet zwischen einer alten und einer neuen Zeit des europäischen Judentums.«[85] Aber trotz dieser gegenseitigen Achtung beklagte Torberg 1977 in einem Interview mit der *Jüdischen Rundschau*, daß die Resonanz auf seine Bücher, »auch auf solche mit deklariert jüdischer Thematik, auf nichtjüdischer Seite viel stärker [sei] als auf der jüdischen«.[86]

Eine intensive Beziehung verband Friedrich Torberg und seine Frau Marietta mit Bruno Kreisky, Österreichs sozialdemokratischem Bundeskanzler jüdischer Herkunft. Daraus resultierte auch Torbergs Schweigen in der politisch hochbrisanten Polemik zwischen Kreisky und Simon Wiesenthal.[87] Nur im privaten Umfeld findet sich eine Stellungnahme. So schrieb er an Manès Sperber,

▲ Bruno Kreisky spricht beim Begräbnis am Zentralfriedhof, 1. Tor.
Photo: Dobronyi (JMW).

daß er im Fall Kreisky eine »Assimilationstragödie« sehe, den »Fall eines Juden [...], der kein Jude sein will. Das muss früher oder später zu mieser Geltung kommen, zu einer desto mieseren, je ›prominenter‹ die Position des betreffenden Fluchtjuden ist.«[88] Vor den Nationalratswahlen 1975 und 1979 nahm Torberg öffentlich für Kreiskys Partei Stellung. Er fühle sich »den österreichischen Sozialdemokraten seit früher Jugend verbunden«, sei jedoch »mit Kreiskys Haltung in jüdischen Dingen« nicht einverstanden.[89] Prinzipiell sah er in Kreisky einen exzellenten Politiker, der »auch für Israel nicht ganz so schlecht ist, wie es den Anschein hat«.[90] Als amtierender Bundeskanzler sprach Kreisky bei Torbergs Begräbnis: »So sehr wir in kaum einer Sache zur Übereinstimmung kamen, so waren wir doch beide zutiefst verbunden einer geistigen Grundhaltung, die aus einer Zeit stammt, die manchem von uns längst vergangen scheint.«[91]

Eine enge Beziehung verband Torberg auch mit der 1960 gegründeten Zwi-Perez-Chajes-Loge der B'nai B'rith. Zudem war er Mitglied der Freimaurerloge »Mozart«.[92] Mit dem Juristen Ivan Hacker, der Präsident der B'nai-B'rith-Loge (1971–1982) und anschließend Präsident der IKG war (1982–1987), stand Torberg in freundschaftlichem Kontakt. Als die Loge das 80jährige Bestehen in Österreich feierte, lieferte Torberg das Motto zur Einladung: »Selbst wenn das Doppeljubiläum der B'nai B'rith nichts anderes auszudrücken hätte, als daß es heute wie vor 80 und wie vor 25 Jahren unsere Aufgabe ist, Würde und Tradition des Judentums zu wahren – selbst dann hätten wir guten Grund zu einer Feierstunde.«[93] 1983 würdigte Torberg Hackers Verdienste um die B'nai B'rith; er habe aus ihr »eine allseits geachtete und respektierte Körperschaft gemacht, eine für das Wiener Judentum wirklich repräsentative Plattform«.[94] Hacker hielt auch eine der Grabreden auf Torberg, wobei er dessen »absolute Identifizierung mit den Grundsätzen der B'nai B'rith: Wohltätigkeit, Bruderliebe und Eintracht« betonte.[95]

Bei den offenen Abenden der Loge las Torberg wiederholt aus seinen eigenen Werken sowie aus jenen von Peter Hammerschlag und Ephraim Kishon.[96] Auch nahm er intensiven Anteil an der beeindruckendsten kulturellen Initiative der B'nai B'rith nach 1945, der im März 1967 von dem Espressomaschinenhändler und damaligen Vizepräsidenten der Loge, Desider Stern, im Wiener Künstlerhaus organisierten Ausstellung »Bücher von Autoren jüdischer Herkunft in deutscher Sprache«. Während der Vorbereitungen verfaßte

Mit B'nai-B'rith-Präsident Ivan Hacker (Mitte) bei einem Empfang für Otto Habsburg (l.). Photo: Agentur Votova (DA).

▲ Oberrabbiner Akiba Eisenberg im Gespräch mit Ephraim Kishon bei einem B'nai-B'rith-Empfang (DA).

Torberg ein zweiseitiges Memorandum zum Katalog, in dem er mit Erfolg das Fehlen von Leo Perutz und Alfred Neumann kritisierte.[97] Obwohl er dem vierköpfigen Arbeitsausschuß der Ausstellung angehörte, wollte er im Katalog nicht namentlich genannt werden. Im Rahmenprogramm der Ausstellung las er einmal mehr Torberg, Kishon und Hammerschlag, auch nahm er am Symposion der Jugend zum Thema »Wo sehen Sie heute den Mittelpunkt der jüdischen Kultur« teil.[98]

Einer der Gründe für Torbergs halbherziges Engagement für die Buchausstellung war seine Feindschaft mit Hans Habe. So schrieb er an Desider Stern: »Der Ordnung halber möchte ich nochmals zu Protokoll geben, daß ich aus dem Katalog und aus allen einschlägigen Zusammenhängen sofort ausscheide, wenn Hans Habe – der sich öffentlich als ›evangelischer Christ‹ bezeichnet hat – aufgenommen wird.«[99] Die Buchausstellung wurde auch in Deutschland gezeigt. Als Hans Habe bei einer der Begleitveranstaltungen als Diskutant vorgesehen war, polemisierte Torberg dagegen und drohte sogar mit dem Austritt aus der B'nai B'rith.[100] Hierzu bleibt anzumerken, daß insbesondere der Fall Habe Torbergs Hang zeigt, persönliche Animositäten über Fakten zu stellen. Habe wurde als Protestant geboren, denn sein Vater Imre Békessy und dessen Frau hatten sich kurz nach ihrer Eheschließung taufen lassen.[101] Zweimal hat Habe Israel besucht: 1970 hielt er dort den Vortrag *Israel und die Krise der Intellektuellen*, 1972 erfolgte eine offizielle Einladung durch das Government Press Office. Und 1971 veröffentlichte Habe den heute noch lesenswerten Band *Wie einst David. Entscheidung in Israel. Ein Erlebnisbericht*. In seinem Buch *Erfahrungen* schrieb Habe: »Ich war kein Jude, bevor ich den Boden von Israel betrat. [...] Ich mußte Israel finden, um mein Judentum zu finden.«[102] Ein enger Freund und Korrespondenzpartner Torbergs war Hermann Broch. Dieser hatte sich als Erwachsener – nach seiner Eheschließung – taufen lassen. Ihn hätte er mit weit größerer Berechtigung als ›Renegaten‹ beschimpfen können. 1979 initiierte die IKG unter der Federführung von Jakob Bindel, Mary Steinhauser, Ulrich Weinzierl, Robert Dornhelm, Anton Pick und Desider Stern eine zweite Buchausstellung, diesmal über verbrannte und in der NS-Zeit verbotene Bücher. Torberg plädierte durch Ivan Hackers Vermittlung für die Streichung zahlreicher kommunistischer oder aus anderen Gründen nicht passender Autoren (etwa weil deren Werke doch nicht verboten worden waren). Zu den zu streichenden »Kommunisten« zählte er: »Balasz, Balk, Becher, Bredel, Fischer, Frei, Herzfelde, Leonhard, Uhse, Weisenborn, Weiskopf, Weinert und Friedrich Wolf.« Immerhin wollte er nicht alle kommunistischen Schriftsteller streichen: »Autoren wie Brecht [...], Heartfield, Kisch, Lukacs, Piscator, Plivier, Seghers und Renn sind zu bedeutend, als dass sie wegfallen dürften. Aber es kann nicht Aufgabe der Kultusgemeinde sein, für unbedeutende und größtenteils nichtjüdische Kommunisten Reklame zu machen.« Seine Vorschläge wurden aber kaum berücksichtigt.[103]

Trotz seiner Verbundenheit mit Israel fühlte sich Torberg als Österreicher. Er war in Wien ebenso zu Hause wie in Altaussee. Torberg beschrieb den Dualismus jüdischer Identität als ein generelles Kennzeichen ihrer Existenz: »Ich bin von jüdischen Eltern in Wien geboren, fühle mich als Jude und Österreicher und habe noch keine Schwierigkeiten gehabt, diese beiden Bestandteile meines Wesens miteinander in Einklang zu bringen. Dualismus ist ja überhaupt einer der Grundzüge jüdischer Existenz. Man ist niemals *nur* Jude, man ist immer noch etwas andres dazu.«[104] Im Gleichklang damit verabsolutierte er die jüdische Identität nicht, indem er nur deren zionistische oder religiöse Dimension gelten ließ. So schrieb er 1946 an Heinz Politzer, daß es »ganz genau so gefährlich ist, aus dem Judentum, wie zuvor ›nur eine Religion‹, jetzt ›nur eine Nation‹ machen zu wollen«.[105] Israel war für Torberg nach der Schoa eine absolute Notwendigkeit, aber es war nicht die »Lösung der Judenfrage, die es nicht geben konnte, solange Juden existierten«.[106]

▲ Lesung im Künstlerhaus, 1967 (DA).

Desider Stern (r.) geleitet Bundespräsident Franz Jonas (l.) durch die Buchausstellung, ▲ dahinter Akiba Eisenberg und Ivan Hacker, 1967 (JWS).

▲ Mit (v.l.n.r.) Oskar Jägermann, Paola Löw, Anton Winter, Unbekannt und Helene Winter (Antiquariat Fritsch Wien).

Obwohl Torberg sein Judentum vorbehaltlos und emphatisch bejahte, verwehrte er der jüdischen Identität jede positive Definition: »Jude, Jude-Sein, Judentum mögen als Begriffe oder Tatbestände der Eindeutigkeit entraten. Man kann vielleicht nicht ganz genau sagen, was sie sind. Aber man kann ganz genau sagen, was sie *nicht* sind: sie sind keine Modelle, sie sind keine austauschbaren Objekte beliebiger (und ihrerseits austauschbarer) Vorurteile«.[107]

Diese Haltung Torbergs war nicht frei von Widersprüchen. Einerseits bekannte er sich zum jüdischen Messianismus, zum Glauben, daß die Welt nicht perfekt und der Messias noch nicht gekommen sei. »[M]an kann nicht nur, man muss die Welt ändern«, schrieb er ausgerechnet dem CDU-Politiker Karl Theodor Freiherr von und zu Guttenberg. Andererseits aber bekämpfte er die Politisierung des Messianismus, den jüdischen Anteil an den modernen Irrlehren, mit denen er explizit nicht nur Karl Marx, sondern auch Sigmund Freud meinte, der »den Menschen gleichfalls ›erlösen‹ will«.[108]

Als aber der mit Torberg eng befreundete konservative Publizist William Schlamm 1964 sein diskutierenswertes Buch *Wer ist Jude. Ein Selbstgespräch* veröffentlichte, verweigerte er Schlamm das direkte Gespräch. Torberg schrieb stattdessen an Eva Roeder: »Es ist immer dasselbe. Es ist immer das, wofür der gute, gescheite, grundanständige Werfel [...] eine mörderisch witzige Formel gefunden hat, nämlich für ›die vier Emanzipationsstufen des Judentums‹: Erstens Humanismus. Ich bin ein Mensch, folglich bin ich kein Jud. Zweitens Liberalismus. Ich bin ein Deutscher (Franzose, Ungar), folglich bin ich kein Jud. Drittens Marxismus. Ich bin ein Klassenangehöriger, folglich bin ich kein Jud. Viertens Zionismus.« In diesem Zusammenhang nannte er dann seinen ganz persönlichen jüdischen Kanon: »Meine Juden heißen Buber, Scholem, Kafka und Sperber, sie heißen auch Beer-Hofmann und Brod und sogar Werfel, aber nicht Schlamm.«[109] Gegenüber Rudolf Krämer-Badoni verstieg er sich dann in Zusammenhang mit William Schlamm und Hans Weigel zu einem ungeheuerlichen Vergleich: »Und so schätzenswert diese beiden Publizisten in anderen Hinsichten

sind: was sie zur Judenfrage geäussert haben, zählt zum Abscheulichsten, Charakterlosesten, Dümmsten und Indiskutabelsten seit Hitler.«[110]
Das Ausmaß und die Vielfalt von Torbergs Engagement in jüdischen Belangen ist zutiefst beeindruckend. In seinen Urteilen und Überzeugungen jedoch war er weder konsequent noch objektiv. Seine Antipathien, seine Überempfindlichkeiten und sein Antikommunismus verleiteten ihn oft zu überaus ungerechten und verletzenden publizistischen sowie brieflichen Attacken. Diese Seite seines Wirkens führte mitunter auch dazu, daß linke Intellektuelle sich abgestoßen fühlten und nun ihrerseits das gesamte Œuvre Friedrich Torbergs mißachteten und ignorierten.

Lesung bei der B'nai B'rith. Wien, um 1975 (GT). ▲

1 Friedrich Torberg an Desider Stern, Brief vom 7.1.1971. Archiv Desider Stern, Dokumentationsstelle für neuere österreichische Literatur / Österreichische Exilbibliothek im Literaturhaus Wien.

2 Friedrich Torberg an Uri Naor, Brief vom 16.2.1962. WBR, Nachlaß Torberg, ZPH 588, 27/1.

3 Friedrich Torberg: Blaugrau karierte Berufung zum Dichter. In: Vorletzte Worte. Schriftsteller schreiben ihren eigenen Nachruf. Hg. von Karl Heinz Kramberg. Frankfurt/M.: Bärmeier & Nikel 1970, S. 257–264, hier S. 263.

4 Friedrich Torberg an Oscar Teller, Brief vom 30.5.1968. WBR, Nachlaß Torberg, ZPH 588, 15/1.

5 Friedrich Torberg an Adèle Herzfeld, Brief vom 16.10.1962. WBR, Nachlaß Torberg, ZPH 588, 26/2.

6 Vgl. Ilse Kantor: Erinnerungen aus dem Elternhaus, S. 58–77, hier S. 60.

7 Friedrich Torberg an Victor von Kahler, Brief vom 12.2.1944. In: F. T.: Kaffeehaus war überall. Briefwechsel mit Käuzen und Originalen. [Hg. von David Axmann u. Marietta Torberg]. München, Wien: Langen Müller 1982 (= Gesammelte Werke in Einzelausgaben 13), S. 221–226, hier S. 224.

8 Fritz Kantor: Der letzte Judengroschen (nach der Legende). In: Jung Juda 24 (1923) 8, S. 85–87, und: Iwri onauchi. In: Jung Juda 26 (1925) 5, S. 53–54.

9 Vgl. Friedrich Torberg an das Jewish Labor Committee New York, Brief vom 16.1.1941. ÖNB-HAN Beilage zu 1195/55-1.

10 Friedrich Torberg: Am Anfang war Max Brod. In: Das Jüdische Echo (Wien), 18 (1969), S. 15.

11 Friedrich Torberg: Am Anfang war Max Brod. In: Max Brod. Ein Gedenkbuch. 1884–1968. Hg. von Hugo Gold. Tel Aviv: Olamenu 1969, S. 20–22, hier S. 20.

12 Friedrich Torberg: Eine Erinnerung an Martin Buber. In: FORVM 12 (1965), 140–141, S. 384.

13 Martin Buber an Friedrich Torberg, Brief vom 5.1.1946. WBR, Nachlaß Torberg, ZPH 588, 37/28.

14 Friedrich Torberg an Heinrich Schnitzler, Brief vom 23.2.1964. WBR, Nachlaß Torberg, ZPH 588, 29/16.

15 Peter Stephan Jungk: Franz Werfel. Eine Lebensgeschichte. Frankfurt/M.: S. Fischer 1987, S. 296.

16 Friedrich Torberg: Gedenkrede auf Franz Werfel. In: F. T.: PPP. Pamphlete, Parodien, Post scripta. München, Wien: Langen Müller 1964 (= Gesammelte Werke in Einzelausgaben), S. 373–381, hier S. 378.

17 Friedrich Torberg an Elie Wiesel, Brief vom 3.5.1978. WBR, Nachlaß Torberg, ZPH 588, 2/2.

18 Friedrich Torberg: Auch das war Wien. Roman. Mit einem Nachw. von Edwin Hartl. [Hg. von David Axmann u. Marietta Torberg]. München, Wien: Langen Müller 1984 (= Gesammelte Werke in Einzelausgaben 15), S. 151. Im folgenden unter der Sigle AW im Text nachgewiesen.

19 Vgl. Frank Tichy: Friedrich Torberg. Ein Leben in Widersprüchen. Salzburg, Wien: Müller 1995, S. 83.

20 Friedrich Torberg: Mein ist die Rache. Wien: Bermann-Fischer 1947, S. 108.

21 Friedrich Torberg: Hier bin ich, mein Vater. München, Wien: Langen Müller 1962 (= Gesammelte Werke in Einzelausgaben), S. 314. Im folgenden unter der Sigle MV im Text nachgewiesen.

22 Friedrich Torberg an Marie Louise Amar, Brief vom 7.7.1969. WBR, Nachlaß Torberg, ZPH 588, 7/1.

23 Herbert Eisenreich: Typisch jüdisch. In: Der Weg war schon das Ziel. Festschrift für Friedrich Torberg zum 70. Geburtstag. Hg. von Josef Strelka. München, Wien: Langen Müller 1978, S. 27–49, hier S. 46.

24 Vgl. Dirk Rupnow: Vernichten und Erinnern. Spuren nationalsozialistischer Gedächtnispolitik. Göttingen: Wallstein 2005, S. 93. Allerdings sei Torbergs Erzählung im Vergleich zu den genannten Texten »viel weniger eindrücklich und ergiebig«.

25 Vgl. ÖNB-HAN 24.840.

26 Manès Sperber an Friedrich Torberg, Brief vom 2.1.1973. WBR, Nachlaß Torberg, ZPH 588, 12/3.

27 Gershom Scholem an Friedrich Torberg, Brief vom 7.5.1972. WBR, Nachlaß Torberg, ZPH 588, 23/5.

28 Ruth Kestenberg-Gladstein an Friedrich Torberg, Brief vom 10.5.1977. WBR, Nachlaß Torberg, ZPH 588, 16/3.

29 György Sebestyén: Mordechai, der Minnesänger. In: Die Welt, 13.4.1972.

30 Heinz Politzer: Geschichtel vom jüdischen Minnesänger. In: Merkur 26 (1972) 11, S. 1148–1150, hier S. 1148.

31 Peter Wapnewski: Larven in altdeutschen Stilmöbeln. In: Der Spiegel, 10.7.1972, S. 94–95, hier S. 95. Vgl. auch: Friedrich Torberg an Marcel Reich-Ranicki, Brief vom 5.1.1972. WBR, Nachlaß Torberg, ZPH 588, 31/19, und: Marcel Reich-Ranicki: Friedrich Torbergs Gleichnis. In: M. R.-R.: Über Ruhestörer. Juden in der deutschen Literatur. Erweiterte Neuausgabe. Stuttgart: DVA 1989, S.160–166, sowie: M. R.-R.: Gesalbt mit süßem Öl. Friedrich Torbergs »Süßkind von Trimberg«. In: M. R.-R.: Lauter Verrisse. Mit einem einleitenden Essay. Erweiterte Neuausgabe. Stuttgart: DVA 1984, S. 70–75.

32 Friedrich Torberg an Fritz Kalmar, Brief vom 19.9.1974. WBR, Nachlaß Torberg, ZPH 588, 8/1.

33 Vgl. Friedrich Torberg an Heinz Politzer, Brief vom 11.8.1972. WBR, Nachlaß Torberg, ZPH 588, 16/1.

34 Peter Härtling an Hermann Lewy, Brief vom 10.5.1972. Vgl. auch: Hermann Lewy an Peter Härtling, Brief vom 15.5.1972. Beide Briefe in: WBR, Nachlaß Torberg, ZPH 588, 29/11.

35 Friedrich Torberg an Marcel Reich-Ranicki, Brief vom 4.4.1973. WBR, Nachlaß Torberg, ZPH 588, 31/19.

36 Marcel Reich-Ranicki: Friedrich Torberg. Fernsehporträt eines Schriftstellers. In: FAZ, 30.10.1975.

37 Marcel Reich-Ranicki: Eine außergewöhnliche Institution. In: Der Weg war schon das Ziel (Anm. 23), S. 187–194, hier S. 188.

38 Marcel Reich-Ranicki: Europäer, Österreicher, Jude. Zum Tode von Friedrich Torberg. In: FAZ, 12.11.1979.

39 Friedrich Torberg: »Arbeitsjournal« zum Süßkind-Roman. In: F. T.: Auch Nichtraucher müssen sterben. [Hg. von David Axmann u. Marietta Torberg]. München, Wien: Langen Müller 1985 (= Gesammelte Werke in Einzelausgaben 16), S. 44–64, hier S. 53.

40 Friedrich Torberg an Max Brod, Brief vom 15.3.1955. WBR, Nachlaß Torberg, ZPH 588, 25/5.

41 Friedrich Torberg an Julius Hollos, Brief vom 22.9.1974. WBR, Nachlaß Torberg, ZPH 588, 8/1.

42 Friedrich Torberg an Klara Carmely, Brief vom 14.11.1975. WBR, Nachlaß Torberg, ZPH 588, 18/3.

43 Friedrich Torberg an Charles Lewinsky, Brief vom 31.8.1974. Vgl. auch: Charles Lewinsky an Friedrich Torberg, Brief vom 26.6.1974. Beide Briefe in: WBR, Nachlaß Torberg, ZPH 588, 13/3.

44 Vgl. Thomas Nolden: Junge jüdische Literatur. Konzentrisches Schreiben in der Gegenwart. Würzburg: Königshausen & Neumann 1995.

45 Marcel Reich-Ranicki: Außenseiter und Provokateure. In: M. R.-R.: Über Ruhestörer (Anm. 31), S. 15–37, hier S. 36.

46 Vgl. das Gedicht *Sehnsucht nach Alt-Aussee. In Kalifornien 1942* in: Friedrich Torberg: Lebenslied. Gedichte aus 25 Jahren. München, Wien: Langen Müller 1958, S. 51f. Im folgenden unter der Sigle LL im Text nachgewiesen.

47 Vgl. auch die erste relevante Darstellung, die Torberg gekannt haben dürfte: The Black Book of Polish Jewry. Ed. by Jacob Apensztak. New York: Roy 1943.

48 Friedrich Torberg: Kurzgefaßte Lebensgeschichte des Friedrich Israel Torberg. In: F.T., PPP (Anm. 16), S. 44–48, hier S. 48.

49 Friedrich Torberg an Milan Dubrovic, Brief vom 12.1.1947. WBR, Nachlaß Torberg, ZPH 588, 33/10.

50 Friedrich Torberg: Die Tante Jolesch oder Der Untergang des Abendlandes in

Anekdoten. [München, Wien:] Langen Müller 1975 (= Gesammelte Werke in Einzelausgaben 8), S. 35. Im folgenden unter der Sigle TJ im Text nachgewiesen.

51 Friedrich Torberg an Ruben Klingsberg, Brief vom 8.11.1969. WBR, Nachlaß Torberg, ZPH 588, 35/4.

52 Fritz René Allemann an Friedrich Torberg, Brief vom 6.5.1961. WBR, Nachlaß Torberg, ZPH 588, 28/8.

53 Friedrich Torberg: In Sachen jüdischer Witz. In: F. T., PPP (Anm. 16), S. 183–208, hier S. 184.

54 Ebd., S. 186.

55 Ebd., S. 207.

56 Ebd., S. 188.

57 Ebd., S. 194.

58 Ebd., S. 208.

59 Friedrich Sieburg: David und Goliath. In: FAZ, 2.4.1961.

60 Hans Lamm, deutsch-jüdischer Publizist. Ausgewählte Aufsätze 1933–1983. Mit ausführlicher Bibliographie. München [u. a.]: Saur 1984, S. 170.

61 Paula Arnold: Eine Sammlung jüdischer Witze. In: Israel Forum, Februar 1962, S. 15.

62 Friedrich Torberg an Janko von Musulin, Brief vom 8.11.1961. WBR, Nachlaß Torberg, ZPH 588, 47/6.

63 Vgl. Salcia Landmann: Torberg und der jüdische Witz. ÖNB-HAN 37.400, Bl. 64–66.

64 Vgl. Arno Lustiger an Friedrich Torberg, Brief vom 13.3.1963, und: Friedrich Torberg an Arno Lustiger, Brief vom 3.4.1963. Beide Briefe in: WBR, Nachlaß Torberg, ZPH 588, 27/3.

65 Jüdische Witze. Ausgewählt und eingeleitet von Salcia Landmann. München: Deutscher Taschenbuchverlag 1996, S. 269.

66 Jan Meyerowitz: Der echte jüdische Witz. Berlin: arani 1997.

67 Salcia Landmann: Der jüdische Minnesänger. In: Das neue Israel (Zürich), 11, Mai 1972, S. 839–840.

68 Friedrich Torberg an Veit Wyler, Brief vom 27.5.1972. WBR, Nachlaß Torberg, ZPH 588, 33/1.

69 Veit Wyler an Friedrich Torberg, Brief vom 12.6.1972. WBR, Nachlaß Torberg, ZPH 588, 33/1.

70 Friedrich Torberg: Das philosemitische Mißverständnis. In: F. T.: Apropos. Nachgelassenes, Kritisches, Bleibendes. München, Wien: Langen Müller 1981 (= Gesammelte Werke in Einzelausgaben 11), S. 283–296, hier S. 283.

71 Ebd., S. 285.

72 Vgl. Evelyn Adunka: Friedrich Torberg und Hans Weigel. Zwei jüdische Schriftsteller im Nachkriegsösterreich. In Modern Austrian Literature 27 (1994), 3/4, S. 213–237.

73 Friedrich Torberg an Heinrich Schnitzler, Brief vom 5.2.1960. WBR, Nachlaß Torberg, ZPH 588, 29/3.

74 Hans Weigel: Es gibt keine Juden. In: Heute (Wien), 6.2.1960.

75 Friedrich Torberg: Hans Weigel und die »Juden«. In: Heute (Wien), 13.2.1960.

76 Hans Weigel: Nach Friedrich Torbergs Tod. In: Profil, 19.11.1979, S. 82–83, hier S. 83.

77 50. Geburtstag von Friedrich Torberg. In: Die Gemeinde, 24.10.1958.

78 Dichterabend Friedrich Torberg. In: Die Gemeinde, 17.4.1959.

79 Heruth an Friedrich Torberg, Brief vom 17.10.1958. WBR, Nachlaß Torberg, ZPH 588, 32/16.

80 Friedrich Torberg an die Heruth, Brief vom 19.10.1958. WBR, Nachlaß Torberg, ZPH 588, 32/16.

81 Vgl. Vereinigte Aktion für Israel an Friedrich Torberg, Brief vom 11.5.1964. WBR, Nachlaß Torberg, ZPH 588, 30/1.

82 Vgl. Evelyn Adunka: Die vierte Gemeinde. Die Wiener Juden in der Zeit von 1945 bis heute. Berlin: Philo 2000, S. 259, sowie: IKG Wien an Friedrich Torberg, Brief vom 10.11.1971. Vgl. auch: Friedrich Torberg an die IKG, Brief vom 14.11.1971. Beide Briefe in: WBR, Nachlaß Torberg, ZPH 588, 18/2.

83 Vgl. Adunka, Die vierte Gemeinde (Anm. 82), S. 284f.

84 Vgl. Großer Staatspreis für Friedrich Torberg. In: Das jüdische Echo (Wien), 28 (1979), S. 59.

85 Anton Pick: Friedrich Torberg zum 70. Geburtstag. In: Die Gemeinde, 20.9.1978.

86 Interview mit Nadine Hauer. In: Jüdische Rundschau Maccabi (Basel), 17.2.1977.

87 Vgl. Friedrich Torberg an Friedrich Hoess, Brief vom 9.1.1976. WBR, Nachlaß Torberg, ZPH 588, 8/1.

88 Friedrich Torberg an Manès Sperber, Brief vom 27.10.1973, 10.10.1973. WBR, Nachlaß Torberg, ZPH 588, 12/3.

89 Friedrich Torberg an Jules Huf, Brief vom 5.5.1979. WBR, Nachlaß Torberg, ZPH 588, 22/5.

90 Friedrich Torberg an Julius Hollos, Brief vom 6.10.1979. WBR, Nachlaß Torberg, ZPH 588, 17/1.

91 Presseaussendung des Bundeskanzleramts, 19.11.1979.

92 Vgl. Friedrich Torberg an Karl Georg Meixner, Brief vom 24.4.1967. WBR, Nachlaß Torberg, ZPH 588, 29/16. Vgl. hierzu auch: Marcus G. Patka: Josef Foscht und Friedrich Torberg. Zu zwei Deckungen der Nachkriegszeit. In: Internationale Zeitschrift für Freimaurerforschung 10 (2008), 19 (in Druck).

93 Friedrich Torberg an Ivan Hacker, Brief vom 26.3.1975. WBR, Nachlaß Torberg, ZPH 588, 8/1.

94 Friedrich Torberg: I. Hacker – 75 Jahre. In: Illustrierte Neue Welt, Mai 1983, S. 6.

95 In Memoriam Friedrich Torberg. In: B'nai B'rith Journal (München), Jänner 1980, S. 25–26, hier S. 26.

96 Vgl. Vorträge in den letzten Jahren. In: B'nai B'rith Wien 1975–1980. Wien 1980, S. 106–109.

97 Vgl. Memorandum im Archiv Stern (Anm. 1).

98 Vgl. Adunka, Die vierte Gemeinde (Anm. 82), S. 324.

99 Friedrich Torberg an Desider Stern, Brief vom 30.9.1967. WBR, Nachlaß Torberg, ZPH 588, 29/16.

100 Vgl. Friedrich Torberg an Desider Stern, Brief vom 7.1.1971. Archiv Stern (Anm. 1).

101 Hans Habe: Ich stelle mich. Meine Lebensgeschichte. München: Heyne 1987 (= Heyne Taschenbuch 6829), S. 27.

102 Hans Habe: Erfahrungen. München: Heyne 1979 (= Heyne Taschenbuch 5185), S. 37.

103 Vgl. Friedrich Torberg an die IKG Wien, Brief vom 7.8.1978, und: Friedrich Torberg an Ivan Hacker, Brief vom 19.1.1979, sowie: Ivan Hacker an Anton Pick, Brief vom 23.1.1979. Alle Briefe in: WBR, Nachlaß Torberg, ZPH 588, 6/3. Vgl. auch: Adunka, Die vierte Gemeinde (Anm. 82), S. 358f.

104 Friedrich Torberg: »Austritt aus dem Judentum«. In: Academia (Wien), März/April 1974, S. 4.

105 Friedrich Torberg an Heinz Politzer, Brief vom 12.2.1946. WBR, Nachlaß Torberg, ZPH 588, 16/1.

106 Friedrich Torberg an Heinz Politzer, Brief vom 24.7.1946. WBR, Nachlaß Torberg, ZPH 588, 16/1.

107 Friedrich Torberg: Das philosemitische Mißverständnis. In: F. T., Apropos (Anm. 70), S. 292.

108 Friedrich Torberg an Karl Theodor Freiherr zu Guttenberg, Brief vom 30.7.1971. WBR, Nachlaß Torberg, ZPH 588, 17/2.

109 Friedrich Torberg an Eva Roeder, Brief vom 20.10.1964. WBR, Nachlaß Torberg, ZPH 588, 34/9.

110 Friedrich Torberg an Rudolf Krämer-Badoni, Brief vom 29.10.1965. WBR, Nachlaß Torberg, ZPH 588, 35/5.

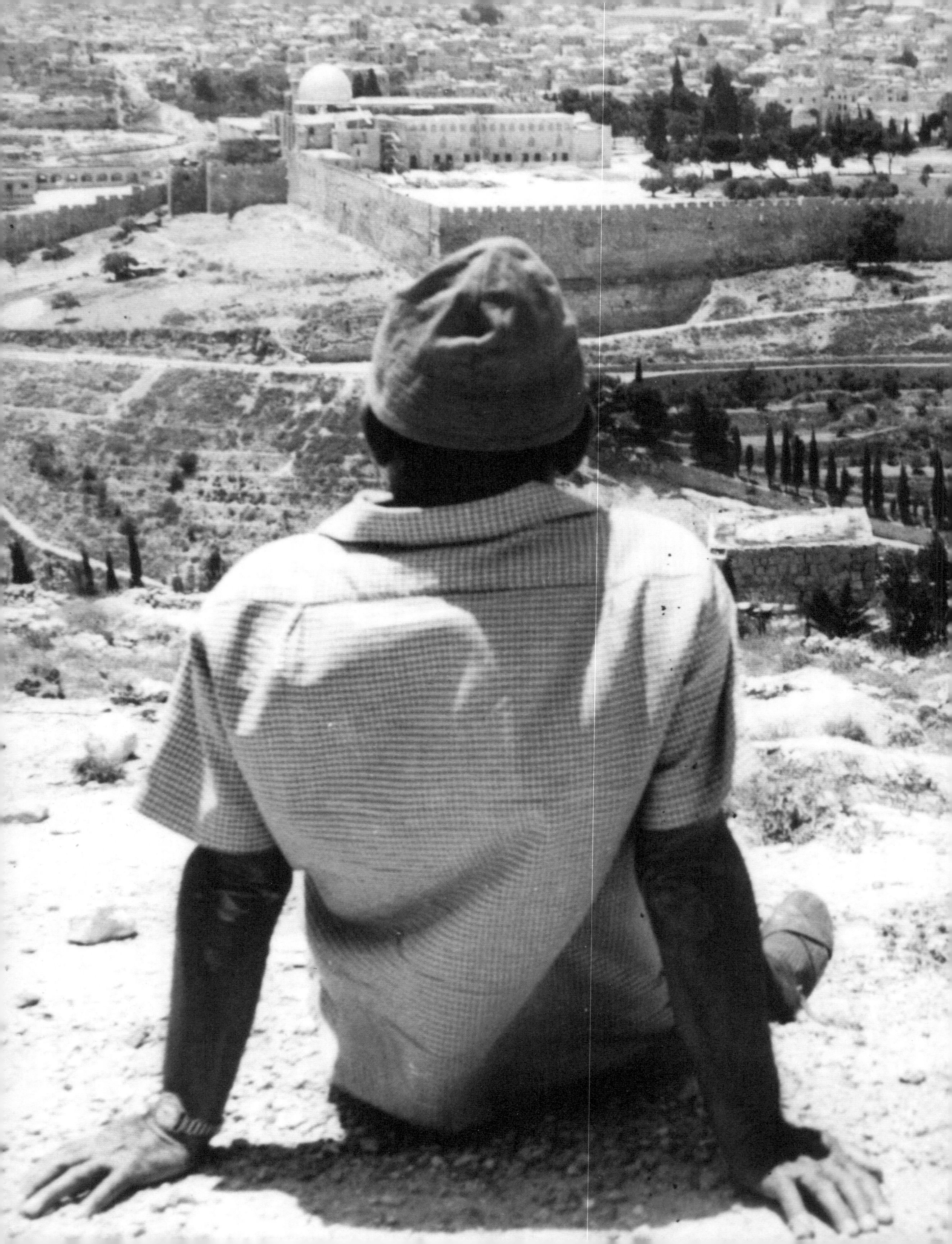

Marcus G. Patka

»Ich möchte am liebsten in Jerusalem begraben sein.«
Der Zionist Friedrich Torberg

»Die erste Berührung mit jüdischen Dingen hatte ich durch den Zionismus. Mein Elternhaus war das eines assimilierten Bürgertums. Zum bewußten oder gar militanten Juden bin ich ungefähr so geworden, wie sich andere Kinder aus guten jüdischen Familien damals taufen ließen. Den wirklichen Anstoß gab der Sport. […] Ich habe den Hitler nicht gebraucht, um zu bemerken, daß ich Jude bin, und die Antisemiten haben ihn nicht gebraucht, um zu bemerken, daß sie Antisemiten sind. Das ist eine Jahrtausende alte Tradition. An der ändert sich nichts, solange Juden noch unter anderen Völkern leben, und da wird sich nichts ändern trotz Israel, das ich als geistiges und kulturelles Zentrum des Judentums betrachte, aber keinesfalls als Lösung der Judenfrage. Die ist nicht vorgesehen.«[1]

Seit frühester Jugend bekannte sich Friedrich Torberg zum Zionismus, zeit seines Lebens sollte ihn eine sentimentale Hingabe an Eretz Israel erfüllen. Bei den zionistischen Sportvereinen Hakoah in Wien und Hagibor in Prag fand dies seine frühe Erfüllung, ein Leben als Pionier im Kibbuz konnte sich der Jungintellektuelle jedoch nicht vorstellen.

Stattdessen stellte er seine Produktion als Lyriker in den Dienst der Sache und publizierte schon 1925 als 17jähriger in der Prager Zeitschrift *Jung Juda*: »Und wir, die wir Makkabis Stamm entsprossen, / Und die wir Zion baun, […] / Und dies ist unser Wort und soll es ewig bleiben: Iwri Onauchi!«[2] Um 1929/30 erschienen etliche politische »Zeitgedichte«[3] in der zionistischen *Selbstwehr*, die in Prag von Felix Weltsch herausgegeben wurde. Zu den wenigen öffentlichen Stellungnahmen Torbergs zum Zionismus zählt eine Rezension eines Palästina-Buchs von Max Brod.[4] Offen kritisierte er die zunehmende Zersplitterung der jüdischen Gemeinden in der Tschechoslowakei.[5] Die Gedichte waren mit dem Kürzel »Frika« (für Fritz Kantor) gezeichnet, zumeist auf einen bestimmten Anlaß bezogen, und sie attackierten vehement den grassierenden Antisemitismus. Seine Themen sind Hakenkreuze auf Alpenhütten und in Heiratsanzeigen, prügelnde Studenten in Wien und ein Numerus clausus für Juden an deutschen und amerikanischen Universitäten, antisemitische Richter in Wien und München sowie ebensolche Parlamentarier in Budapest, eine Allianz von Ka-

◀ Blick auf die ›Heilige Stadt‹, Juni 1967 (DA).

Der 18. Zionistische Kongreß, Prag 1933. Aus einem Photoalbum von Ilse Kantor. ▲
Photo: Neckář, Prag (JMW).

tholiken, Protestanten und Juden in Wien gegen Walter Hasenclevers Theaterstück *Ehen werden im Himmel geschlossen*, die Ausschreitungen in Deutschland gegen den Film *Im Westen nichts Neues*, aber auch sehr persönliche Verballhornungen von Adolf Hitler, Erich Ludendorff, dem deutschnationalen Abgeordneten Graf zu Reventlow, von Hermann Bahr, Walter von Molo, Henry Ford und dem Heimwehr-Führer Richard Steidle.⁶ Gegen diese persönlichen ›Beschimpfungen‹ gab es zusehends Bedenken der Redaktion, doch da schon der junge Torberg sich nicht zensieren lassen wollte, beendete er seine Tätigkeit mit einem Offenen Brief. Sein Einfluß war immerhin so groß, daß diese Verspottung der eigenen Chefredaktion auch gedruckt wurde.⁷ Torbergs Stellenwert in der *Selbstwehr* läßt sich auch daran erkennen, daß diese zwei große Annoncen anläßlich des Todes seines Vaters erscheinen ließ.⁸ Ein weiterer Hinweis auf seine zionistische Tätigkeit findet sich in einem für ein Filmstudio in Hollywood erstellten Lebenslauf Anfang der 1940er Jahre: »Nach der Machtergreifung Hitlers im Jahre 1933 trat ich der Jüdisch-Sozialistischen Arbeiterpartei ›Poale Zion‹ bei, einer Zweigorganisation der Sozialdemokratischen Partei Österreichs.«⁹ Inwieweit sich Torberg hier tatsächlich aktiv betätigte, ist nicht bekannt. Erst im Angesicht der Schoa spielte er im amerikanischen Exil mit dem Gedanken, es seinem Mentor Max Brod gleichzutun, der ab 1939 in Tel Aviv lebte und als Dramaturg am Nationaltheater Habima fungierte. So schrieb Torberg 1943 aus Los Angeles an Max Brod: »Denn je näher das Ende dort drüben rückt, je tiefer die Schaufelräder der so entsetzlich langsamen göttlichen Mühlen in den Dreck dort drüben hineingreifen, desto öfter scheint mir die Alternative zwischen dem Verbleib in einer fremden Zufluchtsstätte und der Rückkehr in eine fremde Heimat nur einen Ausweg zuzulassen, und das ist Palästina. Was ich Sie da in aller unverschämten Naivität frage, ist eigentlich nicht mehr oder weniger, als ob Sie glauben, dass das einen Sinn hat. Oder wenigstens: ob es für Sie einen Sinn hat. Ob Palästina für Sie eine Enttäuschung war oder eine Erfüllung. (Oder was ›eher‹, weil das doch wahrscheinlich ›nicht so einfach‹ ist …). […] Es ist zum Heulen und zum Kotzen, und ich bin heute sicherer als je zuvor, dass Erez Jisrael

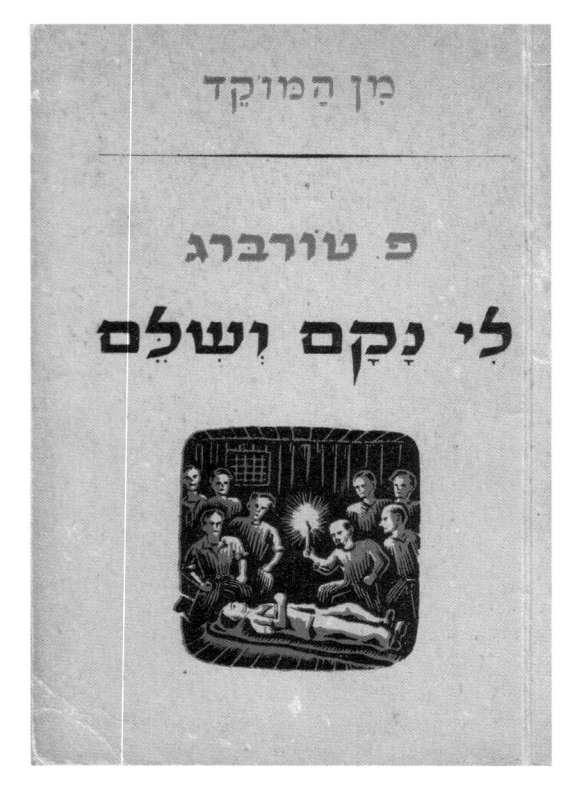

Hebräische Ausgabe von *Mein ist die Rache*, 1944 (JMW). ▲

Hebräische Ausgabe von *Hier bin ich, mein Vater*, 1970 (JMW). ▲

die einzige Antwort ist. Und selbst wenn mit Erez Jisrael als politischer Realität nichts werden sollte, dann müsste man doch wenigstens aus Jerusalem ein Alexandrien machen«.[10]

Max Brod hatte 1943 das Erscheinen der hebräischen Ausgabe von Torbergs *Mein ist die Rache* in der Übersetzung des Schriftstellers Shin Shalom bei Am Oved bewirkt, dem Verlag der Gewerkschaft Histarut, in deren Zeitschrift *Jewish Frontier* Torberg publizierte. Zwar setzte er somit seinen Fuß literarisch auf den Boden Israels lange bevor er diesen physisch betrat, doch es kam nur wenig nach; nur noch *Hier bin ich, mein Vater* erschien in der Übersetzung von Nili Mirski ebenfalls bei Am Oved. Vor einem Besuch bei seinem alten Freund Max Brod schreckte er jedoch zurück: »Ich glaube nicht, dass ich in irgendeiner Gefahr bin, von Palästina aus eigener Anschauung ›enttäuscht‹ zu werden, und daran liegt es ganz gewiss nicht, dass ich so gar keine Anstalten für einen Besuch treffe; eher schon liegt es an der Hemmung, mit der ich jetzt das Wort ›Besuch‹ hingeschrieben habe und die noch aus jenen Blauweiss- und Hagibor-Zeiten herrührt, da Palästina eine Entweder-Oder-Entscheidung war, da man entweder als Chaluz hinunterzugehn hatte oder gar nicht, und keinesfalls als Tourist. Natürlich werde ich diese Hemmung eines Tages überwinden.«[11] Sorgenvolle Briefe tauschte Torberg mit Brod auch 1948 im Zuge des Unabhängigkeitskriegs: »[…] mir war es also von Anfang an klar, dass im Vergleich zu Palästina der italienisch-abessynische Krieg als ein Monument des wachgerüttelten Weltgewissens in die Geschichte eingehen wird, und zwar deshalb, weil so und so viele der damals massgebenden Faktoren sich erst erkundigen mussten, wer die Abessynier überhaupt sind, aber von den Juden wissen sie's alle und da bringt jeder sein Vorurteil mit (mancher zum Glück auch ein positives), die Nutzniesser der Unkenntnis und Unbildung sind die malerisch anzusehenden Araber«.[12]

Im März 1949 erreichte Torberg ein Angebot Arnold Schönbergs, dem er zuvor *Mein ist die Rache* und einige Gedichte geschickt hatte: »Ihr Gedicht ›Kaddisch‹ ist wirklich ein wundervolles und höchst ergreifendes Werk«, bedankte sich Schönberg. »Sehr gerne würde ich so eine Komposition dem neuen Staat widmen. Vielleicht haben Sie ein paar Ideen und machen mir Vorschläge was es sein könnte.«[13] Torberg war hiervon begeistert und schickte Textentwürfe, doch trotz einer intensiven Korrespondenz kam das Werk über die Ouvertüre nicht hinaus, blieb unvollendet und wurde daher auch nie aufgeführt oder eingespielt.

Auch Martin Buber wurde von Torberg sehr verehrt, doch ihr Briefwechsel war nicht von Dauer.[14] An weiteren nach Israel emigrierten Freunden sind Gershom Scholem, die Journalisten Ruben Klingsberg (*Prager Mittag*), Erich Gottgetreu (*Selbstwehr*), Frieda Hebel (*Prager Tagblatt*), der ehemalige Wiener Sozialdemokrat und nunmehrige Government-Press-Office-Mitarbeiter David Landor, Max Brods Mitarbeiterin Ilse Esther Hoffe sowie die Sportler von Hakoah und Hagibor zu nennen.

▲ Handschriftliche Adreßänderung Max Brods nach der Gründung des Staates Israel (WBR, HS).

Ruben Klingsberg, Ilse Esther Hoffe, Max Brod, Marietta und Friedrich Torberg (v.l.n.r.), 1968 (DA). ▲

Erste konkrete Reisepläne faßte Torberg 1953: »Ich möchte heuer im September oder Oktober sehr gerne für ein paar Wochen nach Israel kommen, ein Unternehmen, das seit mehr als 30 Jahren (nämlich seit ich zur zionistischen Bewegung gestoßen bin) von mir geplant wird, dessen Durchführung aber immer wieder an allen möglichen Hindernissen äußerer und innerer Natur scheiterte, und dessen ständige Verschiebung mich nach und nach zum letzten Long-Distance-Zionisten gemacht hat. Seinerzeit in New York hat mir Nahum Goldmann sehr zugeredet, diesen Zustand zu ändern, stellte mir auch seine praktische Unterstützung in Aussicht – es klang, als wollte er mir eine offizielle Einladung verschaffen.« Torberg wollte aber nur zusammen mit seiner Frau fahren und fragte daher nach »Erleichterungen«: »Es soll keine amerikanische Basis sein (nicht obwohl sondern weil ich amerikanischer Staatsbürger bin und hier in der Public Affairs Division des State Department arbeite). Es soll aber auch keine österreichische Basis sein (nicht obwohl sondern weil ich nach wie vor als österreichischer Schriftsteller gelte und gerade in Israel nicht als solcher zu gelten wünsche). Sie sehen: ich sitze zwischen zwei Sesseln und kann höchstens als Jud aufstehen. Aber ob das genügt?«[15] Nahum Goldmann erkundigte sich daraufhin nach Torbergs zeitlichen Koordinaten für die geplante »Palästinareise«,[16] die dann aber nicht zustande kam.

Max Brod war auch weiterhin für den Freund aktiv. So dürfte auf seine Vermittlung hin 1954 die Einladung an Torberg ergangen sein, als Korrespondent für eine israelische Wochenzeitung zu arbeiten, was er aber wegen der *FORVM*-Gründung ablehnte.[17] Torberg dankte seinem Mentor mit mehr als einer Hommage.[18] Max Brod war es auch, der zusammen mit Edith Blumenfeld Torbergs erste Reise nach Israel im März 1958 arrangierte, und zwar als Journalist, der von der Regierung zum 10jährigen Gründungsjubiläum eingeladen wurde. In diesem Zusammenhang berichtete Torberg dem israelischen Generalkonsul in Genf, Uri Naor, enthusiastisch über sein *FORVM*: »In dieser Zeitschrift habe ich von Anfang an, unter nicht immer ganz leichten und manchmal geradezu

▲ Endlich in Israel, 1958 (DA). ▲

ungemütlichen Begleitumständen, eine vehement pro-israelische Haltung verfochten. Dass ich dafür weder Dank noch Anerkennung (geschweige denn irgendwelche ›Gegenleistungen‹) erwartet habe, muss ich Ihnen nicht erst sagen. Ich war 12 Jahre alt, als ich zum Zionismus kam, und wenn ich mir in diesem Punkt die geringsten Illusionen gemacht hätte oder gar ›Enttäuschungen‹ zugänglich gewesen wäre, so hätte ich der Bewegung spätestens am Tag meiner Barmizwah wieder den Rücken kehren müssen. Das war, wie Sie wissen, nicht der Fall, und daran wird sich wohl nichts mehr ändern. Ich bleib jetzt schon so, wie ich bin, und folglich wird auch meine sozusagen interne Stellung zum Judentum, zum Zionismus, zu Israel und zu allen umliegenden Ortschaften die gleiche bleiben wie bisher.« Danach beschreibt Torberg, daß er von der portugiesischen Regierung zu einer Rundreise eingeladen wurde, weil er sich kritisch zur Goa-Frage geäußert hatte, wobei er aus lauter Besorgtheit rasch in die Rolle des ›Besserwissers‹ verfällt und brieflich erläutert, »dass die portugiesische Propaganda (oder wie immer Sie das nennen wollen) um so viel besser funktioniert als die israelische – der es offenbar vollkommen gleichgültig ist, ob, durch wen und unter welchen Umständen die öffentliche Meinung in israelischem Sinn beeinflusst wird. Und es könnte ja sein, dass sie mit dieser Gleichgültigkeit einmal an einen Goj gerät oder, was schlimmer wäre, an einen nicht ganz so jüdischen Juden. Allerdings werde ich den Verdacht nicht los, dass ich in einem solchen Fall – nämlich wenn ich ein Goj oder ein nicht ganz so jüdischer Jud wäre – von den einschlägigen israelischen Stellen eine andre Behandlung erführe. Vielleicht täusche ich mich, aber das wäre dann nur desto schlimmer. Denn das hiesse, dass der Staat Israel im 10. Jahr seines Bestehens noch immer in den propagandistischen Kinderschuhen steckt. Und Plattfüße hat er auch.«[19]

Weiterhin mischte sich in alle Bewunderung für das biblische Erbe und die Aufbauleistung Israels auch harsche Kritik. So schrieb Torberg in rauher Herzlichkeit an den israelischen Postminister Yosef Burg, den er bei einem Gespräch mit Dr. Rosenborg, dem Vizeminister für Sozialfürsorge, in der Knesset kennengelernt hatte. Burg hatte ihm eine Auswahl israelischer Briefmarken versprochen, diese jedoch nie abgeschickt: »Was mich aber ausser dieser Tatsache noch zusätzlich betrübt, ist der Umstand, dass ein Vertreter der religiösen Parlamentsfraktion ein gegebenes Versprechen nicht einhielt. Das hätten Sie einem gläubigen Juden nicht antun dürfen. ›Gläubig‹ nicht ganz im Sinne der von Ihnen repräsentierten Partei – dazu reicht's bei mir nicht, wie gerne ich auch möchte, sondern gläubig im Sinne von naivem Vertrauen.«[20] Der Minister mußte dies Versäumnis eingestehen und schickte die Briefmarken umgehend nach Wien.

Seine persönlich wichtigste Bindung an Israel war trotz zwanzig Jahren der Trennung die Beziehung zu seiner Schwester Ilse, die 1938 nach Palästina flüchten konnte und dort den Berliner Dirigenten Adolf Abraham Daus geheiratet hatte. Sie stand Torberg in ihrer gemeinsamen Jugend wesentlich näher als die ältere Schwester Sidonie – und sie war mit ihm die einzige Überlebende der vielköpfigen Familie Kantor. Über Ilse schrieb Torberg an Manès Sperber: »Sie ist um ein paar Jahre jünger als ich, wurde von mir in der gemeinsamen Jugend auf Zionismus geknechtet, und hat dann das gemacht, wovon ich immer nur geredet habe.«[21] Die Korrespondenz der beiden Geschwister hat sich jedoch in Torbergs Nachlaß leider nicht erhalten, einige wenige Briefe finden sich in jenem von Ilse Daus.[22]

Mit Schwester Ilse und ihren Töchtern Tamar und Tirza im Kibbuz Hefzi Bah, 1958 (DA).

Einen als Empfehlung gedachten Reisebericht schickte Torberg 1958 an die Journalistin Ilse Leitenberger: »Im übrigen flehe ich Sie an, sich mit der Stadt Tel Aviv nicht länger und nicht intensiver abzugeben als Sie unbedingt müssen; sie unterscheidet sich in nichts von einer lärmenden levantinischen Großstadt, nicht einmal dadurch, daß der Lärm dort ausschließlich von Juden besorgt wird, weil sich ja auch die dortigen Juden nicht wesentlich von allen anderen übrigen Levantinern unterscheiden. Aber natürlich müssen Sie die Habima sehen und das Mann-Auditorium […] Jerusalem, welches selbst ohne den abgetrennten Teil ganz ungleich interessanter ist als Tel Aviv […] Mit der ›zweiten Generation‹ hatte und habe ich's ja selbst ein bisschen schwer. Immerhin: meine leibliche und Ihre Namensschwester Ilse Daus (die einzige Überlebende meiner Familie) lebt seit 20 Jahren im Lande und in einem Kibbuz obendrein, woselbst sie als Lehrerin tätig ist und zweier Töchter genas, mit denen ich mich bereits in keiner Weise verständigen konnte, weil mein Hebräisch dazu bei weitem nicht ausgereicht hat. Der Kibbuz heisst Chefzi-Bah, gehört zum Kibbuz-Konzern der ›Achduth Ha'avodah‹, einer halblinken Absplitterung der regierenden ›Mapai‹-Partei Ben Gurions, und liegt im Schatten der Gilboa-Berge, wo damals dieser Wirbel mit den Philistern war. Es ist keiner von den schöneren Kibbuzim, aber vielleicht gerade darum typischer und aufschlussreicher als die Mustersiedlungen. Und jedenfalls werden Sie dort, oder von dort aus, allen gewünschten Zutritt zum wirklichen Neuland und zur wirklichen neuen Generation finden. Trotzdem sollten Sie es nicht versäumen, noch einen anderen Kibbuz namens Ne'ot Mordechai aufzusuchen, teils weil er ganz am Nordzipfel des Landes liegt und Ihnen ein ziemlich genaues Bild davon vermitteln wird, teils weil er über das mit weiter Instanz bemerkenswerteste Espresso-Lokal des Erdenrunds verfügt.«[23]

Zwei Jahre später heißt es in einem Brief an Eva Roeder: »Hoffentlich erreicht Sie dieser Brief noch vor Ihrer Reise nach Israel, ins übermäßig gelobte Land, das man andererseits gar nicht übermäßig genug loben kann – und was heisst da überhaupt ›loben‹, was ist das für eine Frechheit, als ob das ein ›Land‹ wäre wie irgend ein anderes auch, es ist, und glauben Sie mir und Sie werden's ja sehen, die Wiege, eine harte, unverschnörkelte, ungepolsterte, unbequeme Wiege, aber wer sich in ihr zu betten weiss, wird von Gottes eigenem Arm geschaukelt. Und wenn ich Ihnen überhaupt etwas zu ›empfehlen‹ habe, dann ist es eben dies: sich ständig dessen inne zu sein, dass der Baedeker dieses Landes die Bibel ist. Ich wäre gewiss der letzte, der die Bewässerung des Negev oder das Weizmann-Institut in Rechovoth unterschätzen wollte, aber um die wirkliche Bedeutung etwa der Pottaschewerke in Beer Sheva festzustellen, muss man sich daran erinnern, wie der Grosspapa Abraham aufgeatmet hat, als er hierher kam, denn jetzt war er endlich in einer alten Stadt mit einem funktionierenden Brunnensystem und konnte seine Kamele tränken. Die Kamele sehen Sie übrigens noch immer, zehn Minuten vor der Stadt, am besten mit Märchensilhouetten gegen den Abendhimmel. Weitere zehn Minuten entfernt liegt die Siedlung der schwarzen indischen

Geschenk-Gutschein des Kerem Kayemeth Leisrael für den ▲
Aufbau Israels (WBR, HS).

Juden. Und wenn Sie schon dort sind, fahren Sie um des Himmels willen nach Sodom hinab, dann wissen Sie überhaupt alles, dann sehen Sie, wie es IHM damals zu bled geworden ist und wie ER mit der Faust hingehaut hat. Man kann sich das wahrscheinlich auch anders erklären, aber einfacher ist es so.«[24]

Doch bei all dieser Schwärmerei muß festgehalten werden, daß Torberg solche nur privat äußerte; publiziert hat er weder über seine Israel-Reise 1958 noch über die in den folgenden Jahren. Wie sich noch zeigen wird, finden sich nur Zeugnisse aus aktuellem Anlaß. So trug Torberg auch eine Kontroverse mit Oscar Pollak, dem Chefredakteur der *Arbeiter-Zeitung*, um eine in Zusammenhang mit Israel als antisemitisch zu verstehende Passage in dessen Artikel nur brieflich aus.[25] Das *FORVM* war unter Torberg durchaus proisraelisch eingestellt, doch diese Feststellung bedarf einer genaueren Untersuchung: Jeder Ausgabe war die Rubrik »Monatskalender der Weltpolitik« vorangestellt. Hier wurde über Zwischenfälle an Israels Grenzen oder Terroranschläge im Land berichtet, aber auch über Israels kurzzeitige Besetzung der Sinai-Halbinsel 1956 als Folge der Suez-Krise und der von dort ausgehenden andauernden militärischen Nadelstiche Ägyptens gegen Israel.[26] Nach dieser Rubrik finden sich politische Glossen, einige davon verfaßte Torberg selbst: »Die Suezkanal-Krise ist natürlich keine Krise des Suezkanals, sondern eine des Westens. Auch ist sie, ebenso natürlich, schon längst entschieden, und zwar zu Ungunsten des Westens. [...] Von dieser Phantasielosigkeit der Demokratie leben die Diktaturen. Daß sie zum Schluß auch daran sterben, ist im Augenblick unser einziger Trost.«[27] In weiterer Folge schossen sich Torberg und andere *FORVM*-Kommentatoren auf den ägyptischen Präsidenten Nasser ein, da dieser auch die Interessen der Sowjetunion im Nahen Osten vertrat.[28] Treffend analysiert Torberg die Rolle Israels als Sündenbock: »Israel fungiert hier sozusagen als Stimmgabel, an der sich die Haßgesänge des arabischen Nationalismus ausrichten, und wessen Haßgesang überzeugender klingt, hofft damit offenbar nachzuweisen, daß *er* die wahre Einheit verficht und nicht der andre.« Und über Nasser heißt es: »Pyramidenhitlers Marschordre ist vorgezeichnet.« Zudem vergleicht Torberg die Situation im Nahen Osten mit Hitlers Politik am Vorabend des Zweiten Weltkriegs und sieht Israel in der Rolle Polens.[29] Anläßlich der israelischen Parlamentswahlen 1959 schrieb Torberg: »Israel, von gewaltiger Unordnung bedrängt und bedroht, ist der einzig stabile Ordnungsfaktor im Nahen Osten.«[30] Doch trotz dieser deutlichen Worte bildet Israel nur ein unbedeutendes Seitenthema im gesamten *FORVM* zwischen 1954 und 1966. Es finden sich nur zwei substantielle Artikel

Der ägyptische Präsident Nasser aus Sicht des *FORVM*, 1956 (WBR, DS). ▲

Karikatur aus dem *FORVM* über den Rückzug der israelischen Armee aus dem kurzfristig ▲ besetzten Küstengebiet des Sinai, 1957. Zeichnung: Schoenfeld (WBR, DS).

zum Thema. Während Alfred Mozer 1957 einen objektiv-statistischen Bericht über den israelischen Staat vorlegt, kritisiert Franz Fenner die arabische Gesellschaft, ihren aufgeblähten Beamtenapparat und die nicht funktionierende Zivilgesellschaft. »Die Führer der arabischen Nationalisten sind die Opfer ihrer eigenen Propaganda geworden. Keine Regierung und keine Partei wagt mit Israel Frieden zu schließen.« Israels Bedeutung liege insbesondere darin, nicht wie seine Nachbarstaaten für den Kommunismus optiert zu haben.[31] Somit läßt sich konstatieren, daß das FORVM sich mit Israel nur im Zusammenhang mit seinem Generalthema, dem Kalten Krieg, auseinandersetzte, es aber peinlich vermied, als zionistisches Organ angesehen zu werden.

Seinen großen Propagandafeldzug für Israel startete Torberg in den 1960er Jahren durch die Übersetzungen der Humoresken von Ephraim Kishon. Hier konnte über den Humor ein positives Bild von Israel als einem Land mit ›ganz normalen‹ Problemen gezeichnet werden, hier hat Torberg unter großem Zeitaufwand einen bedeutenden und bleibenden Teil seines Œuvres geschaffen. Insbesondere nach dem Sechs-Tage-Krieg, der den Nahostkonflikt schlagartig in die internationalen Medien katapultierte und mit dem Problembewußtsein auch das Informationsbedürfnis über Israel weckte, eroberten Torbergs Übersetzungen den deutschsprachigen Buchmarkt. Nicht nur war die Zusammenarbeit für beide lukrativ, auch konnte sich Torberg der Aufmerksamkeit der Medien sicher sein. Zusammen mit Kishon absolvierte er eine Reihe von Lesungen, TV-Auftritten und Schallplattenaufnahmen in Deutschland und Österreich. In der Korrespondenz zwischen Torberg und Kishon findet sich ein Tonfall wie bei einem unschlagbaren Sportlerduo, doch mitunter auch Passagen zu Literatur und Politik. So schreibt Torberg: »Did you meet Günther [!] Grass? I must say that the Israeli writers – among whom I can't help to count you, too – have behaved like idiots. Grass, quite apart from his talent, is an extremely nice and decent guy, or even goy, by which I wish

▲ Friedrich Torberg und Ephraim Kishon beim Bayerischen Rundfunk, um 1970.
Photo: Sessner, Dachau (DA).

to reflect on his intelligence, not on his decency. If it hadn't been for the protests of such Arschlöcher like Erich Fried and Peter Weiss, I would have protested myself.«[32] Kishon entschuldigte sich für das Verhalten seiner israelischen Kollegen, doch er verfügte seinerseits über nicht weniger Temperament und konnte Torberg mitunter sehr in Verlegenheit bringen, etwa als er 1970 dem *Spiegel* Antisemitismus vorwarf, weil dieser seine Bücher nicht auf der Bestsellerliste stehen habe. Hiervon mußte sich wiederum Torberg beschämt distanzieren.[33] Wie sehr Torberg aber als Kulturbotschafter wahrgenommen wurde, zeigt eine Anfrage der literarischen Verwertungsgesellschaft Literar-Mechana von 1970, ob Torberg einen Kontakt zum israelischen Schwesterverband herstellen könne. Dieser jedoch sah sich dazu außerstande und verwies den Ansuchenden an Kishon.[34]

Der Sechs-Tage-Krieg 1967 brachte für Torberg eine angstvoll-hektische Zeit: Bereits am 3. Juni, also zwei Tage vor Kriegsausbruch, beteiligte er sich gemeinsam mit dem Präsidenten der Israelitischen Kultusgemeinde Ernst Feldsberg und Amtsdirektor Wilhelm Krell, Oberrabbiner Akiba Eisenberg, Simon Wiesenthal, dem Industriellen Karl Kahane, dem Generaldirektor der Wiener Städtischen Versicherung Otto Binder und Anton Winter an der Gründung eines Solidaritätskomitees für Israel.[35] Rückblickend bemerkte Torberg: »Über das, was jetzt in Israel vorgeht, zu schreiben, bin ich allerdings nicht der richtige Mann. Aber ich versuche mich in diesem Zusammenhang auf andere Art nützlich zu machen, z. B. indem ich der Israelischen Botschaft als eine Art ambulanter Presse-Attaché zur Verfügung stehe, Aufrufe und Propagandatexte verfasse, direkt oder indirekt an den (erfreulich zahl- und erfolgreichen) öffentlichen Veranstaltungen zugunsten Israels mitwirke. Meine persönlichen Verbindungen zu ein paar nicht ganz unwichtigen Politikern im In- und Ausland ausnütze, etc. Im Vergleich zu dem, was in Israel geleistet wird, ist es natürlich lächerlich wenig, aber es ist alles, was ich tun kann.«[36] Einige Photos im Nachlaß belegen, daß Torberg offensichtlich noch im Juni 1967 spontan nach Israel flog, um Jerusalem zu besuchen und den Sinai zu bereisen. Zu dieser Zeit war Ze'ev Shek israelischer Botschafter in Wien, mit dem Torberg bald auch eine enge Freundschaft verband. So schickte Shek 1970 eine detaillierte Einschätzung der Affäre Kreisky-Wiesenthal und versuchte Torberg 1977 für den Jerusalem-Preis vorzuschlagen, was aber scheiterte.[37]

Was Torberg 1967 besonders erboste und sein publizistisches Schweigen über Israel brechen ließ, war die Haltung der deutschen Linksintel-

Synagogenbesuch in Jerusalem (DA). ▲

lektuellen, die in Israel nur den neuesten Brückenkopf des amerikanischen Imperialismus sahen, zumal die meisten arabischen Staaten mit der Sowjetunion verbündet waren und sich der Nahostkonflikt immer mehr zum Brennpunkt des Kalten Kriegs entwickelte. Da etliche Wortführer wie Erich Fried oder Peter Weiss ebenfalls jüdischer Herkunft waren, sah er in ihnen wohl das, was er schon zuvor als »nicht so jüdischer Jude« bezeichnet hatte. Im September 1967 erfolgte in der *Welt* ein wilder Rundumschlag, der in der Schärfe seiner Rhetorik nicht mehr nachvollziehbar ist. Torberg geht zuerst auf Eli Wiesels Buch *Les Juifs du Silence* ein, in dem dieser die Verfolgung, Verschleppung und Ermordung sowjetischer Juden brandmarkt. Über den Nahostkonflikt heißt es: »Diesmal, obwohl es noch nie so leicht war, integre Gesinnung zu demonstrieren, obwohl eine eklatante, ja herausfordernde Chance vorlag, sich anständig zu benehmen und zugleich vernünftig, menschlich und zugleich politisch das Richtige zu tun, eine einmalige Chance zur denkbar saubersten Wiedergutmachung und Vergangenheitsbewältigung (sie wurde auch vom weitaus größten Teil der deutschen Öffentlichkeit als solche verstanden und wahrgenommen): diesmal taten die deutschen Intellektuellen nichts dergleichen. Und wenn sie aus ihrem Phlegma schon hervortraten, dann pünktlich in die falsche Richtung, angefangen von den israelfeindlichen Stellungnahmen ›linker‹ Studentenkreise bis zu den perversen Selbstentäußerungen eines Erich Fried oder eines Peter Weiss. [...] Im Zweifelsfall werden die deutschen Linksintellektuellen zu stillschweigenden oder – wie in den erwähnten Perversionsfällen – sogar zu beredten Bundesgenossen feudaler Ölkönige, faschistoider Diktatoren und judenfeindlicher Ostblöckler. Im Zweifelsfall akzeptieren sie die ›Stürmer‹-Schlagzeilen des ›Neuen Deutschland‹ und somit der ›Deutschen National- und Soldaten-Zeitung‹. Im Zweifelsfall machen sie lieber gemeinsame Sache mit den Nazis, als daß sie

▲ Dosh (d. i. Kariel Gardos): Karikatur Moshe Dajans aus dem Band *Pardon, wir haben gewonnen* von Ephraim Kishon, 1968 (MP).

sich's mit den Kommunisten verderben wollten. Aus diesem Dilemma wird ihnen kein dialektischer Trick heraushelfen. Rette sich, wer kann.«[38] Diese Kontroverse bildete nur eine Facette von Torbergs Polemiken gegen deutsche Linksintellektuelle, jene gegen Günther Anders und Robert Jungk sollten folgen.[39] Vielfach wütete er in Briefen auch dagegen, daß der Schriftsteller Hans Habe von Israel geehrt wurde.[40] Dem ist hinzuzufügen, daß etliche jüdische Linksintellektuelle aus Österreich im Vorfeld des Sechs-Tage-Kriegs im *Tagebuch* eine Unterstützungserklärung publiziert hatten, darunter Ernst Fischer, Günther Anders, Georg Eisler, Bruno Frei, Stella Kadmon, es unterzeichneten aber auch Nicht-Juden wie Günther Nenning, Alfred Hrdlicka, Otto Basil, Hans Lebert und Carry Hauser.[41]

In jedem Fall kosteten diese Kontroversen Torberg viel Zeit, Kraft und wohl auch Sympathien. Noch 1978 verwahrte er sich in einem Brief an Klara Carmely dagegen, daß ›links‹ als Synonym für ›anständig‹ und ›konservativ‹ für ›reaktionär‹ gewertet werde. Er lasse sich nur mit Vorbehalt einen Konservativen nennen: »Über den Staat Israel habe ich mich schon sehr oft geäußert, meistens in Interviews und Diskussionen, aber nicht in kompaktem Druck. Mir schienen die sozusagen ›umwegigen‹ Äußerungen, besonders in Zusammenhängen, wo man sie oft gar nicht erwartet, zweckdienlicher und politisch wirksamer als sozusagen frontale Stellungnahmen. Über den linken Antisemitismus hingegen habe ich mehrmals geschrieben, nicht nur im Zusammenhang mit dem Slansky-Prozeß«.[42]

Im April 1968 absolvierte Torberg seinen zweiten offiziellen Besuch in Israel, wobei er eine Lesung in der Bet-Sokolow-Halle in Tel Aviv abhielt. Auf Einladung der Hakoah wohnte Torberg auch der Enthüllung des Denkmals für die ermordeten jüdischen Sportler in Kfar Hamaccabia bei.[43] Doch die Wirklichkeit blieb oft hinter seinen Ansprüchen zurück. Oder aber er sah Israel nur durch die Brille des Touristen. Jedenfalls äußerte er sich gegenüber Ze'ev Shek zum einzigen unerfreulichen Punkt seiner Reise, da dieser Weg ihm besser erscheine, als etwa einen Offenen Brief in den israelischen Medien zu lancieren: »[…] beinahe alles, was mit Fremdenverkehr, Tourismus, Gastgewerbe u. dergl. zu tun hat, befindet sich in einem deplorablen und manchmal geradezu empörenden Zustand. Das gilt in erster Linie für die Hotels, und hier wiederum in erster Linie für die grossen und teuern. […] Um so mehr wäre es Sache des Managements, darauf zu sehen, dass Unfreundlichkeit und Unhöflichkeit sich in Grenzen halten. Aber das Management ist leider vollauf damit beschäftigt, seine Gäste – gleichgültig welcher Herkunft und Valutastärke – auf das schamloseste zu schröpfen. […] Die hier geübte Praxis entspricht ziemlich genau dem, was der Vulgärantisemitismus als ›jüdischen Dreh‹ bezeichnet. […] Auch in den Restaurants lassen Service und Qualität trotz grösstenteils gepfefferter Preise viel zu wünschen übrig, und freundliche Taxichauffeure sind eine Rarität. Leider musste ich feststellen, dass sich das alles sofort zum Besseren wendet, wenn man es mit Arabern zu tun bekommt, und jene Reisenden, die beispielsweise in den Hotels der Jerusalemer Altstadt absteigen, berichten übereinstimmend von ähnlichen Erfahrungen. Nun ist es durchaus möglich, dass unsereins aus einer unheilbaren Galuth-Mentalität [Galuth = Exil, Diaspora], die instinktiv mit einer antisemitischen Umwelt rechnet, auf Defekte der hier angeführten Art besonders empfindlich und vielleicht ein wenig übertrieben reagiert. Ich stelle ferner in Rechnung, dass sich unsere Vorväter seinerzeit nicht deshalb dem Sklavendienst bei den Ägyptern entzogen haben, um einige Jahrhunderte später

Der enge Freund und israelische Botschafter Ze'ev Shek mit seiner Frau, um 1970 (PS). ▲

Hotelbedienstete, Kellner und Taxichauffeure zu werden. Aber ich zweifle, ob auch nichtjüdische Besucher des Landes das gebührend in Rechnung stellen und auf die Dauer bereit sein werden, ihre Devisen nach Israel zu tragen statt nach dem Libanon oder nach Ägypten, wo es ja auch allerlei Sehenswürdigkeiten zu bestaunen gibt.«[44] Shek gab Torberg recht, verwies aber auf ähnliche Zustände in Paris oder Rom.[45]

Im Dezember 1973 hätte der Internationale PEN-Kongress in Jerusalem tagen sollen, doch aufgrund des Jom-Kippur-Krieges im Oktober wurde er kurzfristig abgesagt, was Torberg folgendermaßen kommentierte: »Nachdem der internationale PEN-Präsident Böll den für Dezember in Jerusalem festgesetzten Internationalen PEN-Kongress eigenmächtig abgesagt hatte, wandte sich der Israelische PEN-Club an 40 der insgesamt 80 PEN-Zentren in aller Welt (leider nicht an das österreichische) und dazu an 20 prominente Autoren, mit der Bitte um eine Solidaritätserklärung für den Existenzkampf Israels. Die Zahl der Antworten belief sich auf 0 (in Worten: null).«[46] Auch gegenüber Manès Sperber ließ Torberg seiner Kritik freien Lauf: »Im übrigen gibt es auch am Vorgehen des israelischen PEN-Klubs manches auszusetzen. Z. B. sind wir trotz wiederholter Anfragen nicht imstande, aus Tel Aviv zu erfahren, an wen die insgesamt 60 unbeantwortet gebliebenen Bitten um eine Solidaritätserklärung gerichtet wurden. Der österreichische PEN war jedenfalls nicht unter den Empfängern, was hier folgerichtig zu einem kommunistischen Triumphgeheul geführt hat.«[47] Der Kongreß wurde daraufhin um ein Jahr verschoben und fand vom 15. bis 20. Dezember 1974 in Jerusalem statt, mit Torberg als Leiter der österreichischen Delegation. Die *Israel Nachrichten* kommentierten: »Der Kongress hatte natürlich seine Stars. Saul Bellow als Ehrengast aus den USA glänzte durch Witz und Schlagfertigkeit. Nobelpreisträger Heinrich Böll wurde von Journalisten ebenso überlaufen wie Eugène Ionesco. Zu den Prominenten aus Österreich zählten Friedrich Torberg, Ernst Schönwiese, Peter von Tramin, zu denen aus Deutschland Minister Egon Bahr, Hermann Kesten, Hilde Spiel, Peter de Mendelssohn, Fritz J. Raddatz, Erwin Sylvanus.«[48] Dem ist hinzuzufügen, daß Hilde Spiel in ihrer Autobiographie Torberg beschuldigt, 1972 massiv gegen ihre Kandidatur für die Präsidentschaft im österreichischen P.E.N. intrigiert zu haben.[49] Nun war sie in der deutschen Delegation vertreten.

Die Untätigkeit seiner internationalen Kollegen in Sachen Israel ließ Torberg weitere Projekte andenken, auch wenn er gleichzeitig seine Machtlosigkeit eingestehen mußte: »Mir schwebt immer noch eine weltweit angelegte Aktion für Israel vor, an der sich jüdische und nichtjüdische Schriftsteller beteiligen müssten – von den Bundesdeutschen haben sich, möglicherweise durch Dürrenmatts

▲ Mit Paola Löw und Marietta im YMCA-Hotel (DA).

▲ Marietta Torberg im Israel Museum vor einer Plastik von Fritz Wotruba (DA).

singuläres Manifest angestachelt, jetzt immerhin Grass, Böll und Lenz zu einer Art Solidaritätskundgebung aufgerafft, aber die ist im neu entstandenen Solschenyzin-Trubel [!] verpufft und blieb selbst in diesem Zustand auf Deutschland beschränkt. Man müsste natürlich auch die anständigen jüdischen Autoren in Frankreich (Sperber), England (Pinter), Italien (Silone) und anderwärts zu einer solchen Aktion heranziehen. Leider bin ich gerade jetzt nicht in der Lage, etwas zu unternehmen. Und es ist unter diesen Umständen fast schon ein Trost, dass die israelische Situation noch lange aktuell bleiben wird.«⁵⁰

Gegenüber seinem in Israel lebenden Freund Georges E. Flesch drückte er Mitte der 1970er Jahre seine disparaten Gefühle aus: »Mein letzter Besuch im Dezember […] hat mir eher deprimierende Eindrücke beschert, besonders in den Städten. Je weiter man in die Kibbuzim hinauskommt, desto besser wird die Moral, und in Meron Golan, einen Steinwurf von Kuneitra entfernt, ist überhaupt alles in Ordnung«.⁵¹ Torberg relativierte seinen Pessimismus in einem Folgeschreiben und betonte, »dass ich mir meine eigene Existenz ohne die Existenz Israels nicht vorstellen kann und nicht vorstellen will!«⁵² Auch die Korrespondenz mit Manès Sperber ist immer wieder von Torbergs Sorge um Israel geprägt: »Und ich bin nicht einmal sicher, ob man darüber reden kann. Ich fürchte, unsere Israeli befinden sich jetzt bereits in einer Situation, in der alles, was sie machen, falsch wäre. Infolgedessen bleibt ihnen nichts anderes übrig, als jene Fehler zu begehen, die nach allen bisherigen Erfahrungen am weitesten vom Selbstmord entfernt sind.«⁵³ In einem anderen Brief heißt es: »Für heute nur so viel: daß ich bei keinem meiner vergangenen Besuche auf eine so divergente und diffuse Vielzahl von Meinungen und Standpunkten gestoßen bin wie diesmal. Die meisten Menschen haben auf mich gewirkt wie ein Fresser, der plötzlich entdecken muß, daß er die ganze Zeit ein schweres Magenleiden mißachtet hat und der jetzt nicht weiß, was er rückwirkend dagegen machen soll. Er weiß es umso weniger, als er zu seinem Arzt, nämlich der Regierung, kein Vertrauen hat. Und das gilt beinahe auch für die Regierung selbst. Am wenigsten deprimiert haben mich die Gespräche mit dem reaktivierten General Arik Scharon und mit dem großartig nüchternen Jechud Avriel, einem der maßgebenden Männer im Außenministerium (und einem der großen Helden der Illegalität, gebürtiger Wiener, ursprünglich Erich Überall). Das Stimmungsgefälle wird desto ermutigender, je weiter man sich von den Städten entfernt. Am ermutigendsten: ein im Aufbau begriffener Kibbuz auf den Golan-Höhen und dessen Leiter, der genau so ausschaut, genau so spricht und genau so lebt, wie wir es aus unserer

Empfang bei Jerusalems Bürgermeister Teddy Kollek. Marietta Torberg begrüßt Karl Kahane. Mit einer Widmung von Kollek (Antiquariat Fritsch Wien).

Jugend von den Gruppenführern des Blau-Weiß kennen. Als ich ihn gesprächsweise fragte, wie das hier weitergehen soll, gab er widerstrebend zu, daß die Speisehalle erst in vier Wochen fertiggestellt sein würde. Er hatte meine Frage nicht verstanden.«[54]

Wenig Hoffnung findet sich auch in Briefen an Julius Hollos. So zitierte Torberg Ezer Weizmann mit »Wer in diesem Land nicht an Wunder glaubt, ist kein Realist«[55] und Außenminister Abba Eban mit »Die UNO würde heute nicht einmal die zehn Gebote verabschieden, weil sie aus Israel stammen.«[56] Auch für den 1977 zum US-Präsidenten gewählten Jimmy Carter, dessen Amtszeit von der Geiselnahme des amerikanischen Botschaftspersonals durch islamistische Revolutionsgarden in Teheran überschattet war, fand Torberg wenig freundliche Worte: »Damit sind wir bei der politischen Situation Israels, von der dieser Peanutkretin in Washington noch immer nicht merkt (oder nicht merken will), dass sie sich eben der persischen Ereignisse wegen völlig verschoben hat und dass er an Israel mehr als je zuvor den einzig zuverlässigen Verbündeten besitzt. If it weren't for the Jewish lobby he'd give Israel the Taiwan treatment.«[57]

Einmal mehr an Manès Sperber schreibt Torberg im Jänner 1979: »Deine Reaktion auf die von Eli Wiesel und mir ins Auge gefaßte Initiative hat mein volles Verständnis. Andererseits ist es ein kaum erträglicher Zustand, tatenlos mit ansehen zu müssen, wie das Image Israels geradezu planmäßig ruiniert wird. De facto hat Sadat außer der großen, politisch höchst raffinierten und auch in ihren möglichen positiven Auswirkungen keinesfalls zu unterstützenden Geste seines Israel-Besuchs den Israelis nicht nur nichts geboten, sondern sie aufs neue mit den unannehmbaren ara-

▲ Mit Golda Meir in Wien. Photo: Dobronyi (JMW).

Friedrich Torberg und Ilse Daus an Marietta Torberg, Ansichtskarte ▲ (Tel-Aviv, Dizengoff Square), 11.12.1974 (ÖNB-HAN).

bischen Maximalforderungen konfrontiert. Aber davon spricht niemand und das nimmt niemand zur Kenntnis. In den Augen der Weltöffentlichkeit, und immer mehr auch der amerikanischen, ist Israel unnachgiebig und unflexibel und nichts als das. Dabei hast Du wahrscheinlich recht mit Deiner Befürchtung, daß etwa gemachte Konzessionen immer neue und größere Forderungen nach sich ziehen würden. Ich gehe sogar noch weiter und glaube, daß selbst eine Einigung mit Arafat praktisch wertlos wäre, solange es den Habasch e tutti quanti gibt. Natürlich endet das, wenn man's zu Ende denkt, in einer völligen Unlösbarkeit des ganzen Problems – an die ich wiederum nicht glaube.«[58]

Von Torberg stammt – sieht man von den Glossen im FORVM ab – nur ein einziger substantieller Text über Israel, der 1968 im Merian sowie im Wiener Jüdischen Echo erschien und das Hohelied auf die landschaftlichen Schönheiten singt. Nur eine kleine politische Stellungnahme hatte er eingeschmuggelt, wenn es über die Stadt Hebron im Westjordanland heißt: »Es ist schließlich eine der vier Städte – die drei anderen sind Jerusalem, Safed und Tiberias – in denen seit der Rückkehr aus dem babylonischen Exil ständig Juden gelebt haben, von den rund 20 Jahren zwischen 1948 und 1967 abgesehen. Aber was sind schon 20 Jahre.«[59] Als der Artikel zehn Jahre später neu erscheinen sollte, ersuchte Torberg um einen redaktionellen Zusatz: »Bitte bringen Sie am Anfang oder am Schluß des Beitrags den Vermerk an: ›Aus dem Manuskript eines werdenden Buches.‹ Natürlich können Sie diese Mitteilung auch in eine redaktionelle Vor- oder Nachbemerkung einbauen. (Das Buch ist noch immer im Werden.)«[60] Somit dürfte es sich hier um sein letztes geplantes Buch gehandelt haben, doch einmal mehr verzögerte sich die Arbeit daran. Bereits im April 1977 hatte Ze'ev Shek Torbergs fünften, längsten und zugleich letzten Israel-Besuch arrangiert. Durch eine ausgedehnte USA-Reise 1978 kam dieser aber erst im September/Oktober 1979 zustande. Torberg wohnte auf Einladung von Bürgermeister Teddy Kollek in der Villa Mishkenot Sha'ananim, der vormaligen Residenz des Staatspräsidenten. Hier feierte Torberg im Kreise der Familie auch seinen 71. Geburtstag.[61] Jetzt wurden auch israe-

lische Tageszeitungen auf den Gast aufmerksam. Das Interview in der Jerusalem Post, in dem Torberg zu Israel Stellung nahm, ist voll diplomatischer Höflichkeit: »»In recent years, however, the image of Israel has suffered enormous damage – not so much because of the overall concept, but because of the most provocative manner in which the present government tries to translate the concept into reality.«« Und auf die Affäre Kreisky-Wiesenthal angesprochen: »»And you can be sure of one thing, Kreisky tries to help Israel.««[62] Im Interview mit der Zeitung Ma'ariv äußerte sich Torberg wesentlich kritischer zu Kreisky und attestierte diesem einen »jüdischen Komplex«.[63] Teil des Besuches waren auch die Feierlichkeiten zum 70. Gründungsjahr der Hakoah in Kfar Hamaccabia inklusive der Eröffnung des dortigen Maccabi Sports Museum. Hinzu kamen vielbesuchte Lesungen in Haifa und im Tel Aviv Museum. Einer privaten Lesung im Haus des österreichischen Botschafters Ingo Mussi wohnten auch Bürgermeister Shlomo Lahat, Vizebürgermeister Jizchak Arzi, Ephraim Kishon und Ilse Daus bei.[64] Nur die Lesung im Jerusalemer Van-Leer-Institut stand unter keinem guten Stern, da vor Beginn in der Ben Yehuda Street eine Bombe der PLO explodiert war, weshalb Teddy Kollek unmittelbar nach

Mit Schwester Ilse, ihrer Tochter Tirza und deren Mann Rafi ▲
in Mishkenot Sha'ananim, 1979 (JMW).

seiner Eröffnungsansprache an den Ort der Katastrophe eilte.⁶⁵ Dennoch hatte dieser letzte Besuch allertiefsten Eindruck auf Friedrich Torberg gemacht, denn hier verfaßte er seinen auf den 16. September 1979 datierten Letzten Willen. Dieser beginnt mit den Zeilen: »Ich möchte am liebsten in Jerusalem begraben sein. Sollte mir jedoch die Gemeinde Wien ein Ehrengrab widmen, dann bleiben meine Gebeine in Wien.«

1 Friedrich Torberg in: Alfred Joachim Fischer: »Israel ist keine Lösung der Judenfrage«. In: Allgemeine Jüdische Wochenzeitung, 9.9.1988.
2 Fritz Kantor: Iwri onauchi. In: Jung Juda 26 (1925), 5, S. 53–54, hier S. 54.
3 Friedrich Torberg an Erich Maria Remarque, Brief vom 8.12.1960. WBR, Nachlaß Torberg, ZPH 588, 25/1.
4 Friedrich Torberg: Zauberreich der Palästina-Liebe. Eine zionistische Roman-Propaganda. In: Selbstwehr, 1.2.1929.
5 Frika: Allerlei Juden. In: Selbstwehr, 13.2.1931.
6 Frika: Berg Heil! In: Selbstwehr, 11.1.1929; Freies Amerika, 18.1.1929; Ein Wer-Wolf-Urteil, 25.1.1929; Bahr-Mitzwah, 1.2.1929; Jetzt weiß ichs!, 22.2.1929; Dreieinigkeit, 22.3.1929; Der Unterschied, 29.3.1929; Im Zweifelsfall, 12.4.1929; Des deutschen Mannes Heim-Wehr und Waffe, 24.5.1929; Was dem einen unrecht ..., 7.6.1929; Traum vom gelben Fleck, 12.7.1929; Die Schwinde-Ley, 2.8.1929; Eine saubere Justiz, 9.8.1929; In der Aula zu singen, 22.11.1929; Mologramm, 7.11.1930; Parabel, 31.5.1929; Lieber nicht!, 6.2.1931.
7 Frika: Offener Brief. In: Selbstwehr, 27.2.1931.
8 Sterbefall. In: Selbstwehr, 13.3.1931; Alfred Kantor. In: Selbstwehr, 13.3.1931. Vgl. auch: Walter Frank: Hagibor Prag gewinnt die čsl. Schwimm-Meisterschaft. In: Selbstwehr, 14.8.1931; W.: Ein neuer Roman Friedrich Torbergs. In: Selbstwehr, 23.12.1932.
9 [Friedrich Torberg: Kurzbiographie ohne Titel]. ÖNB-HAN 32.573, Bl. 39.
10 Friedrich Torberg an Max Brod, Brief vom 1.8.1943. WBR, Nachlaß Torberg, ZPH 588, 25/5.
11 Friedrich Torberg an Max Brod, Brief von Anfang November 1945. WBR, Nachlaß Torberg, ZPH 588, 25/5.
12 Friedrich Torberg an Max Brod, Brief vom 19.8.1948. WBR, Nachlaß Torberg, ZPH 588, 25/5.
13 Arnold Schönberg an Friedrich Torberg, Brief vom 4.3.1949. WBR, Nachlaß Torberg, ZPH 588, 23/12.
14 Martin Buber an Friedrich Torberg, Brief vom 5.1.1946. WBR, Nachlaß Torberg, ZPH 588, 37/28.
15 Friedrich Torberg an Chaim Yahil (Israel-Mission Köln), Brief vom 24.5.1953. WBR, Nachlaß Torberg, ZPH 588, 26/1.
16 Nahum Goldmann an Friedrich Torberg, Brief vom 20.7.1953. WBR, Nachlaß Torberg, ZPH 588, 26/6.
17 S. Koesterich an Friedrich Torberg, Brief vom 1.6.1954. WBR, Nachlaß Torberg, ZPH 588, 25/6.
18 Friedrich Torberg: Der siebzigjährige Max Brod. In: FORVM 1 (1954), 6, S. 24, und F. T.: Max Brod zum 75. Geburtstag. In: FORVM 6 (1959), 65, S. 191.
19 Friedrich Torberg an Uri Naor, Brief vom 28.12.1957. WBR, Nachlaß Torberg, ZPH 588, 27/1.
20 Friedrich Torberg an Yosef Burg, Brief vom 29.3.1958. WBR, Nachlaß Torberg, ZPH 588, 30/1.

▲ Mit Ilse vor der Klagemauer, 1979 (Antiquariat Fritsch Wien).

21 Friedrich Torberg an Manès Sperber, Brief vom 10.9.1970. WBR, Nachlaß Torberg, ZPH 588, 12/3.

22 Der Nachlaß von Ilse Daus wurde 2007 von ihrer Tochter Tirza Parsai dem Jüdischen Museum Wien gestiftet.

23 Friedrich Torberg an Ilse Leitenberger, Brief vom 27.11.1958. WBR, Nachlaß Torberg, ZPH 588, 30/11.

24 Friedrich Torberg an Eva Roeder, Brief vom 28.4.1960. WBR, Nachlaß Torberg, ZPH 588, 35/7.

25 Friedrich Torberg an Oscar Pollak, Brief vom 15.8.1958. Vgl. auch: Oscar Pollak an Friedrich Torberg, Brief vom 18.8.1958. Beide Briefe in: WBR, Nachlaß Torberg, ZPH 588, 29/8.

26 Vgl. etwa: FORVM 2 (1955), 16, S. 122; 21, S. 299; 23, S. 378; 24, S. 418; FORVM 3 (1956), 28, S. 122; 29, S. 162; 35, S. 382; 36, S. 422; FORVM 3 (1957), 37, S. 2; 38, S. 42.

27 F. T.: Die Suezkanal-Krise. In: FORVM 2 (1956), 33, S. 303–304. Vgl. auch: F. T.: Zwei neue Begriffe. In: FORVM 2 (1956), 34, S. 345, sowie: Friedrich Torberg: Moral hat keine Strategie. In: FORVM 2 (1956), 35, S. 385–386.

28 F. T.: Die Belohnung. In: FORVM 3 (1957), 39, S. 83; c. g.: Zehn Millionen Dollar. In: FORVM 3 (1957), 40, S. 124; c. g.: Zum heiligen Krieg. In: FORVM 6 (1959), 64, S. 124; c. g.: In Nahost. In: FORVM 7 (1960), 74, S. 43; b. h.: Beim Bombenanschlag. In: FORVM 7 (1960), 81, S. 313; g. n.: Nasser. In: FORVM 8 (1961), 94, S. 347; g. n.: Nasser. In: FORVM 10 (1963), 113, S. 216.

29 F. T.: Nur 99,98 %. In: FORVM 5 (1958), 51, S. 83. Vgl. auch: F. T.: Im Libanon. In: FORVM 5 (1958), 54, S. 204.

30 F. T.: Wahlen in Israel. In: FORVM 6 (1959), 72, S. 432.

31 Vgl. Franz Fenner: Der Nahe Osten entfernt sich. In: FORVM 5 (1958), 60, S. 437–439, hier S. 438, und Alfred Mozer: Die wundergläubigen Realisten. Notizen von einem Besuch in Israel. In: FORVM 4 (1957), 43–44, S. 245–247.

32 Friedrich Torberg an Ephraim Kishon, Brief vom 20.3.1967. Vgl. auch: Ephraim Kishon an Friedrich Torberg, Brief vom 2.4.1967. WBR, Nachlaß Torberg, ZPH 588, 12/4.

33 Friedrich Torberg an Walter Busse, Brief vom 14.11.1970. WBR, Nachlaß Torberg, ZPH 588, 6/5.

34 Vinzenz Chiavaggi (Literar Mechana) an Friedrich Torberg, Brief vom 6.2.1970. Vgl. auch: Friedrich Torberg an Vinzenz Chiavaggi, Brief vom 11.2.1970. Beide Briefe in: WBR, Nachlaß Torberg, ZPH 588, 27/3.

35 Evelyn Adunka: Die vierte Gemeinde. Die Geschichte der Wiener Juden von 1945 bis heute. Berlin: Philo 2000, S. 259.

36 Friedrich Torberg an Franz Fischer, Brief vom 27.6.1967. WBR, Nachlaß Torberg, ZPH 588, 6/4.

37 Ze'ev Shek an Friedrich Torberg, Brief vom 18.11.1970. WBR, Nachlaß Torberg, ZPH 588, 29/4. Vgl. auch: Ze'ev Shek an Friedrich Torberg, Brief vom 19.4.1975. WBR, Nachlaß Torberg, ZPH 588, 29/4, sowie: Friedrich Torberg an Ze'ev Shek, Brief vom 30.4.1975. WBR, Nachlaß Torberg, ZPH 588, 30/13.

38 Friedrich Torberg: »Schreien Sie … Es ist später, als ihr denkt«. In: Die Welt (Hamburg), 16.9.1967.

39 Jürgen Doll: Günther Anders, la guerre froide et l'Autriche. A propos d'une polémique entre Günther Anders et Friedrich Torberg. In: Austriaca 17 (1992), 35, S. 49–61. Zu Robert Jungk vgl. Friedrich Torberg an Manès Sperber, Brief vom 20.5.1960. WBR, Nachlaß Torberg, ZPH 588, 9/3.

40 Friedrich Torberg an Jost Nolte, Brief vom 13.5.1971. WBR, Nachlaß Torberg, ZPH 588, 3/2. Vgl. auch: Friedrich Torberg an Manès Sperber, Brief vom 10.9.1970. WBR, Nachlaß Torberg, ZPH 588, 12/3.

41 Verein der Freunde des Tagebuch (Hg.): Für das Recht Israels auf staatliche Existenz. Einlageblatt in: Das Tagebuch (1967), Juni/Juli. Es sei hinzugefügt, daß sich im selben Heft ein weiteres Einlageblatt findet, das für Urlaub in der DDR wirbt.

42 Friedrich Torberg an Klara Carmely, Brief vom 25.5.1978. WBR, Nachlaß Torberg, ZPH 588, 7/2.

43 Awigdor Yesha: Erinnerungen aus dem »vormärzlichen« Alt-Wien. Interview mit Arthur Baar. In: Israel Nachrichten, 3.3.1968. Vor dem Hakoah Weltreffen. In: Israel Nachrichten, 4.4.1968. Scharaga Har-Gil: Friedrich Torberg in Israel. In: Israel Nachrichten, 26.4.1968.

44 Friedrich Torberg an Ze'ev Shek, Brief vom 24.5.1968. WBR, Nachlaß Torberg, ZPH 588, 18/3.

45 Vgl. Ze'ev Shek an Friedrich Torberg, Brief vom 29.5.1968. WBR, Nachlaß Torberg, ZPH 588, 18/3.

46 Friedrich Torberg an Paul Freedman, Brief vom 18.11.1973. WBR, Nachlaß Torberg, ZPH 588, 18/1.

47 Friedrich Torberg an Manès Sperber, Brief vom 17.11.1973. WBR, Nachlaß Torberg, ZPH 588, 12/3.

48 Der 39. Internationale PEN-Kongress, Jerusalem 15.–20. Dezember 1974. In: Israel Nachrichten, 20.12.1974, sowie: PEN-Nachrichten. In: Israel Nachrichten, 27.12.1974.

49 Hilde Spiel: Welche Welt ist meine Welt? Erinnerungen 1946–1989. München, Leipzig: List 1990, S. 256.

50 Friedrich Torberg an Paul Freedman, Brief vom 4.11.1974. WBR, Nachlaß Torberg, ZPH 588, 18/1.

51 Friedrich Torberg an Georges E. Flesch (World Zionist Organization), Brief vom 8.5.1975. WBR, Nachlaß Torberg, ZPH 588, 18/1.

52 Friedrich Torberg an Georges E. Flesch, Brief vom 7.10.1975. WBR, Nachlaß Torberg, ZPH 588, 18/1.

53 Friedrich Torberg an Manès Sperber, Brief vom 27.10.1973. WBR, Nachlaß Torberg, ZPH 588, 12/3.

54 Friedrich Torberg an Manès Sperber, Brief vom 14.3.1975. WBR, Nachlaß Torberg, ZPH 588, 12/3.

55 Friedrich Torberg an Julius Hollos, Brief vom 28.7.1973. WBR, Nachlaß Torberg, ZPH 588, 8/1.

56 Friedrich Torberg an Julius Hollos, Brief vom 25.11.1974. WBR, Nachlaß Torberg, ZPH 588, 8/1.

57 Friedrich Torberg an Julius Hollos, Brief vom 26.1.1979. WBR, Nachlaß Torberg, ZPH 588, 17/1.

58 Friedrich Torberg an Manès Sperber, Brief vom 2.6.1978. WBR, Nachlaß Torberg, ZPH 588, 12/3.

59 Friedrich Torberg: Wahrnehmung auf den Spuren der Bibel. In: Merian 21 (1968), 6, S. 30–31. Vgl. auch: F. T.: Drei Wahrnehmungen in Israel. In: Das Jüdische Echo (Wien) 17 (1968), S. 33.

60 Friedrich Torberg an Hans Lamm (Israelitische Kultusgemeinde München), Brief vom 18.2.1977. WBR, Nachlaß Torberg, ZPH 588, 30/1.

61 Alice Schwarz: Pro Friedrich. Friedrich Torberg feierte in Israel seinen 71. Geburtstag. In: Israel Nachrichten, 17.9.1979.

62 Erich Gottgetreu: Friedrich Torberg – in his own write. In: Jerusalem Post, 17.9.1979.

63 »Es könnte sein, daß ich ein Sprößling vom Oberrabbiner der Wikinger bin«. In: Ma'ariv, 14.9.1979. [Aus dem Hebräischen übersetzt von Naomi Kalwil].

64 Vgl. Alice Schwarz: Zur »Hochzeit« mit Friedrich Torberg. In: Israel Nachrichten, 9.10.1979. Vgl. auch: Friedrich Torberg an Arthur Hanak, Brief vom 31.10.1979. Pierre Gildesgame Maccabi Sports Museum, Archiv 4–01–049.

65 Erich Gottgetreu: Torberg, die Taylor, Teddy Kollek – und kein heiterer Abend in Jerusalem. In: Israel Nachrichten, 2.10.1979. Vgl. auch: Erich Gottgetreu: Linking tragedies past and present. In: Jerusalem Post, o. D. [1979]. Pierre Gildesgame Maccabi Sports Museum, Archiv 4–01–049.

„Sie haben dieselbe Zukunft: Sie werden beide 1958 als politisch Verfolgte begünstigt werden."

Marcel Atze

»Einen, der Unfassbares verübt, kann man nicht fassen.«
Friedrich Torberg und die justizielle Aufarbeitung nationalsozialistischer Gewaltverbrechen

*Und dann kam Obersturmbannführer Eichmann
und pflanzte einen Garten in Auschwitz, ostwärts,
und legte darein den Menschen,
den Gott gebildet hat aus Staub vom Acker,
und blies in seine Nasenlöcher Hauch des Todes,
und bildete Staub und Asche aus Menschen.*

Ruben Klingsberg

Im Jahr 1947 erschien in der *Neuen Rundschau* ein »imaginärer Dialog«,[1] wie es im Untertitel heißt, zwischen einem inneren und einem äußeren Emigranten. Der Autor Friedrich Torberg beruft sich in diesem fiktiven Streitgespräch auf zentrale zeitgenössische Diskurse. Nicht nur die Auseinandersetzung zwischen dem ›äußeren Emigranten‹ Thomas Mann und den beiden ›inneren Emigranten‹ Walter von Molo und Frank Thiess spiegelt sich wider,[2] sondern auch die umstrittene Frage nach der vermeintlichen Kollektivschuld der Deutschen, die seit Erscheinen von Karl Jaspers' Schrift *Die Schuldfrage* (1946) besonders aktuell war, wird prominent verhandelt. »Sie verzeihen mir unter Umständen, daß ich am Leben bin«, meint der äußere Emigrant in sarkastischem Ton. »Aber daß Sie sechs Millionen Juden umgebracht haben – das verzeihen Sie mir nicht.« Entrüstet entgegnet der innere Emigrant: »Eine wüste Formulierung, mit

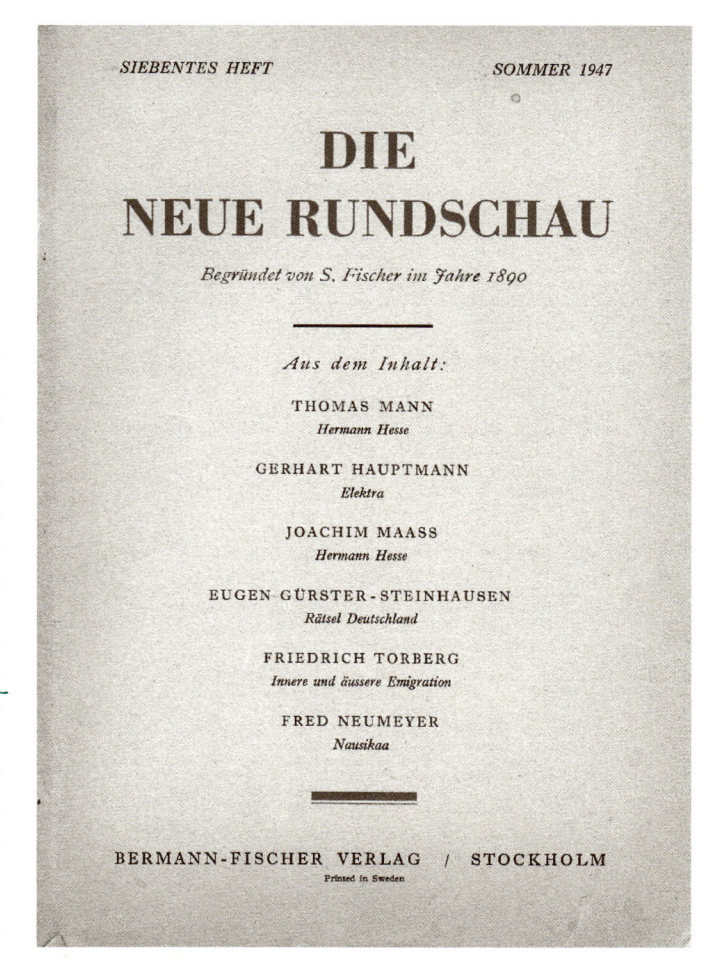

◄ *FORVM*-Kritik an der laxen Aufarbeitung der NS-Gewaltverbrechen, 1958. Zeichnung: Otto Fielhauer (WBR, DS).

Neue Rundschau mit Torbergs Beitrag zur Schuldfrage (WBR, DS). ▲

der Sie mich da anspringen. Wenn Sie wirklich ›mich‹ meinen, so meinen Sie mich doch wohl nur insoweit, als ich Anteil an einer Kollektivschuld hätte. Nun, diesen Begriff kann ich grundsätzlich nicht akzeptieren.«[3] Immerhin läßt er gelten, »daß sechs Millionen ermordete Juden über mein Begriffsvermögen hinausgehen«. Als der äußere Emigrant andeutet, daß es ihm durchaus ähnlich ergehe, nutzt der innere Emigrant die Gelegenheit zu einem entschlossenen Gegenangriff: »Und trotzdem beharren Sie auf einem Begriff, der jene sechs Millionen abgelten sollte? Und glauben ihn in einer ›Kollektivschuld des deutschen Volks‹ gefunden zu haben? Ich könnte Ihnen keinen übleren Gefallen tun, als Ihnen beizupflichten. Denn sowie in moralischen Fragen nach kollektiven Gesichtspunkten verfahren wird, erlischt jede individuelle Verantwortung, und es gibt für den Einzelnen nicht Schuld noch Sühne.« In resignierendem Ton antwortet ihm der äußere Emigrant: »So daß ein Verbrechen nur überdimensional werden muß, um straflos zu bleiben. Einen, der Unfaßbares verübt, kann man nicht fassen.«

Dieser Dialog zweier unversöhnlicher Kontrahenten liest sich wie eine Art Kommentar zu Jaspers' epochemachendem Werk. Auch der Ort der Publikation legt dies nahe, denn Torbergs Text geht in fraglicher Nummer der *Neuen Rundschau* ein Essay voraus, der u. a. zur *Schuldfrage* Stellung nimmt. »Man hafte kollektiv«, fordert der Verfasser, »die Frage aber, ob und wie weit der Einzelne sich schuldig fühle, sei völlig individueller Natur«.[4] Bei Torberg entpuppt sich diese mehr oder weniger intensive Bereitschaft zur Haftung – nur einige Seiten weiter – als reichlich ernüchternd. Die Frage des äußeren Emigranten nämlich – »Und woran sind Sie persönlich schuld?« – ist dem Kollegen der inneren Emigration nur zwei Worte der Replik wert: »An nichts.« So kommt er jedoch nicht davon. Wie gründlich Torberg offensichtlich eines der wichtigsten Bücher jener Zeit zur Kenntnis genommen hatte, wird etwa daran deutlich, daß er sich – ohne die Begrifflichkeiten aus der *Schuldfrage* wörtlich zu übernehmen – an den darin aufgestellten Schuldkategorien orientierte: die kriminelle, die politische, die moralische und die metaphysische Schuld. Kommentiert Jaspers »Politische Schuld« mit dem Satz: »Es ist jedes Menschen Mitverantwortung, wie er regiert wird«,[5] so formuliert es der äußere Emigrant ganz ähnlich. Denn der Entschluß, »unter von Adolf Hitler geschaffenen Verhältnissen weiterzuleben«, so führt er aus, beende die Schuld nicht, vielmehr setze sie hier »erst richtig«[6] ein.

Zwar wirken die Positionen von Torbergs Alter ego – dem äußeren Emigranten – wie in Stein gemeißelt, doch im Umgang mit jenen, die tatsächlich im Nazireich überleben mußten, zeigte er sich weit nachgiebiger, wenn es sich dabei um alte Freunde handelte. In einem Brief an Alexander Inngraf wies er am 31. Oktober 1946 auf die »verschiedenen Optiken« hin, die den äußeren vom inneren Emigranten unterscheiden: »Mit dem sozusagen ›spezifischen Gewicht‹ des beiderseitigen ›Gelitten-Habens‹ hat das überhaupt nichts zu tun, auch mit irgendwelchen ›Schuldfragen‹ nicht, und überhaupt mit nichts, was in Nürnberg diskutiert werden könnte.«[7] Der Hinweis auf den Nürnberger Prozeß, bei dem vom 20. November 1945 bis zum 1. Oktober 1946 gegen 24 sogenannte Haupttäter des Hitler-Regimes verhandelt worden war, läßt vermuten, daß Torberg einen gravierenden Unterschied machte zwischen der kriminellen Schuld von NS-Gewaltverbrechern, die es zu verfolgen und per Gerichtsverfahren zu bestrafen galt, und jener moralischen Schuld der zahllosen Mitläufer und Untätigen, die er im fiktiven Gespräch noch kompromißlos angeprangert hat. Auch Jaspers schrieb über den Nürnberger Gerichtshof: »Nicht das deutsche Volk, sondern einzelne als Verbrecher angeklagte Deutsche – aber grundsätzlich alle Führer des Naziregimes – stehen hier vor Gericht.«[8]

Torberg brachte ein besonderes Sensorium für die nach Kriegsende so akute Frage der justiziellen Aufarbeitung des nationalsozialistischen Massenmords mit. Dies hatte mit den Opfern zu tun, die seine Familie zu beklagen hatte. So ließ er am 14. November 1945 den Autor und Verleger Max Tau wissen, ihm sei »aus Europa die Bestätigung einer andern, längst befürchteten Katastrophe zugegangen: dass nämlich die sämtlichen in Wien und Prag zurückgebliebenen Mitglieder meiner Familie, einschliesslich meiner Mutter, in den Gaskammern von Oswieczim [recte: Oświęcim] umgekommen sind; die erste Nachricht darüber hatte ich 1943 bekommen, – ich weiss nicht, ob Sie damals schon den ›Aufbau‹ gelesen haben, und lege Ihnen jedenfalls das Gedicht bei, das ich anlässlich der um jene Zeit in Amerika durchgeführten Trauerwoche veröffentlicht habe.«[9] Torberg spielt auf das Gedicht *Kaddisch 1943* an, in dem die vierte Strophe lautet: »Bruder, hunderttausend sind erschlagen, / und die Erde wurde ihnen schwer, / und da ist kein Sohn zum Kaddisch-Sagen, / und da brennt kein Licht zur Jahrzeit mehr.«[10] Zudem hatte Torberg die Frage von Schuld und Sühne für NS-Täter zu diesem Zeitpunkt schon literarisch ausgelotet und in den Mittelpunkt seiner beeindruckenden Novelle *Mein ist die Rache* gestellt, die 1943 im US-Exil erschienen ist:[11] Der Rabbinatsschüler Joseph Aschkenasy, der in einem KZ inhaftiert ist, predigt den Mitgefangenen in der »Judenbaracke« unablässig den 94. Psalm, der gleichsam zur jüdischen ›non-resistance‹ aufruft: »Mein ist die Rache und die Vergeltung, spricht der Herr.«[12] Als der fromme Mann aber selbst vom Kommandanten des Lagers, Hermann Wagenseil, mißhandelt wird und die Folter darin gipfelt, daß ihm der SS-Mann die Dienstpistole aushändigt, um seinem Leiden ein Ende zu machen, steht Aschkenasy plötzlich vor dem Dilemma: entweder die Rache Gott zu überlassen und sich selbst zu töten oder die Gelegenheit zu nutzen und Wagenseil eigenhändig zu richten. Er entscheidet sich für letzteres, flieht und überlebt.

Vor allem den Rezensenten der ersten Ausgabe im deutschsprachigen Raum, die 1947 in Wien erschien, ist die Aktualität dieses Texts hinsichtlich der justiziellen Aufarbeitung der NS-Verbrechen – vor dem Hintergrund der Nürnberger Nachfolgeprozesse und der Verfahren vor den österreichischen Volksgerichten – nicht entgangen. Stellvertretend sei Hermann Schreiber zitiert, der in der Zeitschrift *Das Silberboot* schrieb: »Es kann keine größere Überlegenheit gedacht werden als die einer noch in der Qual moralisch so gefestigten Menschengruppe über ihre Quäler. Das Buch heute, drei Jahre nach dem Ende Hitlers, zu lesen, wirft auf die Frage der irdischen Gerichtsbarkeit und der offensichtlich unzulänglichen menschlichen Vergeltung für diese unsagbare Verworfenheit ein neues Licht, von dem die milde Sicherheit ausgeht, die der Glaube auch im Grauen gibt.«[13]

Ob die menschliche Vergeltung – also die gerichtliche Ahndung der Verbrechen gegen die Menschlichkeit – tatsächlich unzulänglich ist, konnte Schreiber kaum abschließend bewerten. Aber Torberg brachte bereits 1943 ein gewichtiges Problem zur Sprache, das den Juristen, die NS-Gewaltverbrecher verfolgen, seit jeher Kopfzerbrechen bereitet hat: jenes von Befehl und Gehorsam. Denn diejenigen, die von Wagenseil mit dem Tode bedroht werden, erkennen durchaus, daß es sich bei ihrem Schergen lediglich um einen willigen Vollstrecker handelt, nicht jedoch um einen zentralen Befehlsgeber: »Der da in unsrem Lager – der ist ja nur ein kleines Tier. Der tut ja nur im kleinen, was das große Tier draußen tut. Ausrotten wollen sie uns.«[14] Die Existenz dieser »kleinen« Mörder hätte Torberg, glaubt man einem Brief an Alexander Inngraf vom 15. Mai 1946, selbst im Fall einer frühen Remigration nach Wien in Kauf genommen, denn gegen eine Rückkehr wolle er nicht damit argumentieren, »dass man in der Tramway neben den Mörder seiner eigenen Mutter zu sitzen käme. Nun, wie man sich zu dieser Möglichkeit einstellt, scheint mir mehr eine klinische oder bestenfalls eine Nervenfrage zu sein, keinesfalls eine prinzipielle oder eine moralische.«[15] Was Torberg aber während der Niederschrift der Novelle kaum geahnt haben konnte, war die Dimension des Massenmords. Mit der »technischen Organisation des Ausrottungsplans«, den er sogar ironisch als »lückenhaft«[16] apostrophiert, hatte er nicht gerechnet. Bei seiner literarischen Figur Wagenseil handelte es sich ja um einen Exzeßtäter, der Spaß daran hatte, eigenhändig zu quälen. Das industrielle Ausmaß konnte Torberg verständlicherweise erst aufgehen, als Verfahren wie der Bergen-Belsen-Prozeß – den er gegenüber Max Brod als »Lüneburger Gaskammern-Prozeß«[17] bezeichnete – konkrete Opferzahlen benannten und die fabrikmäßige Tötungsmaschinerie transparenter machten. So verwundert es nicht, daß dieser Schock der Fakten in den imaginären Dialog des äußeren und des inneren Emigranten eingegangen ist. Denn mit etwas weniger Glück, so sagt Torbergs Alter ego, »hätte ich zu jenen gehört, denen jeglicher Lebenskampf von den Gaskammern abgenommen wurde. Ich bin nur zufällig nicht tot.«[18]

Torberg und der Eichmann-Prozeß

»Einen, der Unfaßbares verübt, kann man nicht fassen.« Dieser Satz aus Torbergs imaginärem Dialog wurde am 11. Mai 1960 widerlegt, als Agenten des israelischen Geheimdienstes Adolf Eichmann in Argentinien stellten und nach Israel entführten, damit ihm dort der Prozeß gemacht werden konnte. Der Name Eichmann, noch nicht jedoch dessen »Schlüsselrolle«[19] im Getriebe der Endlösungsmaschinerie, war Torberg schon früh bekannt. Dafür hatte der Kabarettist Oscar Teller gesorgt, für dessen New Yorker Kleinkunstbühne *Die Arche* Torberg Texte lieferte.[20] Teller war als Begründer des Wiener »Jüdisch-Politischen Cabarets« (1927), dessen Programm *Juden hinaus!* jahrelang mit Erfolg gelaufen war, offensichtlich nach dem ›Anschluß‹ 1938 in die Fänge Eichmanns geraten: »Also Eichmann ist eines meiner grossen Erlebnisse dieser Zeit gewesen«, schrieb Teller an Torberg am 19. August 1944. »Viele Monate buchstäblich jede Sekunde meinen Kopf im Maul dieses Löwen zum Abbiss bereit gehabt – und es richtig genossen. Nur ein Sportler, Abenteurer, Dichter wie Du wird es voll begreifen können.«[21] So ist es um so verständlicher, daß Torberg die Geschehnisse um Eichmanns Verhaftung und das Gerichtsverfahren, das vom 11. April bis zum 15. Dezember 1961 vor dem Bezirksgericht in Jerusalem stattfand, voller Aufmerksamkeit verfolgt hat. Ohnehin kam man in diesen Tagen am Thema Eichmann nicht vorbei. »Nur wenige internationale Ereignisse riefen in Österreich ein auch nur annähernd so umfangreiches und anhaltendes Medien-Echo hervor wie dieser Prozeß«, schreibt Winfried R. Garscha.[22] Selbstredend bezog auch die von Torberg geleitete Monatsschrift FORVM Stellung zum Fall Eichmann, wenn auch der Herausgeber das Schreiben zunächst seinem zweiten Mann überließ: Günther Nenning. Der rechtfertigte in der Doppelnummer Juli/August 1960 die Vorgehensweise Israels: »Die israelischen Agenten, die den aus Österreich stammenden SS-Führer Adolf Eichmann – den Erfinder der Gaskammern und millionenfachen Mörder – auf argentinischem Boden in die Hände bekamen und ihn nach Israel verbrachten, haben eine partielle Wiederherstellung der verletzten Gerechtigkeit vollzogen.«[23] Weiter heißt es: »Die Alternative war: entweder den Mann laufen zu lassen – oder ihn durch unzuständige Organe und mit formal unrechtmäßigen Methoden der Gerechtigkeit zuzuführen. Israel hat sich für die zweite Möglichkeit entschieden und hat Eichmann der Gerechtigkeit zugeführt.«

Doch auch Torberg trat öffentlich für die umstrittene Position Israels ein. Nur gut vier Wochen nach der Entführung Eichmanns wandte sich mit Joseph Wulf ein streitbarer Publizist, Auschwitz-Überlebender und »Außenseiter der Holocaustforschung«[24] an Torberg mit der Bitte, ihm für ein Projekt, das einen »Querschnitt der Standpunkte repräsentativer Intellektueller der Welt« geben sollte, zwei Fragen in Sachen Eichmann zu beantworten: »1.) Glauben Sie, daß ein israelischer Gerichtshof das Recht hat, Adolf Eichmann unter Anklage zu stellen?« und »2.) Warum?«

Torberg hat umgehend geantwortet: »Adolf Eichmann«, schreibt er am 19. Juni 1960, »dessen Name den ungeheuerlichsten Massenmord aller Zeiten symbolisiert, wäre niemals gefasst worden, wenn der Staat Israel sich's nicht hätte angelegen sein lassen, ihn zu fassen. Schon darum, aber auch aus vielen anderen gefühlsmässigen und moralischen Erwägungen, besteht für mich kein Zweifel daran,

Joseph Wulf, 1964 (ZJD, B. 2/1, Zugang 02/06, Nr. 14). ▲

AUFARBEITUNG VON NS-GEWALTVERBRECHEN

dass der Staat Israel das Recht hat, Eichmann unter Anklage zu stellen. In formaljuristischer und völkerrechtlicher Hinsicht liegen die Dinge, wie ich fürchte, ein wenig komplizierter. Diesen Komplikationen wäre vielleicht am besten dadurch zu begegnen gewesen, dass der Staat Israel, zugleich mit der Bekanntgabe von der Festnahme Eichmanns, die Vereinten Nationen aufgefordert hätte, einen internationalen Gerichtshof zu konstituieren, der den Prozess gegen Eichmann auf israelischem Boden und unter israelischem Vorsitz hätte durchführen können.«[25]

Torbergs Statement ist um so erstaunlicher, als Nenning im *FORVM* eine andere Meinung vertrat: »Die Kompetenz dieses Gerichts ist derart einleuchtend, daß man – gewöhnt an den losen Zusammenhang zwischen Recht und Gerechtigkeit – durch die in Jerusalem vorgetragenen umfangreichen Beweisgründe, die eine auch formaljuridische Zuständigkeit etablieren, eher verdrossen als befriedigt wird. Die unfaßbare Objektivität, deren sich der israelische Justizapparat befleißigt, ist nicht deshalb interessant, weil sie nötig wäre, um für Eichmann ein faires Verfahren zu gewährleisten, sondern weil sie den Abstand zwischen dem Täter und seinen Richtern, welche insgesamt seine potentiellen Opfer waren, auf ergreifende Weise unterstreicht: souveräne Menschlichkeit, verachtungsvoll verschwendet an ein Bündel Spießertum, Feigheit und Hysterie.« Nenning bekundet abschließend seine uneingeschränkte Solidarität: »Die Weltgeschichte gestattet sich nur selten den Luxus, in so sichtbarer Form als komplettes Weltgericht zu fungieren. Und noch seltener findet sie Gerichtsbehörden, die ihren Intentionen so vollendet Rechnung tragen wie die in Jerusalem.«[26]

Das Verfahren selbst dürfte Torberg in der Presse verfolgt haben. Er war jedoch auch bemüht, sich Informationen aus erster Hand zu beschaffen; etwa von Ruben Klingsberg, einem alten Weggefährten aus Prager Zeiten, der nunmehr als Assistent von Felix Weltsch in Jerusalem lebte und in unmittelbarer Nähe jenes Ortes wohnte, »in dem Eichmann seine Memoiren schreibt«, wie es in einem Brief vom 16. Mai 1961 heißt: »Und jetzt ist er mein Nachbar und macht Bilanz. Wird er dabei mit der ihm eigenen Pedanterie jeden Posten gesondert buchen? Es wäre zu erwarten von einem Manne, der sich (außer Ricardo Klement) einen Namen gemacht hat, nichts halb zu tun. Wird er also jede Sarah und jeden Israel buchen? Auf die Gefahr hin, sich dabei circa 6,000.000 mal zu wiederholen?« Durch diesen Bericht konnte sich Torberg auch ein lebhaftes Bild davon machen, wie sehr der Prozeß Israels öffentliches Leben beeinflußt hat: »Der Name Eichmann allein erzeugt Nausea, auch wenn man ihn nicht täglich durch Wochen hindurch hundertmal hört, auch als Liedertext in Auszählreimen, von kleinen Kindern komponiert und gesungen, über alle Schlagzeilen und in sämtlichen Auslagen sämtlicher Buchhandlungen in allen Sprachen gedruckt sieht. Der Autobusverkehr in meinem Viertel wurde umgestellt, Strassen wurden plötzlich eingeleisig oder zur Gänze für Fahrzeuge gesperrt, man sprach von überhaupt nichts anderem, und zwar gleichzeitig, alle, auch Fremde mussten ihre Meinung anbringen, Taube

Ruben Klingsberg, um 1960 (WBR, HS). ▲

taten es schriftlich, und wenn man schwieg, dann schwieg man über Eichmann, es war zum Kotzen und meines Bleibens nicht in Jerusalem. Und so beschloss ich, am Tag der Prozesseröffnung, an dem die Spannung den Berstpunkt erreichen musste [...], meinen Jahresurlaub anzutreten und ihn am Meer zu verbringen. Ich dachte, und hatte bisher damit immer rechtbehalten, dass sich im Salzwasser alle Probleme der Welt auflösen und verdrängt werden vor dem einen: wie halte ich mich über dem Meeresspiegel. Das erwies sich diesmal als Trugschluss, ich hatte die Rechnung nicht mit den Transistors gemacht. Es begann bereits im Autobus, wo ich mich vor lauter Radioübertragung wieder nach Jerusalem zurücksehnte. Mit der stereotypen Antwort, die Eichmann dem Richter auf die 15 Anklagepunkte gab, begrüssten einander die Sabras in den folgenden Tagen: ›Im Sinne der Anklage unschuldig‹ (in österreichischer Mundart).« Doch auch Klingsberg hat sich Eichmann einmal leibhaftig angesehen, nicht im Gerichtssaal, sondern in einer erstaunlichen Form des ›Public viewing‹: »Besser als im Gerichtssaal sieht man ihn im Ratisbonne-Kloster, wo der Prozess in einem Saal mit Fassungsraum für 600 Personen (Kindern unter 16 Jahren Eintritt verboten) auf eine grosse Kinoleinwand durch Television übertragen wird. Dabei ist an Eichmann nichts bemerkenswert, und nur seine Unansehnlichkeit auffallend. Die Farblosigkeit eines im Dienst erblassten Registraturbeamten, schmächtig mit jüdischer Nase und leicht säbelförmigen Beinen erinnert keineswegs an Blut, eher an Asche. Die öffentlichen und privaten Meinungen über den Prozess sind hierzulande zahlreich wie der Sand am Meer, eine kleine Gruppe, in der deutsche Juden führen, ist dagegen: ›Das hat uns gerade noch gefehlt ... alte Wunden aufreissen ... böses Blut und neue Rosches machen ... was macht man mit ihm, wenn er verurteilt wird? Das Gesetz Auge um Auge, Zahn um Zahn ist mathematisch unanwendbar ... in heiliger Erde begraben werden war bisher eine Mitzwah für fromme Juden ... und was das für Geld kostet. - - - Daran ist vieles falsch, z.B. das mit der Mathematik, und das, was daran richtig ist, das mit den alten Wunden und der heiligen Erde, berührt den Prozess nicht in seinem Wesen. Die tiefere Berechtigung des Prozesses kann man

wahrscheinlich ebensowenig fassen wie die Zeugenaussagen.«[27]

Erst das Todesurteil, das am 15. Dezember 1961 erging, kommentierte Torberg im *FORVM* dann selbst. Warum er sich so lange zurückhielt, muß offenbleiben. Im Januar-Heft schreibt er: »Das Gericht in Jerusalem hat nun den eigentlichen Schlußpunkt gesetzt. Es hat die Todeswürdigkeit dessen, was Eichmann tat, festgestellt, nicht nur namens des jüdischen Volkes, sondern im Namen einer gesitteten Menschheit, die den ›Scheuel und Greuel‹ aus ihrer Mitte tilgen muß, die eine solche freiwillige Entmenschlichung, wie sie Eichmann mit seiner Willenshingabe vollzogen hat, mit der Ausstoßung ahnden *muß*, will sie nicht ihre eigene sittlich-humane Lebensgrundlage versucherisch in Frage stellen. Die Frage nach der *Art* und Form dieser totalen Ausstoßung – ob durch einen physischen Hinrichtungsakt oder eine demonstrative Geste der verachtungsvollen Verschonung – ist dem gegenüber zweitrangig.«[28] Eichmann wurde am 1. Juni 1962 gehängt.

◄ Haft und Prozeß von Adolf Eichmann. Photos unbekannter Provenienz aus dem Nachlaß Heinar Kipphardt (DLA). ▲

Torberg und der Prozeß gegen Franz Murer

Als in Jerusalem gegen Eichmann Anklage erhoben wurde, kommentiert Gabriele Pöschl, »entsann man sich auch in Österreich – wohl unter internationalem Druck – wieder der Verfolgung von Kriegsverbrechern. So erinnerte man sich auch an Franz Murer, was jedoch keinesfalls verwunderlich war, da gegen diesen ständig neue Zeugenaussagen im Justizministerium eintrafen.«[29] Murer wurde für zahllose Verbrechen im Ghetto von Wilna verantwortlich gemacht. Simon Wiesenthal hatte ihn 1947 aufgespürt. Im September 1948 wurde er an die Sowjetunion ausgeliefert und dort zu 25 Jahren Arbeitslager verurteilt. Nach Abschluß des Staatsvertrages kehrte Murer 1955 in seine Heimat zurück, wo er bis 1961, als die mit seinem Namen verbundenen Taten (»Hol dich der Murer«) wieder häufig genannt wurden, unbehelligt leben konnte. Es war ihm sogar vergönnt, als ÖVP-Mitglied und Obmann der Bezirksbauernkammer von Liezen eine bescheidene Karriere als Funktionär zu starten. Obwohl sich der politische Druck auf Österreich vor Beginn des Eichmann-Prozesses weiter verschärfte, suchte der Justizminister Christian Broda eine Wiederaufnahme des Verfahrens gegen Murer zu umgehen. »Sein Rechtsgefühl würde sich dagegen sträuben«, wird Broda im Protokoll einer Sitzung vom 6. Februar 1961 zitiert, »jetzt mit Kunststücken zu versuchen, einen im wesentlichen bekannt gewesenen Sachverhalt umzubiegen, selbst wenn damals zu Unrecht eingestellt worden wäre. Sollte sich herausstellen, daß das, was jetzt an Beweismaterial vorhanden ist, im wesentlichen damals schon bekannt war, damals allerdings nicht mit der genügenden Intensität nachgeforscht wurde, so sei er der Meinung, daß auch abgesehen von der Rechtsfrage eine Wiederaufnahme nicht möglich sei.«[30] Dieses Beispiel illustriert den »laxen justiziellen Umgang«[31] mit den NS-Gewaltverbrechen in Österreich, den Torberg in anderem Zusammenhang als »Gesellschaftsspiel« bezeichnet hat, »das in Deutschland unter dem Titel ›Bewältigung der Vergangenheit‹ und in Österreich unter dem Titel ›Ah wos!‹ gespielt bzw. nicht gespielt wird«.[32] Doch nach Eröffnung des Prozesses in Jerusalem entschied man sich seitens der Behörden zumindest zeitweise für die ernsthaftere Variante des Spiels: Am 10. Mai 1961 wurde Murer in Untersuchungshaft genommen. In der *Neuen Zeit* meldete sich am 6. Juli 1961 Christian Broda zu Wort: »Die österreichische Justiz wird weiterhin sehr wachsam bleiben und ihre Pflicht gegenüber Demokratie und Freiheit erfüllen.«[33]

▲ KPÖ-Mitglieder klagen am 1. Mai 1961 NS-Gewaltverbrecher an.
Photo: Horowitz (DÖW).

Immerhin wurden Murer in der Hauptverhandlung, die vor dem Landesgericht Graz vom 10. bis 19. Juni 1963 stattfand, 17 Morde zur Last gelegt, die im ersten Verfahren nicht Gegenstand der Anklage gewesen waren. Das Verfahren aber endete mit einem skandalösen Freispruch, auf den Torberg mit einem Artikel im *FORVM* reagierte, der freilich nicht als der nüchterne Kommentar eines Herausgebers, sondern vielmehr als eine bitterböse Satire daherkam: »Der Freispruch Franz Murers muß jeden objektiv Denkenden mit tiefer Genugtuung erfüllen«, heißt es da. »Zwar hat er allenthalben, zumal im Ausland, Befremden und Empörung hervorgerufen und führte sogar zu Vermutungen, daß es in Österreich noch Antisemitismus oder gar Nazismus gebe – aber das ist ein absurdes Mißverständnis.« Es sei vielmehr so, daß das Urteil den sicheren Beweis dafür liefere, »daß in Österreich auch die letzten Reste nationalsozialistischen Gedankenguts ausgemerzt sind. Denn wie wäre die Tatsache, daß ein einstiger Nazihäuptling und Ordensjunker, daß der Herr über das Wilnaer Ghetto, den eine formalistische Judikatur ohnehin nur des 17fachen Mordes anklagen konnte und den eine Reihe von Zeugen, von Überlebenden seines höllischen Regimes, als den Herrn und Mörder erkannt hat – wie wäre die Tatsache, daß er von österreichischen Geschworenen für schuldlos befunden wurde, anders zu erklären als damit, daß die guten Leute sich unter jenem höllischen Regime eben nichts mehr vorstellen können, ja wohl gar nicht mehr wissen, daß es so etwas wie den Todespferch eines Ghettos und willkürlich drauflosmordende Nazihäuptlinge jemals gab, und wenn ja, warum.«[34]

Besonders empört zeigte sich Torberg darüber, was die Richter des Verfahrens ohne jeden Widerspruch zuließen: etwa die gezielte Verunsicherung von Zeugen wie Jakob Kagan, der am ersten Verhandlungstag auszusagen hatte.[35] Einer der Geschworenen richtete, schreibt Torberg, »an einen Zeugen, der gesehen haben wollte, wie sein Vater unter Murers eigenhändigem Genickschuß krepierte, die nur allzu wohlfundierte Frage: ›Welches Motiv sollte Murer denn gehabt haben, Ihren Vater umzubringen?‹« Nicht nur dieser ver-

Georg Chaimowicz: »Die Brut des Vaters schnitt Grimassen beim Murerprozess in Graz, 14.VIII.63« (Albertina).

blüffende Einwurf findet bei Torberg ein eisiges Echo: »Auch darf nicht unvermerkt bleiben, daß man in österreichischen Gerichtssälen unter allen Umständen auf gute Manieren Wert legt: ›Schreien Sie hier nicht!‹ ermahnte der Vorsitzende eine Zeugin, als sie während der Schilderung des angeblichen Massakers, bei dem ihre ganze Familie ums Leben gekommen war, in ungebührliche Erregung geriet.« Ungehindert können jedoch die ebenfalls im Saal befindlichen Söhne von Franz Murer die Zeugen verhöhnen – ein unglaublicher Vorgang, den der Künstler Georg Chaimowicz in Skizzen festgehalten hat.36 Als Simon Wiesenthal den Richter darauf hinwies, daß dieses Verhalten die Geschworenen irritieren könnte, erhielt er keine Antwort. Die Söhne des Angeklagten wurden nicht verwarnt. Torberg kommentiert: »Sogar an psychologischem Feingefühl für unsere Jugend ließ der Gerichtshof es nicht ermangeln: in einer der ersten Bänke saßen die beiden Söhne Murers und begleiteten, wie es in einem Bericht hieß, die Aussagen der jüdischen Zeugen ›mit Gebärden und Grimassen‹, was der Vorsitzende ruhig geschehen ließ; könnten die lieben Kleinchen [...] doch seelischen Schaden nehmen, wenn man ihnen derlei spielerische Bekundungen ihres innersten Wesens verwehrt.« Torberg beschließt seine Satire mit der Frage zum Mordmotiv: »So hat denn der Murer-Prozeß viel Erfreuliches und Beachtliches zutage gefördert – nur halt das eine nicht: das Motiv, aus dem Franz Murer damals, zur längst vergangenen und heute völlig ausgelöschten Nazizeit, Juden ermordet haben soll. Wirklich: welches Motiv hätte er dafür gehabt? Vielleicht das gleiche, aus dem die Geschworenen ihn freisprachen und das Publikum applaudierte? Welches Motiv denn nur? Zum Teufel, welches Motiv?«

Torberg, die Verfolgung von NS-Verbrechen und der Kalte Krieg

Solche Stimmen gegen offensichtliche Skandalurteile entsprachen, wie Eva Holpfer und Sabine Loitfellner ausführen, keineswegs »dem Mainstream, die Politik versuchte lediglich zu kalmieren und erachtete die wenigen NS-Prozesse als notwendiges Übel«.37 Obendrein sorgte der zunehmend frostiger werdende Kalte Krieg für neue Feindbilder und stellte somit für die justizielle Aufarbeitung der NS-Verbrechen »eine entscheidende Zäsur«38 dar. Der Hinweis auf, ja besser der relativierende Vergleich mit Katyn etwa, jenem Ort des Massenmords an polnischen Offizieren, die 1940 von Sowjets erschossen wurden, gehörte in Deutschland und Österreich am Beginn der 1960er Jahre zur Tagesordnung. Selbst der Blick von Friedrich Torberg – in Sachen Murer noch so klar – trübte sich, wenn er gelungene Initiativen zur effektiven Verfolgung von NS-Tätern vor dem Hintergrund des Kalten Krieges betrachtete. Daß ihm hier kein Freund heilig war, mußte Robert Neumann erleben. Dieser hatte Anfang 1960 einige Radiofeatures für den Norddeutschen Rundfunk geschrieben, die als Buch unter dem Titel *Ausflüchte unseres Gewissens* erschienen. Mit diesem Band wollte Neumann »eine Forschungsreise antreten nach jenem dunklen Fleck auf der Landkarte unseres Gewissens, nach dem Kontinent unserer Verdrängungen, unserer triebhaften Weigerung, uns bewußt zu machen, wie viel wir wußten, Sie und ich, von den Greueln der Nazizeit«.39 Zwar

Schutzumschlag von Dieter Harzig (WBR, DS). ▲

existiere eine Kollektivschuld nicht, doch wende er sich an die zahlreichen »Es-nicht-Glauber« und »Es-nicht-wissen-Woller«.⁴⁰ Wie ein mit der Verfolgung der Täter betrauter Staatsanwalt hatte er über 200 Dokumente versammelt, die NS-Verbrechen dokumentierten. Erklärtes Ziel war, einige der auf freiem Fuß befindlichen Täter dingfest zu machen. Über 700 Zuschriften erreichten den NDR, darunter viel Zustimmung, aber auch etliche anonyme Morddrohungen. Aufmerksam wurden auch zahlreiche jener, die mit der Vorbereitung von Prozessen gegen nationalsozialistische Täter beschäftigt waren. An Neumann wandten sich mit Henry Ormond ein späterer Vertreter der Nebenklage im ersten Frankfurter Auschwitz-Prozeß sowie Oberstaatsanwalt Erwin Schüle, der Leiter der Zentralen Stelle der Landesjustizverwaltungen zur Aufklärung von NS-Verbrechen in Ludwigsburg. Auch Hermann Langbein vom Comité International d'Auschwitz nahm mit Neumann Verbindung auf.⁴¹

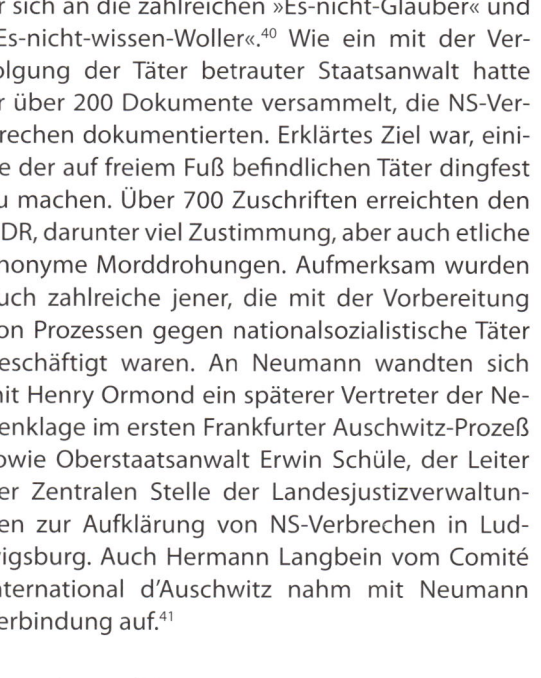

Weniger erfreut von Neumanns Leistung zeigte sich Friedrich Torberg. Das *Tagebuch*, zu jener Zeit der KPÖ nahe, hatte, ohne anzufragen, einen Abschnitt aus dem Buch *Ausflüchte unseres Gewissens* abgedruckt.⁴² Schlimmes ahnend, suchte Neumann dem Freund am 15. Februar 1961 betont harmlos zu erklären, wie er in das Periodikum geraten sei: »Daß derlei dann als ›Beitrag‹ aufgemacht wird – so machen das ja doch alle kleinen Journalisten in kleinen Zeitungen in der ganzen Welt. Es ist ja allerdings schauerlich, mit wem man da gemeinsam auf der Beiträgerliste steht. Aber der junge Bismarck, ans unterste Ende der Galatafel verbannt, hat, hör' ich, gesagt: ›Macht nichts, wo ich sitze, ist oben!‹ Was ich bedaure ist nur, daß diese kleinen Leute offenbar unter allen Zeitungen und Zeitschriften Österreichs bisher die einzigen gewesen sind, die von dieser Broschüre Kenntnis genommen haben – einer gerade für die Heimat Eichmanns wichtigen Broschüre, ich habe sie Ihnen geschickt, und haben Sie sie gekriegt? Wenn Sie daraus etwas drucken wollen – und so viel Sie nur wollen – so steht Ihnen das natürlich zur Verfügung.«⁴³ Zu spät – die Verstimmung Torbergs war nachhaltig. Die Broschüre habe er zwar bekommen, nachdrucken wolle er daraus aber nichts: »In Deutschland mag dergleichen zweckmässig sein – das wissen Sie vielleicht besser als ich und jedenfalls will ich Ihnen da nichts dreinreden, obwohl ich die Tunlichkeit dieser Art von Na-

▲ **Nur selten in Schieflage:** Die Freundschaft zwischen Friedrich Torberg und Robert Neumann, um 1965 (DA).

Gleichsetzung der Diktaturen in einer *FORVM*-Karikatur, 1958. ▲ Zeichnung: Schoenfeld (WBR, DS).

zibekämpfung grundsätzlich anzweifle. Ich halte nichts von einem Antinazismus, der nicht unzweifelhaft auch als Antikommunismus spürbar wird. Ich halte nichts davon, die Nazi so zu bekämpfen, dass sich die Kommunisten darüber freuen (und vice versa). Man muss sich's immer gleichzeitig mit beiden Spielarten der totalitären Pest verderben, sonst taugt die ganze Kämpfer-Attitude nichts.«[44] Nun wurde auch Neumann barsch: »Die Ansicht des Chefredakteurs des ›FORVM‹, daß man die Nazis nur angreifen darf, wenn man österreichisch-paritätischerweise gleichzeitig auch die Kommunisten angreift, teile ich deshalb nicht, weil diese flinke Gleichsetzung der stur-konsequenten Exekutionsbeamten der Ideen der Hölle mit den ebenso sturen Exekutionsbeamten des Verrates an einer der großen Ideen der Menschheit eine Simplifikation bedeutet, die nicht nur philosophisch sondern auch politisch falsch ist: denn derlei Ineinentopfwerfen öffnet gerade jene emotionelle Hintertür zur ›Ausflucht des Gewissens‹, zum Esnichtgewesensein, die ich verrammeln will.«[45]

Die Empörung Neumanns ist nur zu verständlich, denn Torbergs politische Verblendung entzweite dort, wo doch Einigkeit herrschen sollte: in der konsequenten Verfolgung von NS-Tätern. Torberg freilich war nur in einem konsequent: in der Ablehnung jedes Beitrags zur Aufarbeitung der NS-Verbrechen, der auch nur im Verdacht stand, von kommunistischer Seite angeregt worden zu sein. Dies mußte auch Peter Weiss schmerzlich erfahren, der mit seinem Oratorium *Die Ermittlung* den Frankfurter Auschwitz-Prozeß[46] auf die Bühnen in Ost und West brachte und dem es mithin gelang, das Verfahren lange über dessen juristisches Ende hinaus in der Diskussion zu halten. Weiss, der in der Bundesrepublik Deutschland längst als Kommunist und SED-Parteigänger beschimpft wurde, war auch für Torberg zum Feindbild geworden. Im Nachrichtenmagazin *Der Spiegel* holte dieser zum großen Schlag aus, als er meinte, man müßte »rechtens Strafanzeige erstatten gegen den quicken Zugriff, der jetzt die Zeugenaussagen des Auschwitz-Prozesses in ›freie Rhythmen‹ zerhackt, um das Ergebnis als Theaterstück zu präsentieren«.[47] Der Leiterin des Theaterverlags bei S. Fischer, Stefanie Hunzinger, gestand Torberg einige Jahre später, »dass ich die Stücke all dieser Protokollschmarotzer für einen infamen Unfug halte (Qualtinger bedachte sie anlässlich der ›Ermittlung‹ mit dem Sammeltitel ›Sechs Millionen suchen einen Autor‹). Das gern gebrauchte Argument, dass den Leuten durch solche Stücke das Grauen der Zeit zur Kenntnis gebracht wird, ist leider ein Bumerang. Leute, die das Grauen der Zeit erst zur Kenntnis nehmen, wenn's ihnen auf dem Theater vorgeführt wird, nehmen das Grauen der Zeit nicht zur Kenntnis.«[48] Torberg lag zum einen damit falsch, daß Weiss das Protokoll des Frankfurter Auschwitz-Prozesses bearbeitet habe, weil – wie bei allen deutschen Strafprozessen – kein Gerichtsprotokoll existierte (ein populärer Irrtum, der auch von prominenten Germanisten gerne kolportiert wird, aber Weiss benutzte eigene Mitschriften, die während seiner Prozeßbesuche entstanden, sowie die Berichte von Bernd Naumann aus der *Frankfurter Allgemeinen Zeitung*).[49] Zum anderen irrte Torberg auch darin, daß bisher Desinteressierte durch Weiss' Stück nicht zum Nachdenken angeregt worden wären. Ganz im Gegenteil: Viele Theaterbesucher wähnten sich sogar im Gerichtssaal und nahmen das Spiel als Realität, ja gewissermaßen als Fortsetzung des Auschwitz-Prozesses wahr. In der folgenden Diskussion um das Stück wurde dann häufig auch ganz unabhängig vom Text auf das juristische Verfahren, die Angeklagten und ihre Verbrechen Bezug genommen.[50]

Erwies sich Torberg hier selbst als unzugänglich, so sollte auch er erleben, wie es ist, das Thema der justiziellen Aufarbeitung der NS-Verbrechen mit verblendeten Menschen erörtern zu müssen. Am 4. März 1964 hatte Bruno Brehm sich bei ihm über einen Artikel in der Tageszeitung *Die Welt* beschwert, weil Torberg dort seinen Namen in »tückischer Schäbigkeit« erwähnt habe.[51] Dieser antwortete umgehend: »Lesen Sie zufällig die Berichte über den derzeit in Frankfurt ablaufenden Auschwitz-Prozess? Und glauben Sie, dass die verhältnismässig harmlose und jedenfalls unschädliche Bemerkung, die Sie mir vorwerfen, es an Tücke und Schäbigkeit auch nur mit einem Tausendstel der namenlosen Verbrechen aufnehmen kann, die dort zur Sprache kommen und an denen Sie durch Ihr Bekenntnis zum Nationalsozialismus geistige Mitschuld tragen? / Indem ich

Sie bitte, diese Frage als rhetorisch zu betrachten, bin ich mit bestem Gruss – also nicht mit jenem deutschen, den Sie dem Massenmörder Hitler so freudig dargebracht haben – Ihr Friedrich Torberg.«[52] Obwohl die Frage rhetorisch war, sah sich Brehm zu einer Antwort genötigt: »Ich werde den Auschwitz-Prozeß erst dann lesen, wenn vor der Weltöffentlichkeit Katyn – Workuta – Solovki – Karaganda – Sverdlovsk-Prozesse abgehalten werden und wenn man nicht mehr versuchen wird, solche Klarstellungen durch die Abschaffung des Personenkults allein zu vermeiden.« Torberg, der selbst – in einem Brief an Max Brod aus dem November 1945 – »Hitler im Vergleich zu Stalin für einen Ehrenmann«[53] gehalten hatte, wurde von Brehm mit den Worten bedacht: »Ich werde mich so lange nicht schämen, mich in Hitler getäuscht zu haben, bis Amerikaner und Engländer sich schämen, dem Massenmörder Stalin, gegen den Hitler ein Spätling und Anfänger war, anerkennend und ermunternd auf die Schultern geklopft zu haben. Ich werde mich bemühen, festzustellen, von wo diese Mordseuche ihren Ausgang und welchen Weg sie genommen hat, der doch an Hitlers Gaskammern vorbei in eine noch schrecklichere Zukunft führt, wenn man auf die Drohungen des millionenfachen Atomtodes achtet, den sich die Staatsoberhäupter drohend entgegenhalten.«[54]

Torberg und die Verjährungsfrage

Im Jahr 1965 drohten die schwersten NS-Verbrechen wie Mord und Beihilfe zum Mord zu verjähren: in der Bundesrepublik Deutschland am 8. Mai 1965, in Österreich am 29. Juni 1965. In Westdeutschland tickte die Uhr seit Unterzeichnung der Kapitulationsurkunde 1945, in Österreich setzte das am 26. Juni 1945 verabschiedete Kriegsverbrechergesetz (KVG) den Fristbeginn mit 29. Juni 1945 fest. Das KVG sah zwar vor, alle Verbrechen, die grundsätzlich mit dem Tode bestraft werden könnten, von der Verjährung auszuschließen, doch durch Abschaffung des Gesetzes im Zuge der NS-Amnestie 1957 trat in Österreich eine generelle Verjährungsfrist von höchstens zwanzig Jahren in Kraft. Dieses Szenario, daß alle NS-Täter, gegen die bis zu den jeweiligen Stichtagen nicht ermittelt worden war, künftig straffrei ausgehen sollten, ließ Simon Wiesenthal tätig werden. Am 2. November 1964 schickte das drei Jahre zuvor von ihm gegründete Dokumentationszentrum des Bundes jüdischer Verfolgter des Naziregimes einen mehrseitigen Brief an zahlreiche Persönlichkeiten des öffentlichen Lebens mit dem Aufruf, zur bevorstehenden Verjährung aller NS-Gewaltverbrechen Stellung zu nehmen. Der Rücklauf war beachtlich, denn 360 Antworten, die die Verjährung ablehnten, konnten den Regierungen in

```
DOKUMENTATIONSZENTRUM  DES
                       BUNDES JÜDISCHER VERFOLGTER DES NAZIREGIMES

                WIEN I., RUDOLFSPLATZ 7/III.

  BANKVERBINDUNG:
ALLGEMEINE WIRTSCHAFTSBANK, WIEN
      KONTO NR. 306/00
                                              WIEN, den  20. Oktober 1964
                                                         SW/ho

  Herrn
  Professor Friedrich Torberg
  c/o "FORUM"

  Museumstrasse 5
  W i e n  VII.
```

Briefkopf der Umfrage zur Verjährung (WBR, HS). ▲

Deutschland (28. Januar 1965) und Österreich (3. Februar 1965) übergeben werden. Zu den Absendern gehörten etwa Ingeborg Bachmann, Franz Theodor Csokor, Heimito von Doderer, Gottfried von Einem, Adrienne Gessner, Carry Hauser, Fritz Hochwälder, Lotte Lehmann, Ernst Lothar, Robert Neumann, Heinrich Schnitzler, Hans Weigel, Fritz Wotruba, der heutige Papst Joseph Alois Ratzinger und – Friedrich Torberg.

Daß Torberg diese Initiative von Simon Wiesenthal unterstützen würde, lag nahe, weil er dessen Arbeit schätzte. Im Frühjahr 1961 hatte Janko von Musulin – damaliger Mitarbeiter beim Frankfurter S. Fischer Verlag – Torberg um Auskunft gebeten, wer Wiesenthal sei. Zu dieser Anfrage kam es wegen des bei Fischer erschienenen Bands *Die Festnahme des Adolf Eichmann* von Moshe Pearlman, der für sein Buch vor allem jenes Material verwendete, das Wiesenthal dem israelischen Geheimdienst Mossad überlassen hatte: »Wiesenthal war darüber sehr sauer.«[55] Torberg stellte sich in seinem Brief vom 24. März 1961 voll und ganz hinter Wiesenthal: »[I]ch habe über Ing. Wiesenthal von verschiedenen, darunter auch offiziellen Seiten die gewünschten Auskünfte eingeholt, die ein ziemlich zuverlässiges Bild ergeben. Ing. W. – der übrigens in der hiesigen Öffentlichkeit gut bekannt ist und im Zusammenhang mit Eichmann schon vor geraumer Zeit in Erscheinung trat – stammt aus Polen, war in mehreren Konzentrationslagern inhaftiert und hat entsprechend Schlimmes erlebt. Seit seiner Befreiung (aus Mauthausen) hat er sich aus freien Stücken und mit eigenen Mitteln um die Stelligmachung untergetauchter Naziverbrecher bemüht und war, soviel steht fest, sehr wesentlich an der Auffindung Eichmanns beteiligt. Er stand und steht in diesem Zusammenhang auch mit der israelischen Regierung in Verbindung, hatte grosse Teile seines Materials bei ihr deponiert und dürfte in begreiflichen, wo nicht entschuldbaren Unmut geraten sein, als er aus der englischen Ausgabe des Buches von Pearlman ersehen musste, dass sein Material hier mitbenützt worden war.«[56]

So überrascht es also nicht, daß Torberg auf Wiesenthals Verjährungsumfrage prompt reagiert hat. In seiner Antwort entsann sich Torberg zunächst des »Imaginären Dialogs« aus dem Jahr 1947 und insbesondere des Satzes »Einen, der Unfaßbares verübt, kann man nicht fassen.« Seine Stellungnahme geht von der Doppeldeutigkeit des Begriffs »Unfaßbarkeit« aus und mündet in einer Generalkritik an den juristischen Verfahren: »Die unterm

▲ Simon Wiesenthal bei einem NS-Prozeß, 1958 (SWA).

Naziregime geschehenen Verbrechen sind mir bis heute unfaßbar – und die ohnehin sehr wenigen Verbrecher, die man seither zu fassen bekam, werden selbst im äußersten Fall (der ohnehin sehr selten eintritt) immer nur einen Bruchteil der Schuld abbüßen, die sie auf sich geladen haben. Denn für diese Schuld reichen die formaljuristischen Grundsätze, nach denen die Gerichtsbarkeit der zivilisierten Menschheit vorzugehen hat, einfach

VERJÄHRUNG?
200 Persönlichkeiten des öffentlichen Lebens sagen NEIN
Eine Dokumentation
herausgegeben von Simon Wiesenthal

EUROPÄISCHE VERLAGSANSTALT

nicht aus.« Und im Angesicht der drohenden Verjährung kehrt Torberg gar zum Thema seiner Novelle *Mein ist die Rache* zurück: »Die Formalität nun aber so weit zu treiben, daß jenen Verbrechen und jenen Verbrechern auch noch das formaljuristische Prinzip der Verjährung zugute kommt, hieße die Wirklichkeit zur Groteske machen. Es geht längst nicht mehr um ›Sühne‹ oder gar ›Vergeltung‹. Es geht darum, das sittliche Gleichgewicht einer mühsam genug wieder in Ordnung kommenden Welt nicht mutwillig zu beeinträch-

tigen. Es geht darum, das schlechte Gewissen der Schuldigen wachzuhalten und das gute Gewissen der Unschuldigen davor zu bewahren, daß es ein schlechtes werde. Verbrechen gegen die Menschlichkeit können nicht verjähren.«[57]

Diese breit angelegte Kampagne des Dokumentationszentrums, der auch Torberg seine Solidarität nicht verweigerte, übte starken Druck auf Österreichs Politiker aus: Mit Verabschiedung des Strafrechtsänderungsgesetzes am 31. März 1965 wurde die Nichtverjährbarkeit von Straftaten, die bis 1950 von der Todesstrafe oder von lebenslanger schwerer Kerkerhaft bedroht waren, wiederhergestellt.[58]

Schweigen oder Sprechen? Ein Epilog

Torberg ergriff freilich nicht alle Gelegenheiten, in denen er öffentlichkeitswirksam auf das österreichische Gedächtnis hätte einwirken können, derart entschlossen wie in der von Simon Wiesenthal aufgebrachten Verjährungsfrage. Bis in die 1980er Jahre, konstatiert Winfried R. Garscha, »kennzeichnete die österreichische Gesellschaft eine obstinate, mitunter aggressive Weigerung, die nationalsozialistische Diktatur als Bestandteil ihrer Geschichte zu begreifen.« Nur eine Minderheit kritischer Intellektueller habe dagegen angeschrieben.[59] Doch so manch Intellektueller brachte seinerseits eine Vergangenheit mit, die als wenig vorzeigbar galt. Am 7. März 1966 erhielt Torberg einen Brief von Herbert Eisenreich, einem jungen Schriftsteller (Jahrgang 1925), dessen Bücher Torberg nicht nur hoffnungsfroh stimmten, sondern der sich darüber hinaus auch noch um das Werk seines Förderers kümmerte.[60] In besagtem Schreiben wurde Torberg um Rat in einer heiklen Sache angesucht. Der Deutschlandfunk hatte Eisenreich angeboten, einen Beitrag über das Thema *Als Österreicher in der deutschen Wehrmacht* zu liefern. Dafür kam er aber gar nicht in Frage, denn: »Ich glaube sicher zu sein, Ihnen erzählt zu haben, daß ich bei einer Division der Waffen-SS war. Vielleicht habe ich Ihnen auch erzählt, daß ich dort überhaupt nichts Sensationelles erlebt oder getan habe: ich war weder Kriegs-Held noch KZ-Schlächter, weder NS-Bonze noch Widerstandskämpfer.« Eisenreich selbst scheint

▲ Schutzumschlag von Günther Stiller (MA).

die Chance einer Veröffentlichung dieser bis dato unbekannten Tatsache erkannt zu haben: »Meine – pardon! – Autobiographie aus den Jahren 38 bis 45 müßte eigentlich geeignet sein, das Komplexe jener Zeit recht sichtbar zu machen. Goerdeler ist interessant, und Höß ist interessant; aber zwischen Goerdeler und Höß gab es die Millionen von Menschen, die nie in eine Extremsituation gedrängt wurden, und solch ein Mensch war ich; allerdings mit einer gewissen Sensibilität für das Potentielle. Und: ich bin ehrlich genug, auch heute noch nicht zu ›wissen‹, wie ich mich bei dem Massaker von Oradour verhalten hätte.« Die Unsicherheit aber läßt Eisenreich zögern: »Ich frage nicht den Juden Torberg – denn bei den Juden befürchte ich die wenigsten Mißverständnisse –, sondern meinen österreichischen Schriftsteller-Kollegen Torberg. Ich habe einfach Angst, mir beruflich zu schaden, ohne etwas getan zu haben, bei dem die Moral über jeden Nützlichkeitsgedanken erhaben ist. Vielleicht aber bin ich nur überängstlich in der Erinnerung an die unmittelbare Nachkriegszeit, wo ich, in Anbetracht der Kollektivverurteilungen, meine Zugehörigkeit zur SS verschwiegen habe«.[61]

Eisenreichs Erwägungen erinnern an den Fall Günter Grass, der erst im Sommer 2006 unter großer öffentlicher Anteilnahme über seine Mitgliedschaft in der Waffen-SS sprach. In der folgenden Kontroverse wurde Grass gerne unterstellt, dieses Geständnis mit Kalkül hinausgezögert zu haben, weil er sonst nie den Nobelpreis, den er 1999 erhielt, verliehen bekommen hätte. Doch was riet Torberg seinem Schützling? »Also: Ich an Ihrer Stelle tät's nicht. Dass Sie bei der Waffen-SS waren, ist mir ebenso neu wie wurscht, weil ich Sie kenne und weil ich weiss, woran ich mit Ihnen bin. Aber auf wie viele Leser (bzw. Hörer) des Ihnen abgeforderten Beitrags träfe das zu? Und warum wollen Sie sich die völlig überflüssige Mühe aufladen, Missverständnisse, die Sie erst gar nicht hervorzurufen brauchten, dann auch noch zu bereinigen, Dinge ins rechte Lot zu rücken, die doch erst durch einen solchen Beitrag aus dem Lot gerieten? Vor allem aber – und das scheint mir nicht nur künstlerisch und nicht nur geistig entscheidend, sondern auch für den involvierten Gesinnungs-Aspekt –: dergleichen äussert man nur, wenn's einen von selbst dazu treibt. Nicht über Auftrag.«[62]

Das war zweifellos zu kurz gedacht, zumal in jenem Jahr, in dem Simon Wiesenthal mit seinem an die österreichische Regierung gerichteten »Schuld-und-Sühne-Memorandum« der erste gewesen war, »der die Frage der österreichischen Mittäterschaft aufrollte«. Wie Sabine Loitfellner ausführt, stellte Wiesenthal damit die ›Opferthese‹ radikal in Frage und lieferte zudem den erschreckenden Beleg dafür, daß der Anteil von Österreichern unter den NS-Tätern nicht nur beachtlich, sondern »überproportional hoch«[63] war. Obwohl Eisenreich nicht zu diesen Tätern zählte, wurde mit Torbergs Rat, den Eisenreich strikt befolgte,[64] doch die Chance zu einer öffentlichkeitswirksamen Diskussion vergeben. Das Schweigen wurde dem Sprechen vorgezogen. Deshalb hinterläßt auch der Absatz, den Torberg 1969 zu Wiesenthals Buch *Die Sonnenblume*[65] beisteuerte, einen faden Beigeschmack. Dort heißt es: »Wenn Sie heute, nach allem, was Sie erlebt haben, noch immer von der Frage belastet sind, ob Sie jenem Nazi-Mörder hätten verzeihen sollen, so ist das ein weit gültigeres Zeugnis einer intakten Moral, als

▲ Herbert Eisenreich (DLW).

wenn Sie ihm verziehen hätten. Um diese intakte Moral – das möchte ich hoffen und das möchte ich Ihrem Buch mitgeben – sind wir den anderen voraus, allen, den Mördern und denen, die zu den Morden geschwiegen haben und heute noch schweigen.«[66]

Auch Torberg schwieg fortan; jedenfalls läßt sich in seinem Nachlaß keine Äußerung zur justiziellen Aufarbeitung von NS-Gewaltverbrechen finden, die aus der Zeit nach 1970 stammt. Es ist natürlich Spekulation, dieses Schweigen an die faktische Einstellung der Strafverfolgung von NS-Tätern in Österreich zu koppeln. Doch ist es wirklich Zufall, daß das Schweigen in eine Phase fällt, als Christian Broda – seit 1970 erneut Justizminister – für diese »Kalte Amnestie« sorgte?[67] Immerhin war Broda ein guter Freund Torbergs und schon in den 1950er Jahren dessen Anwalt. Der letzte NS-Prozeß in Österreich wurde im Dezember 1975 abgeschlossen, mit einem skandalösen Freispruch.[68] Im selben Jahr, am 14. November, erhielt Torberg einen Brief von Andreas Biss, der ihn schon 1969 vergeblich darum gebeten hatte, etwas für sein Buch *Der Stopp der Endlösung* zu tun. Biss, der 1944 mit Eichmann verhandelt hatte, um den zur Vernichtung vorgesehenen ungarischen Juden das Leben zu retten,[69] war wie Joseph Wulf ein Außenseiter der Holocaustforschung. Doch Torberg hatte die Lektüre damals verweigert und mit Arbeitsüberlastung begründet. Nun trat Biss wieder an ihn heran, nachdem Torberg durch den großen Erfolg der *Tante Jolesch* mehrfach im Fernsehen aufgetreten war und über seine in den Lagern ermordete Familie gesprochen hatte. Doch diesmal bat Biss nicht um Hilfe: »Es ist nun bitter, wenn solche Autoren, nach Hause zurückgekehrt, sich von der Wirklichkeit abkehren und damit recht billig sich als emotionsgeladene, frühere Verfolgte bezeichnen, statt auch für jene einzustehen, die ein recht hartes Los, trotz ihres einstigen Ringens zu tragen haben.«[70]

▲ Schutzumschlag von Jan Buchholz und Reni Hirsch (WBR, DS).

1 Friedrich Torberg: Innere und äußere Emigration. Ein imaginärer Dialog. In: Die Neue Rundschau 58 (1947), 7, S. 281–301.

2 Vgl. Thomas Mann / Frank Thieß / Walter von Molo. Ein Streitgespräch über die äußere und innere Emigration. Dortmund: Crüwell [1946]. Ausführliche Informationen dazu finden sich bei Klaus Harpprecht: Thomas Mann. Eine Biographie. Reinbek bei Hamburg: Rowohlt 1995, S. 1491–1505.

3 Zit. nach Friedrich Torberg: PPP. Pamphlete, Parodien, Post Scripta. München, Wien: Langen Müller 1964 (= Gesammelte Werke in Einzelausgaben), S. 53–69, hier S. 55f.

4 Eugen Gürster-Steinhausen: Rätsel Deutschland. Gedanken zu einigen Büchern über die deutsche Frage. In: Die Neue Rundschau 58 (1947), 7, S. 259–280, hier S. 273.

5 Karl Jaspers: Die Schuldfrage. Von der politischen Haftung Deutschlands. München, Zürich: Piper 1996 [zuerst 1946] (= Serie Piper 698), S. 17.

6 Torberg, PPP (Anm. 3), S. 57.

7 Friedrich Torberg an Alexander Inngraf, Brief vom 31.10.1946. WBR, Nachlaß Torberg, ZPH 588, 34/20.

8 Jaspers, Schuldfrage (Anm. 5), S. 32.

9 Friedrich Torberg an Max Tau, Brief vom 14.11.1945, ÖNB-HAN 1200/2-2.

10 Das Gedicht findet sich in Friedrich Torberg: Lebenslied. Gedichte aus 25 Jahren. München: Langen Müller 1958, S. 67f.

11 Vgl. hierzu meinen Beitrag *Was von einem ganzen Lebenswerke bleibt* im vorliegenden Band, S. 39–43.

12 Friedrich Torberg: Mein ist die Rache. Novelle. Wien: Bermann-Fischer 1947, S. 52.

13 Hermann Schreiber: Friedrich Torberg, Mein ist die Rache. In: Das Silberboot 4 (1948), 2, S. 117–119, hier S. 119.

14 Torberg, Rache (Anm. 12), S. 33.

15 Friedrich Torberg an Alexander Inngraf, Brief vom 15.5.1946. WBR, Nachlaß Torberg, ZPH 588, 34/20.

16 Friedrich Torberg an Fritz Thorn, Brief vom 10.9.1946. WBR, Nachlaß Torberg, ZPH 588, 48/2.

17 Friedrich Torberg an Max Brod, Brief von Anfang November 1945. WBR, Nachlaß Torberg, ZPH 588, 25/5. In Lüneburg standen vom 17. September bis zum 17. November 1945 45 Mitglieder der Lagerverwaltung des KZ Bergen-Belsen vor einem britischen Militärgericht, darunter 21 Frauen. Es wurden 11 Todesurteile gesprochen und vollstreckt.

18 Torberg, PPP (Anm. 3), S. 55.

19 Vgl. das Lemma »Eichmann« in: Enzyklopädie des Holocaust. Die Verfolgung und Ermordung der europäischen Juden. Bd. I: A–G. Hg. von Eberhard Jäckel, Peter Longerich und Julius H. Schoeps. Berlin: Argon 1993, S. 385–389, hier S. 385.

20 Vgl. Christian Klösch: »Die Arche«. Jüdisch-politische Kleinkunst in New York. In: C. K., Regina Thumser: »From Vienna«. Exilkabarett in New York 1938 bis 1950. Wien: Picus 2002 (= Österreichische Exilbibliothek), S. 72–85.

21 Oscar Teller an Friedrich Torberg, Brief vom 19.8.1944. ÖNB-HAN 1200/7-9.

22 Winfried R. Garscha: Eichmann. Eine Irritation, kein Erdbeben. Zu den Auswirkungen des Prozesses von Jerusalem auf das Österreich des »Herrn Karl«. In: Israel – Österreich. Von den Anfängen bis zum Eichmann-Prozess 1961. Hg. von Sabine Falch und Moshe Zimmermann. Innsbruck, Wien, Bozen: Studien-Verlag 2005 (= Österreich-Israel-Studien 3), S. 186–229, hier S. 186.

23 g. n.: Der Fall Eichmann. In: FORVM 7 (1960), 79/80, S. 249.

24 Vgl. Nicolas Berg: Ein Außenseiter der Holocaustforschung. Joseph Wulf (1912–1974) im Historikerdiskurs der Bundesrepublik. In: Leipziger Beiträge zur jüdischen Geschichte und Kultur 1 (2003), S. 311–346. Das Buch, für das Wulf die Umfrage offenbar gestartet hat, ist laut Auskunft des Zentralarchivs zur Erforschung der Geschichte der Juden in Deutschland (Heidelberg), wo sich der Nachlaß Wulfs befindet, nie erschienen [E-Mail von Peter Honigmann an den Verfasser, 5.12.2007].

25 Beide Briefe in: WBR, Nachlaß Torberg, ZPH 588, 30/1.

26 g. n.: Eichmann. In: FORVM 8 (1961), 89, S. 163.

27 Ruben Klingsberg an Friedrich Torberg, Brief vom 16.5.1961. WBR, Nachlaß Torberg, ZPH 588, 35/4.

28 [Friedrich Torberg:] Der Fall Eichmann. In: FORVM 9 (1962), 97, S. 4.

29 Gabriele Pöschl: (K)ein Applaus für die österreichische Justiz – Der Geschworenenprozess gegen Franz Murer. In: Kriegsverbrechen, NS-Gewaltverbrechen und die europäische Strafjustiz von Nürnberg bis Den Haag. Hg. von Heimo Halbrainer u. Claudia Kuretsidis-Haider. Graz: Clio 2007 (= Veröffentlichungen der Forschungsstelle Nachkriegsjustiz 1), S. 297–301, hier S. 298.

30 Zit. nach Marion Wisinger: Über den Umgang der österreichischen Justiz mit nationalsozialistischen Gewaltverbrechern. Wien: phil. Diss. [masch.] 1991.

31 Sabine Loitfellner: Simon Wiesenthals »Schuld-und-Sühne-Memorandum« an die Bundesregierung 1966. Ein zeitgenössisches Abbild zum politischen Umgang mit NS-Verbrechen in Österreich. In: Kriegsverbrechen, NS-Gewaltverbrechen und die europäische Strafjustiz von Nürnberg bis Den Haag (Anm. 29), S. 281–288, hier S. 282.

32 Friedrich Torberg: Gegen die Nazi sein. In: FORVM 10 (1963), 113, S. 234. Dabei handelte es sich um eine Rezension der österreichischen Erstaufführung des Stücks *Eiche und Angora* von Martin Walser.

33 Zit. nach Wisinger, Umgang (Anm. 30), S. 126.

34 Friedrich Torberg: Motivenbericht zu einem Freispruch. In: FORVM 10 (1963), 115/116, S. 321.

35 Vgl. Wisinger (Anm. 30), S. 187.

36 Vgl. Georg Chaimowicz: Stille Antwort, frühe Warnung. Zeichnungen aus den 60er Jahren gegen Neonazis und Gesichtslose. Wien: Alpha Verl. 1986, Skizzen 61–63.

37 Eva Holpfer / Sabine Loitfellner: Holocaustprozesse wegen Massenerschießungen und Verbrechen in Lagern im Osten vor österreichischen Geschworenengerichten. Annäherung an ein unerforschtes Thema. In: Holocaust und Kriegsverbrechen vor Gericht. Der Fall Österreich. Hg. von Thomas Albrich, Winfried R. Garscha u. Martin F. Polaschek. Innsbruck, Wien, Bozen: Studien-Verlag 2006, S. 87–126, hier S. 121.

38 Claudia Kuretsidis-Haider: NS-Verbrechen vor österreichischen und bundesdeutschen Gerichten. Eine bilanzierende Betrachtung. In: ebd. (Anm. 37), S. 329–352, hier S. 330.

39 Robert Neumann: Ausflüchte unseres Gewissens. Dokumente zu Hitlers »Endlösung der Judenfrage« mit Kommentar und Bilanz der politischen Situation. Hannover: Verl. für Literatur und Zeitgeschehen 1960 (= Hefte zum Zeitgeschehen), S. 6.

40 Ebd., S. 45.

41 Vgl. Marcel Atze: »Gewiß, das muß man gesehen haben«. Robert Neumann und der Auschwitz-Prozeß. In: Auschwitz-Prozeß 4 Ks 2/63 Frankfurt am Main. Hg. vom Fritz Bauer Institut. Köln: Snoeck 2004, S. 695–703.

42 Robert Neumann: … denn sie wußten, was sie taten. In: Das Tagebuch 16 (1961) 3, S. [12].

43 Robert Neumann an Friedrich Torberg, Brief vom 15.2.1961. WBR, Nachlaß Torberg, ZPH 588, 25/2.

44 Friedrich Torberg an Robert Neumann, Brief vom 17.2.1961. WBR, Nachlaß Torberg, ZPH 588, 25/2.

45 Robert Neumann an Friedrich Torberg, Brief vom 4.3.1961. WBR, Nachlaß Torberg, ZPH 588, 25/2.

46 Hier wurde vom 20. Dezember 1963 bis zum 20. August 1965 im bis dahin größten Schwurgerichtsprozeß der Bundesrepublik Deutschland vor dem Frankfurter Landgericht gegen zwanzig Auschwitz-Täter verhandelt.

47 Friedrich Torberg: Denn dies ist alles wirklich geschehen. In: Der Spiegel, 13.10.1965. Es handelt sich um eine Rezension zu Robert Neumanns Roman *Der Tatbestand*, der sich ebenfalls mit dem Auschwitz-Prozeß beschäftigt.

48 Friedrich Torberg an Stefanie Hunzinger, Brief vom 24.1.1969. WBR, Nachlaß Torberg, ZPH 588, 47/3. Angespielt wird hier auf den Titel des Pirandello-Stücks *Sechs Personen suchen einen Autor*.

49 Vgl. Marcel Atze: »Die Angeklagten lachen«. Peter Weiss und sein Theaterstück »Die Ermittlung«. In: Auschwitz-Prozeß 4 Ks 2/63 Frankfurt am Main (Anm. 41), S. 782–807.

50 Vgl. Marcel Atze: Die Opfer sind unter uns. Wie sich Bruno Apitz, Peter Edel und Stephan Hermlin an der staatsoffiziellen Urlesung der »Ermittlung« von Peter Weiss in der DDR-Volkskammer beteiligten. In: Im Labyrinth der Schuld. Täter, Opfer, Ankläger. Jahrbuch 2003 zur Geschichte und Wirkung des Holocaust. Frankfurt/M.: Campus-Verl. 2003, S. 231–263.

51 Bruno Brehm an Friedrich Torberg, Brief vom 4.3.1964. WBR, Nachlaß Torberg, ZPH 588, 37/6. Um welchen Artikel es sich handelt, ließ sich nicht verifizieren, weil das von Brehm angegebene Publikationsdatum offenbar falsch ist.

52 Friedrich Torberg an Bruno Brehm, Brief vom 7.3.1964. WBR, Nachlaß Torberg, ZPH 588, 37/6.

53 Friedrich Torberg an Max Brod, Brief von Anfang November 1945 (Anm. 17).

54 Bruno Brehm an Friedrich Torberg, Brief vom 11.3.1964. WBR, Nachlaß Torberg, ZPH 588, 37/6.

55 Hella Pick: Simon Wiesenthal. Eine Biographie. Reinbek bei Hamburg: Rowohlt 1997, S. 227.

56 Friedrich Torberg an Janko von Musulin, Brief vom 24.3.1961. WBR, Nachlaß Torberg, ZPH 588, 47/6.

57 In: Verjährung? 200 Persönlichkeiten des öffentlichen Lebens sagen nein. Eine Dokumentation. Hg. von Simon Wiesenthal. Frankfurt/M.: Europäische Verlagsanstalt 1965, S. 148–149. Originalbriefe in: WBR, Nachlaß Torberg, ZPH 588, 33/1.

58 Vgl. Winfried R. Garscha / Claudia Kuretsidis-Haider: Die strafrechtliche Verfolgung nationalsozialistischer Verbrechen – eine Einführung. In: Holocaust und Kriegsverbrechen vor Gericht (Anm. 37), S. 11–25, hier S. 14f., und Helge Grabitz: Die Verfolgung von NS-Verbrechen in der Bundesrepublik Deutschland, der DDR und Österreich. In: Der Umgang mit dem Holocaust. Europa, USA, Israel. Hg. von Rolf Steininger. Wien, Köln, Weimar: Böhlau 1994 (= Schriften des Instituts für Zeitgeschichte der Universität Innsbruck und des Jüdischen Museums Hohenems 1), S. 198–220, hier S. 215–220.

59 Winfried R. Garscha: Simon Wiesenthals Beitrag zur gerichtlichen Verfolgung der NS-Täter in Österreich. Referat im Rahmen der Tagung »Österreichs Umgang mit der NS-Täterschaft« anläßlich des 90. Geburtstags von Simon Wiesenthal, Wien, 2./3. Dezember 1998. Vgl. www.doew.at/thema/wiesenthal/garscha.pdf [Abfrage vom 8.1.2008].

60 Vgl. Friedrich Torberg: Mit der Zeit – gegen die Zeit. Eingeleitet von Herbert Eisenreich. Graz, Wien: Stiasny 1965 (= Stiasny-Bücherei 142).

61 Herbert Eisenreich an Friedrich Torberg, Brief vom 7.3.1966. WBR, Nachlaß Torberg, ZPH 588, 6/4.

62 Friedrich Torberg an Herbert Eisenreich, Brief vom 9.3.1966. WBR, Nachlaß Torberg, ZPH 588, 6/4.

63 Loitfellner, Wiesenthal (Anm. 31), S. 282.

64 Bis auf wenige Ausnahmen wird Eisenreich in den gängigen Literaturlexika auch heute noch als Soldat der Wehrmacht bezeichnet.

65 Torbergs Antwort abgedruckt in: Simon Wiesenthal: Die Sonnenblume. Von Schuld und Vergebung. Hamburg: Hoffmann und Campe 1970, S. 124–125.

66 Friedrich Torberg an Simon Wiesenthal, Brief vom 29.1.1969. WBR, Nachlaß Torberg, ZPH 588, 33/1.

67 Vgl. Loitfellner, Wiesenthal (Anm. 31), S. 287.

68 Vgl. Holpfer / Loitfellner, Holocaustprozesse (Anm. 37), S. 121f.

69 Vgl. Hans Joachim Braun: Einem Kämpfer geschah Unrecht. Eine Laudatio für Dipl.Ing. Andreas Biss. In: Allgemeine Jüdische Wochenzeitung, 16.9.1983.

70 Andreas Biss an Friedrich Torberg, Brief vom 14.11.1975. WBR, Nachlaß Torberg, ZPH 588, 18/1.

FORVM

DIE ZEIT-SCHRIFT VON FORMAT

Prof. Dr. Anne-Marie Corbin unter Mitarbeit von Marcel Atze und Marcus G. Patka

»Das FORVM ist mein Kind«
Friedrich Torberg als Herausgeber einer publizistischen Speerspitze des Kalten Krieges[1]

1. Der Kongreß für Kulturelle Freiheit

Zahlreiche bekannte Intellektuelle aus den USA hatten an der ersten Tagung des Congress for Cultural Freedom (CCF) im Juni 1950 in Berlin teilgenommen: James Burnham, Sidney Hook, James T. Farrell, Melvin Lasky, Robert Montgomery, Irving Brown und Nicolas Nabokov, um nur einige zu nennen. In seiner philosophisch-soziologischen Stoßrichtung stützte sich der Kongreß für Kulturelle Freiheit auf John Dewey, einen der Ehrenpräsidenten des CCF,[2] und dessen theoretischen Pragmatismus, der ein Mittel sein sollte, um die Demokratie gegenüber globalen Ideologien wie dem Marxismus zu verteidigen, und zugleich der Versuch, liberale Demokratie und Sozialismus zu verknüpfen, ohne dabei ein geschlossenes Konzept zu erarbeiten.[3]

Bereits am 15. Mai 1939 hatten Dewey und dessen Schüler Sidney Hook das Committee for Cultural Freedom ins Leben gerufen; ihr Manifest wurde in der Zeitschrift *The Nation* veröffentlicht. Darin griffen sie die europäischen Diktaturen an und bezeichneten den Kommunismus als »roten Faschismus«. Dewey und Hook versuchten, Kontakt zu Bertrand Russell zu knüpfen, um ihren Einfluß auf Europa auszuweiten. Ab 1941 jedoch verlor das Komitee wegen des sowjetisch-amerikanischen Bündnisses an Bedeutung und geriet in Vergessenheit. Gleichwohl sollten sich die Gründer der späteren Organisation nicht nur an dessen Namen erinnern, sondern auch an dessen Gedankengut.

Trotz theoretischer und politischer Differenzen waren die Intellektuellen New Yorks im festen Willen geeint, auch in Europa Wirkung zu entfalten. Noch vor der Gründung des CCF im Jahre 1950 hatte Melvin Lasky, Sohn deutscher Einwanderer in die USA, 1948 in Berlin die Zeitschrift *Der Monat* gegründet. Lasky, der als Korrespondent von

◂ Das *FORVM* in einer Wiener Buchhandlung, um 1954 (WBR, HS).

Melvin Lasky, um 1948 (SAPMO). ▴

Partisan Review und *The New Leader* arbeitete, hatte als Captain in der US-Besatzungsarmee gedient und wurde von General Lucius D. Clay und dem Office of Military Government of the United States (OMGUS) unterstützt. Der *Monat* sollte die deutschen Intellektuellen und besonders die sozialdemokratischen Kreise in Berlin ansprechen. Mit einer anfänglichen Auflage von 70.000 Stück, die sich in den 1950er Jahren bei 25.000 Exemplaren einpendelte, avancierte die Zeitschrift schnell zu einem Forum, das zu Diskussionen und Kontroversen einlud. Sie war aber auch ein Organ des Kalten Krieges und ein Vorzeigeobjekt des amerikanischen Liberalismus.

In Berlin fand im Juni 1950 auch die erste Tagung des CCF statt. Diese geriet vor dem Hintergrund des beginnenden Korea-Krieges zum medialen Großereignis, gleichsam zum ›Meilenstein‹ des Kampfes der westlichen Welt gegen die Sowjetunion. Offizieller Gastgeber war der Berliner Bürgermeister Ernst Reuter, denn »diese« Stadt nahm eine strategisch wichtige Position als Enklave inmitten des Ostblocks ein.

Für die Zusammenarbeit mit dem CCF konnten zahlreiche Emigranten gewonnen werden, die seit den Moskauer Prozessen Mitte der 1930er Jahre oder spätestens seit dem Hitler-Stalin-Pakt 1939 mit dem Kommunismus gebrochen hatten. Dazu zählten Manès Sperber und dessen Freund Arthur Koestler. Beide hatten bis 1935 beim Institut zum Studium des Faschismus (INFA) in Paris gearbeitet und nach ihrem Bruch mit der KP gemeinsam mit Willi Münzenberg die Zeitschrift *Zukunft* herausgegeben. Koestler und Sperber verfaßten gemeinsam das *Manifest für freie Menschen*, das bei der Berliner Tagung verlesen, einstimmig angenommen und in die Statuten des CCF aufgenommen wurde.

Die mit dem CCF entstandene Bewegung wurde von den USA als ein Instrument aktiv antikommunistischer Propaganda betrachtet, mit Wirkung auf internationaler Ebene. Die künftige Organisation sah eine gewisse Arbeitsteilung zwischen einem internationalen und den jeweiligen nationalen Komitees des CCF in Westeuropa vor. Bald verfügte der CCF über zahlreiche Zeitschriften in diversen Ländern, die alle als Propaganda-Plattformen dienten: *Der Monat* in Deutschland, *Encounter* in England, *Preuves* in Frankreich, *Cuadernos* in Spanien, *Tempo Presente* in Italien und das *FORVM* in Österreich. In Paris befand sich ein Internationales Sekretariat unter der Leitung von François Bondy und Michael Josselson, die beauftragt worden waren, die amerikanischen Zuschüsse zu verteilen und sämtliche Projekte in Europa zu koordinieren.

Während Friedrich Torberg sowohl Manès Sperber als auch Arthur Koestler sehr nahe stand, wuchs allmählich seine Abneigung gegenüber

▲ Gründung des Kongresses für Kulturelle Freiheit, Berlin 1950. Am Mikrophon Arthur Koestler (MLA).

Kalter Krieg in Wien: Der sowjetisch inspirierte Völkerkongreß für den Frieden ▲ im Konzerthaus, 1952. Photo: ISB-Staff (ÖNB-BA).

KONGRESS FÜR DIE FREIHEIT DER KULTUR

Ehrenpräsidenten:
BENEDETTO CROCE†, JOHN DEWEY†
THEODOR HEUSS, KARL JASPERS, SALVADOR DE MADARIAGA, JAQUES MARITAIN, JAYAPRAKASH NARAYAN,
REINHOLD NIEBUHR, LEOPOLD SEDAR SENGHOR
Präsident des Exekutivkomitees: DENIS DE ROUGEMONT   Generalsekretär: NICOLAS NABOKOV

KÖLNER SEKRETARIAT

Herrn
Prof. Friedrich Torberg
FORUM

Köln-Bayenthal, Goltsteinstraße 185
Tel.: 38 34 40 · Telegr.-Adr.: Kulturkongress Köln
Bankkonto: Deutsche Bank Köln 27 5520

Köln, den 29. Mai 1963

W i e n   VII.
Museumstr. 5

2. Der CCF und die Gründung des *FORVM*

In Wien war ebenfalls 1950 eine »Gesellschaft für die Freiheit der Kultur« unter Leitung von Peter Strasser und Mitwirkung von Milo Dor und Reinhard Federmann entstanden. Sie hatte aber wenig Einfluß gewonnen.[5] Deswegen trafen sich 1952 Friedrich Torberg, Friedrich Hansen-Loeve, Franz Taucher, M. Ebner, Milo Dor und Fritz Molden mit François Bondy im Café Sacher, um über die Möglichkeit einer Niederlassung des CCF in Österreich zu sprechen. Torberg stellte bei der Zusammenkunft fest, »daß es in Österreich keine parteilose Organisation gäbe, die bereit sei, demonstrativ gegen kommunistische Aktionen aufzutreten«, und schlug darüber hinaus Hans Weigel für das Vorbereitungskomitee vor.[6] Schließlich einigte man sich auf vier Personen, die das parteipolitische Spektrum Österreichs paritätisch repräsentierten: Torberg, Hansen-Loeve, Taucher und Ebner.

diesen beiden bedeutenden Persönlichkeiten des CCF. Josselson, 1908 geboren, stammte aus einer wohlhabenden Familie baltischer Juden. Seit seiner Emigration 1937 lebte er in New York. Im Jahre 1942 erhielt er die amerikanische Staatsangehörigkeit. Ab 1943 gehörte Josselson der US-Armee an; seit 1948 arbeitete er für die CIA. Zwischen 1946 und 1949 war er beim OMGUS in Berlin für Fragen der Entnazifizierung deutscher Intellektueller zuständig.[4] Bondy, 1915 in Berlin geboren, wuchs in Lugano und Nizza auf und hatte in Paris an der Sorbonne Germanistik studiert. Ab 1941 lebte er in Zürich, wo er bei der *Weltwoche* beschäftigt war. Nach 1945 arbeitete er für zahlreiche renommierte deutsche Zeitschriften, war in Paris Herausgeber von *Preuves* und zudem Koordinator für alle CCF-Periodika. Während Bondy also Torbergs direkter ›Vorgesetzter‹ war, verteilte Josselson die monetären Zuschüsse des CCF über die Ford Foundation als Tarnorganisation der CIA.

▲ Briefkopf (WBR, HS).

▲ François Bondy (Mitte) in Wien, um 1975 (ÖGL).

Marietta Torberg und Friedrich Hansen-Loeve in Alpbach, um 1952 ▲
(ÖNB-HAN).

Bondy war zwar der Meinung, daß die österreichische Sektion des CCF schon 1952 die Arbeit aufnehmen könne, doch nach sechs Monaten hatte sich noch immer nichts getan. Torberg kommentierte ärgerlich, nur eine Wiener Sektion des CCF sei imstande, den Einfluß der Kommunisten hierorts einzudämmen: »Wie Sie wissen, erblicke ich eine Hauptfunktion unserer ganzen hiesigen Unternehmung darin, die Infiltrationsbresche in unserem Lager nach Möglichkeit zu schließen«.[7] Bondy einigte sich mit Torberg darauf, daß die Gründung einer vom CCF unterstützten Zeitschrift das beste Mittel sei, Einfluß zu gewinnen. Torberg schlug vor, eine Zeitschrift zu gründen, die in solch einem ›Vorposten‹, wie Wien es war, besser zum Kampf gegen die Sowjetunion beitragen könne. Der CCF finanzierte die künftige Zeitschrift mit 10.000 Dollar pro Jahr.[8] Bei der Suche nach Mitarbeitern kam es aber bald zu Konflikten, weil der Proporz ausgehend von den Sozialdemokraten über die parteilose Linke bis hin zu den Katholiken gewahrt bleiben sollte. Weder Bondy noch Josselson votierten für Marcel Faust, weil er US-Bürger war. Aber Torberg trat für ihn ein, denn er mochte weder Fritz Molden noch Felix Hubalek, die ihrerseits vom Pariser Sekretariat des CCF unterstützt wurden. Torberg, der sich auch gut mit Hans Weigel und Franz Taucher verstand, gewann freilich die Oberhand und wurde beauftragt, Ordnung im »Wiener Haus« zu schaffen, was ihm die Gelegenheit gab, sich als dessen künftiger Chef zu behaupten.[9] Ihm zur Seite standen Felix Hubalek (ein Mitarbeiter der *Arbeiterzeitung*), Friedrich Hansen-Loeve und Franz Taucher (als Vertreter der parteilosen Rechten und Linken) sowie Alexander Lernet-Holenia, der als bekannter Schriftsteller das literarische Aushängeschild der Zeitschrift sein sollte. Als Titel wurde *FORVM* gewählt – die erste Nummer sollte im Januar 1954 erscheinen. So kündigte Torberg der amerikanischen Botschaft ohne Umschweife und voller Selbstbewußtsein an: »We hope to lure our readers via the cultural part into the political one. Brutally spoken, we want to sell them politics under the pretext of culture, and I don't have to tell you what sort of politics it will be.«[10] In Österreich sollte das *FORVM* über die Tageszeitung *Die Presse* vertrieben werden. Trotzdem wurde defizitär gearbeitet, weshalb Bondy die Auflage von 6000 Exemplaren der ersten Nummer bald auf 4000 Stück für alle weiteren Ausgaben beschränkte.

Mit dem *FORVM* war auch eine ›rechte‹ Gegenpublikation zum ›linken‹ *Tagebuch* geschaffen worden. Zusammen waren sie die bedeutendsten kulturpolitischen Meinungsforen der ansonsten grauen 1950er und 1960er Jahre. Jedenfalls zählte das *FORVM* eine weltanschaulich breite Palette österreichischer Persönlichkeiten zu seinen Autoren: Da findet sich mit Friedrich Funder der Doyen der katholischen Publizistik neben dem damaligen Staatssekretär im Außenamt, Bruno Kreisky.

▲ Monatsabrechnung des CCF für das *FORVM* (WBR, HS).

Hinzu kamen – streng nach großkoalitionärem Proporz – Bundespräsident Adolf Schärf, die Bundeskanzler Leopold Figl und Julius Raab, Vizekanzler Bruno Pittermann, die Minister Christian Broda, Heinrich Drimmel, Oskar Helmer, Franz Olah und Karl Waldbrunner sowie der linkskatholische Historiker Friedrich Heer und Nobelpreisträger Erwin Schrödinger. An ausländischen Stimmen sind etwa Milovan Djilas, George Mikes, Czesław Miłosz, Carlo Schmid oder Ignazio Silone zu nennen. Neben dem Kalten Krieg waren Diskussionen zur österreichischen Identität, zu Kirche und Staat sowie Politik, Presse und Parteienlandschaft prägend. Die Kulturseiten brachten Rezensionen zu Wiener Ereignissen in den Sparten Theater, Musik und Bildende Kunst. Auch bei den Essays dieser Seiten lassen sich illustre Namen wie Theodor W. Adorno, Arthur Koestler, Ernst Krenek, Georg Lukács, Heinz Politzer und Manès Sperber nennen, obwohl diese Liste nur ein sehr ungenügendes Bild der gesamten Bandbreite ergibt.[11] Zwar ist es dem FORVM hoch anzurechnen, daß es nach der geistigen Verwüstung der Kriegsjahre Texte von Autoren wie Max Brod, Theodor Kramer, Karl Kraus, Alfred Polgar und Franz Werfel druckte und daß mit Carl Zuckmayer auch ein bedeutender Vertreter des Exils als Mitarbeiter fungierte, doch die zeitgenössische progressive Literatur hatte das Nachsehen. Zwar finden sich neben Michael Guttenbrunner auch Herbert Eisenreich und Hans Weigel unter den Autoren des FORVM, doch H. C. Artmann, Ernst Jandl und Friederike Mayröcker kamen erst nach der Ära Torberg zu Wort. Bei der Förderung junger Talente fällt auf, daß diese mit Kurt Absolon, Paul Flora, Wolfgang Hutter und Kurt Moldovan hauptsächlich den Bildenden Künsten angehörten.

Im Zusammenhang mit dem FORVM muß man auch das 1945 von Otto Molden und Simon Moser begründete Europäische Forum Alpbach nennen, eine konservative Kaderschmiede, die noch heute als Sommerakademie im gleichnamigen Tiroler Bergdorf besteht. Zu den engsten Mitarbeitern gehörte der FORVM-Mitbegründer Friedrich Hansen-Loeve. Fern von Wien fand hier ein internationaler und institutionalisierter Dialog

Mit Fritz Molden. Photo: Winkler (DA). ▲

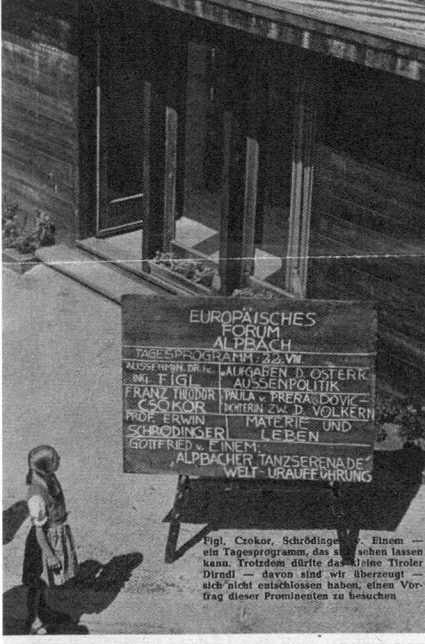

▲ »Das Europäische Forum Alpbach – ein Weg zum neuen Europa« (ÖNB-HAN).

zu Fragen von Politik und Wirtschaft sowie von Wissenschaft und Kunst statt. Besonders beliebt waren die spontan einberufenen »Kamingespräche«. Bereits 1951, noch mit Wohnsitz New York, scheint Torberg als Mitwirkender in den Annalen auf. Hier traf er unter anderem auf Ilse Aichinger, Felix Braun, Franz-Theodor Csokor, Leopold Figl und Frederick Morton.[12] Marietta Torberg übte in den 1950er Jahren in Alpbach die Funktion einer Gesellschaftsdame aus, was auch die oftmalige Anwesenheit ihres Gatten wahrscheinlich macht; zumindest für die Jahre 1956 und 1961 ist Torbergs Teilnahme belegt. Fotos weisen aber auch auf einen Besuch 1971 hin, als Torberg in Alpbach seine Freunde Arthur Koestler und Manès Sperber traf.

3. Torbergs Konflikte mit dem CCF

Schon im ersten Jahr kam es zu Konflikten innerhalb der Redaktion des FORVM. Nach Torbergs Meinung vertrete Hubalek sozialdemokratische Interessen und sei illoyal: »Daß ein akkreditierter Journalist, der als Mitherausgeber einer Zeitschrift firmiert, eben diese Zeitschrift mit so unverhohlener Gehässigkeit angreift, wie Sie das Forvm in der AZ angegriffen haben, dürfte in der Geschichte des Journalismus einzig dastehen.«[13] Josselson versuchte vergeblich, Torberg zu beschwichtigen, der überdies Lernet-Holenia loswerden wollte.[14] Dieser war drauf und dran, das FORVM zu verlassen, wie Torberg mitteilte: »I fully agree with you that we should not drop Lernet. Unfortunately, the question is not of our dropping him but of his dropping us, and he is firmly decided to do just that. Only the most diplomatic and most patient treatment prevented him from doing so at once, which at this particular moment would have benefited the Communists to an even greater extent than had been the case already.«[15] Josselson warf Torberg Intoleranz vor, und Bondy bemängelte, daß Schriftstellern aus dem Ostblock nicht genügend Raum geboten werde.

Auch die finanziellen Probleme wurden zum ständigen Zankapfel. Im Oktober 1953 wunderte sich Josselson darüber, daß das nötige Budget sich innerhalb weniger Monate praktisch verdoppelt habe. Er verlangte, die Gehälter der drei Redakteure zu kürzen. Torberg schlug daraufhin vor, den Jahreszuschuß des CCF innerhalb der ersten sechs Monate auszugeben; alle weiteren Mittel sollten über den Verkauf der Zeitschrift erwirtschaftet werden. Josselson widersprach und verwies auf die britische CCF-Zeitschrift Encounter, die mit weniger Personal auskomme. Torberg verwies seinerseits darauf, daß das FORVM nicht über ein ähnliches Netz von Beziehungen verfüge und man sich »die wichtigsten Voraussetzungen erst schaffen«[16] müsse.

Die Meinungsverschiedenheiten beschränkten sich aber nicht auf die Höhe der Gehälter. Josselson weigerte sich, den Umfang der Zeitschrift von 32 auf 48 Seiten zu erhöhen. Dies stand womög-

Mit Ephraim Kishon und Arthur Koestler in Alpbach, um 1970 (KA). ▲

Mit Alexander Lernet-Holenia im Café Herrenhof, um 1955. ▲
Photo: Horowitz (DA).

lich auch in Zusammenhang mit der Frage nach den Abonnements der Zeitschrift. Die deutschen und österreichischen Amerika-Häuser bezogen nämlich 1954 die meisten Abos (306 Exemplare), während sich nur für 139 weitere Exemplare fixe Abnehmer im In- und Ausland fanden. Hinzu kam, daß manche Abonnements nicht einmal bezahlt wurden, was man Torberg ankreidete, der sich aber hinter dem ideologischen Ziel der Zeitschrift verschanzte: »You may say that we should have gained 105 new subscribers without losing 70. There's something to that, of course. But I am afraid that such smaller losses are inevitable. What we should achieve, and will achieve, are greater gains«.[17]

Zu den wirtschaftlichen kamen die inhaltlichen Konflikte, was schon mit der ersten Nummer begann. Bondy hielt dem Herausgeber einen wenig geglückten »Überblick über die Tätigkeiten des Kongresses« vor. Torberg zeigte sich aber trotzdem nicht bereit, das Pariser Sekretariat des CCF im voraus über den Inhalt der einzelnen Artikel zu informieren, die er veröffentlichen wollte. Er sah darin eine Einmischung in ureigene Angelegenheiten des Herausgebers einer Zeitschrift, die »größere Aktualitäts-Ambitionen« habe als etwa *Preuves* oder *Der Monat*. Er wies darauf hin, daß vieles erst »in letzter Minute gesetzt« werde. Offensichtlich befürchtete Bondy, daß Torberg die Zeitschrift allein verfassen wolle, ganz so, wie es dessen Vorbild Karl Kraus gehandhabt hatte: »Aber für den Charakter eines ›Forums‹ bleibt es unbedingt notwendig, auf die Versuchung einer ›Ein-Mann-Zeitschrift‹ zu verzichten, auch wenn jetzt schon die Presse das ›Forum‹ mit der ›Fakkel‹ vergleichen mag.«[18] Auch die Aufmachung der Zeitschrift und das Schriftbild wurden in Paris als »einfach schrecklich und ohne Lupe normalerweise gar nicht mehr zu lesen«[19] kritisiert; man wünschte sich zudem mindestens einen Leitartikel pro Nummer. Bondy stellte darüber hinaus eventuelle Mitarbeiter in Frage, die Torberg ins Gespräch gebracht hatte – namentlich Klaus Dohrn und Willi S. Schlamm. Der derart Kritisierte lehnte die Forderung nach einem Proporz von drei »nicht sozialdemokratischen Mitarbeitern für einen sozialdemokratischen« Mitarbeiter ab und war der Meinung, Bondy sei von Paris aus nicht imstande, die Erwartungen der Wiener Leser einzuschätzen: »Denn unsere Leser erwarten von uns etwas ganz anderes, als dass jetzt auch wir, sei es noch so getarnt und umwegig, auf die salbungsvolle Koexistenz-Tour gehen.«[20] Womöglich täuschte sich Torberg hier. Ein Leser jedenfalls war ganz anderer Meinung. »Ich habe das FORVM sehr genau angeschaut«, ließ Robert Neumann Torberg nach der ersten Nummer wissen. »Es ist eine ausgezeichnet gemachte Zeitschrift, aber mit Ihren eigenen Beiträgen bin ich nicht ganz einverstanden. Es ist keine abendfüllende Beschäftigung für einen erwachsenen Schriftsteller Ihrer grossen Begabung, aus kleinen Kommunisten Hackfleisch zu machen. So einfach liegen doch diese Dinge nicht; es sollte mich wundern, von Ihnen zu hören, dass Sie nur die eine Seite in diesem kalten Kriege ankotzt.«[21] Auch Michael Josselson nahm später kein Blatt vor den Mund und rügte Torberg: »You are editing your magazine for the already converted. We

▲ *FORVM*-Briefkopf (WBR, HS).

[…] are trying by all means at our disposal to present our case in a way which we hope will make a dent in the thinking of our enemies.«²² Wegen Torbergs »poorly formulated rigidity« bestand er sogar darauf, daß im *FORVM* vermerkt werden solle, der CCF distanziere sich von den antikommunistischen Inhalten der Zeitschrift.²³ Dies verbitterte Torberg: »Ich finde es einfach grotesk, dass wir uns im fünften Jahr unsrer Zusammenarbeit über so primitive Grundsatzfragen wie über die verschiedenen Arten der Bekämpfung des Kommunismus überhaupt noch unterhalten müssen. Wobei ›unterhalten‹ ein nicht ganz zutreffender Ausdruck für die Grobheiten ist, die mir an den Kopf geworfen werden. […] [I]ch kann es nicht immer gut vertragen, bei jeder Gelegenheit abgekanzelt zu werden wie ein kleiner Subalternbeamter, der einfach zu parieren hat, weil er gezahlt bekommt. Und der Arbeitsatmosphäre ist das nicht sehr zuträglich.«²⁴ Bondy pochte später darauf, Torberg möge sich an die vom CCF ausgegebene Leitlinie halten: »Durch seinen Ton und seine Art der Polemik stört ›Forum‹ unsere jetzige und künftige Arbeit in Deutschland. In Deutschland – wie in allen anderen Ländern, wo der ›Kongress‹ durch Zeitschriften, öffentliche Gespräche, Zusammenkünfte und dergleichen wirkt – sind wir eine Organisation, die sich um Fairness und Toleranz bemüht und der es gelungen ist, in kritischen Momenten das Gespräch mit Intellektuellen offen zu halten, von denen uns sehr vieles trennt«. Zur Generallinie des CCF gehöre, so Bondy weiter, »dass man Gegner angreift, aber, wenn sie antworten wollen, in unseren Zeitschriften grosszügig zu Wort kommen lässt. Und es gehört vor allem dazu, dass man nicht Menschen, mit denen man in einer bestimmten Frage nicht einig ist und deren politische Haltung man bekämpft, durch polemische Mittel möglichst verächtlich und lächerlich macht.«²⁵ Torberg antwortete heftig: »[A]n diesem Punkt setze ich mich gegen Deine Vorwürfe nicht länger zur Wehr. Ich empfinde sie gar nicht mehr als Vorwürfe. Denn ich bin <u>dafür</u>, daß man solche Gegner lächerlich macht; es ist der sprichwörtlich sicherste Weg, um zu verhindern, daß sie Schaden stiften. Ich bin <u>dafür</u>, daß man die haarsträubenden logischen Widersprüche in ihrer Argumentation aufdeckt und den Analphabetismus ihrer pompösen Manifeste entlarvt. Ich bin <u>dafür</u>, einer von Rattenfänger-Parolen bedrohten Öffentlichkeit den beruhigenden Nachweis zu erbringen, daß die Rattenfänger weder denken noch schreiben können. Und je vergnüglicher dieser Nachweis erbracht wird, desto besser; desto unwirksamer werden die Parolen und desto weniger Leute fallen auf sie herein.«²⁶

Podiumsdiskussion mit Friedrich Torberg (2.v.l.) und Willy Brandt (4.v.r.) in Berlin, um 1960. Am Rednerpult Melvin Lasky (HHL).

Torberg allerdings verwickelte sich selbst in Widersprüche: Einerseits lehnte er die inhaltlichen Forderungen des CCF ab, andererseits wollte er keineswegs auf dessen finanzielle Hilfe verzichten. Und der »Zweifrontenkrieg«,[27] den das *FORVM* gegen seine politischen Gegner führte, war Josselson immer weniger genehm.

4. Neue Maßnahmen

Seit März 1958 arbeitete Günther Nenning für das *FORVM*. Torbergs Ansicht nach war dies eine gute Sache für die Zeitschrift, denn nicht nur stand er den Sozialdemokraten sehr nahe, sondern sein Kommen verhinderte auch lästige Konkurrenz von dieser Seite: »He – and I – were also eager to reach a settlement with our friends of the SP who didn't want to let him go, and even considered to found a monthly of their own in order to keep him.«[28]

Torberg schloß einen für Nenning sehr günstigen Vertrag ab, der den CCF im Falle einer Nichtfinanzierung der Zeitschrift weiterhin verpflichtete, sein Gehalt zu bezahlen. In der Tat drohte die Einstellung der Zeitschrift bereits im Jahr 1961. Das Internationale Sekretariat des CCF schickte einen Fachmann nach Wien, um die Abrechnungen zu kontrollieren. Im Abschlußbericht erschien Torberg zwar als ehrlicher Mann, die Gehälter aber waren innerhalb eines Jahres um 26% gestiegen und die Zahl der Abonnenten war zu hoch angegeben worden. Daraus zog Josselson die Konsequenzen: Die Zeitschrift sollte eingestellt werden. »Eri mein Engel«, teilte Torberg der Sekretärin Erika Riethof am 31. Oktober 1961 unter der Überschrift »Halb preffatt« mit: »Mit'n FORVM wird's also aller Voraussicht nach nicht weitergehn, und ich weiss nicht einmal, ob ich ›leider‹ sagen soll. Ich hab lang mit dem Josselson telephoniert und müsste mich, um ihn zu überzeugen, so wahnsinnig anstrengen, wie man sich nur anstrengen kann, wenn man selber überzeugt ist – und das bin ich nicht. Wie sollte ich auch, und auf was herauf. Auf die Aussicht, ohne Nenning und womöglich mit einer neuen Druckerei etwas weiterzumachen, was schon mit Nenning und in der eingearbeiteten Druckerei kaum zu machen war?«[29] Doch Torberg bat Josselson darum, die Zeitschrift noch zwei weitere Jahre in Höhe von etwa 15.000 Dollar jährlich zu finanzieren, der Rest sollte von sozialdemokratischer Seite und weiteren Förderern aufgebracht werden. Torberg argumentierte – wie man einem Brief von Michael Josselson entnehmen kann – folgendermaßen: »Public reaction to the possible disappearance of Forvm divulges much stronger anti-american resentment, and I think we shouldn't fool ourselves about this aspect of the matter. The Congress decision to discontinue Forvm is being interpreted first and foremost on political grounds, particularly in view of the Soviet activities in Finland (which were not yet in view when the decision was taken). I haven't talked to the Embassy people, and I don't intend to, but I understand they are rather disgruntled, too. At any rate, the whole thing threatens to become a real political eclat.«[30]

Torberg erreichte sein Ziel: Der CCF nahm seine Entscheidung zurück, und das *FORVM* konnte weiter erscheinen. Seit dieser Krise aber nahm

Unterwegs in den USA, 1962 (Antiquariat Fritsch Wien). ▲

Karikatur zur vorläufigen Rettung des *FORVM* von Antal Festetics, 1961 (WBR, HS).

der Einfluß von Günther Nenning immer mehr zu, obwohl sich Torberg als Chef vorläufig behaupten konnte: »Das FORVM ist mein Kind. Ich weiss schon, aus Kindern werden Erwachsene, und es liegt mir fern, mich dieser natürlichen Entwicklung entgegenzustemmen. Aber so erwachsen, dass es mir völlig entwachsen dürfte, ist das FORVM noch nicht, und wird es – solange es noch im Vaterhaus lebt (oder solange der Vater noch lebt) – niemals sein. Es ist aus einer ganz bestimmten Absicht und zu ganz bestimmten Zwecken in die Welt ge-

tum und den Veränderungen seiner Umwelt Rechnung zu tragen.«[31]

Doch das finanzielle Engagement des CCF hatte bald ein Ende: 1962 und 1963 stiftete der CCF den *Schriften zur Zeit* noch 12.000 Dollar pro Jahr.[32] Zwischen den *Schriften zur Zeit* und dem Hans Deutsch Verlag wurde ein Vertrag unterzeichnet, der das *FORVM* zwei Jahre lang mit einem Betrag von 450.000 Schilling finanzierte.[33] Josselson war mit dieser Regelung zufrieden und bestätigte Torberg, daß er von nun an über die Angelegenheiten

setzt worden, die mit der Verfechtung einer ganz bestimmten Gesinnung und mit der Bekämpfung einer ganz bestimmten andern zu tun haben. Ich habe ein paar nicht ganz unwichtige Jahre und viele Mühe drauf verwendet, es hochzupäppeln, damit es diesen Absichten und Zwecken gerecht werde, und ich fühle mich dafür verantwortlich, dass es ihnen gerecht bleibe – bei aller Flexibilität, bei aller Bereitschaft, seinem natürlichen Wachs-

der Zeitschrift nicht mehr informiert werden wolle.[34] Ab dem 1. Januar 1964 wurde das *FORVM* im Hans Deutsch Verlag veröffentlicht. Torberg sollte weiterhin den CCF in Wien vertreten. Für ein letztes Jahr war er zugleich Herausgeber und Chefredakteur, worauf Josselson zur Freude Torbergs bestand. 1966 gründete dann Nenning das *Neue Forum*. Torberg distanzierte sich in einem Brief an Josselson von diesem Periodikum: »Neues Forum will soon (at least in its political part) become a

▲ Günther Nenning, um 1970. Photo: Cermak (ÖNB-BA).

strictly Austrian organ, mainly for the right-wing opposition within the SPÖ and at the same time fairly close to the left-wing Catholics [...]. This is none of my business.«[35] Tatsächlich entwickelte sich die Zeitschrift unter Günther Nenning zu einer ›linken‹ Publikation, die unabhängig und überaus kritisch gegenüber den Menschenrechtsverletzungen in der Sowjetunion war. Gleichzeitig stellte es auch das wichtigste Organ der österreichischen 68er-Bewegung dar und war damit zutiefst antiamerikanisch.

Trotz allem erfüllte sich für Torberg mit seinem Ausscheiden ein langgehegter Wunsch, den er bereits 1960 gegenüber Manès Sperber geäußert hatte: »Ich wäre viel lieber der begabte Schriftsteller Friedrich Torberg als der Herausgeber (und das Opfer) des FORVM.«[36] Aber gehen wir noch einmal zehn Jahre zurück.

5. Torbergs Engagement nach der Niederschlagung des ungarischen Aufstandes

Abgesehen von der rein editorischen Seite der Zeitschrift engagierten sich das FORVM und der CCF bei wichtigen tagesaktuellen Ereignissen. Beim CCF war das Interesse für die Ostblockstaaten groß. Schließlich bot der ungarische Aufstand im Jahre 1956 die Möglichkeit zu zeigen, wie entschlossen die westliche Welt auf die Repression der Freiheit im Osten reagierte. Freilich kündigte Bertrand Russell, als der CCF alles mobilisierte, um die Aufständischen zu unterstützen, seine Mitgliedschaft. Damit war eine gewichtige Stimme im Kampf gegen die Sowjetunion verlorengegangen: »I hold that any denunciation of Russian action in Hungary should be accompanied by a denunciation of Anglo-French action in Egypt.«[37] Sobald die Nachricht vom Volksaufstand bekannt wurde, kam Bondy nach Wien, um das FORVM zu mobilisieren. Er leitete eine Unterstützungsbotschaft an die ungarischen Intellektuellen weiter, die von dreißig österreichischen Schriftstellern unterzeichnet worden war. Zudem wurden Medikamente und Lebensmittel gesammelt. Und Torberg hätte gerne seinen Freund Arthur Koestler eingeladen, um ein Diskussionsprogramm gegen »die totale politische Desorientierung« zu starten.[38]

Torberg betonte die strategische Stellung Wiens, kaum eine halbe Stunde entfernt von der Grenze. Er schlug vor, eine vom CCF finanzierte Veranstaltung zu organisieren und eine Rettungsaktion durch deutsche Studenten zu unterstützen: »We shall act as their official proxies here in Vienna so that, aside from the directly needed material help we also can give some moral encouragement to those who need it.«[39] Zwei Vertreter des Allgemeinen Studentenausschusses (ASTA) waren nach Wien gekommen, um ungarische Kommilitonen nach Berlin zu bringen; Torberg war zuständig für die Verbindung mit dem österreichischen Erziehungsministerium. Der Andrang in den Büros des FORVM war so stark, daß die österreichische Regierung sogar den Protest der Sowjetunion wegen eines Bruchs der Neutralität befürchtete. Ab November 1956 half das FORVM den Flüchtlingen mit Unterstützung des CCF, sich in Wien niederzulassen: Zu den 632 innerhalb eines Monats behandelten Fällen zählten 482 Studenten.

Tassilo Merhal, ein junger Journalist, der bis 1948 in Budapest gearbeitet hatte, beriet die Flüchtlinge persönlich.[40] Man verschaffte ihnen ein Zufluchtsland und Stipendien für die Fortsetzung ihres Studiums. Sie wurden bei Gastfamilien beherbergt, bekamen Kleidung, Bücher, Freikarten für Theater und Kino sowie Mahlzeiten zu ermäßigten Preisen. Auch Sprachkurse wurden angeboten. Außerdem kooperierte das FORVM mit ausländischen Organisationen, die für die Vergabe von Stipendien sorgten (die britische Mission, die Pariser Association des collèges de l'Europe libre, die Schweizerische Zentralstelle für Hochschulwesen, der Deutsche Johanniterorden). Einem Bericht von Ende Dezember 1956 zufolge waren etwa 50.000 Flüchtlinge in andere europäische Länder und in die USA emigriert. In Österreich verblieben 130.000 bis 140.000.[41]

Ob dieser Aktivitäten wurden die Räumlichkeiten der Redaktion bald zu eng. Das Hilfskomitee, die sogenannte »Forum Kulturhilfe«, bezog zum 1. Januar 1957 ein neues Büro in der Wipplingerstraße 24. Die Ford Foundation stellte insgesamt 80.000 Dollar für Stipendien in einer Höhe von monatlich 1200 bis 1800 Schilling für Schriftsteller, Forscher und Künstler zur Verfügung. Mit den 70.000 Dollar, die unter anderem von der Rockefeller Foundation stammten, wurden ein Orchester, die »Philharmonia Hungarica«, und zudem die »Freie Ungarische Schauspielgesellschaft« gegründet. Drei Monate lang konnten 120 Künstler, die von ihren Familien begleitet wurden, in Baden bei Wien an Proben teilnehmen und somit vor allem der Trostlosigkeit der Auffanglager entgehen. Durch eine ausgedehnte Tournee bekamen sie zudem die Möglichkeit, sich besser ins künstlerische Leben Westeuropas zu integrieren.[42] Allen Erfolgen zum Trotz zog Josselson 1957 kritische Bilanz und bemängelte die Mittelverwaltung durch die »Forum Kulturhilfe«,[43] ja er setzte deren Aktivitäten ein Ende[44] und ließ obendrein alle Unterlagen vernichten.[45]

Das Jahr 1956 bedeutete auch für den CCF eine wichtige Zäsur: Sidney Hook und Peter Coleman, die Herausgeber der australischen Kongreß-Zeitschrift, meinten, die Organisation sei nunmehr unnütz, da den ›fellow-travellers‹ seit Chruschtschows Geheimrede und spätestens seit der brutalen Niederschlagung des Ungarnaufstandes die Augen geöffnet worden seien.[46]

6. Torbergs Polemik gegen Thomas Mann und Bertolt Brecht

Für das *FORVM* war Torbergs Persönlichkeit prägend, denn er hatte ganz präzise Vorstellungen von der politischen Linie der Zeitschrift. Schon 1948 hieß es in einem seiner Briefe: »Unter einem Anti-Kommunisten […] verstehe ich einen Politiker oder politischen Publizisten, dessen Tätigkeit hauptsächlich oder gar ausschließlich in der Bekämpfung des Kommunismus besteht. In diesem Sinne könnte ich nicht einmal mich selbst als Anti-Kommunisten bezeichnen, obwohl ich meine antikommunistische Haltung unmissverständlich und aggressiv zum Ausdruck bringe, sooft sich (vom privaten ganz abgesehn) auf meinem publizistischen Gebiet – welches die Literatur ist – dazu Gelegenheit ergibt«.[47]

Dieses Statement macht deutlich, daß Torberg nicht nur die Kommunisten, sondern auch deren vermeintliche Sympathisanten offen bekämpfen wollte. Robert Neumann hat dies in seiner Autobiographie so umschrieben: »Ich fürchte, er ver-

▲ Karikatur aus dem *FORVM* über die Hilflosigkeit des Westens beim Ungarn-Aufstand 1956. Zeichnung: Schoenfeld, 1957 (WBR, DS).

speist zu jedem Frühstück einen Kommunisten wie andere Leute ein weiches Ei. Es ist leider ein akuter Fall von politischem Irresein. Wie alle Irren hält er alle möglichen anderen Menschen für irre – zum Beispiel mich.«⁴⁸ Und auch den von Torberg gerne als ›fellow-traveller‹ angegriffenen Thomas Mann.

Im Herbst 1952 war der Großschriftsteller und Nobelpreisträger nach Österreich gekommen und hatte im Salzburger Mozarteum den Vortrag *Ein Künstler in der Gesellschaft* gehalten, der von der kommunistischen Presse unisono gefeiert wurde, weil Mann hier »den großen Ideengehalt des Kommunismus« gewürdigt habe, obwohl er nicht zu betonen vergaß, »kein Kommunist zu sein«. Dies griff Torberg in seiner Kolumne *Post Scripta*, die im *Wiener Kurier* erschien, gerne auf: »Ach, er betonte es nicht nur während des Vortrages. Er betont es pausenlos – und gerade dieser Ton macht den Schmierfinken die willkommene Musik. Denn natürlich leistet ihnen die umwegige Wendung: ›Ich bin kein Kommunist, sage aber trotzdem ...‹ ungleich bessere Propagandadienste als ein gradliniges: ›Ich bin Kommunist und sage deshalb ...‹ Wäre es möglich, daß Thomas Mann, daß gerade er das nicht wüßte?«⁴⁹ Im Oktober 1952 bot Mann durch seinen Geburtstagsgruß an den Lyriker und Kulturminister der DDR, Johannes R. Becher, der in der *Österreichischen Zeitung*, dem offiziellen Organ der sowjetischen Besatzungsmacht in Wien, abgedruckt wurde, Torberg Anlaß zum erneuten Angriff.⁵⁰ Vom 17. bis 26. November 1952 kam Thomas Mann dann nach Wien, besuchte das Rathaus, las im Konzerthaus und erwies auch dem P.E.N.-Club die Ehre. Aber er spürte deutlich, daß etwas nicht stimmt: »Feindliche Ignorierung des Aufenthalts durch die Amerikaner«, hielt Mann im Tagebuch fest, »wohl auf Grund eines denunziatorischen Artikels von Thorberg. Die kommunistische Presse zu freundlich.«⁵¹ Wahrscheinlich hatte es Thomas Mann gerade den Artikeln Torbergs zu verdanken, daß er von der kommunistischen Presse gewissermaßen adoptiert wurde. Das war ihm keineswegs recht, weshalb er schon im Dezember 1952 die als *Bekenntnis zur westlichen Welt* bekanntgewordene Erklärung verfaßte, die noch im selben Monat im *Aufbau* erschien.⁵² Diese zeigte auch publizistisch die erhofften Folgen, was sich etwa in Hans Wallenbergs Text *Thomas Mann distanziert sich unmißverständlich vom Kommunismus* manifestierte. Als Mann diesen registriert hatte, triumphierte er im Stillen: »Bericht über einen zurücknehmenden, den schmutzigen Denunzianten Thorberg fallen lassenden Artikel Wallenbergs in der ›Neuen Zeitung‹.«⁵³

Wegen seiner Kampagne gegen Thomas Mann kam es zum Bruch mit seinem Verleger Gottfried

Bertolt Brecht mit Johannes R. Becher. Berlin, um 1950 (Agentur Votava).

Thomas Mann mit P.E.N.-Präsident Franz Theodor Csokor. Wien, 1952 (VGA).

> KONZERTDIREKTION DR. THEO CIEPLIK
>
> ÖSTERREICHISCHER P. E. N. CLUB
>
> # DREI VORTRÄGE
> # THOMAS MANN
> ## IN WIEN
>
> Dienstag, den 18. November 1952, um 19.30 Uhr, im Mozart-Saal
> PROGRAMM:
> „Der Künstler und die Gesellschaft"
> Einleitend: Begrüßung des Dichters durch Franz Theodor Csokor
>
> Sonntag, den 23. November 1952, um 19.30 Uhr, im Mozart-Saal
> PROGRAMM:
> „Neues aus den Bekenntnissen des Hochstaplers Felix Krull"
>
> Dienstag, den 25. November 1952, um 19.30 Uhr, im Großen Konzerthaus-Saal
> PROGRAMM:
> „Neues aus den Bekenntnissen des Hochstaplers Felix Krull"

Bermann Fischer, was Torberg so kommentierte: »Thomas Mann, da er sachlich ausserstande ist, dieser Kritik ebenso offen und einwandfrei zu begegnen, weiss sich nur dadurch zu helfen, dass er unseren gemeinsamen Verleger unter Druck setzt.«[54] Hinzu kam, daß Mann die Linie des CCF ablehnte. »Es stimmt«, bestätigte Marcel Faust gegenüber Josselson, »dass Thomas Mann über den Kongress abfällige Äusserungen gemacht hat.«[55] Torberg hatte auch von der Rede gehört, in der Mann den Marshall-Plan ablehnte, da dieser nur ein Versuch sei, »Europa für den Kampf gegen Rußland zu bestechen«. Diesen »Unsinn« äußere Mann »zum Entzücken der Kommunisten und ihrer Steigbügelhalter«.[56] Es kam gar soweit, daß der Schriftsteller Ernst Jünger im FORVM – im Rückblick auf den Weimar-Besuch von Thomas Mann 1949 – in ein besseres Licht als der Emigrant gerückt wurde,[57] was Bondy zu folgender Rüge veranlaßte: »Wenn man Thomas Mann ausschliesslich

▲ Ankündigung für die vom P.E.N.-Club organisierten Vorträge von Thomas Mann in Wien (ÖNB-BA).

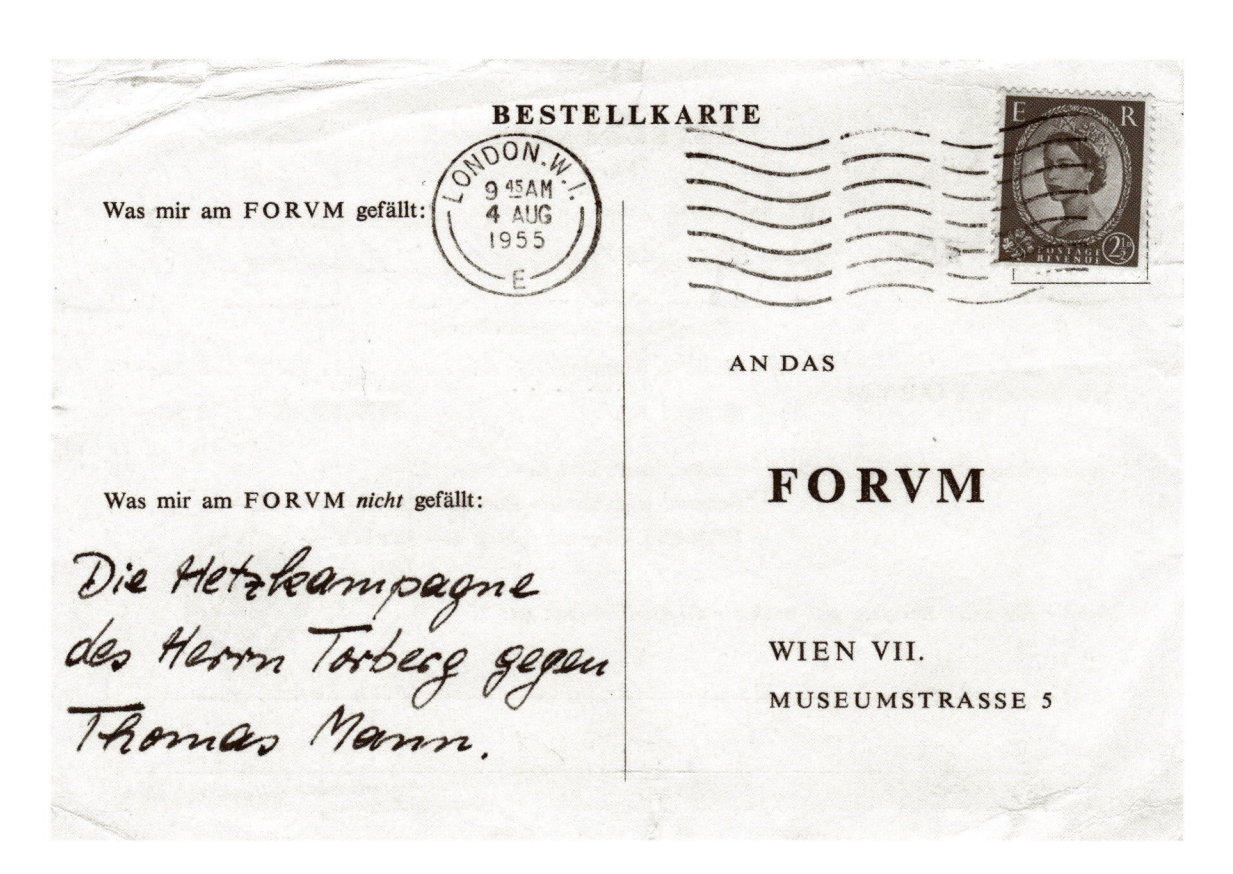

als Objekt politischer Polemik nimmt und zugleich Ernst Jünger literarisch und denkerisch so hoch überschätzt, so werden damit die ästhetischen und alle anderen Massstäbe ungebührlich verrückt.«[58] Torberg widersprach: »Natürlich würden wir niemals Thomas Mann verreissen und dicht daneben Ernst Jünger loben.«[59] In Wahrheit ging er sogar noch einen Schritt weiter: Torberg schmähte nicht nur Mann, sondern auch all jene, die für ihn eintraten. Hans Habe (eigentlich Békessy) etwa, den nicht als »fellow traveller entlarven«[60] zu können er bedauerte, haßte er schon seit langem, und er verspottete ihn als »Analphabékessy«.[61] Indirekt hatte es Torberg übrigens Habe zu verdanken, daß er 1958 vorübergehend seinen Status als freier Mitarbeiter bei der Süddeutschen Zeitung verlor. Habe hatte in der Zeitschrift Die Kultur über das FORVM spekuliert, das aus amerikanischen Quellen gespeist werde.[62] Der Artikel schlug hohe Wellen und führte schließlich dazu, daß Werner Friedmann, Mitbegründer und langjähriger Chefredakteur der SZ, die Zusammenarbeit mit Torberg bis zur Klärung des Sachverhalts ruhen lassen wollte: »Ich möchte da kein Ehrengericht veranstalten, aber es gibt mir doch zu denken, dass sich alle Feststellungen über Sie in derselben Richtung bewegen, nämlich, dass Sie einer Art von Informations- und Agententätigkeit obliegen, die mir zu einem Kulturbetrachter wenig zu passen scheint.«[63] Max Kolmsperger, ein Münchner Bekannter Torbergs, nahm diesen einige Zeit währenden Konflikt zum Anlaß für die launige Frage, in »welcher Sparte« Torberg denn kurz zuvor Professor geworden sei: »Für Ästhetik? Literatur? Numismatik? Oder sollten Sie, um in der Terminologie der Friedmannschen Anschuldigungen zu bleiben, einen Lehrstuhl für Agententätigkeit innehaben?!!«[64]

Nirgends ließ Torberg seinem Antikommunismus aber so freien Lauf wie auf dem Gebiet des Theaters. War es ihm bereits gelungen, den Schauspieler Karl Paryla, der sich öffentlich zur KP bekannte, aus den Salzburger Festspielen herauszuschreiben, so nahm der Boykott der Stücke Bertolt Brechts in Österreich ein groteskes Ausmaß an. Den Boykott rechtfertigte Torberg mit der Behauptung, Brecht habe sich nach der Rückkehr auf den europäischen Kontinent in den Dienst einer Diktatur gestellt.[65] Wer sich auf Brechts Seite schlug, hatte schlechte Karten.[66] Gottfried von Einem etwa wurde aus dem Direktorium der Salzburger Festspiele ausgeschlossen, weil er Brecht nach seiner Rückkehr aus den USA nicht nur empfangen, sondern sogar vorgeschlagen hatte, ein

Ein Leser kritisiert die FORVM-Polemik gegen Thomas Mann (WBR, HS). ▲

1. kann man den Pressephotographen den Zutritt verbieten, und 2. wurde die Beerdigung gefilmt und im Rundfunk übertragen. Ganz im Sinne des teuern Verblichenen. Publicity bis übers Grab hinaus.

ABSCHIED VON THOMAS MANN sowie der Pressephotographen
Im engsten Familienkreis und im Beisein weniger Freunde) wurden am Gemeindefriedhof von Kilchberg am Zürcher See Thomas Manns sterbliche Überreste beigesetzt. In der Mitte des Bildes die Witwe mit ihren beiden Töchtern Elisabeth und Erika.
Keystone-Photo

Stück von ihm ins Programm zu nehmen.⁶⁷ Torberg schwankte, ob er von Einem »für einen Kommunisten oder einen weltfremden Träumer halten« solle, und forderte ihn auf, von nun an gegen den sogenannten »roten Faschismus« zu kämpfen. Torbergs Meinung nach durfte keiner die politischen Aussagen Brechts zugunsten seines literarischen Wertes außer Betracht lassen: »Wenn einer unter Pein und Zögern endlich erkennt, daß der vermeintliche Freund, dem er allzu lange und allzu gläubig die Hand hingestreckt hielt, ihm die vermeintliche Hand nicht bietet, und zwar deshalb nicht bietet, weil sie einen Dolch umklammert [...]: so wäre dies Konjunktur?«⁶⁸

Torberg beteiligte sich auch am Rundfunk-Krieg gegen Brecht beim Wiener Sender *Rot-Weiß-Rot* und dem Berliner *RIAS*: »Der Brecht hat sowas gar nicht lieb, und es könnte seinen Magengeschwüren nur förderlich sein«.⁶⁹ Er verfaßte sogar eine Parodie der *Dreigroschenoper*, die zu einer günstigen Einschaltzeit über den Äther gehen sollte. Anläßlich einer 1961 ausgestrahlten Sendung behauptete Torberg gar: »In dieser Theaterstadt Wien ist seit dem 17. Juni 1953 kein Stück von Bertolt Brecht mehr aufgeführt worden, und ich will Ihnen eingangs bekennen, daß das nicht ganz ohne mein Zutun geschehen ist. Ich habe als Theaterkritiker, als Herausgeber einer kulturpoliti-

▲ **Feindbilder.** Zeitungsausschnitt mit Anmerkungen zu Thomas Manns Beerdigung.
Beilage zu einem Brief von Friedrich an Marietta Torberg vom 18.8.1955 (ÖNB-HAN).

schen Zeitschrift und auf jeder mir zugänglichen Plattform nach besten Kräften darauf hingewirkt, daß Brecht in Wien nicht gespielt wird«.[70] Und er fügte in seiner im *Monat* erschienenen Antwort hinzu: »Ich bin auch sehr dafür, daß man Brecht spielen darf. Ich bin nur dagegen, daß man ihn spielt. Um diesen meinen Standpunkt zu verfechten, bediene ich mich des fundamental demokratischen Mittels der Überredung«.[71]

Daß dies zu milde ausgedrückt war, davon hatte sich der CCF im Laufe der 1960er Jahre überzeugen können, als der Kalte Krieg eine neue Wende nahm. Was sich Torberg unter Antikommunismus vorstellte, entsprach nicht mehr dem Zeitgeist. Schon 1961 erhoben 66 Theaterdirektoren in West-Berlin und der Bundesrepublik Einspruch gegen die Versuche der CDU-Fraktion des Frankfurter Stadtrats, die Proben zu Brechts *Das Leben des Galilei* einstellen zu lassen. Die Unterzeichner wollten nicht nur für Brecht eintreten, sondern überhaupt gegen diese Form von Zensur vorgehen.[72] Selbst *Der Monat* sprach sich gegen den Boykott als »heißen Krieg gegen kühle Dramen« aus.[73] Auch in Wien distanzierte sich der CCF allmählich von Torberg, dessen Kampf inzwischen eher als gefährlich denn als nützlich eingeschätzt wurde.

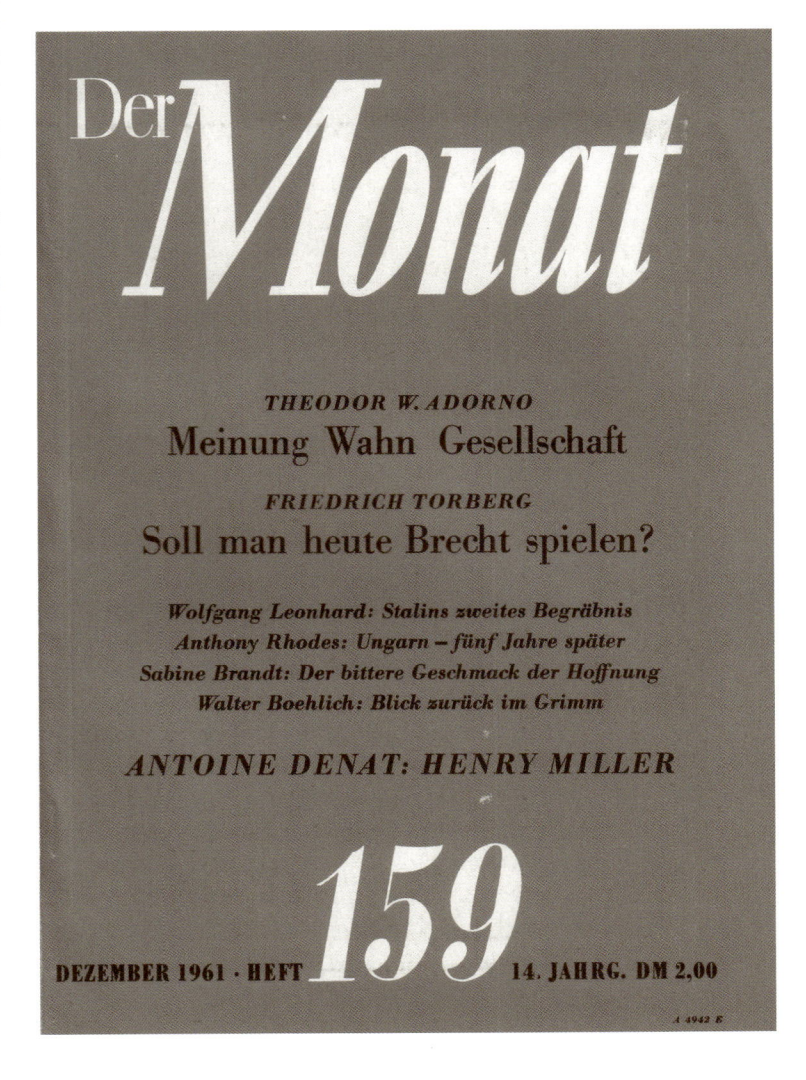

Umschlag des *Monat* mit Torbergs Polemik gegen Brecht (MP). ▲

1 Vgl. Anne-Marie Corbin: L'image de l'Europe à l'ombre de la Guerre froide. La revue Forum de Friedrich Torberg à Vienne (1954–1961). Paris: L'Harmattan 2001.

2 Die anderen waren Karl Jaspers, Benedetto Croce, Jacques Maritain und Bertrand Russell. Der erste Präsident des CCF war der Komponist Nicolas Nabokov.

3 Zur Geschichte des CCF vgl. Michael Hochgeschwender: Freiheit in der Offensive. Der Kongress für kulturelle Freiheit und die Deutschen. München: Oldenbourg 1998 (= Ordnungssysteme 1); Frances Stonor Saunders: Who Paid the Piper? The CIA and the Cultural Cold War. London: Granta 1999; Pierre Grémion: Intelligence de l'anticommunisme. Le Congrès pour la liberté de la culture à Paris 1950–1975. Paris: Fayard 1995.

4 The Harry Ransom Humanities Research Library at the University of Texas at Austin (Aust HR) Nachlaß Josselson (FJ), 34/5, Michael Josselson, Statement Number 1 (s. d.).

5 Vgl. François Bondy an Günter Birkenfeld (Berliner Büro des CCF), Brief vom 26.10.1951. Uo Chi-Archiv, The Joseph Regenstein Library of the University of Chicago – Department of Special Collections – Archives of the International Association for Cultural Freedom and the Congress for Cultural Freedom (IACF), II 119/2.

6 Wörtliche Mitschrift zum beiliegenden Protokoll der Zusammenkunft im Café Sacher, Wien, am 19.1.1952. WBR, Nachlaß Torberg, ZPH 588, 19/3.

7 Friedrich Torberg an François Bondy, Brief vom 31.10.1953. WBR, Nachlaß Torberg, ZPH 588, 7/3.

8 Vgl. Friedrich Torberg an Michael Josselson, Brief vom 30.4.1953. Uo Chi-Archiv, IACF, II 110/2.

9 Michael Josselson an Friedrich Torberg, Brief vom 9.2.1953. Uo Chi-Archiv, IACF, II 110/2.

10 Friedrich Torberg an Lawrence (Larry) Dalcher (Information Officer PAD, US-Botschaft, Wien), Brief vom 5.11.1953. WBR, Nachlaß Torberg, ZPH 588, 19/9.

11 Vgl. hierzu: Peter Csulak: Autorenindex FORVM 1954–1995. In: Günther Nenning (Hg.): »FORVM«. Die berühmtesten Beiträge zur Zukunft von einst von Arrabal bis Zuckmayer. Wien, München: Amalthea 1998, S. 453–638.

12 Vgl. Alexander Auer (Hg.): Das Forum Alpbach 1945–1994. Die Darstellung einer europäischen Zusammenarbeit. Eine Dokumentation anläßlich des 50. »Europäischen Forum Alpbach« veranstaltet vom Österreichischen College. Wien: Ibera 1994, S. 64, 80, 96.

13 Friedrich Torberg an Felix Hubalek, Brief vom 1.9.1954. Uo Chi-Archiv, IACF, II 110/1.

14 Vgl. Michael Josselson an Friedrich Torberg, Brief vom 1.8.1955. WBR, Nachlaß Torberg, ZPH 588, 2/5.

15 Friedrich Torberg an Michael Josselson, Brief vom 11.8.1955. WBR, Nachlaß Torberg, ZPH 588, 2/5.

16 Friedrich Torberg an Michael Josselson, Brief vom 23.10.1953. WBR, Nachlaß Torberg, ZPH 588, 2/5.

17 Friedrich Torberg an Michael Josselson, Brief vom 29.1.1958. Uo Chi-Archiv, IACF, II 151/4.

18 François Bondy an Friedrich Torberg, Brief vom 27.1.1954. WBR, Nachlaß Torberg, ZPH 588, 7/3.

19 François Bondy an Friedrich Torberg, Brief vom 19.10.1955. WBR, Nachlaß Torberg, ZPH 588, 19/1.

20 Friedrich Torberg an Michael Josselson, Brief vom 3.3.1956. Uo Chi-Archiv, IACF, II 110/5.

21 Robert Neumann an Friedrich Torberg, Brief vom 23.11.1954. WBR, Nachlaß Torberg, ZPH 588, 25/2.

22 Michael Josselson an Friedrich Torberg, Brief vom 3.4.1958. Uo Chi-Archiv, IACF, II 110/7.

23 Friedrich Torberg an Michael Josselson, Brief vom 12.4.1958. Uo Chi-Archiv, IACF, II 110/7.

24 Friedrich Torberg an François Bondy, Brief vom 4.4.1958. WBR, Nachlaß Torberg, ZPH 588, 19/1.

25 François Bondy an Friedrich Torberg, Brief vom 20.2.1959. WBR, Nachlaß Torberg, ZPH 588, 19/10.

26 Friedrich Torberg an François Bondy, Brief vom 5.3.1959. WBR, Nachlaß Torberg, ZPH 588, 19/10.

27 Michael Josselson an Friedrich Torberg, Brief vom 23.3.1960. WBR, Nachlaß Torberg, ZPH 588, 19/10.

28 Friedrich Torberg an Michael Josselson, Brief vom 29.1.1958. Uo Chi-Archiv, IACF, II 151/4.

29 Friedrich Torberg an Erika Riethof, Brief vom 31.10.1961. WBR, Nachlaß Torberg, ZPH 588, 9/8.

30 Michael Josselson an Fritz René Allemann, Brief vom 17.10.1961. Uo Chi-Archiv, IACF, II 187/8.

31 Friedrich Torberg an Günther Nenning, Brief vom 4.7.1965. WBR, Nachlaß Torberg, ZPH 588, 19/5.

32 Vgl. Michael Josselson an Friedrich Torberg, Brief vom 22.12.1961. WBR, Nachlaß Torberg, ZPH 588, 19/3.

33 Michael Josselson an Friedrich Torberg, Brief und Vertrag vom 3.1.1962. Uo Chi-Archiv, IACF, II 111/1.

34 Vgl. Michael Josselson an Friedrich Torberg, Brief vom 16.1.1962. WBR, Nachlaß Torberg, ZPH 588, 19/3.

35 Friedrich Torberg an Michael Josselson, Brief vom 2.12.1965. Uo Chi-Archiv, IACF, II 111/1.

36 Friedrich Torberg an Manès Sperber, Brief vom 18.8.1960. WBR, Nachlaß Torberg, ZPH 588, 9/3.

37 Bertrand Russell an Denis de Rougemont, Brief vom 19.11.1956. Aust HR-FJ, 26/5.

38 Friedrich Torberg an Michael Josselson, Brief vom 31.10.1956. Uo Chi-Archiv, IACF, II 110/7.

39 Friedrich Torberg an Michael Josselson, Brief vom 5.11.1956. WBR, Nachlaß Torberg, ZPH 588, 2/5.

40 Vgl. Tassilo Merhal an Michael Josselson, Brief vom 1.12.1956. Uo Chi-Archiv, IACF, II 110/4.

41 Vgl. Relief work done for Hungarian refugee intellectuals by Forum magazine's center Forum-Hilfe. General survey of the situation as at 29th December, 1956. Uo Chi-Archiv, IACF, II 142/1.

42 Information für die Pressekonferenz vom 29.3.1957 in Baden. Uo Chi-Archiv, IACF, II 111/5.

43 Vgl. Memorandum von Michael Josselson, 13.6.1957. Uo Chi-Archiv, IACF, II 111/3.

44 Vgl. Michael Josselson an Tassilo Merhal, Brief vom 22.6.1957. Uo Chi-Archiv, IACF, II 111/4.

45 Vgl. Michael Josselson an Friedrich Torberg, Brief vom 22.6.1957. Uo Chi-Archiv, IACF, II 110/4.

46 Vgl. Peter Coleman: Sidney Hook and Cultural Freedom. In: The National Interest (1987), S. 5.

47 Friedrich Torberg an Julius Epstein, Brief vom 7.9.1948. ÖNB-HAN Beilage zu 1192/77.

48 Robert Neumann: Ein leichtes Leben. Bericht über mich selbst und Zeitgenossen. Wien, München, Basel: Desch 1963 (= Gesammelte Werke in Einzelausgaben), S. 425f.

49 Friedrich Torberg: Grenzen der Ironie. (1952). In: F. T.: PPP. Pamphlete, Parodien, Post Scripta. München, Wien: Langen Müller 1964 (= Gesammelte Werke in Einzelausgaben), S. 70–71, hier S. 71.

50 Vgl. Friedrich Torberg: Zweierlei Hymnus. (1952). In: Ebd., S. 71–72. Vgl. hierzu auch: Klaus Harpprecht: Thomas Mann. Eine Biographie. Reinbek bei Hamburg: Rowohlt 1995, S. 1943.

51 Thomas Mann: Tagebücher 1951–1952. Hg. von Inge Jens. Frankfurt/M.: S. Fischer 1993, S. 303. Vgl. auch den Kommentarteil, S. 736–739.

52 Vgl. Thomas Mann: [Bekenntnis zur westlichen Welt]. In: T. M.: Gesammelte Werke. Bd. XII: Reden und Aufsätze 4. 2, durchges. Aufl. Frankfurt/M.: S. Fischer 1974, S. 971–973.

53 Thomas Mann: Tagebücher 1953–1955. Hg. von Inge Jens. Frankfurt/M.: S. Fischer 1995, S. 3. Vgl. auch den Kommentarteil, S. 370.

54 Friedrich Torberg an Jacques Hannak (AZ, Wien), Brief vom 7.5.1963. ÖNB-HAN 37.507, Bl. 49.

55 Marcel Faust an Michael Josselson, Brief vom 15.12.1952. WBR, Nachlaß Torberg, ZPH 588, 19/6.

56 Julius Epstein an Friedrich Torberg, Brief vom 16.9.1948. ÖNB-HAN 1192/77-2.

57 Vgl. [Friedrich Torberg:] P.S.: Der Unmißverständliche oder Terror, Gewalt, Lüge und Unrecht sind mir ein Greuel; vgl. auch Kurt Greifeneder: Ernst Jüngers Ost-West-Konflikt. In: FORVM 1 (1954), 1, S. 22f.

58 François Bondy an Friedrich Torberg, Brief vom 13.1.1954. WBR, Nachlaß Torberg, ZPH 588, 7/3.

59 Friedrich Torberg an François Bondy, Brief vom 20.1.1954. WBR, Nachlaß Torberg, ZPH 588, 7/3.

60 Friedrich Torberg an Eugene Tillinger (Top Secret, New York), Brief vom 7.5.1953. ÖNB-HAN 2. Beilage zu 1200/15.

61 Friedrich Torberg an Friedrich Abendroth (Echo der Zeit), Brief vom 2.8.1963. ÖNB-HAN 37.507, Bl. 7.

62 Vgl. Hans Habe: »Hier liegt ein höchst seltsames Phänomen vor«. »Forum« (Wien) verleumdet die »bundesdeutschen Intellektuellen«. Eine Entgegnung. In: Die Kultur 6 (1958), 112, S. 3–4.

63 Werner Friedmann an Friedrich Torberg, Brief vom 8.10.1958. WBR, Nachlaß Torberg, ZPH 588, 4/1.

64 Max Kolmsperger an Friedrich Torberg, Brief vom 17.3.1960. WBR, Nachlaß Torberg, ZPH 588, 27/10.

65 Vgl. Friedrich Torberg an Hans Wallenberg (Neue Zeitung), Brief vom 22.2.1948. ÖNB-HAN 1. Beilage zu 1200/37.

66 Vgl. Kurt Palm: Vom Boykott zur Anerkennung. Brecht und Österreich. Wien, München: Löcker 1983; Martin Sailer: Polemische Kulturpublizistik am Beispiel des Brecht-Boykotts in Österreich. Salzburg: phil. Diss. [masch.] 1988.

67 Vgl. Gottfried von Einem an Friedrich Torberg, Brief vom 2.3.1952. Uo Chi-Archiv, IACF, II 110/2.

68 Friedrich Torberg an Gottfried von Einem, undat. Brief (ca. 1952). Uo Chi-Archiv, IACF, II 110/2.

69 Friedrich Torberg an Günther Giefer (RIAS), Brief vom 12.3.1952. ÖNB-HAN 37.563, Bl. 14.

70 Friedrich Torberg: Soll man Brecht im Westen spielen? Ein Vortrag im Zyklus »Umstrittene Sachen« des WDR. In: Der Monat 14 (1961/62), 159, S. 56–62, hier S. 56. Vgl. dazu auch: Soll man Brecht spielen? Antworten an Friedrich Torberg. In: Der Monat 14 (1961/62), 161, S. 57–64.

71 Torbergs Antwort [Leserbrief]. In: Der Monat 14 (1961/62), 162, S. 95.

72 Vgl. [Anonymus]: Nachspiel zur »Brecht-Affäre«. 66 Intendanten protestieren. In: Die Presse (Wien), 20.10.1961.

73 Vgl. Joachim Kaiser: Heißer Krieg gegen kühle Dramen. Zu Torbergs Anti-Brecht-Thesen. In: Der Monat 14 (1961/62), 162, S. 60–64.

David Axmann

Chronik Friedrich Torberg

1908
Am 16. September wird in Wien Friedrich Ephraim Kantor (FK) geboren, Sohn von Alfred Kantor (1874–1931) und Therese Kantor, geb. Berg (1878–1942). Friedrich wächst zusammen mit seiner älteren Schwester Sidonie (geb. 1902) und seiner jüngeren Schwester Ilse (geb. 1911) in Wien IX, Porzellangasse 7a auf, wo sich auch das Büro des Vaters befindet, Angestellter bei der Firma M. Fischl's Söhne, k. k. landesbefugte Spiritusraffinerien. Noch vor Kriegsbeginn 1914 übersiedelt die Familie in die Porzellangasse 36.

1914
FK tritt in die nahe der elterlichen Wohnung gelegene Volksschule Grünentorgasse ein.

1915/16
Der frühreife Knabe trägt in diesem Kriegswinter selbstverfaßte habsburgpatriotische Gedichte vor, die er in einem graublau karierten Wachsleinwandheft niederschreibt.
In den wärmeren und warmen Jahreszeiten entwickelt er eine heiße Liebe zum Fußballsport.

1918
FK wird Anhänger des Wiener jüdischen Sportclubs Hakoah, was seine von klein auf selbstbewußte Einstellung zu seiner jüdischen Herkunft nachhaltig prägt.

1919
FK wechselt in das ebenfalls in Wien IX gelegene Wasa-Gymnasium, wo er alsbald Schulsprecher und Obmann eines Literaturclubs wird.

1921
FKs Bar Mizwah im Müllnertempel; Eintritt in die Schwimmsektion der Hakoah; Übersiedlung der Familie nach Prag-Smíchov, Zborovká 23. FK kommt in das im selben Bezirk gelegene Deutsche Staats-Realgymnasium.

1923
FK wechselt in das Deutsche Staats-Realgymnasium Prag III, veröffentlicht in der Zeitschrift *Jung Juda* Gedichte über jüdische Themen und beginnt im jüdischen Sportclub Hagibor mit dem Aufbau einer Wasserballmannschaft.

Vor einem Kulissenbild des Traunsees, um 1912 (JMW).

Die durch den Donaukanal getrennten Bezirke Leopoldstadt und Alsergrund waren das bevorzugte Wohngebiet Wiener Juden (JMW).

Klassenphoto mit Fritz Kantor (2. Reihe, 5.v.l.). Wien, um 1918 (DA).

1924
FK erhält die tschechoslowakische Staatsbürgerschaft.

1926
FK entwickelt eine Vorliebe fürs Cabaret und tritt mit Erfolg als Conférencier bei Clubabenden auf. Für die von der Oktava veranstaltete »Schülerakademie« schreibt er Texte, führt auch Regie und tritt in verschiedenen Rollen auf. Dadurch vernachlässigt FK, der dem Schulsystem ohnedies feindselig gegenübersteht, die Beschäftigung mit dem Unterrichtsstoff noch mehr.

1927
FK fällt bei der Matura durch. Er lernt den Schriftsteller und Kulturjournalisten Max Brod kennen, der im *Prager Tagblatt* Gedichte des jungen Mannes abdruckt. FK bildet aus der zweiten Silbe seines Vaternamens und dem Mädchennamen seiner Mutter den nom de plume »Torberg«. Friedrich Torberg (FT) wird zum ersten Mal im Wiener Café »Herrenhof« gesichtet – dies der Beginn seines künftigen, bis 1938 währenden Pendelverkehrs zwischen Prag und Wien. Er beginnt mit der Arbeit an einem Roman, der die Geschichte eines Schülerselbstmords zum Gegenstand hat.

1928
FT schafft die Reifeprüfung beim zweiten Versuch. Er veröffentlicht weiterhin Gedichte und Artikel, vor allem in jüdischen Zeitschriften und im *Prager Tagblatt*. Er erlebt den (wie er später sagt) vermutlich schönsten Tag seines Lebens, als er im Finale um die tschechoslowakische Wasserballmeisterschaft Hagibor Prag gegen PTE Preßburg die beiden Tore zum 2:0-Sieg schießt.

1929
Der Gedichtband *Der ewige Refrain. Lieder einer Alltagsliebe* erscheint im Wiener Saturn-Verlag und verschwindet bald darauf, nicht ohne Zutun des Autors, aus dem Handel. Niederschrift des Debütromans *Der Schüler Gerber hat absolviert*.

1930
Dank Max Brods Vermittlung erscheint dieser Roman im Wiener Zsolnay-Verlag und wird ein fulminanter Erfolg (100.000 verkaufte Exemplare bis 1938, Übersetzungen in zehn Sprachen). FT wird Mitarbeiter beim *Prager Tagblatt* und Wiener Kulturberichterstatter dieser Zeitung. Begegnung mit dem Individualpsychologen Alfred Adler. Persönliche Bekanntschaft mit Karl Kraus, in dessen engeren Kreis FT aufgenommen wird.

1931
FT lernt in Wien den »genialen Dilettanten« Fritz von Herzmanovsky-Orlando kennen.

Die mondäne Ecke Graben-Wenzelsplatz im Zentrum Prags, um 1935 (JMW).

Mit Freunden in den Bergen, 1936 (DA).

1932

FTs Roman – *und glauben, es wäre die Liebe* erscheint im Zsolnay-Verlag und erhält den Preis der Julius-Reich-Dichterstiftung der Universität Wien. Der Name »Torberg« wird legalisiert, dessen Träger in den Österreichischen P.E.N.-Club aufgenommen. FT beendet seine aktive Sportlerlaufbahn als Wasserballer und muß, wiewohl Pazifist, den bisher aufgeschobenen Militärdienst in der tschechoslowakischen Armee absolvieren, aus der er jedoch vorzeitig entlassen wird.

1933

Nach der Machtergreifung durch die Nationalsozialisten erhält FT Publikationsverbot in Deutschland. Er veröffentlicht in der in Wien herausgegebenen *Weltbühne* Kampfartikel gegen die Nazi und gegen die Feigheit der deutschen Intellektuellen, die sich's mit dem totalitären Regime richten wollen.

1934

FT, der politisch der Sozialdemokratie nahesteht, bezieht klare Position gegen den autoritären Ständestaat in Österreich. Als Theater- und Sportkritiker beim *Prager Mittag* tätig.

1935

Die Mannschaft. Roman eines Sport-Lebens erscheint im Verlag J. Kittl's Nachfolger, Leipzig/Mährisch-Ostrau. Auf der »Kleinen Bühne« des Prager Deutschen Theaters wird *Anna sagt Nein* aufgeführt, die von FT übersetzte deutsche Fassung der zeitkritischen Komödie *Mládí ve hře* (Jugend im Spiel) von Adolf Hoffmeister.

1936

FT ist als Lektor am Neuen Deutschen Theater in Prag tätig und lernt die dort engagierte Schauspielerin Marion Wünsche kennen. In Wien arbeitet er für den Bühnenverlag von Gyuri Marton. Das Reichssicherheitshauptamt verzeichnet Torberg auf einer *Liste der deutschfeindlich tätigen Journalisten und Schriftsteller*.

1937

Abschied. Roman einer ersten Liebe erscheint im Zürcher Humanitas-Verlag. Unter dem Pseudonym »Hubert Frohn aus Judenburg« verfaßt FT das Drehbuch zu dem Spielfilm *Der Pfarrer von Kirchfeld*.

1938

Beim ›Anschluß‹ Österreichs im März 1938 befindet sich FT glücklicherweise in Prag. Da in Wien polizeilich gesucht, entschließt er sich im Juni zur Emigration nach Zürich, wohin ihm wenig später die ans dortige Schauspielhaus verpflichtete Marion Wünsche folgt. Beginn der Arbeit an dem Roman *Auch das war Wien* (der erst postum erscheinen wird).

Mit der Mutter in einem Prager Restaurant, 1930er Jahre (DA).

Mitgliedsausweis des Schutzverbands Deutscher Schriftsteller in Prag (ÖNB-HAN).

1939
Die fremdenpolizeiliche Ausweisung nur knapp verhindern können, erhält FT im Sommer die Einreiseerlaubnis nach Frankreich. Bei Kriegsausbruch meldet er sich freiwillig zum Militärdienst bei der tschechoslowakischen Exilarmee. Erfährt, daß Marion Wünsche nun mit dem Schweizer Schauspieler Heinrich Gretler zusammenlebt. FTs Schwester Ilse emigriert nach Palästina; seine Mutter und Sidonie bleiben in Prag, sie werden 1941 deportiert und ermordet.

1940
Militärische Ausbildung im südfranzösischen Agde, im Mai krankheitshalber entlassen. Reist nach Paris, von wo er im Juni vor der heranrückenden deutschen Armee mit knapper Not südwärts zu fliehen vermag. Nach abenteuerlich-gefährlicher Flucht gelangt er über Spanien nach Portugal. Am 11. September erhält Torberg mit Hilfe des Emergency Rescue Committee – auf Vorschlag von Erika Mann – ein Visum für die USA. Als einer von »Ten Outstanding German Anti-Nazi Writers« erhält er einen Jahresvertrag bei der Filmgesellschaft Warner Bros. in Hollywood. Am 9. Oktober verläßt er mit dem Dampfer »Exeter« Lissabon. Am 18. Oktober kommt er in New York an. Von dort aus geht es weiter nach Los Angeles.

1941
FT ist Hollywood dankbar und fühlt sich unglücklich. Trost und Aufmunterung findet er bei alten und neuen, ebenfalls aus Europa emigrierten Freunden, vor allem im Hause Mahler-Werfel; mit Franz Werfel verbindet ihn eine brüderliche Freundschaft.

1942
Nach dem Auslaufen des Warner-Vertrags ist FT weiterhin als Autor im Filmgeschäft beschäftigt, fertigt Drehbücher an oder bearbeitet solche. Er verfaßt die Sportnovelle *Der letzte Ritt des Jockeys Matteo* (die postum erscheinen wird). Er entfaltet eine ausgedehnte Korrespondenztätigkeit, solcherart die Grundlage schaffend für die Tatsache, daß (wie's in seinem *Nachruf zu Lebzeiten* heißt) »gut die Hälfte alles jemals von ihm Niedergeschriebenen, und nicht das Schlechteste, aus Briefen bestand«.

1943
FTs Novelle *Mein ist die Rache* erscheint als Privatdruck in der »Pazifischen Presse: Los Angeles«, einer von Ernst Gottlieb und Felix Guggenheim auf Subskriptionsbasis herausgegebenen Reihe von Erstdrucken exilierter Autoren, wie etwa Alfred Döblin, Bruno Frank, Thomas Mann und Franz Werfel.

Mit Auto in Los Angeles, um 1943 (DA).

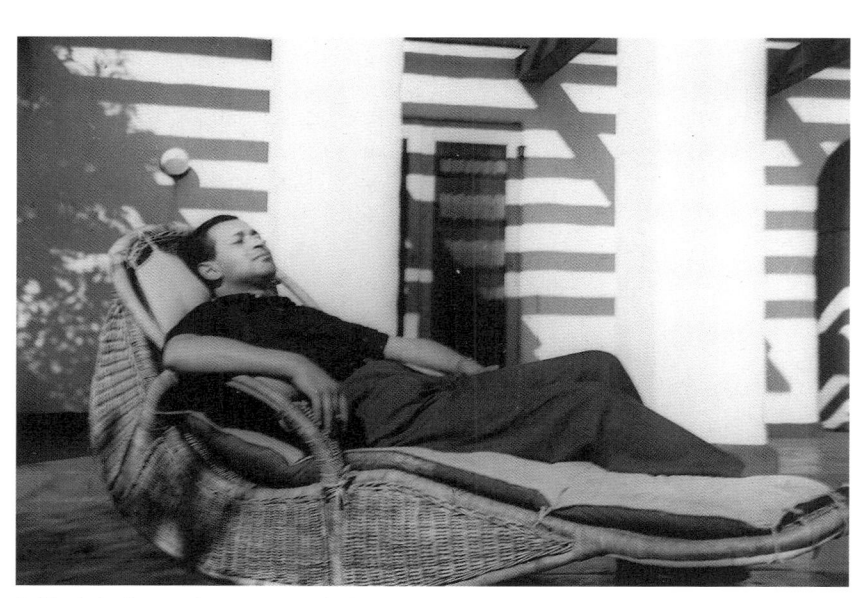

Kalifornische Kontemplation, um 1942 (DA).

Gute Miene zu Hollywood, um 1942. Photo: Trude Geiringer (DA).

1944

Der Film *A Voice in the Wind*, nach einem von FT verfaßten Drehbuch über ein Emigrantenschicksal, erweist sich als finanziell so ertragreich, daß sich der hollywoodmüde Schriftsteller endlich seinen langgehegten Wunsch erfüllen kann, nach New York zu übersiedeln. Bis Jahresende und Aufgabe des Projekts arbeitet er (zusammen mit Alfred Polgar und Leopold Schwarzschild) in der Redaktion von *Time Magazine* an einer deutschen Ausgabe dieser Zeitschrift mit.

1945

FT erwirbt die amerikanische Staatsbürgerschaft sowie ein Penthouse in 150 West 55 Street und erobert das Herz der 25jährigen, aus Wien stammenden Marietta Bellak, die er im November heiratet. Eine der Trauzeugen ist Alma Mahler-Werfel, die nach dem Tod ihres Mannes nach New York übersiedelt ist. Zudem arbeitet FT intensiv an einem neuen Roman über einen jüdischen Nazispitzel und eng mit dem emigrierten Verleger Gottfried Bermann Fischer zusammen.

1946

In FTs Penthouse trifft man (wie der aus Wien gekommene junge Fritz Molden feststellt) »die interessantesten Leute der Stadt«, junge wie alte, weniger oder mehr prominente, wie etwa den Schauspieler Ernst Deutsch, den Schriftsteller Erich Maria Remarque oder die Schauspielerin Marlene Dietrich. FT steht in regelmäßigem Kontakt mit seinen österreichischen Freunden, läßt sich von ihnen über die Situation in dem von den alliierten Siegermächten besetzten Land berichten und denkt darüber nach, in seine Geburtsstadt zurückzukehren. Doch seine inneren Hemmnisse sind groß, hält er doch den Antisemitismus »für einen integralen Zug des österreichischen Wesens«, fürchtet, daß er »einen zweiten Schock wahrscheinlich nicht mehr überstehen könnte«, und glaubt überhaupt, »dass die Juden eher auf Österreich verzichten können als Österreich auf die Juden«.

1947

FTs Roman *Hier bin ich, mein Vater* ist abgeschlossen, und schon beginnt der Autor mit einem neuen, in Prag nach Kriegsende spielenden. Erfolgreicher Einsatz für den Bermann-Fischer Verlag, um einen Ausweg aus dem Dilemma zu finden, in das Thomas Manns Roman *Doktor Faustus* auf Grund der amerikanischen Copyright-Bestimmungen geraten ist. Zum später so genannten Thema Vergangenheitsbewältigung schreibt FT einen »imaginären Dialog« mit dem Titel *Innere und äußere Emigration*.

Heiratsurkunde vom 29.11.1945 (ÖNB-HAN).

Mit Marietta auf der Terrasse der New Yorker Dachwohnung, um 1945 (DA).

1948

Hier bin ich, mein Vater erscheint bei Bermann-Fischer, Stockholm, ebenso das von FT redigierte und mit einer Einleitung versehene *Zehnjahrbuch 1938–1948* des Verlags. Übersetzung der Komödie *Panoptikum* von Franz Molnár ins Deutsche, Uraufführung im Wiener Akademietheater. Arbeitsklausur, um den neuen Roman fertigzustellen, der beim amerikanischen Verlag Harper & Brothers erscheinen soll.

1949

Harper & Brothers lehnen das endlich fertiggestellte Romanmanuskript ab.

1950

Der Roman erscheint unter dem Titel *Die zweite Begegnung* bei S. Fischer, Frankfurt am Main. FT setzt sich dafür ein, daß die Publikationsrechte am Werk Franz Kafkas von Salman Schocken auf den S. Fischer Verlag übergehen.

1951

FT kehrt im April nach Wien zurück, in der Absicht, nur für einige Zeit hier zu bleiben. Im Mai und Juni Vortragstour durch Westdeutschland. Im Oktober kommt auch Ehefrau Marietta nach Wien. Ende des Jahres beziehen die beiden eine Wohnung in Grinzing, Cobenzlgasse 71.

1952

Als »Consultant to the Officer of Public Affairs« vom Foreign Service, Cultural Division, engagiert, fungiert FT als Verbindungsmann zwischen den diesbezüglichen US-Stellen und den Resten des österreichischen Kulturlebens, außerdem ist er für den Radiosender Rot-Weiß-Rot und die Tageszeitung *Wiener Kurier* tätig.

1953

Übersiedlung nach Wien III, Gärtnergasse 2. Verlagswechsel von S. Fischer zu Langen Müller. Aufkündigung des Engagements mit der Kulturabteilung der US-Botschaft in Wien. Nach der Niederschlagung des Ostberliner Arbeiteraufstands am 17. Juni beginnt der sogenannte Brecht-Boykott, bei dem FT eine führende Rolle spielt; dabei geht es in erster Linie darum, mit demokratischen Mitteln der kommunistischen Propaganda entgegenzuwirken.

1954

Gründung des *FORVM. Österreichische Monatsblätter für kulturelle Freiheit*, einer vom »Congrès pour la Liberté de la Culture« subventionierten Publikation im Kampf gegen jedwede Spielart totalitären Handelns und Denkens. FT übernimmt die Chefredaktion dieser kulturpolitischen Zeitschrift und bleibt zwölf Jahre lang ihr Spiritus rector. Außerdem ist er für verschiedene Zeitungen als Theaterkritiker tätig – eine Tätigkeit, die er bis Anfang der 1970er Jahre ausübt.

Occupational Force Travel Permit, gültig vom 15.1.1953 bis zum 15.7.1957 (ÖNB-HAN).

Marietta Torberg als charmante Gastgeberin in Alpbach, um 1952 (ÖNB-HAN).

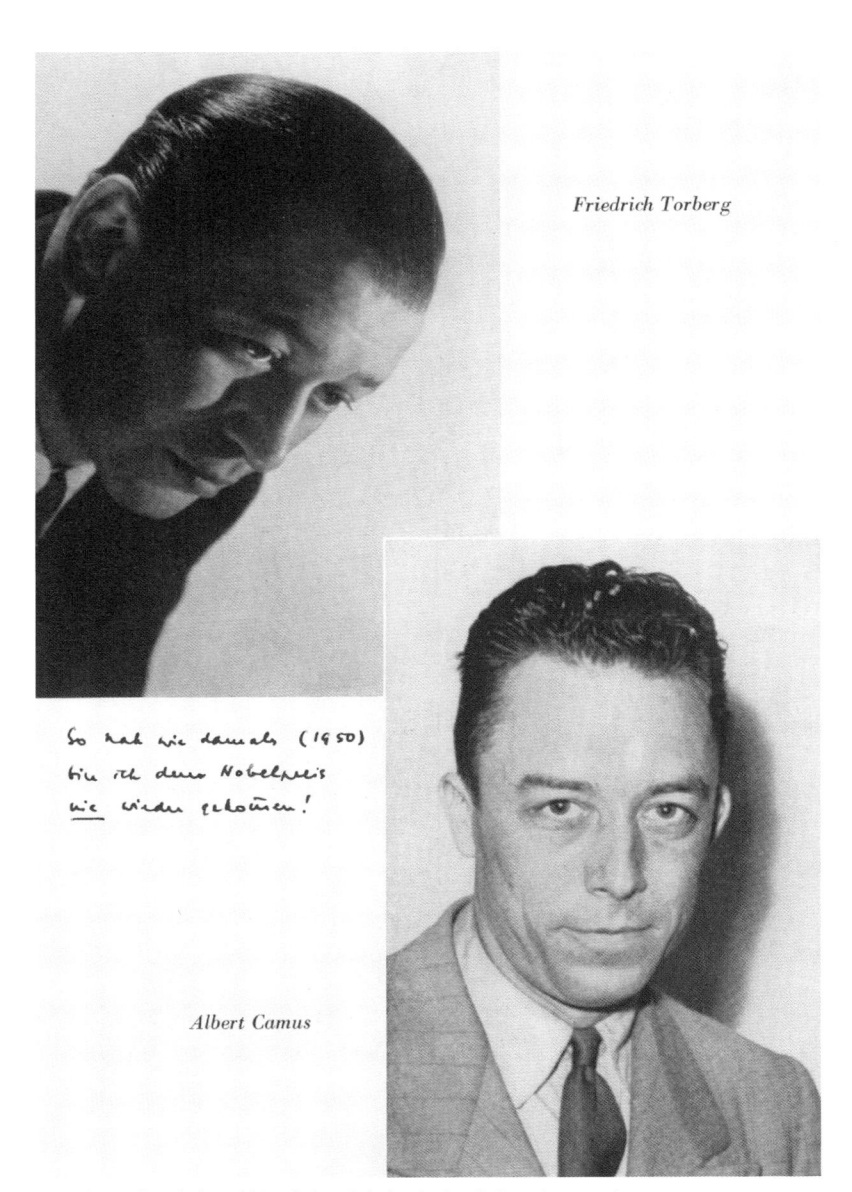

Friedrich Torberg

Albert Camus

»So nah wie damals (1950) bin ich dem Nobelpreis nie wieder gekommen!«
Friedrich Torberg und Albert Camus. Ausriß aus einem Prospekt von S. Fischer.
Beilage zu einem Brief von Friedrich an Marietta Torberg, Oktober 1957 (ÖNB-HAN).

1956
Übersiedlung nach Wien IV, Brucknerstraße 2.

1957
Im Auftrag der Witwe des 1954 verstorbenen Fritz von Herzmanovsky-Orlando beginnt FT die Sichtung und Bearbeitung des literarischen Nachlasses dieses Dichters für eine Werkausgabe im Langen Müller Verlag, die 1963 abgeschlossen ist.

1958
FT wird der Professorentitel verliehen. Bei Langen Müller erscheint *Lebenslied. Gedichte aus 25 Jahren*. Erste Reise nach Israel.

1960
Beginn der Zusammenarbeit mit Ephraim Kishon, bis 1979 erscheinen 12 Bücher mit seinen Übersetzungen. FT trägt als deutscher Übersetzer von dessen Satiren entscheidend zur großen Popularität dieses israelischen Autors im deutschsprachigen Raum bei.

1961
FT mietet im geliebten Salzkammergutort Altaussee ein Häuschen, wo er so viel Zeit wie möglich verbringen möchte.

1962
FTs Scheidung von Marietta; dennoch bleiben die beiden auch danach in ständigem Kontakt, und Marietta wird sich nach FTs Tod als dessen legitime Witwe betrachten. Im Herbst unternimmt FT eine zweimonatige Informationstour durch die USA. Mit einer Neuauflage des Romans *Hier bin ich, mein Vater* eröffnet Langen Müller die *Gesammelten Werke in Einzelausgaben* (GW).

1963
Im Auftrag der Tageszeitung *Die Welt* begibt sich FT auf eine ausgedehnte Deutschlandfahrt. GW II: Neuauflage von *Die zweite Begegnung*.

1964
FT bezieht ein Fertigteilhaus in Breitenfurt bei Wien. GW III: *PPP. Pamphlete, Parodien, Post Scripta*.

1965
Mit Ende des Jahres gibt FT die Leitung des *FORVM* ab; Günther Nenning führt die Zeitschrift als *Neues Forum* weiter.

Das Ehepaar Torberg bewohnte in den 1950er Jahren eine von Architekt Richard Praun gestaltete Wohnung in der Brucknerstraße.
Photo: Gerlach (Antiquariat Fritsch Wien).

1958 in Israel (TD).

Bei der Verleihung des Titels Professor 1958 in Wien: Friedrich Langer, Ernst Haeusserman, A. Wikart, Marietta Torberg, Alexander Lernet-Holenia, Alexander Inngraf, Hans Brunmayr, Friedrich Abendroth, Günther Nenning. Photo: Kofler (Antiquariat Fritsch Wien).

1962 wurde die Ehe mit Marietta geschieden.
Photo: Michael Horowitz (DA).

1966
GW IV: *Das fünfte Rad am Thespiskarren. Theaterkritiken* (von Stücken deutschsprachiger Autoren), Band 1. Preis der Stadt Wien für Publizistik.

1967
GW V: *Das fünfte Rad am Thespiskarren. Theaterkritiken* (von Stücken fremdsprachiger Autoren), Band 2. Lokalaugenschein im Auftrag der *Welt*: *Wiedersehen mit Praha*.

1968
Nach Verlagswechsel erscheint *Golems Wiederkehr und andere Erzählungen* bei S. Fischer (GW VI, 1977). Anläßlich seines 60. Geburtstags wird FT von der BRD das Große Verdienstkreuz des Verdienstordens und von der Republik Österreich das Ehrenkreuz für Wissenschaft und Kunst I. Klasse verliehen. Zweite Reise nach Israel.

1969
Franz Mittlers *Gesammelte Schüttelreime*, herausgegeben von FT, erscheinen im Gardena Verlag, Wien/München.

1970
FT verfaßt das Drehbuch zum TV-Film *Hier bin ich, mein Vater* und arbeitet an dem Roman *Süßkind von Trimberg*.

1971
FT übersetzt Novellen von William Somerset Maugham und arbeitet an dem Roman *Süßkind von Trimberg*.

1972
Süßkind von Trimberg, gewissermaßen FTs Lebensroman, erscheint bei S. Fischer (GW VII, 1979) – und wird, vor allem aufgrund zweier vernichtender Kritiken von Marcel Reich-Ranicki und Peter Wapnewski, nicht der vom Autor erhoffte Erfolg. Peter Hammerschlags Grotesk-Gedichte, eingeleitet und herausgegeben von FT, erscheinen unter dem Titel *Der Mond schlug grad halbacht* bei Zsolnay, Wien/Hamburg. FT gibt die Tätigkeit als Theaterkritiker auf und wird literarischer Berater des Theaters in der Josefstadt.

1973
Im März unternimmt FT, den Einladungen der German Departments einiger US-Universitäten folgend, eine Lecture-Tour durch die Vereinigten Staaten.

Bei der Feier zum 60. Geburtstag im Theater in der Josefstadt: Es applaudieren Michael Heltau, Paula Wessely, Vilma Degischer, Leopold Rudolf und Ernst Waldbrunn (v.l.n.r.).
Photo: Ernst Hausknost, Wien (DA).

Die Villa »Königswarter« war eine der Schreibklausen in Altaussee (DA).

Dankesrede anläßlich der Verleihung des Österreichischen Ehrenkreuzes, 1968. Unter den Gästen (1. Reihe v.r.) Fred Sinowatz, Bruno Kreisky, Norbert Leser, Unbekannt, Rudolf Henz und seine Frau, Gottfried von Einem, Lotte Ingrisch, Gerd Bacher, (2. Reihe u. a.) Friedrich Heer, Milo Dor.
Photo: Kern (DA).

Abendliche Runde in Alpbach mit (v.r.n.l.) Friedrich Torberg, zwei Unbekannte, Rudolf Kirchschläger, Milan Dubrovic und Manès Sperber (ÖLA).

1974

FT hält Vorträge in Österreich und Deutschland anläßlich der hundertsten Wiederkehr des Geburtstags von Karl Kraus und arbeitet an seinem nächsten Buch. Teilnahme am Internationalen P.E.N.-Kongreß in Jerusalem.

1975

Es erscheint *Die Tante Jolesch oder Der Untergang des Abendlandes in Anekdoten*, wieder bei Langen Müller (GW VIII); das Buch wird ein unerwarteter Verkaufserfolg.

1977

Arbeit am Fortsetzungsband der *Tante Jolesch*.

1978

Es erscheinen *Die Erben der Tante Jolesch*. Im April unternimmt FT eine Vortragsreise durch die USA. Zu seinem 70. Geburtstag erscheint bei Langen Müller die Festschrift *Der Weg war schon das Ziel*.

1979

Letzte Reise nach Israel, als Gast des Jerusalemer Bürgermeisters Teddy Kollek. Im Oktober wird FT der »Große Österreichische Staatspreis für Literatur« verliehen. Anfang November begibt er sich zu einer Operation ins Wiener Wilhelminenspital, welche mißlingt. FT stirbt am 10. November und wird neun Tage später in einem Ehrengrab der Gemeinde Wien am Zentralfriedhof, 1. Tor, beigesetzt.

P.S. Wer mehr von Friedrich Torberg wissen möchte, dem sei seine von mir verfaßte und vor kurzem im Verlag Langen Müller erschienene Biographie empfohlen.

Torberg mit Adrienne Gessner und Harald Harth in der ORF-Verfilmung der *Tante Jolesch* (DA).

Mit Gerhard Bronner (l.) in Breitenfurt, 1970er Jahre (DA).

Keramik-Türschild aus Jerusalem (DA).

Die erste Reihe für die Anverwandten blieb leer, an öffentlichen Würdenträgern waren IKG-Präsident Ivan Hacker (l.) und Oberrabbiner Akiba Eisenberg (r. am Mikrophon) gekommen. Zudem Fred Sinowatz, Bruno Kreisky, Leopold Gratz, Helmut Zilk, Erhard Busek. Photo: Dobronyi (JMW).

Personenregister

Auf Nachweise für Friedrich Torberg wurde verzichtet.
Nicht berücksichtigt wurden Namen in den bibliographischen Nachweisen der Anmerkungen.

A

Abeles, John 19f.
Abendroth, Friedrich 235
Absolon, Kurt 205
Adams, Mildred 86
Adler, Alfred 224
Adler, H. G. 147f.
Adorno, Theodor W. 47, 205
Agee, James 116
Aichinger, Ilse 150, 207
Allemann, Fritz René 152
Améry, Jean 26
Anders, Günther 173
Angerer, Rudolf 137
Antel, Franz 21, 109
Anzengruber, Ludwig 112
Arafat, Jassir 177
Arendt, Hannah 135
Arnold, Paula 152
Artmann, H. C. 138, 205
Arzi, Jizchak 177
Aslan, Raoul 122
Avriel, Jechud 175

B

Baar, Arthur 9, 19f.
Bacher, Gerd 237
Bachmann, Ingeborg 194
Bahr, Egon 174
Bahr, Hermann 164
Balasz, Julius 13, 20
Balázs, Béla 157
Balk, Theodor (Dragutin Fodor) 157
Basil, Otto 173
Bauer, Wolfgang 138
Becher, Dana 83
Becher, Johannes R. 157, 215
Becher, Ulrich 83, 101, 109, 113
Beck, Franzi 19
Beer-Hofmann, Richard 158

Békessy, Imre 156
Bellak, Marietta (siehe Torberg, Marietta)
Bellow, Saul 174
Ben Gurion, David 168
Berg, Armin 103f.
Berg, Therese (siehe Kantor, Therese)
Bermann Fischer, Brigitte 134
Bermann Fischer, Gottfried 39, 43, 46, 56, 96f., 133–135, 215f., 230
Betsch, Roland 35
Bienenfeld-Wertheimer, Hedy 9f., 19f., 39
Biermann, Wolf 150
Bindel, Jakob 156
Binder, Otto 171
Bismarck, Otto von 191
Biss, Andreas 197
Bloch, Ernst 93
Blödy, Árpád 9
Blumenfeld, Edith 166
Böll, Heinrich 174f.
Bogart, Humphrey 114
Bondy, François 13, 202–204, 207–209, 213, 216
Borchardt, Paul 43f.
Brandt, Willy 209
Braun, Felix 207
Brecht, Bertolt 16, 81, 92f., 121, 130–133, 140, 153, 157, 214f., 217–219, 232
Bredel, Willi 157
Brehm, Bruno 192f., 199
Brie, Peter 13
Broch, Hermann 42, 47, 95, 156
Brod, Max 28, 67, 69, 144, 149, 158, 163–166, 183, 193, 205, 224
Broda, Christian 188, 197, 205
Bronnen, Barbara (siehe Grunert-Bronnen, Barbara)
Bronner, Gerhard 135, 239
Brown, Irving 201
Bruckner, Ferdinand 93
Brunmayr, Hans 235
Buber, Martin 144, 158, 165
Buchholz, Jan 197
Burg, Yosef 167

Burnham, James 201
Busek, Erhard 239

C

Camus, Albert 233
Canaris, Wilhelm 44
Canetti, Elias 149
Čapek, Karel 133
Carmely, Klara Pomeranz 149, 173
Carter, Jimmy 176
Chaimowicz, Georg 189f.
Chruschtschow, Nikita Sergejewitsch 214
Clay, Lucius D. 202
Coleman, Peter 214
Coudenhove-Kalergi, Richard Nikolaus Graf von 143
Coward, Noël 112
Croce, Benedetto 220
Csokor, Franz Theodor 194, 207, 215

D

Dajan, Moshe 172
Daus, Abraham 76, 167
Daus, Ilse (siehe Kantor, Ilse)
Daus, Tamar 76, 167
Daus (verh. Parsai), Tirza 76, 167, 177, 179
Degischer, Vilma 237
Deutsch, Ernst 151, 230
Dewey, John 201
Dietrich, Marlene 95, 230
Djilas, Milovan 205
Doderer, Heimito von 194
Döblin, Alfred 36f., 42, 86, 93, 228
Dohrn, Klaus 53, 99, 127, 130, 208
Dollfuß, Engelbert 73f.
Dor, Milo 203, 237
Dornhelm, Robert 156
Dosh (siehe Gardos, Kariel)
Drimmel, Heinrich 205
Dubrovic, Milan 53, 103, 151, 237
Dürrenmatt, Friedrich 174
Duldig, Karl 21

E

Eban, Abba 176
Ebner, M. 203

Ehrenreich, Willi 9
Eichmann, Adolf 45, 181, 184–188, 191, 194, 197
Einem, Gottfried von 130f., 194, 217f., 237
Eisenberg, Akiba 156f., 171, 239
Eisenreich, Herbert 35, 52, 147, 195f., 199, 205
Eisenstein, Sergej 127
Eisler, Egon 90
Eisler, Georg 173
Eisler, Hanns 54, 93
Eisler, Otto 90
Eisler-Fischer, Lou 54
Engel, Emil 152
Engel, Walter 152
Epp, Leon 131

F

Farkas, Karl 96, 103
Farrell, James T. 201
Faust, Marcel 204, 216
Federmann, Reinhard 203
Feldmar, Emil 154
Feldsberg, Ernst 171
Fenner, Franz 170
Fessler, Laci 98
Festetics, Antal 211
Feuchtwanger, Lion 42, 93
Fick, Peter 13
Fielhauer, Otto 181
Figl, Leopold 153, 205, 207
Fischel, Ernst 66, 70
Fischer, Ernst 54, 157, 173
Fischer, Hans 73f.
Fischl, Paul 33–35, 71
Flaubert, Gustave 73
Fleck, Jakob 112
Fleck, Luise 112
Fleischer, Max 143
Fleißer, Marieluise 81
Flesch, Georges E. 175
Flora, Paul 123, 205
Ford, Henry 164
Frank, Bruno 42, 228
Frank, Leonhard 42, 99
Franz Joseph I., Kaiser von Österreich 61
Freedman, Paul 145
Frei, Bruno 157, 173
Freud, Sigmund 158

Frey, Christopher 76
Fried, Erich 171f.
Friedmann, Werner 217
Frisch, Justinian 53
Frischmuth, Barbara 138
Funder, Friedrich 204
Fussenegger, Gertrud 139

G

Gärtner, Ernst 116
Gamliel (Rabbi) 69, 75
Gardos, Kariel 172
Garscha, Winfried R. 184, 195
Geiringer, Trude 92
George, Manfred 116
Gessner, Adrienne 194, 239
Giehse, Therese 41
Glöckel, Otto 27, 65
Glück, Wolfgang 117
Goddard, Paulette 87
Goerdeler, Carl Friedrich 196
Goethe, Johann Wolfgang von 42
Goldmann, Nahum 166
Gottgetreu, Erich 165
Gottlieb, Ernst 42, 228
Graf, Oskar Maria 93
Granach, Alexander 115
Grass, Günter 170, 175, 196
Gratz, Leopold 239
Gretler, Heinrich 228
Grünbaum, Fritz 28, 74, 103–105, 107
Grünbaum, Lilli 74, 105
Grunert-Bronnen, Barbara 123f.
Guggenheim, Felix 42, 116, 228
Gurie, Sigrid 115
Gustav V., König von Schweden 9
Gutheil-Schoder, Marie 109
Guttenberg, Karl Theodor Freiherr von und zu 158
Guttenbrunner, Michael 30, 205

H

Haas, Hugo 106, 114
Habasch, George 177
Habe, Hans 156, 173, 217
Habsburg, Otto 155
Hacker, Ivan 155–157, 239
Härtling, Peter 52, 149
Haeusserman, Ernst 131, 235
Hahn-Butry, Jürgen 35
Hammerschlag, Peter 40, 76f., 109–112, 133, 155f., 236
Hammerschlag, Victor 110
Hampel, Robert 153
Handke, Peter 26, 30, 133, 138f.
Hansen-Loeve, Friedrich 203–205
Harth, Harald 239
Harzig, Dieter 190
Hasenclever, Walter 164
Hauser, Carry 173, 194
Heartfield, John 157
Hebel, Frieda 165
Hecht, Ben 114
Heer, Friedrich 52, 205, 237
Heller, Peter 39, 53, 92
Helmer, Oskar 205
Heltau, Michael 237
Henz, Rudolf 237
Herbert, Ulrich 41
Herz, Otto 154
Herz, Peter 116
Herzfeld, Adèle 143
Herzfelde, Wieland 93, 157
Herzl, Theodor 93
Herzmanovsky-Orlando, Carmen Maria von 123, 125, 234
Herzmanovsky-Orlando, Fritz von 49, 111, 120–126, 133, 138, 224, 234
Hesse, Hermann 81f., 110
Heymann, Werner Richard 116
Hirsch, Reni 197
Hirschl, Micki 9, 20
Hitler, Adolf 30f., 35f., 39, 42, 48, 71, 74f., 79, 89–93, 107f., 151, 158, 163f., 169, 182f., 193
Hochwälder, Fritz 194
Höß, Rudolf 196
Hoff, Arthur 106
Hoffe, Ilse Esther 165
Hoffer, Klaus 133f.
Hoffmeister, Adolf 226
Hollos, Julius 149, 176
Holpfer, Eva 190
Hook, Sidney 201, 214
Hotop, Gerhard M. 151
Hrdlicka, Alfred 173
Hubalek, Felix 204, 207
Huebsch, Ben 39

Hunzinger, Stefanie 192
Hutter, Wolfgang 205

I

Ingrisch, Lotte 237
Inngraf, Alexander 53, 182f., 235
Ionesco, Eugène 174

J

Jabotinsky, Wladimir 154
Jägermann, Oskar 158
Jandl, Ernst 137, 205
Járay, Hans 112
Jarka, Horst 54
Jaspers, Karl 181f., 220
Jolesch, Franz 54
Jonas, Franz 157
Jonke, Gert 138
Josselson, Michael 202–204, 207f., 210, 212, 214, 216
Jünger, Ernst 216f.
Juhn, Erich 106
Jungk, Peter Stephan 145
Jungk, Robert 173

K

Kadmon, Stella 110f., 173
Kästner, Erich 99
Kafka, Franz 133–135, 158, 232
Kafka, Julie 133
Kagan, Jakob 189
Kahane, Karl 154, 171, 175
Kahler, Victor von 53
Kaiser, Joachim 131
Kallir, Otto 39
Kalmar, Fritz 149
Kalwil, Naomi 76
Kantor, Alfred 12, 58–70, 74, 103, 143, 164, 222
Kantor, Ilse (verh. Daus) 11f., 50, 58–77, 146, 163, 167f., 176–179, 222, 228
Kantor, Rudolf 65
Kantor, Sidonie 58, 60, 66, 69–71, 80, 146, 167, 222, 228
Kantor, Therese 58–75, 80, 146, 222, 227f.
Karlweis, Oscar 114
Kastein, Josef 50
Kaus, Gina 117

Kellner, Leon 152
Kemp, Werner 106
Kesten, Hermann 52, 149, 174
Kestenberg-Gladstein, Ruth 147
Kipphardt, Heinar 187
Kirchschläger, Rudolf 237
Kisch, Egon Erwin 107, 147, 157
Kishon, Ephraim 11, 116, 133, 135–137, 155f., 170–172, 177, 207, 234
Klepetar, Harry 96
Klingsberg, Ruben 13, 165, 181, 185f.
Knef, Hildegard 49
Koestler, Arthur 126, 128f., 202, 205, 207, 213
Kohn, Idy 9f.
Kohn, Theodor 152
Kollek, Teddy 175, 177, 238
Kolleritsch, Alfred 133f.
Kolmsperger, Max 217
Kraa, Tom 111
Krämer-Badoni, Rudolf 158
Kramer, Theodor 205
Kraus, Karl 109f., 205, 208, 224, 238
Kreisky, Bruno 154f. 171, 177, 204, 237, 239
Krell, Wilhelm 171
Krenek, Ernst 205
Kubin, Alfred 124
Kunert, Günter 150
Kurer, Vilma 106f.

L

Lahat, Shlomo 177
Lamm, Hans 152
Landauer, Walter 38
Landmann, Salcia 152f.
Landor, David 165
Langbein, Hermann 191
Langer, Friedrich 235
Langhoff, Wolfgang 41, 56
Lasky, Melvin 128–130, 201f., 209
Lebert, Hans 173
Lederer, Francis 115
Lehmann, Lotte 194
Leitenberger, Ilse 168
Lengsfelder, Hans 107
Lenz, Siegfried 175
Leonhard, Rudolf 157
Lernet-Holenia, Alexander 19, 204, 207, 235

Leser, Norbert 237
Lewinsky, Charles 149
Lewy, Hermann 149
Lienhard, Hermann 29
Löhner-Beda, Fritz 18
Löw, Paola 132, 158, 174
Lohner, Helmut 117, 147
Loitfellner, Sabine 190, 196
Lothar, Ernst 130, 194
Ludendorff, Erich 164
Ludwig, Emil 87, 90
Lukács, Georg 157, 205
Lustiger, Arno 152
Lyons, Eugene 86

M

Maass, Joachim 89
Mahler-Werfel, Alma 39, 41f., 45, 89f., 94f., 114f., 228, 230
Manker, Gustav 131
Mann, Erika 86, 228
Mann, Heinrich 32, 86f., 93
Mann, Klaus 36
Mann, Thomas 36, 42, 86, 126, 128, 181, 214–218, 228, 230
Marcuse, Herbert 92
Maritain, Jacques 220
Marton, Gyuri (Georg) 112, 226
Marx, Chico 110
Marx, Karl 158
Maugham, William Somerset 236
Mayer, Ernst Wahrmut 147
Mayröcker, Friederike 137, 205
McCarthy, Joseph 93
Meir, Golda 176
Meisel, Kurt 147
Meisl, Hugo 18
Meisl, Willy 16, 18f.
Mendelssohn, Peter de 130, 174
Merhal, Tassilo 213
Meyerowitz, Jan 153
Mikes, George 18, 205
Miller, Gilbert 105
Miłosz, Czesław 205
Milton, Marcelle 111
Mirski, Nili 165
Mittler, Franz 106, 109f., 133, 236
Molden, Fritz 203–205, 230
Molden, Otto 205

Moldovan, Kurt 205
Molnár, Franz 133, 232
Molo, Walter von 164, 181
Monter, Rudolf 115f.
Montgomery, Robert 201
Morgenstern, Christian 110
Morgenstern, Soma 93
Morton, Frederick 207
Moser, Simon 205
Mozer, Alfred 170
Münzenberg, Willi 202
Muliar, Fritz 132, 147
Murer, Franz 188–190
Mussi, Ingo 177
Musulin, Janko von 194

N

Nabokov, Nicolas 201, 220
Naor, Uri 166
Napoléon I., Kaiser der Franzosen 107
Nasser, Gamal Abd an 169
Naumann, Bernd 192
Neff, Dorothea 132
Neher, Caspar 130
Nemes, Sándor (Neufeld, Alexander) 64
Nenning, Günther 173, 184f., 210, 212f., 234f.
Nettl, Paul 50, 67
Neumann, Alfred 42, 47, 156
Neumann, Franz 92
Neumann, Robert 52, 149, 190–192, 194, 198, 208, 214
Nicoletti, Susi 147
Nordau, Max 9
Nurmi, Paavo 13

O

Offenbach, Jacques 109
Olah, Franz 205
Oprecht, Emil 39
Ormond, Henry 191
Ossietzky, Carl von 41

P

Parsai, Rafi 76, 177
Paryla, Karl 41, 112, 129f., 217
Patka, Marcus G. 76

Pavelić, Ante 93
Pearlman, Moshe 194
Perutz, Leo 156
Pick, Anton 154, 156
Piffl-Percevic, Theodor 21
Pinter, Harold 175
Pirandello, Luigi 198
Piscator, Erwin 157
Pittermann, Bruno 205
Plivier, Theodor 157
Pluhar, Erika 147
Pöschl, Gabriele 188
Polak, Ernst 121
Polgar, Alfred 205, 230
Politzer, Heinz 42, 49, 51f., 149, 157, 205
Pollak, Heinrich 144
Pollak, Oscar 169
Pompidou, Georges 22
Praeger, Frederick R. 34, 93
Praun, Richard, 235
Preses, Peter 101, 108f.

Q

Qualtinger, Helmut 133, 192

R

Raab, Julius 205
Raddatz, Fritz J. 174
Ratzinger, Joseph Alois 194
Reich-Ranicki, Marcel 52, 149, 236
Reischer, Alfred 154
Remarque, Erich Maria 40, 95, 230
Renn, Ludwig 157
Reuter, Ernst 202
Reventlow, Ernst Graf zu 164
Révy, Richard 53
Richard, Frida 112
Riethof, Erika 210
Ringelnatz, Joachim 110
Ripley, Arthur 115
Riskin, Robert 114
Roda Roda, Alexander 124
Roeder, Eva 158, 168
Rosenberg, Mary S. 97
Rosendorfer, Herbert 52
Roth, Joseph 116

Rudolf, Leopold 237
Russell, Bertrand 201, 213, 220
Ruttkay, Georg 98

S

Sachs, Nelly 47f.
Sadat, Mohammad Anwar al 176
Schärf, Adolf 205
Scharon, Arik (Ariel) 175
Schenk, Otto 147
Schickele, René 36
Schilling, Regina 110
Schlamm, William S. 38, 86, 90, 93, 104f., 158, 208
Schmid, Carlo 205
Schmidt-Dengler, Wendelin 124
Schnabel, Ernst 48f.
Schneeberger, Paul 19
Schneyder, Werner 117
Schnitzler, Arthur 144
Schnitzler, Heinrich 144, 194
Schocken, Salman 133–135
Schoenberg, Arnold 165
Schoenfeld, Karl-Heinz 19, 169, 191, 214
Schönwiese, Ernst 147, 174
Scholem, Gershom 147, 158, 165
Schondorff, Joachim 116, 125, 136
Schreiber, Hermann 183
Schrödinger, Erwin 205
Schüle, Erwin 191
Schuschnigg, Kurt 74
Schwaiger, Brigitte 133, 136f.
Schwarz, Arthur Zacharias 152
Schwarzmann, Paul 26
Schwarzschild, Leopold 230
Schwefel, Arnold 25f.
Sebestyén, György 147
Seeler, Moriz 81f.
Seghers, Anna 157
Seidel, Georg 30
Seidel, Ina 30
Selinko, Annemarie 27
Shalom, Shin 165
Shearer, Norma 87
Shek, Ze'ev 171, 173f., 177
Sieburg, Friedrich 152
Silone, Ignazio 175, 205
Simon, Ernst 147

Simon, Michael 147
Sinclair, Upton 127
Sindelar, Matthias 13, 21
Sinowatz, Fred 237, 239
Slánský, Rudolf 173
Slezak, Leo 109
Slezak, Walter 97, 99
Solschenizyn, Alexander 175
Soyfer, Jura 54, 104
Sperber, Manès 28, 50–52, 139, 145, 147, 149, 154, 158, 167, 174–176, 202, 205, 207, 213, 237
Spiel, Hilde 126–130, 174
Spira, Bil 81
Spitz, Mark 22
Stalin, Josef 48, 86, 91f., 127, 193
Steidle, Richard 164
Steinbrecher, Alexander 110
Steinhauser, Mary 156
Stengel, Kitty 126
Stephan, Alexander 101
Stern, Desider 155–157
Stiller, Günther 195
Stössel, Ludwig 104
Stork, Hansi 112
Strasser, Peter 203
Strelka, Joseph P. 46, 52, 147
Süßkind von Trimberg 50–52, 67, 147, 149
Sylvanus, Erwin 174

T

Tänzer, Pablo 86
Tau, Max 46, 50, 182
Taucher, Franz 203f.
Teller, Oscar 45, 106f., 184
Thiess, Frank 181
Thimig, Hermann 147
Thorn, Fritz 39f.
Tichy, Frank 122
Torberg, Marietta 18, 20, 94f., 97, 99, 114, 153f., 165f., 174–176, 203, 207, 218, 230–235
Tramin, Peter von 174
Trebitsch, Erna 106
Tschuppik, Karl 122

U

Überall, Erich (siehe Avriel, Jechud)

Uhse, Bodo 157
Unseld, Siegfried 133

V

Varndal, Walter von 111
Vesper, Will 32, 34
Videla, Jorge Rafael 21
Viertel, Berthold 93, 126–128
Vogel, Peter 117, 147
Voskovec, Jiří 107

W

Wagner, Grete 111
Waldbrunn, Ernst 237
Waldbrunner, Karl 205
Waldinger, Ernst 93
Wallenberg, Hans 215
Walser, Martin 198
Walter, Bruno 95
Wapnewski, Peter 149, 236
Wechsberg, Joseph 122
Weigel, Hans 14f., 21, 126, 131, 139, 152f., 158, 194, 203–205
Weigel, Udi 126
Weil, Jiří 147
Weinert, Erich 157
Weinzierl, Ulrich 156
Weisenborn, Günther 157
Weiskopf, F. C. 37, 93, 157
Weiss, Peter 171f., 192
Weissmüller, Johnny 13
Weizmann, Ezer 176
Welles, Orson 102f.
Weltsch, Felix 163, 185
Weltsch, Robert 144
Werfel, Franz 28, 39, 42–45, 86, 89–91, 94, 113f., 116, 144f., 158, 205, 228, 230
Werich, Jan 107
Wertheimer, Zsigo 10, 16
Wessely, Paula 116, 237
Wieland, Guido 147
Wiesel, Elie 145, 172, 176
Wiesenthal, Simon 154, 171, 177, 188, 190, 193–196
Wikart, A. 235
Williams, Tennessee 127
Winter, Anton 158, 171
Winter, Helene 158

Winter, Paul Peter 13
Wittfogel, Karl August 41
Wittkowski, Victor 90
Wolf, Friedrich 157
Wolf, Gerson 144
Wotruba, Fritz 174, 194
Wünsche, Marion 80, 82f., 226, 228
Wulf, Joseph 184, 197f.
Wyler, Veit 153

Z

Zadek, Hilde 154
Zelman, Leon 154
Zilk, Helmut 239
Zsolnay, Paul 13, 28, 31–34, 69, 71
Zuckmayer, Carl 81, 91f., 95, 205
Zweig, Lotte 89
Zweig, Stefan 36, 89–91

Institutionelle und private Leihgeber für Ausstellung und Buch

Antiquariat Georg Fritsch (Wien)
Arco Verlag (Wuppertal)
Arnold Schönberg Center (Wien)
Deutsches Exilarchiv 1933–1945 an der Deutschen Nationalbibliothek Frankfurt am Main (DNB)
Deutsches Literaturarchiv Marbach und Schiller-Nationalmuseum (DLA)
Dokumentationsarchiv des österreichischen Widerstandes (Wien) (DÖW)
Dokumentationsstelle für neuere österreichische Literatur im Literaturhaus Wien (DLW)
Eric Zeisl Family Release (Los Angeles) (EZR)
Gedenkstätte Dachau (GD)
Jüdisches Museum Prag (JMP)
Jüdisches Museum Wien (JMW)
The Koestler Archive in Edinburgh University Library (KA)
Landesmuseum Joanneum (Graz)
Lichterloh Kunsthandel GmbH (Wien)
Märkisches Landesarchiv (Berlin) (MLA)
National Archives, Kew Richmond (Surrey, GB) (NA)
Pierre Gildesgame Maccabi Sports Museum (Ramat Gan) (MSM)
Österreichische Exilbibliothek im Literaturhaus Wien (ÖEB)
Österreichische Gesellschaft für Literatur (ÖGL)
Österreichische Mediathek
Österreichische Nationalbibliothek, Bildarchiv (ÖNB-BA)
Österreichische Nationalbibliothek, Druckschriftensammlung
Österreichische Nationalbibliothek, Handschriftensammlung (ÖNB-HAN)
Österreichischer Rundfunk
Österreichisches Literaturarchiv in der Österreichischen Nationalbibliothek (ÖLA)
Österreichisches Theatermuseum (ÖTM)
Památník národního písemnictví (Literaturarchiv Prag) (PNP)
Persona-Verlag (Mannheim) (PV)
Rechtsanwaltskanzlei Schaffer & Sternad (Wien)
Rollett Museum der Stadt Baden
Simon Wiesenthal Archiv (Wien) (SWA)
Sport Club Hakoah Wien
Staatsbibliothek zu Berlin, Preußischer Kulturbesitz
Stiftung Archiv der Parteien und Massenorganisationen der DDR im Bundesarchiv (Berlin) (SAPMO)
Universitätsbibliothek Heidelberg
University of Pennsylvania, Nachlaß Franz Werfel (UP)
Verein für Geschichte der Arbeiterbewegung (Wien) (VGA)
visualhistory (Wien)
Wienbibliothek im Rathaus, Druckschriftensammlung (WBR, DS)
Wienbibliothek im Rathaus, Handschriftensammlung (WBR, HS)
Wienbibliothek im Rathaus, Plakatsammlung (WBR, PS)
Wiener Sport Club
Wiener Stadt- und Landesarchiv, Meldearchiv
www.wikipedia.com (WP)
Zentralarchiv zur Erforschung der Geschichte der Juden in Deutschland (Heidelberg) (ZJD)

Marcel Atze (Wien) (MA)
David Axmann (Wien) (DA)
Tamar Daus (Tel Aviv) (TD)
Franz Eder (Salzburg)
Maria Guttenbrunner (Wien) (MG)
Helga Hegewisch-Lasky (Berlin) (HHL)
Felicitas Heimann-Jelinek (Wien)
Richard Jurtitsch (Wien)
Ursula Kals-Friese (Altaussee)
Erich Kremslehner (Wien)
Diana Mittler-Battaglia (New York) (DMB)
Felicitas Morawitz (Wien) (FM)
Marcus G. Patka (Wien) (MP)
Leopold Springinsfeld (Wien)
Gabriele Teichner (Wien) (GT)
Johannes Trauttmansdorff (Altaussee)
Herbert Viscovic (Wien)
Judith Weinmann-Stern (Wien) (JWS)

Photographen sind in der Bildunterschrift nur dann angegeben, wenn aus der vorliegenden Aufnahme die Urheberschaft hervorgeht. Ist diese unbekannt, wird nur der Besitzer oder Leihgeber der Photographie mit der jeweiligen Sigle genannt.

Nicht immer ist es uns möglich gewesen, die Rechtsnachfolger zu ermitteln oder zu erreichen. Die Wienbibliothek im Rathaus und das Jüdische Museum Wien bitten um Kontaktaufnahme in allen Fällen, wo nachweislich Honoraransprüche bestehen.